Ein österreichischer Jurist im Vormärz

Rechtshistorische Reihe

Band 374

Peter Lang
Frankfurt am Main · Berlin · Bern · Bruxelles · New York · Oxford · Wien

Christian Neschwara

Ein österreichischer Jurist im Vormärz

„Selbstbiographische Skizzen" des Freiherrn Karl Josef Pratobevera (1769–1853)

Peter Lang
Internationaler Verlag der Wissenschaften

Bibliografische Information der Deutschen Nationalbibliothek
Die Deutsche Nationalbibliothek verzeichnet diese Publikation in der Deutschen Nationalbibliografie; detaillierte bibliografische Daten sind im Internet über <http://www.d-nb.de> abrufbar.

Diese Arbeit wurde von
Herrn Prof. Dr. Wilhelm Brauneder
zur Aufnahme in diese Reihe empfohlen.

Umschlagabbildung:
Justitia – Sinnbild der Gerechtigkeit.
Dieser Bildausschnitt wurde einem Buch aus dem
17. Jahrhundert entnommen.

Gedruckt mit Unterstützung des
Instituts für Rechts- und Verfassungsgeschichte der
Universität Wien.

ISSN 0344-290X
ISBN 978-3-631-57612-0

www.peterlang.de

Vorwort

Karl Josef von Pratobevera zählt zu den bedeutendsten österreichischen Juristen des Vormärz[1]. Seinen Namen wird man in den aktuellsten im deutschen Sprachraum verbreiteten Juristenlexika[2] allerdings vergeblich suchen. Von den in Österreich im Vormärz wirkenden Juristen ist nur ein einziger verzeichnet, nämlich Franz von Zeiller[3]. Diese Reduktion der historischen Bedeutung der österreichischen Rechtswissenschaft des Vormärz auf eine einzige Person von europäischem oder darüber hinausgehendem Rang korrespondiert durchaus dem „Klischee von der trockenen exegetischen Jurisprudenz"[4], das ihr von der Literatur zur österreichischen Rechtsgeschichte verpasst worden ist. Dieses durchaus negative Bild[5] ist vor allem auf die Kritik der Historischen Rechtsschule zurückzuführen, jüngere Publikationen haben es bereits als nicht mehr repräsentativ widerlegt und in positivem Sinn korrigiert[6]. Sie zeigen, dass die Juristen dieser Zeit[7] kei-

1 H. Baltl, Carl Joseph Freiherr Pratobevera von Wiesborn, in: W. Brauneder (Hrsg.). Juristen in Österreich 1200–1980 (1987), 119 (120).

2 M. Stolleis (Hrsg.), Juristen. Ein biographisches Lexikon von der Antike bis zum 20. Jahrhundert (1995); G. Kleinheyer / J. Schröder (Hrsg.), Deutsche und Europäische Juristen aus neun Jahrhunderten. Eine biographische Einführung in die Geschichte der Rechtswissenschaft[4] (1996).

3 Stolleis, Juristen (wie FN 2), 668; Kleinheyer / Schröder, Juristen (wie FN 2), 459.

4 H. Schlosser, Grundzüge der Neueren Privatrechtsgeschichte[8] (1996), 121.

5 G. Kocher, Privatrechtsentwicklung und Rechtswissenschaft[4] (1989), 64, führt als Ursache unter anderem die Zensurbedrücktheit im vormärzlichen Österreich an. – Vgl. ferner: R. Hoke, Österreichische und deutsche Rechtsgeschichte[2] (1996), 456: „Die österreichische Rechtswissenschaft verschloß sich zunächst dem Einfluß der Historischen Schule. Ihre Isolation von der deutschen Rechtswissenschaft entsprach der politischen Isolation Österreichs im Vormärz"); sodann W. Ogris, Die historische Schule der österreichischen Zivilistik, in: N. Grass / W. Ogris (Hrsg.), Festschrift für Hans Lentze zum 60. Geburtstag (1969), 452: Als hauptsächliche Ursache angeführt wird der „Studienbetrieb", welcher das „Mittelmaß begünstigt" habe. – Die Pauschalverurteilungen zusammengefasst bei H. Schlosser, Grundzüge der Neueren Privatrechtsgeschichte[6] (1988), 199: „Das Gesetz, insbesondere das ABGB war ‚das Alpha und Omega jeder juristischen Betätigung' (W. Ogris), ein ‚juridisches Evangelium' (Thun-Hohenstein)".

6 W. Brauneder, Privatrechtsfortbildung durch Juristenrecht, in: Zeitschrift für Neuere Rechtsgeschichte 5 (1983), 22. – Baltl hat sich selbst um eine solche Korrektur bemüht; siehe: Carl Joseph Pratobevera und die Frage der Gewaltentrennung im Vor-

neswegs „minderwertig und banausisch“[8] gewesen sind. Diese „nichtgerechtfertigte Pauschalverurteilung“[9] lässt sich beispielhaft vor allem am Wirken und Werk von Karl Josef Pratobevera widerlegen.

Sein Wirken umfasst nahezu den gesamten zeitlichen Rahmen des Vormärz. Er stand im Schatten von Zeiller und hätte mehr Beachtung[10] verdient, als ihm bislang zuteil geworden ist. Hermann Baltl († 2004) hat die Bedeutung von Pratobevera erkannt und vor allem seine Bedeutung als wissenschaftlicher Publizist gewürdigt.[11] Seiner Aufforderung – „beispielhaft etwa am Wirken und der Bedeutung Carl Joseph von Pratobeveras“[12] – das bisherige Bild der Gesetzgebungs- und Wissenschaftsgeschichte des österreichischen Rechts im Vormärz zu korrigieren, hatte ich aus Anlass der Festschrift zu seinem 80. Geburtstag 1998 erstmals Gelegenheit zu folgen.[13] Der Umstand, dass den zu solchen Sammelbänden Beitragenden Limits im Umfang gesetzt sind, hat es mir damals nur erlaubt, mich auf die Mitwirkung von Pratobevera am Zustandekommen des österreichischen Allgemeinen Bürgerlichen Gesetzbuches (ABGB) zu konzentrieren. Er hat daran als Mitglied der „Hofkommission in Gesetzgebungssachen“ seit 1806 neben Zeiller, vor allem an der bis 1811 laufenden Schlussredaktion des ABGB, einen hervorragenden Anteil genommen. Die neben der Teilnahme an der Endreaktion des ABGB, insbesondere als Mitglied der Kommission für das von Josef von Sonnenfels initiierte Projekt eines Verwaltungskodex und für die Gesetzgebungs-Hofkommission geleisteten Nebentätigkeiten von Pratobevera, seine anschließende Tätigkeit als Referent des Staatsrates von 1814 bis 1818 und sein abermaliges Wirken von 1819 bis 1838 in der Gesetzgebungs-Hofkommission sowie seine Leistungen als wissenschaftlicher Publizist, vor allem durch die Herausgabe von „Materialien für Gesetzkunde und Rechtspflege ...“ von 1815 bis

---

märz, in: G. Kocher / G. Hasiba (Hrsg.), Festschrift Berthold Sutter (1983), 17 ff., besonders 18 und 27 f.

7 Dazu etwa K. Ebert, Die Grazer Juristenfakultät im Vormärz (1969), auf dessen Darstellung auch der Jubilar in seiner Österreichischen Rechtsgeschichte speziell hinweist, weil damit „die unter dem Einfluß des Liberalismus und restaurativen Historismus gefällten negativen Urteile über das vormärzliche Studierwesen“ nachhaltig revidiert wurden; Baltl war es auch, der diese Studie angeregt hatte.

8 Baltl, Pratobevera (wie FN 1), 119.

9 Baltl, Pratobevera (wie FN 1), 120.

10 Vgl. etwa W. Selb / H. Hofmeister (Hrsg.), Forschungsband Franz von Zeiller (1751–1828). Beiträge zur Gesetzgebungs- und Wissenschaftsgeschichte (1980).

11 Siehe FN 1 und 8.

12 Baltl, Pratobevera (wie FN 1), 120.

13 Ch. Neschwara, Über Carl Joseph von Pratobevera und Franz von Zeiller, in: K. Ebert (Hrsg.), Festschrift zu 80. Geburtstag von Hermann Baltl (1998), 210 ff.

1824[14], wurden 2003 in einem Beitrag zur Festschrift für Rudolf Palme behandelt[15]. Die weiteren Stationen der Laufbahn Pratobeveras, seine neben und nach der Endredaktion des ABGB geleisteten Tätigkeiten in der Gesetzgebungs-Hofkommission sowie sein anschließendes Wirken als Referent im Staatsrat seit 1814 bis zu seiner abermaligen Rückkehr in die Gesetzgebungs-Hofkommission im Jahre 1819, wo er dann bis zu seinem krankheitsbedingten Ausscheiden zu Jahresende 1838 an allen Gesetzgebungsprojekten auf dem Gebiet des Handels- und Wechselrechts sowie des Verfahrensrechts beteiligt war und die Arbeiten zur Revision des Strafgesetzes von 1803 als Vorsitzender der 1828 dafür eingerichteten Spezialkommission sogar persönlich geleitet hat, wurden schließlich 2005 in einem Beitrag zur Festschrift für Peter Putzer gewürdigt.[16]

Karl Josef Pratobevera hat den Erfolg all dieser Gesetzgebungsarbeiten sowie sein eigenes Wirken als Jurist in dieser Zeit – rückblickend im Ruhestand – in einer als „Selbstbiographische Skizzen" bezeichneten Autobiographie gewürdigt. Er hat seine Lebenserinnerungen unmittelbar nach dem Übertritt in den Ruhestand in knapp mehr als einem Jahr von Mai 1841 bis Endc Juli 1842 verfasst[17]. Sie sind wohl nicht für eine Veröffentlichung bestimmt gewesen, sondern nur für

14 „... in den Oesterreichischen Erbstaaten" (ab Band 2 (1816) „... in den Oesterreichischen Staaten"); in acht Bänden bis 1824 erschienen. – Vgl. dazu auch jüngst: B. Dölemeyer, Zur Frühgeschichte des juristischen Zeitschriftenwesens in Österreich, in: M. Stolleis / Th. Simon (Hrsg.), Juristische Zeitschriften in Europa (2006), 269–285, besonders 270 ff.

15 Über Carl Josef von Pratobevera. Ein Beitrag zur Gesetzgebungs- und Wissenschaftsgeschichte des österreichischen Rechts im Vormärz, in: W. Ingenhaeff / R. Staudinger / K. Ebert (Hrsg.), Festschrift zum 60. Geburtstag von Rudolf Palme (2002), 369–394.

16 Pratobevera – Zeiller – Jenull: Eine „herrliche Trias unserer Gesetzgebung". Ein Beitrag zur Gesetzgebungsgeschichte des österreichischen Strafrechts im Vormärz, in: U. Aichhorn / H. Rinnerthaler (Hrsg.), Festschrift für Peter Putzer zum 65. Geburtstag (2004), Band II, 579-612.

17 Sie bestehen aus vier von Pratobevera eigenhändig verfassten „Heften" im Umfang von insgesamt 150 vierseitig beschriebenen „Bögen" (Format etwa Mittelquart entsprechend). Zur Datierung vgl. auch den Schlusssatz im Original: „Angefangen in Baden im Mai 1841. Geschlossen daselbst Ende Julius 1842" (150/4). – Streckenweise, vor allem in den letzten Abschnitten, sind die Blätter flüchtig beschrieben und damit schwerer lesbar; dies auch aufgrund von zahlreichen Einfügungen und Verweisen; es häufen sich auch sinnstörende Fehler im Text sowie sachliche Irrtümer und Erinnerungslücken, was aber durchaus verständlich ist: Pratobevera hat seine Erinnerungen als bereits über Siebzigjähriger zu Papier gebracht, „aus dem noch ziemlich treuen Gedächtnisse", und zwar in einem relativ kurzen Zeitraum von vermutlich etwa bloß eineinhalb Jahren. Darüber hinaus ist auch dem Umstand Rechnung zu tragen, dass er in diesen Jahren schon nahezu völlig erblindet war, worauf er auch selbst mehrfach hinweist.

den engeren Familienkreis, was aus zahlreichen Bemerkungen im Text hervorgeht. Sie zeichnen daher ein überaus wirklichkeitsnahes Bild über das Umfeld und das Wirken eines Juristen im Vormärz. Objektivität ist daher auch den zahlreichen kritischen Äußerungen[18] von Pratobevera über seine Zeitgenossen zu bescheinigen. Das handschriftliche Manuskript von Pratobeveras „Selbstbiographischen Skizzen" befindet sich seit 1948 als Teil des Nachlasses der Familie Pratobevera im Österreichischen Staatsarchiv, Abteilung Haus-, Hof- und Staatsarchiv in Wien.[19]

Die Selbstbiographischen Skizzen stellen für Historiker vieler Richtungen, vor allem aber für die Rechtsgeschichte, – äußerst interessante Quelle dar, insbesondere zur Gesetzgebungs- und Wissenschaftsgeschichte des österreichischen Rechts und zur Organisation der Staats- und Justizverwaltung im Vormärz sowie zu den Aktivitäten und Projekten der Hofkommission in Gesetzgebungssachen und des Staatsrates. Pratobeveras Sohn Adolf hat sie schon 1854 in bearbeiteten Auszügen in einem Nachruf auf seinen Vater einem breiteren Publikum zugänglich gemacht[20]. Die historische Literatur hat diesen „Skizzen" seitdem lange Zeit keine Beachtung geschenkt. In jüngerer Zeit sind diese Lebenszeugnisse von der sozialhistorischen Forschung wieder entdeckt worden.[21] Mit der Herausgabe der Biographischen Skizzen kann ich nun die schon vor fünf Jahren in Aussicht ge-

---

18 Sein Sohn Adolf hat sie in seinem Nekrolog entweder gänzlich übergangen oder geglättet, so dass die von ihm veröffentlichten Auszüge aus den Skizzen seines Vaters ein zum Teil anderes Bild vermitteln als das Original.

19 Österreichisches Staatsarchiv, Abteilung Haus-, Hof- Und Staatsarchiv, Familienarchiv Pratobevera: 24 Kartons, die Familie Pratobevera, zum Großteil aber Carl Joseph (1769–1853) und seinen Sohn Adolf (1806–1875) betreffend. – In Karton 10 neben Familienpapieren, Tagebüchern, Rechnungsbüchern, persönlichen Dokumenten, Zeichnungen, Gedichten, Noten etc: „Selbstbiographische Skizzen geschrieben von unserem geliebten Vater Carl Joseph Freiherrn v. Pratobevera ... in Baden im J. 1841". – Die Bezeichnung als „Selbstbiographische Skizzen" dürfte sein Sohn Adolf vorgenommen haben.

20 Zur Erinnerung Carl Freiherrn von Pratobevera-Wiesborn, Allgemeine österreichische Gerichts-Zeitung 5 (1854), 122 ff. (1854 auch als Separatdruck erschienen).

21 Etwa W. Heindl, Gehorsame Rebellen. Bürokratie und Beamte in Österreich 1780–1848 (1991), 193, 247; C. Höslinger, Aus den Aufzeichnungen des Freiherrn von Pratobevera, in Schubert-Studien (Sitzungsberichte der Österreichischen Akademie der Wissenschaften, philosophisch-historische Klasse 341) (1978), 119; ders., Als Student im josephinischen Wien. Aus Carl Joseph Pratobeveras Selbstbiographie, in E. Springer / L. Kammerhofer (Hrsg.), Archiv und Forschung. Das Haus-, Hof- und Staatsarchiv in seiner Bedeutung für die Geschichte Österreichs und Europas (1993) 139 bei Fußnote 1 und 2. – Einen Hinweis darauf gab auch Baltl in seinem Beitrag für die Festschrift Berthold Sutter (1983), 19 Fußnote 10.

nommene Edition[22] endlich verwirklichen.[23] Die Drucklegung wurde durch das Institut für Rechts- und Verfassungsgeschichte gefördert.

Wien, im April 2008 Christian Neschwara

22 Siehe Neschwara, Pratobevera (wie FN 16), 371 FN 11.

23 Von den mir am Institut in dieser Zeit zugewiesenen Studienassistenten haben viele im Laufe der Jahre durch verschiedene Zuarbeiten das Zustandekommen dieses Buches befördert, ich erwähne hier insbesondere die Herren Mag. iur. Bernhard Rochowanski, Mag. iur. Georg Parzmayr und Mag. iur. Christian Reinhardt sowie Frau Cand. iur. Tamara Traun und Herrn Cand. iur. Philippe-Giuseppe Kupfer.

Inhaltsverzeichnis

I. Über Karl Josef Pratobevera

A. Lebenslauf

1. Standesverhältnisse

Pratobevera wurde am 17. Februar 1769 (römisch-katholisch) in Bielitz (Österreichisch-Schlesien) geboren, er starb am 6. Dezember 1853 in Wien.

Am 29. April 1829 wurde er in den österreichischen Ritterstand und am 26. Juni 1838 mit der Verleihung des Prädikats „von Wiesborn" in den österreichischen Freiherrenstand aufgenommen.

2. Familienverhältnisse

Sein Vater, Carl Anton († 1801 in Bielitz), war Sohn eines italienischen Wanderhändlers aus der Gegend um Como; seine Mutter, Franziska († 1796 in Bielitz), war die Tochter eines aus Italien nach Ratibor (Preußisch-Schlesien) zugewanderten Gewürzhändlers namens Urbani. Die Familie ließ sich nach Wanderungen durch Böhmen, Mähren und Schlesien um 1765 in Bielitz nieder, wo Carl Anton einen Handel mit Öl und Gewürzen, ein sogenanntes „Spezereygeschäft", gründete, dem später eine Filiale in Biala zugehörte.

Pratobevera war zunächst 1797 in Wien mit Elisabeth Raab († 14. März 1799), der Tochter des Wiener Advokaten Ignaz Raab, von dem Pratobevera nach Abschluss des Studiums zum Advokaten ausgebildet worden ist, verheiratet. Nach dreijährigem Witwerstand heiratete er am 26. April 1802 in Krakau Johanna Schröter (geboren am 6. Dezember 1782, verstorben am 27. August 1832), Tochter des Bielitzer Fabrikanten Carl Gottlieb Schrötter. Aus dieser Ehe stammen 3 Söhne (Adolph, u.a. österreichischer Justizminister 1861/62); Wilhelm, Arzt in Wien; Moritz, Offizier) sowie 4 Töchter (Marie, Luise, Franziska und Bertha), und von diesen insgesamt 7 Enkel.[24]

---

24 Details zu den Familienverhältnissen enthält der Stammbaum (unten B.).

3. Laufbahn

Pratobevera absolvierte die Schulausbildung in Bielitz und Teschen, danach wurde er 1782 zunächst zur praktischen Berufsvorbereitung nach Wien an eine kaufmännische Realschule geschickt. Nach Beendigung der Lehre kehrte er 1784 nach Bielitz zurück, wo er zunächst im Betrieb des Vaters mitwirkte. Im Herbst 1786 nahm er als Student der Rechte seinen zweiten Aufenthalt in Wien. Dem Abschluss des Studiums im Juni 1790 folgte im Juli 1792 die Promotion zum Doktor. Die insgeheim erhoffte Universitätslaufbahn blieb ihm versagt. Pratobevera widmete sich zunächst der Advokatur und eröffnete im Herbst 1793 eine eigene Kanzlei in Wien.

Im März 1796 führte ihn die Berufung an das neue westgalizische Appellationsgericht nach Krakau, wo er an der Universität auch unentgeltliche Kollegien über das neue österreichische Recht hielt und 1805/6 sogar Studiendirektor an der Juristenfakultät gewesen ist. Ende April 1806 begann mit der Versetzung an die Oberste Justizstelle sodann sein dritter, dauernder Aufenthalt in Wien. Etwa ein Jahr später wurde Pratobevera auch Beisitzer der Gesetzgebungs-Hofkommission und hat an der bis 1811 laufenden Endredaktion des Allgemeinen Bürgerlichen Gesetzbuches einen hervorragenden Anteil genommen.

Nach der Berufung in den Staatsrat war er seit 1814 an den weiteren Gesetzgebungsprojekten nicht mehr beteiligt. Auf eigenen Wunsch wurde er Ende 1818 an das niederösterreichische Appellationsgericht in Wien versetzt, dem er bis 1841, bis zur Versetzung in den Ruhestand, als Vizepräsident angehörte. Gleichzeitig kehrte er auch in die Gesetzgebungs-Hofkommission zurück; er wirkte dort bis zu seinem Ausscheiden Ende 1838 an allen wichtigen Gesetzgebungsprojekten mit; die Arbeiten an einem neuen Strafgesetzbuch, das aber unrealisiert bleibt, leitete er seit 1828 selbst. Im Studienjahr 1823 war er Rektor der Universität Wien.

1841, nach dem krankheitsbedingten Ausscheiden auch aus dem Justizdienst, entschloss er sich, ein zweites Mal die Universität zu besuchen, um sich philosophischen Studien zu widmen; er hörte Vorlesungen über Ästhetik, Kirchengeschichte sowie die Geschichte der Philosophie und er nahm auch Privatunterricht in naturwissenschaftlichen Fächern. Eine markante Zäsur seiner geistigen Regsamkeit brachte erst das Revolutionsjahr 1848, das ihm zwar die Verleihung der Ehrendoktorwürde der Universität Prag aus Anlass ihres 500jährigen Bestandes bescherte, aber auch seinen gesundheitlichen Verfall einleitete. Er verbrachte die letzten Lebensjahre im Kreise der Familie; nach einem Ende November 1853 erlittenen Schlaganfall fiel er ins Koma und verstarb am 6. Dezember 1853.

Neben seiner Tätigkeit in der Gesetzgebung ist Pratobevera als juristischer Publizist, vor allem als Herausgeber der ersten modernen österreichischen Juristen-Fachzeitschrift, den „Materialien für Gesetzkunde und Rechtspflege“, hervorgetreten. Dadurch und besonders wegen seiner legistischen Leistungen galt er neben Franz von Zeiller als der bedeutendste österreichische Jurist des Vormärz. Allen seinen Arbeiten lag eine historisch fundierte Betrachtung des Rechts zugrunde; stets betonte er die Notwendigkeit regelmäßiger Gesetzesrevision und zeigte sich rechtspolitisch reformbereit.

4. Werke

Die Rechte des Staates über Kirchen, und geistliche Güter. Ein Versuch ... zur Erlangung der Doctorswürde an der Wiener hohen Schule, 1792; Philantropische Fragmente über die Errichtung eines zweckmäßigen Straf- und Besserungshauses in Westgalizien, 1805; Noch einige Bemerkungen über das jus terreste Nobilitatis Prussiae correctum zur Aufklärung der alten polnischen Erbfolge des Adels, [anonym] in: [Ernst Ferdinand Klein's] Annalen der Gesetzgebung und Rechtsgelehrsamkeit in den Preussischen Staaten 1805. – Hrsg.: Materialien für Gesetzkunde und Rechtspflege, in den Oesterreichischen Erbstaaten (ab II/1816: ... Oesterreichischen Staaten), 8 Bde., Wien 1815–1824. – Zahlreiche Beiträge als Hrsg. der Materialien von 1815–1825, die meisten von zivilprozessualer bzw. strafrechtlicher Relevanz, einige auch von rechtspolitischer Tragweite; ein Beitrag ist 1825 auch in der als Nachfolgerin für seine Materialien ins Leben getretenen Zeitschrift für österreichische Rechtsgelehrsamtkeit erschienen; viele seiner Beiträge sind in italienischer Übersetzung in der im österreichichen Lombardo-Venetien bestehenden juristischen Fachzeitschrift Giurisprudenza practica (Venedig und Mailand 1817 ff.) veröffentlicht, einige in italienischer Übersetzung dort auch selbständig publiziert worden; etwa: Sulla prova in genere secondo il regolamento generale del processo civile austriaco, Verona 1827; Della prova per confessione, della prova per documenti, per giuramento, per testimoni, e della prova col mezzo d'ispezione oculare e di periti, Verona und Mailand 1827/28. Ein vollständiges Werkverzeichnis bei M. Stubenrauch, Bibliotheca juridica austriaca, 1847, Nr. 3065–3109.

5. Literatur

Adolph Pratobevera, Zur Erinnerung an Carl Freiherrn von Pratobevera-Wiesborn, in Allgemeine Österreichische Gerichts-Zeitung 5 (1854), 122 ff. (1854 auch als Separatdruck); Francesco Ambrosoli, Cenno biographico 37 (Mailand 1855). – Hermann Baltl, Carl Joseph Pratobevera und die Frage der Gewaltentrennung in Österreich, in Festschrift Berthold Sutter (1983), 17 ff.; ders., Carl Joseph Freiherr Pratobevera von Wiesborn, in Wilhelm Brauneder (Hrsg.), Juristen in Österreich 1200–1980 (1987), 119 ff., 342 f.; Clemens Höslinger, Als Student im josephinischen Wien. Aus Carl Joseph Pratobeveras Selbstbiographie, in Archiv und Forschung (1993), 139 ff.; Christian Neschwara, Über Carl Joseph von Pratobevera und Franz von Zeiller, in K. Ebert (Hrsg.), Festschrift Hermann Baltl (1998), 205 ff.; ders., Über Carl Joseph von Pratobevera. Ein Beitrag zur Gesetzgebungs- und Wissenschaftsgeschichte des österreichischen Rechts im Vormärz, in W. Ingenhaeff / R. Staudinger / K. Ebert (Hrsg.), Festschrift Rudolf Palme (2002), 369 ff.; ders., Pratobevera – Zeiller – Jenull: Eine „herrliche Trias unserer Gesetzgebung“. Ein Beitrag zur Gesetzgebungsgeschichte des österreichischen Strafrechts im Vormärz, in U. Aichhorn / H. Rinnerthaler (Hrsg.), Festschrift Peter Putzer (2004), Band II, 579 ff. – C. Wurzbach, Biographisches Lexikon des österreichischen Kaiserstaates XXXIII (1872), 210 ff.; Österreichisches Biographisches Lexikon 8 (1982, 247 (B. Böck); Neue Deutsche Biographie XX (2001), 675 f. (Ch. Neschwara).

6. Porträt

Originale: Österreichische Nationalbibliothek, Abteilung Porträtsammlung, Bildarchiv und Fideikommißbibliothek:

1 Bildnis (Kniestück stitzend) aus dem Jahr 1840, Lithographie von Joseph Kriehuber;

1 Bildnis (Brustbild) um 1840, Heliographie des k.u.k. militär-geograph. Instituts (eine Kopie davon auch in: Haus-, Hof- und Staatsarchiv, Familienarchiv Pratobevera, Karton 23).

Veröffentlichte Abbildungen in: W. Heindl, Gehorsame Rebellen. Bürokratie und Beamte in Österreich 1780–1848 (1991), Abbildungsteil vor Seite 257, Abbildung 5; F. Maaßburg, Geschichte der obersten Justizstelle in Wien (1749–1848)[2] (1891), nach Seite 208.

B. Stammbaum

Karl Josef Pratobevera (* 17. Februar 1769 Bielitz; † 6. Dezember 1853 Wien), zuletzt Vizepräsident des niederösterreichischen Appellationsgerichtes in Wien.

1. Vorfahren

Großvater / väterlicherseits:

N. Brattobevera (aus dem Gebiet von Como / Lombardei).

Onkel / väterlicherseits:

Andreas Pratobevera (* 1718; † 21. Mai 1775 Kaschau),
bürgerlicher Kaufmann in Kaschau/Ungarn (1753 dem Handelsstand inkorporiert); verheiratet
mit Susanna Rommaldis Zazio 1754 in Kaschau;
Kinder: 3 Söhne (Kaspar [1757–1826], Franz [*1758], Josef Johann Nepomuk [*1760]);
2 Töchter;
weitere Nachfahren in Ungarn und Galizien.

Vater:

Carl Anton Pratobevera (* um 1720 im Gebiet von Como; † Mai 1801 Bielitz);
Kaufmann in Bielitz / Österreichisch-Schlesien, katholisch, verheiratet
(1) mit N. Ditzius, Postmeisterstochter in Bielitz, kinderlos;
(2) 23. September 1766 mit Franziska Urbani († 24. Oktober 1796).

Mutter:

Franziska Urbani, aus Ratibor († 24. Oktober 1796 Bielitz), verheiratet mit
(1) Johann Baptist Traversi (aus Italien),
Kinder: Franziska († 3. September 1810, 52 Jahre), verheiratet mit
(1) Franz Xaver Stopani, Kaufmann zu Kaschau;
Kinder: Carl, Kaufmann in Kaschau;
(2) August Kutzab, Kaufmann in Kaschau, kinderlos;
(2) N. Bordolo (aus Italien; †vor 1766), kinderlos;
(3) 1766 mit Carl Anton Pratobevera.

2. Geschwister:

(1) Caroline (* 30. Juli 1767 Bielitz; † 11. Dezember 1835 Ofen), verheiratet
(1) 1782 mit Anton Enzendorfer, Arzt in Bielitz († 9. Mai 1794);
Kinder: (1) Karl (* 8. November 1785; † 2. Mai 1863; Appellationsgerichtsrat in Lemberg);
(2) Franziska (* 14. November 1790; † 27. Februar 1837), verehelichte Wolf;
(3) Anton (* 24. Jänner 1794; Bankbeamter in Lombardo-Venetien);
(2) 1798 mit Johann Sparsam (* zu Solon; † 4. Juni 1800 zu Bielitz; Kaufmann);
Kinder: Carolina (* 17. Dezember 1799; † 4. Juli 1870).

(2) Josef (* 13. August 1772; † 11. April 1820), Kaufmann in Biala, verheiratet mit Eleonora Enzendorfer (Nichte des Anton Enzendorfer);
Kinder: 3 Söhne (Franz; Eduard, Leutnant; Alexander, Leutnant);
2 Töchter
Zahlreiche Enkel.

3. Ehefrau:

verheiratet
(1) 1797 mit Josepha Raab (* um 1780 Wien; † 14. März 1799 Wien), Tochter des Hof- und Gerichtsadvokaten Dr. Ignaz Raab († 1811) in Wien;
(2) 27. April 1802 verheiratet in Kamnitz (Kreis Bielitz/Schlesien) mit Johanna Schröter (* 6. Dezember 1782 Bielitz, protestantisch; † 27. August 1832 in Baden; beerdigt in Maria Enzersdorf bei Brunn am Gebirge),
Tochter des Bielitzer Großhändlers Carl Gottlieb Schröter (* 24. Oktober 1748; † 12. März 1824), verheiratet 1778 mit Anna Rosina Nesitzius aus Bielitz (* 22. Dezember 1756; † 28. Februar 1789).

4. Kinder:

(1) Maria Elisabeth (* 1. August 1804 Krakau; † 26. April 1839 in Wien), verheiratet 20. Oktober 1828 (in Maria Enzersdorf) mit

Josef Bergmann (* 13. November 1797 in Huttesau/Vorarlberg; Kustos des kaiserlichen Münz- und Antiken-Kabinetts und der Ambrasser Sammlung);
Kinder: (1) Carl (* 31. Jänner 1833);
(2) Maximilian Joseph Ludwig (* 12. Jänner 1835);
(3) Adolph Joseph (* 15. April 1839; † 16. Mai 1840).
(2) Carl (* 1805 Krakau; † nach drei Tagen im Kindbett)
(3) Adolph (* 12. Juni 1806 Bielitz; † 6. Februar 1875 Wien), Jurist und Politiker;
verheiratet 12. Juli 1830 (Maria Enzersdorf) mit
Amalie Wagner (* 31. August 1805 Wien; † 6. März 1857),
Tochter des Hof- und Gerichtsadvokaten
Dr. Kaspar Wagner (* 27. September 1773; † 1854) und der
Antonie Raab (* 28. Mai 1783; † 1841; jüngere Schwester der
Josepha Raab);
Kinder: Adolphine (* 2. Mai 1831 Wien);
verheiratet (1) 7. November 1852 mit
Josef Doblhoff († 30. März 1856 Wien);
(2) 14. Oktober 1865 (Maria Enzersdorf) mit
Benedikt Haßlinger-Haßingen (Bezirksgerichtsvorsteher St. Pölten).
(4) Ludovica Theresia (auch Louise genannt; * 15. Oktober 1807 Wien),
verheiratet (mit päpstlichem Dispens) 15. Oktober 1840 in Wien mit
(Schwager)
Joseph Bergmann;
Kinder: (1) Johanna (* 19. Oktober 1841);
(2) Ernst.
(5) Franziska (* 27. Mai 1809 Wien),
verheiratet 15. Oktober 1829 (in Wien) mit
Joseph Tremier (* 8. November 1804 Lemberg), Privater,
Sohn des Josef Tremier aus Fulda († 28. Juli 1821; Hofrat der Hofkammer).
(6) Wilhelm (* 19. Juli 1811 Währing bei Wien), Arzt.
(7) Moritz (* 4. September 1813 Wien; † 10. August 1854 in Lemberg als Major),
verheiratet 19. Mai 1840 (in Prag) mit
Maria Iwan (* 2. Februar 1818 Prag),
Tochter des böhmischen Landesadvokaten Peter Iwan;
Kinder: (1) Lothar (1846);
(2) Rudolf (1848).

(8) Beathe Christina (auch Thecla); * 16. Juli 1824 Wien; † 11. Jänner 1864 Wien),

verheiratet mit Heinrich Kreißler-Hellborn, Sekretär († 6. Dezember 1869).

II. Selbstbiographische Skizzen

A. Quelle und Editionsgrundsätze

Das Original-Manuskript der Selbstbiographischen Skizzen befindet sich in Wien im Österreichischen Staatsarchiv, Abteilung Haus-, Hof- und Staatsarchiv Wien, Familienarchiv Pratobevera[25], Karton 10.

Die Transkription des Originaltextes folgt den „Empfehlungen"[26] des Arbeitskreises „Editionsprobleme der Frühen Neuzeit" der „Arbeitsgemeinschaft historischer Forschungseinrichtungen in der Bundesrepublik Deutschland e.V." in München. Die zahlreich vorkommenden Abkürzungen wurden einheitlich aufgelöst, und zwar in der heutigen Schreibweise.

Pratobevera hat sein Manuskript laufend mit Anmerkungen und Einfügungen versehen. Hierzu hat er auf den einzelnen Blättern seines Manuskripts jeweils etwa ein Drittel für laufende Anmerkungen und Einfügungen reserviert, auf der ersten und letzten Seite der einzelnen Bögen (1 und 4) befindet sich dieser Rand außen, bei den Innenseiten (2 und 3) innen. Die von Pratobevera mit Verweiszeichen vorgenommenen Einfügungen wurden für die Edition in den Text integriert, Anmerkungen von Pratobevera sind als Ergänzungen oder Erläuterungen des Textes (von ihm selbst manchmal mit dem Hinweis „Note" oder „NB" [nota bene] gekennzeichnet) in den Fußnoten zum edierten Text durch die in eckige Klammern gestellt Kennzeichnung [*Note PRATOBEVERA*] ersichtlich gemacht. Ergänzungen oder Erläuterungen des Textes durch den Herausgeber wurden zur besseren Erkennbarkeit kursiv gesetzt. Eine Reihe von Schriftbeispielen (fol. 1/1, 1/3, 31/1, 31/3, 61/1, 87/4, 123/1, 150/2) veranschaulicht die Schwierigkeiten bei der Transkription des Originaltextes; sie sind der Edition angereiht (siehe unten III.).

Unterstreichungen im Original wurden übernommen, von Pratobevera getilgter Text blieb unberücksichtigt. Die vom Herausgeber zur Klarstellung des Textes vorgenommenen Ergänzungen sind in eckige Klammern [*Ergänzung*] gestellt; unsichere Schreibweisen sind durch ein Fragezeichen in eckigen Klammern [?], irrige oder ungewöhnliche Schreibweisen durch ein Rufzeichen in eckigen Klam-

---

25 Zum Inhalt und dessen Charakterisierung: <http://www.archivinformationssystem.at/detail.aspx?ID=1408>.

26 <www.ahf-muenchen.de/Arbeitskreise/empfehlungen.shtml>.

mern [!] und unleserliche Stellen – sie betreffen bloß einzelne Wörter; sie sind durch das Klammer gestellte Wort „unleserlich“ [... *unleserlich* ...] ersichtlich gemacht. Personennamen sind in Text und Anmerkungen durch Kapitälchen hervorgehoben, soweit als möglich werden in eigenen Anmerkungen bzw. im Personenverzeichnis (unten IV.B) biographische Daten zur Verfügung gestellt; die Familienangehörigen von Pratobevera sind auch in einem Stammbaum erfasst (oben I.B).

B. Inhaltsverzeichnis[27]

27 Das Inhaltsverzeichnis folgt der von Pratobevera auf dem selbstverfassten Manuskript vorgenommenen Paginierung nach Bögen, welche jeweils aus vier Seiten bestehen (ausgenommen die Bögen 47 und 47 ½, welche jeweils bloß zwei Seiten umfassen).

III. Abschnitt (1784–1786)

IV. Abschnitt (1786–1790)

V. Abschnitt (1790–1793)

II. Heft: Abschnitt VI–VII (1793–1806)

VI. Abschnitt (1793–1796)

VII. Abschnitt (1796–1806)

III. Heft: Abschnitt VIII–X (1806–1835)

VIII. Abschnitt (1806–1814)

IX. Abschnitt (1814–1818)

X. Abschnitt (1819–1835)

IV. Heft: Abschnitt XI–XII (1835–1842)

XI. Abschnitt (1835–1838)

XII. Abschnitt (1838–1842)

C. Edition

[*Umschlag mit Aufschrift*][28]
Selbstbiographische Skizzen geschrieben von unserem Vater CARL JOSEPH Freiherrn von PRATOBEVERA (geboren 17. Februar 769 + 6. Dezember 1853) zu Baden im Jahr 1841.

[*Umschlag mit Aufschrift*]
I. Heft: Die ersten V Abschnitte von 1769 bis zum Jahr 1796
in den Nummern 38 Halbbögen. Die genealogischen Nachweisungen sind möglichst durch Correspondenz vervollständigt worden, obgleich die Pfarrbücher von Bielitz durch den großen Brand im Jahr 1764 und 1807 vernichtet worden, in Ungarn, Lombardey, Galizien, aber weitere Nachforschungen theils schwierig, theils wahrscheinlich sehr vergeblich seyn würden[29].

---

28 *Darin drei eingelegte Blätter sowie Notizen zur Familiengenealogie und zum Stammbaum; ferner eine Ausgabe der Wiener Zeitung vom 6. August 1827 mit einem Nachruf von Karl Josef Pratobevera auf seinen Kollegen bei der Obersten Justizstelle JAKOB HEINRICH (1753–1827; 1805 Hofrat der Obersten Justizstelle); es folgen vier weitere Umschläge mit 150 halb gefalteten, vierseitig beschriebenen Blättern in Mittelquartformat.*

29 [*Außerdem darin ein Beiblatt mit Bleistiftnotiz:*] Vom Obersten Landrichter MATHIAS WILHELM von HAAN [*(1737–1816)*] handeln folgende Seiten: Blatt 38, 51, 70, 79, 80, 81, 83, 90, 97, den Bruder des Obersten Landrichters [*LEOPOLD (1743–1828)*] betrifft eine Stelle aus Blatt 68. [*Weitere Beilagen: Blatt I bis IV: Familiengenealogie. Ergänzende Aufzeichnungen in Familienarchiv, Karton 3 und 19 („Familienbüchel" von Sohn Adolf sowie Testamente der Eltern Karl Josef und Franziska. – Auf dieser Basis wurde der Stammbaum, oben I.B konzipiert.*]

[fol. 1/1]

Selbstbiographische Skizzen.

Geschrieben zur Erinnerung für meine Kinder im Jahr 1841 in Baden.[30]

Versetzt auf meine Bitte durch die Höchste Entschließung vom 6. März 1841 in den Ruhestand, und enthoben von dem zuletzt (1819) mir verliehenen Amte eines Vice-Präsidenten des Kaiserlich-Königlichen Nieder-Oesterreichischen Appellation[*s*]-Gerichts und zugleich eines ehemaligen Beisitzers der Hofcommission in Justiz-Gesetzsachen, benütze ich die ersten Augenblicke einer lang ersehnten Muße, um mir selbst, und Euch meine Kinder!, eine durch Gottes Fügung verlebte lange Zeit zur Betrachtung vorzuführen. Zwar größtentheils einförmig und *[fol. 1/2]* zurückgezogen biethet ein solches mit höchst wichtigen Weltbegebenheiten, die mir kleine Excursionen und Seitenblicke in den Noten abnöthigen, gleichzeitiges Leben, obschon nicht der Welt, doch dem Familienkreise manches Interesse. Dieße Blätter sind daher keine Memoiren eines einflußreichen Staatsmannes, Heerführers, Gesetzgebers oder Gelehrten, belletristischen Künstlers, oder wohl gar eines berühmten reisenden Abentheurers, von denen es in Europa, so wie von sogenannten Reformatoren in Staat und Kirche mit und ohne Propaganda und Revolution, wimmelt. Nichts von alle dem. Es ist die Erzählung eines 73jährigen Familienvaters und Oesterreichischen Geschäftsmannes, der zwar seine <u>zwey</u> Talente nach der Schrift nicht *[fol. 1/3]* vergrub, dem es aber nicht vergönnt und beschieden war, vielen Gewinn für sich und Andere davon zu schaffen.[31] *[fol. 1/2]* Ich glaubte die Periode meiner Bildung und Studien voranzuschicken, und dann meine hiedurch leichter erklärbare Wirksamkeit im oeffentlichen Leben zu erzählen; wobey ich größtentheils aus dem noch ziemlich treuen Gedächtnisse schöpfe. Ich konnte wegen meiner Augenschwäche, die mir das <u>Schreiben</u> leichter als das <u>Lesen</u> verstattet, gedruckte oder geschrieben Hilfsmittel und Quellen mir selten ja gar nicht zur Hand nehmen brauchte.

---

30 *Zur Datierung vgl. auch den Schlusssatz im Original: „Angefangen in Baden im Mai 1841 Geschlossen daselbst Ende Julius 1842" (150/4). Das Manuskript ist aber danach punktuell überarbeitet worden: Siehe fol. 45/2, wo sich der Datierungsvermerk „September 1842" findet und fol. 121/1, wo sich in der Überschrift zum XII. Abschnitt der Datierungsvermerk „October 1842" findet. – Pratobevera war nach seiner Pensionierung im März 1841 nach Baden gezogen; er ist im Sommer 1842 aus wirtschaftlichen Gründen wieder nach Wien gezogen: Siehe fol. 149/2.*

31 *Die Einfügung „Dieß ... schaffen" reicht auf die nächste Seite, der fortlaufende Text beginnt daher wieder auf fol. 1/2! Dasselbe gilt für fol. 28/1 und /2, 31/4, 137/3, 145/4 sowie 146/1.*

I. Abschnitt: 1769 bis 1782.

1. Ich ward den 17. Februar 1769 zu Bielitz[32] in Oesterreich, zur preußischen Diöcese Breslau gehörigen Antheil Schlesiens geboren. Meine Mutter FRANZISKA war die Tochter eines italienischen Spezereyhändlers URBANI in Rattibor [!]; eifrige und fromme Katholikin auch unter der neuen protestantischen preußischen Herrschaft; so wie ihre Schwester MARIA ANNA später an den aus Oesterreich gebürtigen Uibernehmer der väterlichen Handlung in Rattibor JOSEPH FREY verehelicht.[33] Sie hatte zwey geistliche Brüder. Einer Guardan im preußischen Franziska-[*fol. 1/4*]ner-Kloster zu Rattibor, der Andere Vicar bey dem Erzpriester und Pfarrer ENZENDORFER in Bielitz /Onkel meines nachmahligen Schwagers und Med. Dr. ANTON ENZENDORFER/.

2. Meine Mutter FRANZISKA war dreymahl an Italiäner[34] verehelicht.

Aus der ersten Ehe mit TRAVERSI blieb ihr eine Tochter, die sich mit dem Spezereyhändler STOPPARI in Kaschau in Oberungarn vermählte, und dort Nachkommen hinterließ.

Der zweite Gatte meiner Mutter hieß BORDOLO [*und war*] ohne Nachkommen.

3. Endlich heiratete sie um das Jahr 1766 als Bielitzer Handelsfrau und Witwe meinen Vater [*fol.2/1*] CARL ANTON PRATOBEVERA[35]. Seinen Geburtsort, und die Schicksale seiner Aeltern, meiner Großaeltern, konnte ich nie genau ausmitteln; nur so viel weiß ich, daß, nachdem er zu Vermögen gelangte, er häufig Geldunterstützung seinen Verwandten zufließen ließ.[36] Ohne Zweifel war er der

---

32 [*Note* PRATOBEVERA] Bielitz liegt dicht an der damahls noch bestehenden Gränze des Königreichs Pohlen, geschieden von dem unterthänigen zur Starostey Zator gehörigen Domanial-Dorf [!] Biala /Weißwasser/ durch ein Flüßchen gleichen Nahmens.

33 [*Note* PRATOBEVERA] Sie starb kinderlos vor meiner Mutter.

34 [*Note* PRATOBEVERA] Man sehe die beigefügten Genealogischen zwey Namentafeln, die Beynamen mühsam zusammenfaßte. Ich habe keine großen Ahnherren, und habe sie nicht aufgesucht, obschon in der Lombardey Glieder leben mögen.
Nach dem alten Handelszuge bezogen die an den Gränzen von Tyrol, Venedig, Görz, Mailand gebürtigen Kleinhändler die nördlichen Länder und Märkte von Böhmen, Sachsen, Schlesien, Pohlen beynahe ausschließend mit Italienischen Früchten, Oel, Gewürz, Seidenwaaren, so da der Nahme Italiäner beym Volke mit Spezereyhändler gleichbedeutend war.

35 [*Note* PRATOBEVERA] Er schrieb ziemlich gut deutsch, und leserlich, an seine italienische Handelsfreunde aber italienisch und immer kurz; er unterzeichnete sich gewöhnlich BRATTOBEVERA [*im Original gesperrt*]. Die späteren genealogischen beygeschlossenen Tabellen enthalten ziemlich genaue Angaben.

36 [*Note* PRATOBEVERA] Mein Neffe ANTON ENZENDORFER will im Mailändischen im Jahr 1840 noch lebende Verwandte gefunden haben, doch keiner hat bisher aus jener Gegend sich an mich um Unterstützung gewendet.

Sohn armer Landleute, oder Patrizier einer kleinen Stadt der italienischen Konfinien. Lassen wir solche Forschungen den illustren Geschlechtern; ich datire das wenige von meinem Vater und meiner geliebten Mutter. Genug, er und ein leiblicher Bruder suchten und [*fol.2/2*] fanden ihr Glück außerhalb ihres Landes.[37] Mein Vater kam als Lehrjunge in die Spezerey-Handlung des Kaufmanns KASPAR SOLDAT in Teschen, der ihn nach dem vorhandenen Lehrbrief vom 12. October 1750 als Handlungsdiener nach der Lehrzeit bald freisprach.

4. Hierauf kam mein Vater nach Bielitz als selbständiger Kaufhändler. Man nannte den wohl gewachsenen Mann den schönen Italiäner, und er vermählte sich mit der Tochter des dortigen Postmeisters DITZIUS; doch starb diese erste Frau in dem ersten Wochenbette, und da man behauptete, daß das Kind ihr [*fol.2/3*] vorgestorben war, so gerieth mein Vater mit den Schwiegeraeltern DITZIUS in Zerwürfnisse, und mußte endlich allen Ansprüchen auf Vermögen der Familie DITZIUS entsagen; Abneigung und Kälte blieben lange nachhaltig, doch fand mein Vater Gelegenheit, später sich ohne Eigennutz zu zeigen, indem er von seinem Schwager DITZIUS, welcher seine erbliche, in der Folge auf 3.000 Gulden Einkommen gestiegene, Poststation Bielitz meinem Vater um 1.000 Gulden zum Kauf anboth, den Antrag nicht annahm; sondern ihn aus seiner Geldverlegenheit, ohne alle Sicherheit, unter den billigsten Bedingungen riß, und der Familie noch heut die Post [*fol.2/4*] erhielt. Unstreitig hatte der milde und fromme Sinn meiner Mutter, die er als Witwer und Nachbar ehelichte /23. September 1766 getraut Pfarrkirche Bielitz/ großen Einfluß auf die Gesinnungen des Kaufmanns bey ähnlichen Handlungsweisen.[38]

5. In der That waren auch die Zeitumstände den ersten Anfängen des Erwerbs günstig, welche der kluge, und unermüdete, und in seinen Geschäften pünktliche Kaufmann zu benützen verstand. Damahls waren nämlich die neuen Unruhen in Pohlen heftig ausgebrochen; KATHARINA II.[39] setzte mit Gewalt ihren Günstling Grafen STANISLAUS PONIATOWSKI[40] [*fol.3/1*] auf den Thron der PIASTEN und JA-

---

37 [*Note PRATOBEVERA*] Der aeltere Bruder ANDREAS PRATOBEVERA ließ sich in Caschau nieder, und hinterließ die in Galizien und Ungarn noch lebende Nachkommenschaft von seinen beiden Söhnen, Einen ansehnlichen Salinenbeamten in dem nun occupierten Ostgalizien /1772/ und einen Postmeister in Caschau /CASPAR PRATOBEVERA/. Alle sind verarmt; die Töchter in sehr bedrängten häuslichen Verhältnissen; wie zum Beispiel die Familie ZANKO unter anderem.

38 [*Note PRATOBEVERA*] Zwey Beispiele sind mir noch erinnerlich, wo mein Vater durch seinen auf Treu und Glauben andern gegebenen Kredit den Grund zum Wohlstand noch heut blühender Familien und Güterbesitzer legte; ich meine die Familien TOMKE, und CZADERSKI, der Stammvater der ersteren war ein bairischer Großfuhrmann, der letzteren ein Schank- und Gutspächter /Vater der [... *unleserlich* ...].

39 *(1729–1796), 1792 russische Kaiserin.*

40 *(1732–1798), letzter König von Polen (1764–1795) und Großfürst von Litauen.*

GELLONEN als letzten König, den diese SEMIRAMIS des Nordens[41] wieder selbst 28 Jahre später /1794/ vom Throne stieß. Die sogenannte confoederirte, von Frankreich schwach unterstützte Partei für – einen andern Wahlkönig verfolgt, und die mit Geld noch reichlich versehenen Konfoederirten Pohlen flüchteten häufig mit ihren Familien nach dem oesterreichischen neutralen Gebieth und meiner Vaterstadt Bielitz. Mein Vater war der einzige Spezereyhändler, der aus Italien[42] Fisch, Früchte, ausländische, und ungarische, von dem galizischen Adel beynah ausschließend gesuchte Weine und andere [*fol. 3/2*] Leckereyen den leichtsinnigen verschwenderischen Insurgenten um hohe Preise verkaufte[43], und dadurch den Grund zur Erweiterung seines Handelsgeschäftes legte.

6. Das oesterreichische Cabinet sah die durch FRIEDRICHS II.[44] Länder hier eingeleitete und vollzogene Invasion in Pohlen mitten im Frieden /1772/ einverständlich mit Rußland als ein fait accompli nach der modernen Sprache der Diplomatie an, und Herzog Kaiser JOSEPH II.[45], Fürst KAUNITZ[46], beziehungsweise Baron THUGUT[47], endlich auch Publicisten, [*welche*] die geträumten Rechte der ungarischen Krone auf ein so ausgedehntes Gebieth der Sarmaten herauszuklügeln [*fol. 3/3*] wußten, beschwichtigten die Bedenklichkeiten der großen Regentin MARIA THERESIA[48]; und sie willigte ein, mit Oestereichischen Truppen angeblich die Ruhe Pohlens zur eigenen Sicherheit herstellen zu helfen, und das beruhigte Gebieth aber der Oesterreichischen Monarchie, nicht aber dem Ungarischen Gebiethe einzuverleiben. Ein ziemlich ausgedehntes Interventions-Verfahren, welches in den neuesten Landtagen Ungarns /1830–1840/ den adeligen opponieren-

41 [*Note PRATOBEVERA*] Nach VOLTAIRS [*recte VOLTAIRE, FRANÇOIS MARIE AROUET (1694–1778), einer der einflussreichsten Autoren der europäischen Aufklärung*] Satze: Bezeichnung.

42 [*Note PRATOBEVERA*] Wohl auch durch Schmuggelei aus der nur 1 Meilen entfernten preußisch-schlesischen Gränze /[*zum*] Preußischen Anhalt-Köthen gehörig/.

43 [*Note PRATOBEVERA*] Als einjähriger Knabe spielte ich mit holländischen Ducaten der in Pohlen einzig gangbaren Goldmünze. In meines Vaters Hause wohnte als französischer Agent der später in der französischen Revolution berühmt gewordene General DUMOURIER, und die Pohlen hatten noch lange bis nach der letzten Theilung Pohlens /1794–95/ bey uns ein Magazin von groeßeren Säbeln, Trommeln und dergleichen, die man ihnen verkaufte.

44 *(1712–1786), seit 1740 König in Preußen.*

45 *(1741–1790); ältester Sohn von MARIA THERESIA; seit 1764 Kaiser des Heiligen Römischen Reiches und seit 1765 Mitregent der Österreichischen Monarchie.*

46 *WENZEL ANTON Fürst KAUNITZ (1711–1794), 1753 österreichischer Haus-, Hof- und Staatskanzler.*

47 *FRANZ MARIA Freiherr von THUGUT (1736–1818), 1793 österreichischer Minister des Äußeren.*

48 *(1717–1780), 1740–1780 regierende Erzherzogin von Österreich sowie Königin von Ungarn und Böhmen.*

den Oligarchen zu eben so widerständigen und ungerechten Reclamationen auf Galizien Veranlassung gab.[49]

7. Als nun das Gebieth unter dem Nahmen der Königreiche Galizien und Lodomerien in Besitz genommen war /18 Kreise, jetzt gegen 5 Millionen Ein-[*fol. 3/4*]wohner/, kaufte mein Vater (1777) in dem anstossenden, ehemals polnischen Dominical-Dorf Biala ein Haus, führte einen kostspieligen, aber schlecht angelegten Bau, legte eine zweite größere Spezerey und Eisenhandlung an, und hatte unter den neuen galizischen umliegenden Krämern und adeligen Besitzern häufigen Absatz, den noch keine große Konkurrenz störte, und schmälerte.

8. In den ersten Kinderjahren schickte man mich zur Heilung einer Fußerkrankung zur Tante /MARIANNA FREY/ nach Rattibor, kleidete mich manchmahl in geistliche Mönchs-[*fol. 4/1*]kleidung, weil Tante und Mutter, nicht aber mein Vater, mich, den erstgeborenen Sohn, gern dem geistlichen Stande zugeführt hätten. Kurze Zeit besuchte ich die Elementar-Schule in Bielitz, und wurde im Jahr 1776 nach Teschen in's Gymnasium geschickt.

9. Die tauglichen Priester des kurz vorher aufgehobenen Ordens der Jesuiten behielten den Unterricht in sechs Klassen. Man muß gestehen, daß, wie schon BACO [!][50]bald nach der Entstehung des Ordens bemerkte[51], die Schullehrer aus demselben auf die Gemüther der ersten zarten Jugend trefflich einzuwirken verstanden. [*fol. 4/2*] Phantasie und Gefühl wurden durch Mittel angeregt, und lebhaft unterhalten, welche bald von religiösen Gebräuchen, bald von sinnlicher Lust oder Unlust und Schmerz, entlehnt wurden. Wir betheten jeden Sonntag kniend auf dem Marktplatz von Teschen vor einem mit Lämpchen beleuchteten Marienbilde die Mariannische Litaney, den Rosenkranz, sangen zu Ehren der Mutter Gottes /Omni die, die Mariae und so weiter/ und hatten eine Sodalitas

---

49 [*Note* PRATOBEVERA] Die später gänzliche Theilung und Unterjochung des ehemaligen Pohlens, welches einst Moskowiten, Preußen, Schlesier, und selbst Ungarn beherrschte, und die türkische Macht brach, ist ein beklagens-[*fol. 3/4*]werthes Ereigniß; und ein drohender Krebsschaden, der bey jeder Katastrophe des politischen europäischen europäischen [!] Kriegs und Friedenszustandes schon oft /1790 wie 1830/ mit gefährlichen Ausbrüchen herantritt, leider noch jetzt /1841/ fortwährt. Die Civilisation wird in dieser Beziehung die Kurzsichtigkeit selbstsüchtiger, nur den Augenblick berechnenden Staatsmänner dieser Periode einst strenge richten, und anklagen; aber zu spät! Wie dagegen in un-[*fol. 4/1*]seren Tagen das sogenannte neuerstandene Griechenland, und das morsche Reich der Osmanen von der christlichen Diplomatie zärtlich gepflegt, und regenerirt werden will, um jeden Preis, bildet wahrhaftig einen seltsamen man möchte sagen – lächerlichen Kontrast!!

50 *Recte* FRANCIS BACON *(1561–1626), englischer Philosoph und Staatsmann des 16. Jahrhunderts.*

51 [*Note* PRATOBEVERA] Ich glaube, daß sich noch sehr Vieles auf den alten Universitäten von Oxford und Cambridge trotz der Reformation ungeachtet erhalten hat.

Mariana, die sich jeden Sonntag unter Vorsitz eines geistlichen Professors und Rectors vor dem nachmittägigen Gottesdienst mit den beiden höheren und niederen Graden der [*fol.4/3*] Sodalen, und der Tyronen versammelten – als Syntaxist /4. Klasse/, die fünf andern Klassen begriffen 1 die Parvisten /oft Knaben im 8. Jahr, 2 [*die*] Principisten, 3 [*die*] Grammatisten, 5 [*die*] Poeten, 6 [*die*] Rhetoren[52]/, hatte ich in der Sodalitas Mariana die Function eines Secretairs mit besondern Abzeichen, Rang und Sitz. In der Schule selbst waren als Belohungen vergoldete und silberne Medaillen, die man bis zur nächsten oeffentlichen Prüfung tragen durfte, Bücher, Heiligen-Bilder, und an Feyertagen nahm der Professor der Klasse wohl noch seine Lieblinge und fleißigsten Schüler zu Spaziergängen, Ballspielen und kleinen Erfrischungen von Brod [!] Butter, Milch mit[53], indessen die [*fol.4/4*] dem Schulgesetze, und der Disciplin verfallenen Schüler Hausarrest und Strafpensa[54] als geringere Strafen erhielten. Wir hatten Ehren- und Schandbänke, und die Ruhe und Ordnung wurde durch Aufseher /Decurionen Censoren, Examinatoren und oeffentliche Ankläger/ so wie die strenge Disciplin durch Knien, Züchtigung mit Ruthen, Haselnußstöcken durch den Famulus oeffentlich in der Schule /bey entblößtem Leibe hinter den aufgespannten Mänteln /des allgemeinen Schmuckes der Studenten/ den Rücken der Execution zuwendeten: Endlich und durch Ausstossen [*aus der Schule*], oder aufgelegte Repetition des ganzjährigen Cursus die abschreckende Disciplin gehandhabt.

[*fol.5/1*]

10. Ein solches Zusammenleben der Lehrer mit den Schülern, und das Erforschen der einzelnen Individualitäten, ist freilich nicht in großen Städten, sondern nur in engeren Kreisen von 20 bis 30 Zöglingen möglich. Es mußte in den Kindern den auch später fortwährenden Keim zum religiösen Glauben, Gehorsam, [*zur*] Achtung und Demuth vor geistlicher und weltlicher Obigkeit und Autorität des Alters, der Geburt, der socialen Rangstufen Würden und Aemter pflanzen. Doch regte sich schon bald nach der Aufhebung der Jesuiten, und der Occupation Schlesiens durch [*fol.5/2*] das protestantische Preußen ein freyerer Geist religiöser und politischer Ansichten über Kirche und Staat, wozu die damahls jedenfalls im vollen Gange begriffene nordamerikanische Revolution und eine Verfassung ohne Staatskirche[55], VOLTAIRE, ROUSSEAU[56], die französischen Enzyclopädisten,

52 [*Note* PRATOBEVERA] Die Philosophie, Physik und so weiter zählten als 7.–8. Schul[*stuf*]e fort, und im gemeinen Leben sagte man, ein vollendeter Studiosus müsse 12 Schul[*stuf*]en absolvirt haben.

53 [*Note* PRATOBEVERA] Ich wurde selbst manchmahl zum Frühstück mit Kaffeh geladen, den meine Eltern freylich reichlich wieder erstatteten.

54 [*Note* PRATOBEVERA] Durch vielfaches Abschreiben einer Aufgabe, oder Uibersetzung.

55 [*Note* PRATOBEVERA] Ich erinnere mich, daß ich mit Entzücken meinem Vater die Reden und Thaten eines WASHINGTON, FRANKLIN, LAFAYETTE aus dem Hamburger Un-

die deutschen protestantischen Schriftsteller dieser Periode /HALLER, KLOTZ, LESSING, WIELAND[57] und Andere/ vorgearbeitet hatten; allein diese Sinnesänderung, der gläubige Zweifel, und der zweifelnde Glaube, und noch weniger der völlige Unglaube oder Indifferentismus war noch nicht in die grossen [*fol.5/3*] Massen der vornehmen und mindern Stände eingedrungen; unter ihnen dauerte die alte Antipathie der Religionspartheyen bis zur Regierung Kaiser JOSEPH II. fort, welcher gesetzlich und mit Zwang ihr entgegenwirkte.

11. Bekanntlich hatte Schlesien, und insbesondere auch der Teschener Kreis, seit den hussitischen und schwedischen[58] grausamen Religionskriegen und Invasionen viele heimliche, und oeffentliche Sectierer und Abtrünnige vom alten römisch-katholischen Glauben unter den verschiedensten Nahmen der Utraquisten[59], und obschon es den mächtig gewordenen Jesuiten schon früh gelang, die Häresie in den südlichen katholischen Staaten /Portugall [!], [*fol.5/4*] Frankreich, Spanien, Italien/, in den geistlichen deutschen Territorien, dann Bayern, Oesterreich, Tyrol, Steyermark unter den FERDINANDEN, RUDOLPH [*und*] MATTHIAS[60], die neue oder wieder erwachte Lehre, und ihre Prediger gänzlich zu verdrängen[61], dafür sich die confiscirten großen Güter der Apostaten aus den größten adeligen Familien von den Landesherren zutheilen zu lassen; so konnten sie doch weder in Böhmen, Ungarn, Siebenbürgen, Mähren und Schlesien, und noch weniger im nördlichen Deutschland, in England, Schweden, Dänemark, Holland,

---

partheyischen Correspondenten, und der beliebten Erlanger Zeitung vorlas, und wir beide nur verdrießlich von der Mutterhand des Abends den Rosenkranz zum Bethen nehmen mußten. [*GEORGE WASHINGTON (1732–1799), federführend bei der Gründung der Vereinten Staaten von Amerika, erster Präsident 1789–1797; BENJAMIN FRANKLIN (1706–1790), Schriftsteller und Philosoph sowie Naturwissenschafter, bedeutende Persönlichkeit der Aufklärung in Amerika, 1776 Mitunterzeichner der amerikanischen Unabhängigkeitserklärung; MARIE-JOSEPH-PAUL-YVES-ROCH-GILBERT du MOTIER Marquis de LA FAYETTE (1757–1834), französischer General und Politiker.*]

56 *JEAN-JACQUES ROUSSEAU (1712–1778), französisch-schweizerischer Schriftsteller, Philosoph, Pädagoge und Komponist.*

57 *ALBRECHT HALLER (1708–1777), CHRISTIAN ADOLF KLOTZ (1738–1771), GOTTHOLD EPHRAIM LESSING (1729–1781), CHRISTOPH MARTIN WIELAND (1733–1813), Aufklärungsschriftsteller des 18. Jahrhunderts.*

58 [*Note PRATOBEVERA*] Viele Familiennahmen der protestantischen Einwohner in Bielitz, BARTELMUS, NESSITZIUS, DITZIUS, SÄSSE und dergleichen, deuten auf schwedischen Ursprung.

59 [*Note PRATOBEVERA*] Taboriten, Wiedertäufer, Mährische Brüder, und so weiter.

60 *FERDINAND I (1503–1564), 1531 römisch-deutscher König, 1556 Kaiser; FERDINAND II. (1578–1637), 1617 römisch-deutscher König, 1619 Kaiser; RUDOLF II. (1552–1612), 1576–1612 römisch-deutscher Kaiser; MATHIAS (1557–1619), 1612–1619 römisch-deutscher Kaiser.*

61 [*Note PRATOBEVERA*] den Katholizismus und die päbstliche Hyrarchie vor der wachsenden Gefahr zu retten /seit 1560/.

dieses Verfolgungs- und Proscriptions-[*fol.6/1*]System durchsetzen.[62] Und so hatten auch Protestanten augsburgischer Confession in Teschen seit den Altvorstädter Heiden in der Vorstadt nur Kirche, eine Superintendentur und ein Gymnasium mit theologischen Vorbereitungsstudien für die Universitäten von Leipzig, Wittenberg, Halle und so weiter. Der größere und wohlhabendere industrielle Theil der Einwohner von Bielitz war deutsch und protestantisch, mußte aber zum oeffentlichen Gottesdienst nach Teschen, bis Kaiser JOSEPH II. in Bielitz und Biala, und in den umliegenden Ortschaften, gesetzlich [*fol.6/2*] den zahlreichen Gemeinden eigene Bethäuser und Schulen gestattete. Ganze Schaaren des Landvolkes sah ich im Jahr 1781 nach Teschen kommen, um sich für den Protestantismus

62 [*Note PRATOBEVERA*] Ich muß hier einen Umstand aus meinem oeffentlichen Leben im Jahr 1840 vorläufig kurz berühren. Die Fürsten WINDISCHGRAETZ brachten nämlich bey Kaiser FRANZ II. an, daß sie als Erbnehmer weiblicher Nachkommen einer reichen böhmischen großen Familie, SMIŘZYCKI /Obersthofmeister des Königreichs/ in der Periode der ersten böhmischen Unruhen /1618–1634/, widerrechtlich als utraquistische Rebellen durch FERDINAND II. und [*fol.6/2*] den allgewaltigen Feldherrn WALLENSTEIN [*Albert Wenzel Eusebius Waldstein von Wartenberg (1583–1634), aus einem der ältesten böhmischen Adelsgeschlechter; kaiserlicher Oberbefehlshaber zur Zeit des Dreißigjährigen Krieges*], Herzog von Friedland [*und Mecklenburg, Fürst von Sagan*], eines ungeheuren Vermögens beraubt wurden, und ihr Ahnherr Graf GOTTLIEB WINDISCHGRAETZ [*(1630–1695)*], kaiserlicher Reichshofrath, unter LEOPOLD I. [*(1640–1705), 1658–1705 römisch-deutscher Kaiser*] im Jahr 1676 sich einen dürftigen Vergleich mit 300.000 Gulden gefallen lassen mußte; während Jesuiten und böhmische und mährische Große /die LICHTENSTEIN, LOBKOWICZ, PICCOLOMINIS, BOUGUIGNON/ und so viele Andere im usurpirten Besitz der Güter blieben. FRANZ II. gestattete den [*fol.6/3*] Fürsten WINDISCHGRAETZ nach langen Verhandlungen unkluger Weise die Wiederaufnahme eines processualistischen Verfahrens, und die Kläger forderten nicht weniger als 14 Millionen an Güterwerth und entzogenen Früchten. Aus den Acten dieses Processes, dessen ich noch später gedenken werde, überzeugte ich mich von der erbärmlichen Administration der HABSBURGER-Regenten, seit Kaiser SIGMUND I. [*von Luxemburg; (1368–1437), Kurfürst von Brandenburg (1378 bis 1388), König von Ungarn (1411–1415) und Kroatien (1387), römisch-deutscher König (1411), König von Böhmen (1419), römisch-deutscher Kaiser (1433–1437)*] und Erlöschung der Albertinischen Linie immer in Geldverlegenheit; zur Führung [*fol.6/4*] des Kampfes, zu dem Rom und die Jesuiten mit Erfolg leicht die schwachen Fürsten dieses Hauses anregten, vergeudeten sie Domaenen und Steuer-Regalien für eine ganze Zukunft an die sogenannten 3 oberen Stände der Prälaten, Herren, und Ritter, und überließen ländliche und städtische Gemeinden ihren ungebundenen willkührlichen Plakereien. Man hatte zuweilen gute Gesetze und Gerichte zu geben gesucht, aber die oeffentliche Macht zu ihrer Handhabung fehlte, weil man weder den Soldaten noch den Beamten bezahlen konnte. Räubereien [*fol.7/1*] abgedrungene Selbsthilfe der Soldatesken, Meutereien in Städten und Dörfern, Armuth, und Vernichtung der Industrie und des Handels waren bis auf die große MARIA THERESIA die Geisel unserer Staaten mehr als in den protestantischen Gebiethen.

in Folge des Toleranzpatentes zu erklären; in Böhmen und Mähren wollte man den Deismus und den Sociialismus [!] in einigen Gemeinden verstendlich lehren, was aber künftig von der Regierung unterdrückt wurde.

12. Diese große religiöse Aufregung der Gemüther zwischen Protestanten und Katholiken steigerte anfänglich den noch nicht erloschenen Haß [*fol.6/3*] zwischen den Religionspartheyen; die katholischen Studenten rauften mit den protestantischen beym Zusammentreffen, oder höhnten einander. In Bielitz war mein Vater als ansehnlicher Katholik der Führer und die Stütze in dem gemischten Magistrate gegen die zahlreichen, industriell achtbaren, sparsamen und reichen protestantischen Einwohner. Doch der deutsche, kältere [*und*] grübelnde Charakter, und selbst die slavischen Völker, sind zum religiösen Fanatismus auf die Dauer von Jahren weit weniger geeignet gewesen, als die phantasierei-[*fol.6/4*]chen Völkerschaften der romanischen, oder lateinischen Zunge, und des Orients. Die Reformation konnte leichter Wurzel fassen, und es verloren oder verminderten sich bald die Zuckungen nach dem oesterreichischen Toleranzpatent. Die Kirchenreformen des Kaisers gingen allenthalben ruhig ohne Blutvergiessen vor sich, wobey Er vom Fürsten KAUNITZ, und einigen freygesinnten Prälaten und Staatsmänner[*n*] /größtentheils dem Maurer-Orden angehörig/ unterstützt wurden. [*Papst*] PIUS VI. entschloß sich zu dem ersten Besuch eines [*fol.7/1*] deutschen Kaisers auf deutschem Boden /1782/, und die gefährlichen, neuen Reformen der ersten katholischen Macht in Deutschland, dergleichen selbst FRIEDRICH II. bey seinen neuen katholischen Unterthanen in Schlesien und Pohlen nicht gewagt hatte[63], untätig zu machen oder zum Stillstand zu bringen. Es gelang nicht, das Volk von Wien empfing seinen Seegen, ließ den Pabst ruhig ziehen, so wie ohne Aufregung gedruckte Pamphlete lesen und verbreiten, z.B. „Was ist der Pabst?“ von EYBEL[64], die „Monachologie“ von Hofrat BORN[65], die Kritik über [*fol.7/2*] die in den Kirchen Wiens gehaltenen katholischen Predigten und so weiter.

13. In diesem Jahre /1782/ beendigte ich den Gymnasial-Cursus in Teschen; mein einziger jüngerer Bruder JOSEPH, dessen unglückliches Ende später vorkommen wird, fing so eben in Teschen seine Studien an, verließ sie aber schon im 4. Curse, und ward später in die väterliche Handlung, dann nach Brünn gebracht. Er zeigte wenig Lust zur wissenschaftlichen Beschäftigung, obgleich es

---

63 [*Note PRATOBEVERA*] Ob aus Indifferentismus des Philosophen von Sans-Souci oder aus Politik nach englischer Maxime, welche Heiden und Götzendiener unter ihrer Herrschaft verbrennen läßt, wenn nur die Unterthanen Gold und Arbeit liefern? Nur auf ihrer Insel und in Irland ist Unduldsamkeit gebothen.

64 *JOHANN VALENTIN EYBEL (1741–1805), katholischer Kirchenrechtler.*

65 *IGNAZ BORN (1742–1791), führender Kopf der Illuminaten in Wien, Verfasser der „Monachologia“ bzw. „Neueste Naturgeschichte des Mönchtums“ (1783 bzw. 1784).*

ihm an natürlichen Fähigkeiten nicht gefehlt hat. Man fand uns in der [*fol.7/3*] äußeren Gestalt sehr ähnlich.[66] Er hatte einen größeren Hang zum fröhlichen, geselligen Leben, Tanz, leider auch zum Spiel, und erhitzenden Getränken. Ein guter Jäger und besserer Reiter als ich; es gebrach ihm in der Folgezeit nicht an Zerstreuungen und Schmarotzern, besonders unter Offizieren, Kreisbeamten, und Handlungsgenossen, denen er sich nach des Vaters Tod /im Jahre 1801/ zwangloser hingeben konnte.

14. Drey wichtigere Ereignisse fielen in meine erste Jugendzeit in Teschen. Der Teschener Friedens-Kongreß, der 1779 die ausgebrochenen Feindseligkeiten zwischen Oesterreich und [*fol.7/4*] dem alten Widersacher FRIEDRICH II. wegen der bayerischen Erbfolge beilegte, und dem Oesterreichischen Gebieth das Innviertel verschaffte. Ich bekam von dem Oesterreichischen Regierungscommissair eine Einlaßkarte zu einem glänzenden Tanzball zur Feyer des Friedens, genoß aber als blöder Junge wenig oder nichts von den aufgehäuften Seltenheiten und Leckereyen der Tafel, die ich nicht kannte.[67]

In der 4. Klasse bekam ich plötzlich die natürlichen Blattern in großer Menge; meine gute Mutter eilte zu mir nach Teschen, pflegte und [*fol.8/1*] reinigte mich Tag und Nacht, und mit ihrem Munde leckte sie die geschwollenen, durch mehrere Tage geschlossenen Augenlieder. Doch kam ich nach der damahligen Kurart durch sehr warme Bedeckung, Ofenhitze, Abführungen, und Schweiß treibende Mittel noch ziemlich glücklich aus dieser zerstörenden häßlichen Krankheit davon; meine Augen litten nicht, bis auf die später sich zeigende Kurzsichtigkeit, die schon meiner Mutter, wie ich mich erinnere, anklebte. Mein Vater hatte stets ein gesundes, feuriges Auge behalten. Mehr zerstörend wirkten die Blattern [*fol.8/2*] auf meine ältere einzige Schwester, die Euch noch persönlich bekannt gewordene CAROLINA ENZENDORFER, wieder verehelichte SPARSAM. Aus einem sehr schönen Kinde wurde sie im 4. Lebensjahre durch die Blattern äußerst verunstaltet, und durch die Leiden ihrer Augen noch lange nachher, in dem Schulunterricht gehindert worden, bey sehr guten Fähigkeiten mußte ihre Geistesrichtung mangelhaft, und nach dem Vorbild der Mutter pietistisch, und abergläubisch sich entwickeln. Alles dessen ungeachtet fand sie schon im 16. Jahre, als eine in Bielitz [*fol.8/3*] damahls noch für reich angesehene gute

---

66 [*Note PRATOBEVERA*] Er war als Knabe der Liebling des Vaters, ich der Mutter.

67 [*Note PRATOBEVERA*] Graf KOBENZEL [!], BRETEUIL, Fürst GALIZIEN [!], RIEDESEL waren die Gesandten der vier größten Mächte; der nachmahlige erste unglückliche Anführer gegen BONAPARTE in Italien, General ALVINZY, commandirte die Truppen in, und um Teschen. [*Österreich war vertreten durch JOHANN PHILIPP Graf von KOBENZL (1741–1810), Frankreich durch LOUIS-CHARLES-AUGUSTE le TONNELIER Baron de BRETEUIL (1730–1807), Preußen durch JOHANN HERMANN Freiherrn von RIEDESEL (1740–1785) und Russland durch NIKOLAI WASSILJEWITSCH REPNIN (1734–1801).*]

Parthie aus einem geachteten Hause, einen jungen wohlgebildeten Freyer an dem Med. Dr. ANTON ENZENDORFER, der von Wien kommend sich in Bielitz niederließ. Die Heirath war im Jahr 1780 in Ostrau bey seinem Bruder, dem Pfarrer FRANZ ENZENDORFER, vollzogen, und ich wiegte noch als Gymnasiast seinen Erstgebohrenen CARL /jetzigen Appellationsgerichts-Präsidenten in Galizien/ auf meinen Armen. Der Vater starb 1794 als gesuchter Arzt, lange vorhersehend das schmerzliche Ende als Folge einer lymphatischen Seitengeschwulst.

15. Wenn ich nun auf die wissenschaftliche Ausbildung in Teschen zurückblicke; so muß ich doch die Früchte eines 6jährigen Aufent-[*fol.8/4*]haltes als höchst dürftig, und mangelhaft eingestehen. Unter meinen Lehrern war nur Einer von wahrer gründlicher classischer Bildung, als griechischer und lateinischer Philologe, Geschichtsforscher und Mathematiker[68].

Gedächtnißübungen aus schlecht verstandenen und erklärten Autoren, mit gänzlicher Vernachlässigung einer deutschen oder griechischen Sprachlehre, der Geographie, Geschichte unseres Landes, der Naturgeschichte; etwas Latein und Mathematik hatte ich als Principist zurückgebracht. Mit unverderbaren Sitten kehrte ich im Jahr 1782 nach Bielitz zurück, nicht ohne Verdruß, daß mir der Sohn des Teschener Kreishauptmannes /GRAF LARISCH[69]/ das erste Prämium entzogen hatte[70].

[*fol.9/2*]

---

68 [*Note PRATOBEVERA*] LEOPOLD SCHERSCHNIK [*(1747–1814)*] selbst in Teschen gebürtig, Exjesuit aus dem Kollegium in Prag; er hatte in Leipzig einen Preis über eine Gefühlsfrage erhalten, und nach dem großen Brande in Teschen /1794/ widmete er sein aelterliches Vermögen [*fol.9/1*] unter seiner Leitung dem Wiederaufbau des Gymnasiums, des Convicts, und mit seinem Büchervorrath [*er war Besitzer einer bedeutenden Bibliothek im Umfang von etwa 17.000 Bänden*] stiftete er die Bibliothek des Gymnasiums. Er nahm keinen Anstand uns gute protestantische Kinderschriften, insbesondere den damahls weit verbreiteten und wohlthätig wirkenden Kinderfreund von WEIßE; COUPE'S [*! recte JAMES FENIMORE COOPER (1789–1851)*] Robinson, [*CHRISTIAN FÜRCHTEGOTT*] GELLERTS [*(1715–1769)*] Fabeln und so weiter in die Hände zu geben [*fol.9/2*] welche ich gierig verschlang. Diese dankbare Erinnerung bin ich seinem Andenken schuldig.

69 *JOHANN JOSEF LARISCH von MOENNICH (1771–1841), später Statthalter in Mähren.*

70 [*Note PRATOBEVERA*] [*fol.9/2*] Später scherzte ich über die Rivalität mit dem Grafen LARISCH-MOENNICH, geheimen kaiserlich-königlichen Rath, großen schlesischen Güterbesitzer und Schwiegervater des Galizischen Gouverneurs Freyherrn von HAAN. [*LEOPOLD Freiherr HAAN (1743–1828), Bruder des MATHIAS WILHELM HAAN.*]

II. Abschnitt: 1782 bis 1784 und der ersten Rückkehr von Wien nach Bielitz.

16. Mein Vater bestimmte auch mich zur Handlung, und dahmals gab ich noch gern diesem Wunsche Gehör. Ich sollte jedoch nicht als gewöhnlicher Handlungsjunge eintreten, sondern in Sprachen, Schönschreiben, Briefstyl und Rechnungsfertigkeit eine [*fol.9/3*] kaufmännische Vorbildung erhalten. Da mein Vater seine Handlungsverbindung mit Glück und großem Credit auch in Wien erweitert hatte[71], so wählte er ein Handlungshaus für mich zur Kost und Wohnort; ein für den 15jährigen, der strengen Zucht der Eltern und Lehrer ausgenommenen Jüngling gefährliche, und wirklich für mich nachtheilig gewordene Wahl! Alles war hier anders als in dem väterlichen Hause. Eine 36jährige, wohl erhaltene und genährte Witwe /THERESIA BOCHINI/ lebte nicht mehr auf dem Fuß der bürgerlichen alten Wiener Sitten. Ein theures Quartier auf dem belebten Stock-am-Eisenplatz um 600 Gulden /Zur schönen Wienerin/ [*fol.9/4*] im 5. Stockwerk, später eine Equipage und ein Bedienter, ein reichlich besetzter Tisch, von dem bey Einladungen von Freunden die Handlungsdiener ausgeschieden, endlich ganz zu einem besondern Tisch mit mir verwiesen wurden; Theater, hohes Kartenspiel zu Hause, Lustfahrten nach Nußdorf, Baden, Dornbach, und im Fasching die beliebten Säle der Vorstädte und die damahls glänzenden maskirten Redouten trösteten die Witwe über den Verlust des wahrscheinlich einfacher lebenden Mannes, eines Witwers, und Italiäners SIMON BOCHINI. Ich traf dessen Bruder VINZENZ BOCHINI als schwachen Handlungsführer, welcher mit der Witwe und Schwägerin nach mosaischem Gesetze ganz offen lebte; [*fol.10/1*] ob in geheimer Ehe, mag dahin gestellt seyn. Wenigstens plagte den Schwager eine italiänische Eifersucht; denn die lebenslustige Witwe, obgleich Mutter von 7 eigenen Kindern, und einer erwachsenen Stieftochter versammelte um sich mehrere Tisch- und Freudengenossen – den Haushofmeister des Feldmarschalls Grafen LACY; den nachmahls berühmt gewordenen Banquier und Schweitzer [!] HEINRICH GEYMÜLLER[72], den Gesellschafter und Firmaführer des Hauses SCHULLER-PASSY; seinen Bruder, einen Postbeamten, der als später brustkranker Günstling von der gutmüthigen Hausfrau in's Haus genommen, gepflegt wurde, und endlich durch einen freiwilligen Sturz aus dem Fenster in das Sackgäßchen [*fol.10/2*] neben dem Hause das Leben endete. Eine zweite noch schmerzlichere Katastrophe ereignete sich in

---

71 [*Note* PRATOBEVERA] Scherzend pflegte er oft zur Mutter zu sagen: bey ihren beiden ersten Ehemännern habe sie keine seidene Saloppen tragen, und nicht viel echten Kaffeh [!] trinken können. Wirklich war der Genuß desselben in bürgerlichen besseren Haushaltungen seltener, und Surrogate, wie Cicorienwurzel, Cacao, geröstete Mandeln und dergleichen vertraten die Stelle des Kaffeh, aus welchen [*fol.9/4*] FRIEDRICH II., wie aus dem Taback, einige Zeit ein Monopol in Schlesien machte.

72 *HEINRICH GEYMÜLLER (1839–1910), Kunsthistoriker und Architekt.*

dem Hause dieser Frau, und beklagenswerthen Mutter. Ihr eigener aeltester Sohn, den sie oft wegen des nächtlichen Herumschwärmens mit Vorwürfen vielleicht auch thätlich zur Rede stellte, wurde an einem Morgen auf diese Weise empfangen. Der darauf gefaßte, mit Groll erfüllte Bube feuerte eine vorbereitete Pistole auf die Mutter, und als der Schuß versagte, zerschmetterte er sich selbst das Gehirn, gelehnt an den Ofen der Stube, die ich früher und später bewohnte.

So war das Haus beschaffen, [*fol.10/3*] in das ich ohne einen einzigen Freund und Führer eintrat, und wo ich, eine allzu gutmüthige Behandlung und Sorgfalt in der materiellen Pflege erfuhr. Erst später erwachte wieder der innere bessere Genius, und ich war glücklicher, als die Kinder dieser Familie. Nur eine von den Töchtern, welche unter der Aufsicht einer sogenannten ältlichen Madame aus Wien, gleich unwissend im Deutschen, wie im Französischen, standen, war hübsch und im Aufblühen, und hätte mir gefährlich werden können: aber sie verlachte den ungeschlachteten Jüngling aus der Provinz, und verehelichte sich mit einem Kaufmann WEIß. Er endete mit einem Banquerot, und die hübsche CAROLINE mit einer Traiteurie, wic mir dic HABEL-Mutter erzählte. Meine Hausfrau war [*fol.10/4*] ebenfalls genöthigt, mit den Handlungsgläubigern zu accordiren, die alte Handlung[73] zu verkaufen. THERESIA BOCHINI ward zuletzt eine Grünspanfabrikantin in Dornbach, wahrscheinlich nicht mit vielem Glück; denn ich begegnete ihr als Hofrath im Jahr 1806 zufällig auf der Strasse, wo sie mich als altes Mütterchen im ärmlichen Anzug ansprach. Seit dem verlor ich sie und ihre Familie ganz aus dem Gesichte. Einige Söhne waren Militaires und subalterne Officiere geworden; Einer starb in Lemberg als Postwagenexpeditor, und diente neben [*dem*] jüngeren HABEL nach dem Feldzug von Jahr 1815. Da ihre Mutter zwar eine gutmüthige Wienerin, aber ohne höhere Bildung war, und die Söhne einen erbärmlichen [*fol.11/1*] Unterricht[74] genossen; so mögen ihre Geschicke noch immer glücklich genug genannt werden. Nur zu lange habe ich vielleicht bey dieser Familie verweilt; aber ich wollte Euch, meine Kinder!, an mir selbst den alten aber wahren Satz berühren, daß des Menschen individuelles Gelingen oder Mißlingen in Erreichung seiner irdischen Bestimmung von solchen Zufälligkeiten und Einflüssen seit der Wiege abhängt, die er nicht selbst herbeyführt. Laßt uns jedoch nicht den Menschen zum willenlosen mechanischen Automaten

73 [*Note PRATOBEVERA*] an TRAUNWIESER, den Mann der noch lebenden [! *KAROLINE TRAUNWIESER (1794–1815), galt als „das schönste Mädchen zur Zeit des Wiener Kongresses"*] galanten Freundin vieler Großen, zuletzt des Prinzen de LIGNE auf dem Kahlenberg. [*CHARLES-JOSEPHE (1735–1814); 1809 österreichischer Feldmarschall.*]

74 [*Note PRATOBEVERA*] Ihr Hauslehrer war ein alter und aus der Seelsorge getretener Geistlicher, mehr zur Aufsicht und Begleitung als zum Unterricht, den sie von Stundenlehrern dürftig im Schreiben, Rechnen, Zeichnen, Französischen mit geringen Fortschritten empfingen.

herab würdigen; nicht an die trostlose Lehre des Fatum, oder eine unwiderstehliche Nothwendigkeit glauben, nicht jede Verirrung, [*fol. 11/2*] jede Schädlichkeit, jedes Verbrechen als unfreiwillig, durch unwiderstehliche Naturnothwendigkeit motivirt, entschuldigen. Auf solche Weise lästert man frech den göttlichen Stifter unserer Religion, der für unser Verhalten ganz andre erhabene, und doch für menschliche Schwächen erreichbare, in unsere Herzen geschriebenen Gebote verkündete. Allein eben wegen dieses geheimnißvollen, noch nie erklärbaren und vielleicht nie durch Worte zu erklärenden Zusammenhanges zwischen Seele und Körper, befiehlt der Herr und Meister ein mildes Urtheil über den Strauchelnden, oder Gefallenen, und die Frage an uns selbst müssen wir stellen: ob wir unter gleichen Umständen der Geburt, der Familie, des Reichthums, oder der Armuth, des Beispiels [*fol. 11/3*] und des Aergernisses, die allmählig ihre abstossende Kraft durch längere Anspannung verlieren, nicht eben so tief gesunken wären. An das Schrecklichste und Ruchloseste gewöhnt sich die neue Generation, wenn sie die aeltere darin befangen sieht. Ja! nur von der Familie in hohen und niedern Kreisen kann ein besserer Zustand der Gesellschaft hervorgehen[75], nicht von ohnmächtigen frei gesponnenen Theorien, Gesetzen und Staatsanstalten, wenn auch wir den Weg zur Familienbildung nothwendig eröfnen, und fleißig [?] schützen müssen.

17. Ich kam im 15. Jahre mit meinem Vater nach Wien. Dieses Alter erlaubte auf meine, und meines Schwagers ENZENDORFER Bitte, daß ich von der kaufmännischen Vorbereitung das erste Jahr /1783–1784/ die Vorlesungen des ersten philosophischen Jahrganges [*fol. 11/4*] auf der Universität hören durfte – ein Umstand, der ohne Zweifel dazu beitrug, mich später von der von meinen Eltern gewünschten Beschäftigung als kleiner Kaufmann in Bielitz wieder abzulenken. Die unter MARIA THERESIA reformierten Studien[76] wurden von JOSEPH II. gleich mit

---

75 [*Note* PRATOBEVERA] Materialien an verschiedenen Stellen.

76 [*Note* PRATOBEVERA] Ich erinnere hier an die verschiedenen Gelehrten, welche vorzüglich im Fache der Medizin, der Naturwissenschaften aus dem Auslande berufen wurden, von VAN SWIETEN [*GERARD Freiherr van SWIETEN (1700–1772), Mediziner und Hochschulreformer*], den Vater HAAN [! *JOHANN GEORG (1704–1768), 1749 Hofrat der Obersten Justizstelle und Mitglied der Kompilations-Hofkommission zur Redaktion des Entwurfs eines Codex Theresianus (1766) und der Constitutio Criminalis Carolina (1768); sein Vater MATHIAS WILHELM stammte aus Schlettstadt im Elsaß*], VAN DER HAYDEN [*HEINRICH; Professor des Staatsrechts an der Rechtsakademie Tyrnau/Ungarn, später Professor des deutschen Reichs- und Staatsrechts an der Universität Wien*] und Andere. Auch die neuen Lehrstühle der natürlichen Rechtswissenschaften, und der politischen Wissenschaften unter MARTINI und SONNENFELS [*fol. 12/1*] waren schon gegründet. [*KARL ANTON Freiherr MARTINI zu WASSERBURG (1726–1800); Jurist und Rechtslehrer am Theresianum und an der Universität in Wien (1754 Naturrecht), Rechtslehrer der späteren Kaiser JOSEF II. und LEOPOLD II.*

dem Antritt der Regierung einer neuen Umgestaltung unterworfen. Das Positive, Historische, Dogmatische mußte allmählich einer raisonierenden Forschung und Untersuchung a priori nach Vernunftgründen, mehr als nach Auktorität und Tradition, weichen, und die Jugend fing an, anmassend zu werden.

[*fol. 12/1*] Ich hörte in diesem Kurse Logik, Methaphysik nach der alten Eintheilung /Ontologie, Kosmologie, Psychologie, natürliche Theologie/ zwar nach den alten jesuitischen lateinischen Compendien /STORCHENAU und BAUMEISTER[77], wenn ich nicht irre/, allein von meinem weltlichen Lehrer Prof. MAYER[78] nach eigenen Heften[79]. Die Elementar-Mathematik trug der Exjesuit Freyherr von METZBURG[80] vor. Die Philosophen waren bereits vom höheren Religionsunterricht, und dem Zwang des Kirchenbesuches enthoben. Vom Prof. MAIER [!] erhielt ich in beiden [*fol. 12/2*] Semestralprüfungen gute Zeugnisse, nicht so im 2. Curse aus der Mathematik. Ich hatte nämlich in Gesellschaft der Söhne des Hauses [*BOCHINI*] zu viele Zeit mit dem Herumschwärmen im Prater, in wohlfeilen Kafehhäusern der Vorstädte, obgleich unter Aufsicht des schwachen alten geistlichen Begleiters, verschwendet; niemand verstand meine Studien zu Hause zu beobachten, und so geschah es, daß ich aus der in Teschen glänzend betriebenen Mathematik die zweite Klasse erhielt. Hierüber war der Stolz des bisherigen [*fol. 12/3*] Principisten so entrüstet, daß ich das Zeugnis aus Scham zerriß, ohne

---

(1761–1774); 1764 Hofrat der Obersten Justizstelle und 1774 der Hofkanzlei, 1782 im Staatsrat, 1788 Vizepräsident der Obersten Justizstelle; Verfasser eines weit verbreiteten Naturrechtslehrbuches und Redaktor des Westgalizischen Gesetzbuchs 1797]; *JOSEF Freiherr von SONNENFELS* [*(1732/34–1817); 1763 Professor an der Universität Wien (Polizei- und Kameralwissenschaft), 1794 und 1796 Rektor; 1791 Mitglied der Gesetzgebungs-Hofkommission (1808 Vizepräsident; Referent für das Polizeistraf-Gesetzbuch und den Politischen Kodex); 1780 Mitglied der Studienhofkommission, 1811 Präsident der Akademie der Bildenden Künste.*]

77 *SIGISMUND STORCHENAU (1731–1797) und FRIEDRICH-CHRISTIAN BAUMEISTER (1709–1785), deutsche Religionsphiosophen.*

78 *JOSEF MAYER (auch MAIER).*

79 [*Note PRATOBEVERA*] Dieser Professor wurde mit anderen später 1785 vom Kaiser sehr unklugerweise, und mit empfindlicher Verletzung eines gerechten natürlichen Selbstgefühles, nach den Niederlanden geschickt, um dort [*fol. 12/2*] und zu Löwen die Studien zu reformieren. Da aber diese Aufklärer weder Sprache noch Sitten des Landes kannten, und selbst keinen großen Namen in der gelehrten Welt hatten; so scheiterte bald der unglückliche Versuch an einer unnöthig hervorgerufenen ernsten polititischen und religiösen Aufregung des Landes, die mit Waffengewalt unterdrückt werden mußte – durch theologische Eiferer und Advocaten. Etwas Aehnliches begegnete dem [*fol. 12/3*] Kaiser im Mailändischen, weil der Weg nicht so wie in Ungarn und Böhmen und den deutschen Provinzen durch den Protestantismus angebahnt war, welcher die Reform als höchst willkommen begrüßten.

80 *GEORG IGNAZ Freiherr von METZBURG (1735–1798), auch katholischer Religionsphilosoph und Kartograph.*

um eine Wiederholung der Prüfung bey dem so gutmüthigen Professor zu bitten, was mir zu meinem bevorstehenden Eintritt in die kommerzielle Anstalt der Realakademie auch nicht notwendig erschien.

18. Eifriger verwendete ich mich in der Realschule [*der Jesuiten*] bey St. Anna, und ich machte Fortschritte im Schönschreiben, kaufmännischer Rechnung, im Zeichnen von Blumen und Köpfen, und vorzüglich in der französischen Sprache, die mir von einem [*fol.12/4*] Franzosen gemeinen Standes, jedoch mit guter Aussprache nach CURAS[81] Sprachlehre vorgetragen wurde. Bald übersetzte ich fertig den TELEMACH, mein Lehrer kannte aber auch VOLTAIRE, ROUSSEAU, LAFONTAINE[82], und als leichtsinniger Franzose nahm er keinen Anstoß, dem Jüngling die obscönen Schriften dieser in anderer Beziehung großen Meister in die Hand zu geben[83]. Ich las Gutes und Schlechtes durcheinander, auch deutsche moderne Romane und Dichtungen, eines LAFONTAINE, SALZMANN[84] /Carl von Carlsberg/ Werthers Leiden und so weiter und selbst in den reiferen Studienjahren blieb meine Lectüre ernster Werke [*fol.13/1*] ganz ungeregelt und flüchtig, und nur zu oft fühlte ich mit Bedauern bey meinen Amts- oder literarischen Arbeiten die Lücken und das Hohle meines zusammengerauften und bloß einem glücklichen Gedächtnisse anvertrauten, höchst ungenauen Wissens. Ich vernachläßigte die Anfertigung nützlicher Collectaneen und gewählter Auszüge, theils weil mir die Geduld dazu mangelte, theils weil nicht der eigentliche gelehrte Stand, sondern das praktische Geschäftsleben von was immer für eine Art mir als das letzte Ziel vorschwebte. Unglücklicher Irrthum! Und unersetzlicher Nachtheil! Der junge Mann, dem der Zutritt zu classischen [*fol.13/2*] wie schlechten Werken, seit dem unsterblichen GUTTENBERG [!][85], so leicht zugänglich ist, wie in keiner früheren Weltepoche, sollte nie versäumen mit der Feder in der Hand zu lesen; später wird er weder den dazu nöthigen Enthusiasmus, noch die Muße, noch die jugendliche Kraft in sich fühlen; die Zeit mühevoller Arbeit und Sorge ist gekommen; der Geist wird endlich auf sich selbst von der Welt verwiesen, und

---

81 *HILMAR CURAS, preußischer Historiker und Schreibmeister aus Berlin in der ersten Hälfte des 18. Jahrhunderts.*

82 *JEAN LA FONTAINE (1621–1695), französischer Dichter des 17. Jahrhunderts; Verfasser der „contes et nouvelles" (1665), Fabeln in Versform und Novellen.*

83 [*Note PRATOBEVERA*] Kandide, la pucella d'Orleans, les contes de la fontaine und so weiter. [*VOLTAIRE, Candide, ou l'optimisme (1759), anonym erschiener satirischer Roman; ROUSSEAU, la pucella d'Orleans (um 1730), zynische Parodie auf Johanna von Orleans.*]

84 *CHRISTIAN GOTTHILF SALZMANN (1744–1811), evangelischer Pfarrer und Aufklärungsschriftsteller des 18. Jahrhunderts; Begründer einer phliantropischen Erziehungsanstalt in Sachsen-Gotha und Verfasser von pädagogischen Romanen wie den erwähnten Carl von Carlsberg.*

85 *Recte GUTENBERG, JOHANNES (um 1400–1468), der Erfinder des Buchdrucks.*

wohl ihm, wenn er aus den aufgespeicherten Materialien und Erinnerungen sich vergnügen kann. Leider werdet Ihr meine Kinder nichts von Colletaneen, oder einem gelehrten Briefwechsel, zu dem ich zuweilen von KAMPZ [!], KLEIN, MITTERMAIER, GÖNNER[86] eingeladen wurde, in meinem Nachlaß finden. Auch muß ich zu meinem eigenen Lobe gestehen, daß ich auch in der Folgezeit [*fol. 13/3*] die schriftstellerische Publizität, und Schreibsucht scheute; auf literarischen Ruhm durfte ich nicht zählen, weil ich selbst gegen meinem Wissen höchst mißtrauisch war, und um des Erwerbes willens für mich oder den Verleger zu schreiben, in der Ungewißheit etwas Schlechtes zu dem vielleicht schon durch andere trefflicher zu liefern – dazu fand ich in meinen Familienverhältnissen, und später in den genügenden Einkünften des Amtes glücklicherweise keine Antrieb.

III. Abschnitt: 1784–1786.

19. So kehrte ich in meine Vaterstadt und in das väterliche Haus zurück, das ich je [*fol. 13/4*] wieder zu verlassen damahls nicht entfernt hoffte. Mein Bruder war noch nicht zu Hause, und ich wurde in der neuen größeren gemischten Handlung von Spezerey- und Eisenwaaren in Biala verordnet, wo ein eigener Commis /KUTZAB[87], nachmahls der Mann meiner Stiefschwester in Caschau/ die Geschäfte besorgte, und mir zum Führer diente. Meine Eltern behielten ihre Wohnung in Bielitz; hier wurde die kleine Correspondenz, die Buchführung, der Bedarf an Waaren für beide Kaufläden, das Geldgeschäft, und durch einige Zeit der später aufgegebene Weinvertrieb größtentheils von meinem Vater allein [*fol. 14/1*] besorgt, welcher noch einen Ladendiener, und einen Lehrjungen – zugleich Friseur meiner Schwester an Sonn- und Feiertagen – in Bielitz hatte. Anfänglich ging alles gut. Mit Eifer half ich in dem Kleinverkauf, und ein größerer Markttag machte mir Freude, weil ich eine größere Losung nach Bielitz bringen konnte. Noch hatte ich keinen Widerwillen, schmutzige Handelsartikel, wie Oel, Honige, Käse, Färbestoffe und so weiter, zu verkaufen, oder Butten mit Kleister zu verfertigen, obgleich ich die grüne Vorschürze, und die Stoßärmel zur Schonung der Kleider in Abwesenheit meines Vaters gern ablegte. Der Sonntag war der Hauptposttag in [*fol. 14/2*] Bielitz, wo ich anfänglich die toskanischen, italiänischen, [*und*] deut-

---

86 *KARL ALBERT KAMPTZ (1769–1849), Jurist und preußischer Politiker des Vormärz; ERNST FERDINAND KLEIN (1744–1810), Mitredakteur des preußischen Allgemeinen Landrechts von 1794; KARL JOSEF MITTERMAIER (1787–1867), süddeutscher Jurist und Politiker des Vormärz; NIKOLAUS THADDÄUS GÖNNER ((1764–1827), Professor der Rechte in Bamberg und im bayerischen Justizdienst.*

87 *AUGUST KUTZAB, später Ehemann der FRANZISKA TRAVERSI aus Kaschau, der Stiefschwester von PRATOBEVERA aus der 2. Ehe seiner Mutter.*

schen Briefe meines Vaters in's Buch copirte, später aber nach seinem mündlichen Diktiren in's bessere Hochdeutsche übertrug; französische Briefe, die wir manchmahl aus Marseille, Bordeaux [*und*] Rheims [!] mit Offerten erhielten, beantwortete ich, so gut als möglich französisch. Damahls waren die Commisvoyageurs-Musterkoffer, noch selten, die jetzt in jeden Kramladen der Provinzen drängen, und die Einfalt und Unkenntniß aber so mit luftigen Gewinnst-Speculationen, Actien, [*und*] Losen berücken, wie andre weit gefährlichere und schändlichere Bothen der Gleichheit Aller, nicht vor dem Gesetze – [*fol. 14/3*] das wäre sehr schön und löblich –, sondern des Vermögens, des Genusses und einer Glückseligkeit, welche jede göttliche und weltliche Autorität, die väterliche Gewalt, ja die Ehe selbst und das Familienleben als unnötigen Plunder unserer kindischen Voraeltern entbehrlich macht. Zu unserem Heil läßt die Vorsehung diese grauenvollen Motive in sich selbst zerplatzen, es sind schäumende Wellen ohnmächtig an dem erzigen Felsen des göttlichen Wortes und der Wahrheit.

20. Der Sonntag war aber auch der Erholungstag in meiner kaufmännischen Praxis. Nach der Vesper fuhr ich des Sommers in einer schlotternden Kalesche, des Winters in Schlitten mit meinen Eltern in benachbarte Mühlen, Gehölze, oder Gast-[*fol. 14/4*]höfe, wohin die Familien Kaffeh, Geschirr, kalte Küche, Wein und so weiter selbst mitbrachten, und der Wirth ohne Murren, oft nichts andres als Feuer und Wasser oder etwas Milch und Rahm für ein kleines Trinkgeld verkaufen konnte, oder zu verkaufen hatte. So sah ich [*später*] auch die reiche Mittelklasse Wiens sich auf den grünen Matten des Praters lagern, und durch die Lehrburschen, Gesellen und Töchter die mitgebrachten Victualien auftischen. Unsere beklagenswerthen Eltern erlebten nicht die unterirdischen elisäischen Vergnügungen, die Restaurationen, Reunionen, Conversationen /sic!/ [*und*] Rutschberge [?], die Concerte von STRAUß und LANNER[88], die Eisenbahnen und tausenden Vergnügun-[*fol. 15/1*]gen, oder widerliche Zerrbilder derselben; sie hörten aber auch weniger von Betrügnissen, Fallimenten der industriellen Mittelclasse; von vergifteten und gefälschten Getränk, von entlaufenen, oder gefallenen Töchtern, von unnatürlicher Wollust mit Kindern, und andern scheußlichen Gewürmen, die zwar nicht die Constitutionspergamente, und die Gesetzbücher, aber das innerste Mark der Gesellschaft zerwühlen, und endlich Verwüstung und Moder erzeugen. Möge es zur besonnenen Rückkehr nicht zu spät werden, und sich an Oesterreich noch lange nicht bewähren, was BYRON[89] mit schrecklicher Wahrheit sagt:

88 *JOHANN STRAUß (1804–1848), Vater, und JOSEF LANNER (1801–1843), die Erfinder des Wiener Walzers.*

89 *GEORGE GRODON NOEL BYRON (1788–1824), Lord of Rochdale, englischer Dichter des Vormärz.*

„Das ist die Lehre aller Menschensagen [*fol. 15/2*] und des Vergangenen ewige Wiederhohlung; erst Freiheit, und dann Ruhm, dem üppigen Reichthum; Verderbniß, Laster, Barbarei zuletzt. So hat mit allen ihren großen Bänden die Weltgeschichte eine Seite neu.“

21. Mein kleiner Geschäftskreis konnte den jugendlichen Thätigkeitsdrang nicht ausfüllen, noch vermochten die mir vergönnten Zerstreuungen durch Billard oder Kartenspiel, mit andern Söhnen oder Officieren außer dem Hause, durch Spazierritte auf Ackergäulen, eine gewisse Leerheit in mir zu verdrängen. [*fol. 15/3*] Ich griff daher in jedem freien Augenblicke nach einem Buch, sowohl im Kaufladen, wenn er oft leer war, als in der Stube. Der Nachdruck lieferte wohlfeile und schlecht alle aelteren und neueren Schriften, TRAßLER in Brünn, und SCHRÄMBL[90] in Troppau versorgten auch Bielitz mit bänderreichen Universal-Geschichten /GUTHRIE und GREY [!]/[91] Reisebeschreibungen, naturgeschichtlichen Werken; alle diese Artikel kaufte KUTZAB. Auch andre gelehrte Original-Producte der damahligen Zeit aus Berlin, Göttingen, Leipzig, die mit dem Ausland, uns bekannt machten, fehlten nicht.

Die Prediger und Lehrer an den [*fol. 15/4*] neuen protestantischen Bethäusern und Schulen bildeten Lesegesellschaften an denen ENZENDORFER Theil nahm, und verschafften sich leicht aus dem anstoßenden preußischen Schlesien auch verbothene, oder nicht ganz frei gegebene Artikel. Die gediegenen „Göttinger gelehrten Anzeigen“[92], die „allgemeine deutsche Berliner Bibliothek“[93], politische und theologische Monatschriften im Geiste der freien Untersuchung waren auch mir zugänglich. Es entspann sich zwischen dem katholischen und protestantischen Klerus in Bielitz über Kugel-[*fol. 16/1*]Verträge, Schulunterricht, Stollgebühren [!] oft Hader und Streit, bey dem unsere nur für den Gottesdienst dürftig gebildeten Geistlichen natürlich ihren Gegnern aus der Leipziger, Göttinger, Hallischen [!] Schule weichen mußten. Indessen war die Arroganz und der gelehrte Hochmuth der Pastoren[94] mir schon damahls widerlich, und vielleicht nicht ohne

---

90 *JOSEF GEORG TRAßLER (1759–1816) und FRANZ ANTON SCHRÄMBL (1751–1803), Verleger und Buchhändler.*

91 *Vermutlich: Allgemeine Weltgeschichte, aus dem Englischen herausgegeben von WILHELM GUTHRIE (schottischer Historiker und Geograph; 1620–1665) und JOHN GRAY (englischer Historiker des 18. Jahrhunderts), übersetzt und verbreitet von verschiedenen deutschen Gelehrten, Troppau-Brünn-Wien 1784–1794.*

92 *Rezensions- und Literaturzeitschrift; ab 1753 von der Göttinger Akademie der Wissenschaften herausgegeben.*

93 *Herausgegeben von FRIEDRICH NICOLAI (1765–1806), Buchhändler und Verleger in Berlin, bedeutender Repräsentant der Aufklärung in Deutschland.*

94 [*Note PRATOBEVERA*] BÜRGER [*GOTTFRIED AUGUST BÜRGER (1747–1794), deutscher Dichter*] vergleicht irgendwo schlaghaft der Pastoren Köpfe mit hohlen Kirchthurmsköpfen.

Einfluß auf meine spätere Abneigung mit Gelehrten von Profession vertraute oder nähere Verbindungen und Briefwechsel zu suchen oder anzuknüpfen. Uibrigens mag der Antagonius eines zwischen den Gliedern des verschiedenen Kultus, wenn sie unter [*fol.16/2*] unter [!] einer kräftigen aufgeklärten Regierung mit einander leben, wenigstens das Gute bewirken, daß die Kirchenlehrer und Vorsteher einander eifersüchtig überwachten, und im äußeren sittlichen Verhalten das Aergerniß zu einander trachten.

22. In diese Periode meiner ungeordneten Lehrung und einer unbefriedigten Thätigkeit fiel zuerst jener den jungen Gemüthern gefährliche Zustand des religiösen Zweifelns und der Grübeley über das Unbegreifliche. Meine rege Phantasie konnte dieser Klippe nicht ausweichen, und [*fol.16/3*] oft war ich im Kampfe zwischen den noch nicht erstorbenen Eindrücken des ersten kindlichen Glaubens, und der veronnenen Gebilde, die ich für sündhafte Einflüsterungen des Versuchers hielt, so geängstigt, daß ich mich in irgend einen verborgenen Winkel auf die Knie warf, und unter Thränen den Heiland und dessen Mutter um Erbarmen und Verzeihung anflehte. Ein weiser Religionsdiener, kein Freund, dem ich mich entdecken mochte, hielte mich vor dem Wahnsinn, der glücklicherweise wie in völligem Skepticismus, wohl aber später in den Indifferentismus der Leute von gutem Ton, und sogenannter [*fol.16/4*] Bildung überging. GELLERTS geistliche Bücher behielten aber noch eine solche Macht über mich, daß ich sie durch alle Lebensstufen im Gedächtniß behielt, so wie das nicht so gelungene josephinische deutsche Meßlied, welches ich meiner Mutter mit großen Fracturbuchstaben ganz abschrieb. Die Zeit der ersten Neigung war nicht gekommen, die mich an Bielitz und das aelterliche Haus hätte fester fesseln können. Meine Eltern projektirten freilich und wünschten eine Verbindung mit der Tochter eines Handelsmanns in Teschen /THEKLA WEBER war ihr Nahme[95]/, aber ich sah sie so selten, und meine Phan-[*fol.17/1*]tasie dachte an andre Gegenstände, darum blieb auch die öftere Berührung mit der Schwester des Euch bekannten CZERNA[96] vorübergehend, – eines üppig blühenden, die Sinnlichkeit ansprechenden Mädchens, das jeden Sonntag vor unserem geschlossenen Kirchenstuhl unmittelbar – vielleicht nicht ohne Absicht saß, mich zum Tanz vor andern wählte, mich aber nicht weiter anzog; denn sie hatte auch weniger Verstand und Bildung, als ihr wenigstens gut rechnender Bruder. Ihr Mann, der fürstliche Rath und Kameral-Director von WILDAU[97], war eine Hauptfigur an dem damahls lächerlich verderbten fürstlich[-]

---

95 [*Note* PRATOBEVERA] Sie wurde die Gattin eines Kaufmanns in Preußisch-Schlesien.

96 Vermutlich *CHRISTIAN FRIEDRICH CZERNA, Bürgermeister von Bielitz Ende des 18. Jahrhunderts (Familienarchiv, Karton 19, gemeinschaftliches Testament der Eltern von Karl Josef Pratobevera 1789, Czerna als Zeuge).*

97 *KARL WILDAU von LINDENWIESEN, Kameraldirektor des Fürstentums Bielitz und obrigkeitlicher Justiziär, später Kanzleidirektor am Landrecht in Bielitz.*

SULKOWSKIschen Hofe. Der gar gnädige Fürst FRANZ SULKOWSKI[98], [*fol.17/2*] Oesterreichischer Feld-Marschall-Lieutenant außer Dienst, ohne Geldmittel und doch ein fürstlicher Verschwender, zerrüttete mit seiner Gemahlin, einer italiänischen Schauspielerin und in Gesellschaft von Maitressen und Hofkarrikaturen, vollends das Herzogthum Bielitz, und quälte die arme freie Schutzstadt Bielitz mit Processen und Plackereien. Sein Hofbanquier WILDAU büßte im Criminal-Gefängnisse zu Teschen die vielfachen Veruntreuungen von Waisengeldern, und doch hielt sich meine Familie sehr geehrt, an den Gelagen, Jagden und Lustparthien dieses oesterreichischen [*fol.17/3*] Hauses theil zu nehmen, wenn der höchste Hof abwesend war. Mein kluger Vater versagte aber dem letzteren jeden Credit aus der Handlung, und das endlich zugezählte Darlehen haftet noch jetzt auf der Substanz des [*SULKOWSKIschen*] Fideicommisses in guter Hypothek; aber leider schwebt es unter dem Schwerte des Finanzpatentes.[99] Noch nichts würdiger als der Vater, war sein Sohn Fürst SULKOWSKY [!], der, wegen verschiedener Bubenstücke, und als toller Partheigänger der Franzosen und galizischen Insurgenten im Jahr 1805 und 1809, auf dem Spielberg und in Kufstein sein fürstliches Leben endete.[100] Seine bessere einzige Schwester [*JULIE*] lebte in Wien in enger Verbindung mit [*fol.17/4*] dem Grafen METTERNICH[101], einziger jüngerer leiblicher Bruder des Fürsten Staatskanzlers außer oeffentlicher Dienstleistung, und starb nach ihm 1839 als angetraute Gemahlin in sehr dürftigen Umständen kinderlos in Wien. Der mährische Referent der Obersten Justiz-Stelle hat

---

98 *FRANZ (DE PAULA) SULKOWSKI (1733–1812), seit 1786 Herzog von Bielitz.*

99 *Die seit 1762 neben dem Münzgeld (Conventions-Münzen) als Papiergeld umlaufenden Bancozettel wurden um 1800 vermehrt als Mittel der Geldschöpfung missbraucht; ihr bedrohlicher Umfang führte zu einer massiven Entwertung und sollte zunächst mit dem Finanzpatent vom 26. Februar 1810 (Politische Gesetzsammlung XXXIII, 123/Nr. 23) durch Tilgung allmählich reduziert werden; nur knapp danach wurde jedoch mit dem Finanzpatent vom 20. Februar 1811 (Justiz-Gesetzsammlung Nr. 929) der Zwangsumtausch gegen neue Einlösungsscheine (als Wiener Währung bezeichnet) zu 20 Prozent des alten Nennwertes, mit Wirkung zum 31. Jänner 1812 verfügt. – Siehe dazu auch unten Absatz 62 (fol.83/4–85/3).*

100 *JOHANN NEPOMUK SULKOWSKY (1777–1832) wurde 1803 wegen krimineller Umtriebe zu einer langjährigen Kerkerstrafe verurteilt, die er in Kufstein verbüßen sollte. Nach etwa einem Jahr gelang ihm die Flucht. Nach erfolgter Begnadigung wurde er 1812 Erbe des Familienbesitzes in Bielitz. Seit 1824 war er sodann abermals inhaftiert, und zwar am Spielberg in Brünn, von wo ihm 1829 abermals die Flucht gelang. Er konnte aber rasch wieder aufgegriffen werden und verbüßte die – nun unbestimmte – Freiheitsstrafe in der böhmischen Festung Teresin, wo er schließlich gegen Ende 1832 verstarb.*

101 *RICHARD METTERNICH, Graf von WINNEBURG (1829–1895), Bruder des Staatskanzlers CLEMENS WENZEL LOTHAR METTERNICH.*

seit 50 Jahren vollauf mit den Händeln dieser Familie zu thun, und noch mehr die politischen und Justizbehörden des Landes.

23. Der Art waren meine Umgebungen, und hätten mich die divi penates des älterlichen Hauses nicht beschützt, wahrlich ich hätte das Schicksal der übrigen Jugend meiner Klasse in Bielitz erfahren. Der bessere Genius machte mich über meine individuelle [*fol.18/1*] Lage und Bestimmung nachdenkend und tiefsinnig; ich glaubte mich ohne Eitelkeit zu höheren Verrichtungen geschickt, als Pfeffer und Zucker nach Kreuzer und Pfennig zu verträdeln, und nur nebenher philosophische oder politische Schriften zu lesen. Allein was sollte ich beginnen? Durfte ich leichtsinnig meinen Eltern ihre schönsten auf mich gegründeten Hofnungen des Alters vereiteln, und sie mit einer abermahligen Trennung betrüben? Auch schien mir die kostspielige Wiederaufnahme der Studien und deren Beendigung im 17. Jahre meines Alters nicht mehr an der Zeit. Vergebens verbarg ich diese meinen Kampf durchkreuzenden Wünsche und Gefühle; mein Schwager [*fol.18/2*] ENZENDORFER, der vielleicht mich verrathen hatte, flößte mir endlich den Muth zu dem vertraulichen Geständnisse ein, daß ich die kaufmännische Bahn, besonders in der väterlichen Weise, zu verlassen, und mich den juristischen Studien zu widmen lebhaft wünsche. Freundlich nahm er das Geständniß auf; rieth mir aber dennoch, seinem Verwandten – dem herzoglichen Secretair NECHAY[102] in Teschen /einen ehemahligen Novicen der Jesuiten/ vorläufig zu schreiben, und um seinen Rath und Verwendung bey meinen Eltern zu bitten; der NECHAY galt für den angesehensten Rechtsgelehrten des Kreises, [*fol.18/3*] auf welchen mein Vater in allen wichtigen Familienangelegenheiten großes Zutrauen setzte. Dieß that ich nun, und schrieb an diesen gefürchteten Examinator bey meinen Gymnasial-Prüfungen einen vermuthlich sehr emphatischen Brief, der seine Wirkung nicht verfehlte; denn schriftlich, dann mündlich trug NECHAY das Anliegen meinen Eltern mit warmer Empfehlung vor. Uiber meine Erwartung entschloß sich die elterliche Liebe zu dem neuen empfindlichen Opfer, welches der Mutter leichter gefallen wäre, wenn ich die Theologie gewählt hätte; mein Vater hielt dagegen viel auf Juristen, oder Federfuchser, und beide mochten [*fol.18/4*] hoffen, und wünschen, daß ich entweder im fürstlich-SULKOWSKIschen Dienst, oder als Advocat in Bielitz nach geendigten Studien zurückkehren würde. So ging ich im Herbste des Jahres 1786 mit dem Segen meiner Eltern und allem Nöthigen reichlich versehen allein mit einem schwer beladenen Fuhrmannswagen abermahls nach der gefährlichen Hauptstadt, wo ich nach 10 Tagen in Begleitung eines Bielitzer protestantischen Rechtscandidaten HUMBORG[103] eintraf, der mir den Weg zur Universitätsbahn zeigen sollte. Dieser Mentor war ein, reger Sy-

---

102 *ADAM NECHAY, später Gerichtsrat in Teschen.*

103 *JOHANN HUMBORG, Advokat in Bielitz, um 1790; später Stadtsyndikus von Biala.*

kophant und Schelm, und wurde Syndicus von Biala, später in das Criminal-Gefängniß zu Wisznicz gebracht!

[*fol.19/1*]

Mein eigener Verstand war jedoch reifer geworden, und ich faßte den ernstlichen Vorsatz, den zweiten Aufenthalt in Wien besser zu benützen und die Liebe meiner Eltern durch den Erfolg meiner Studien zu lohnen, ohne noch über den in der Frage einzuschlagenden Weg der bürgerlichen Existenz in Wien zu seyn. Gewöhnlich sind auch lange vorhergehende Entschließungen und Benehmungen eitel und überflüßig; ich, und Ihr selbst meine Kinder!, habt die Macht zufälliger Umstände und der Gelegenheit mit dem kahlen Scheitel erfahren [?], welche schnell, aber gut vorbereitet, ergriffen werden will. Accidit in puncto, quod non speratur in anno.[104] So war bey mir der unscheinbare Vortheil, [*fol.19/2*] daß ich mit galizischen Landleuten und Krämern, so wie mit dem Landadel pohlnisch sprechen mußte, und mich, ohne Sprachlehrer an den reinen Dialect, als den schlesischen oder Wasserpolnischen gewöhnte, von entscheidendem Einfluß auf meine Anstellung während der Dauer meiner Handlungspraxis.

IV. Abschnitt: 1786–1796.

24. Mir mangelte der höhere philosophische Lehrkurs. Physik, höhere Mathematik, Aesthetisch [?], alte classische Literatur und alte Weltgeschichte.[105] [*19/3*] Alle diese Gegenstände wollte ich dem Privatstudium und der Folgezeit, die nicht

---

104 *Sinngemäß: In einem Augenblick kann geschehen, was man sich nicht übers Jahr erhofft hätte – oder: Unverhofft, kommt oft.*

105 [*Note* PRATOBEVERA] Nach meiner Pensionierung faßte ich den Entschluß, im Winterkursus von Jahr 1841 bis 42 mitten unter den Studenten auf der Universität die oeffentlichen Vorlesungen der Kirchengeschichte /Prof. HEINKE [*FRANZ JOSEF Freiherr von* HEINKE *[(1726–1803); 1767 Hofrat der Böhmisch-österreichischen Hofkanzlei (Staatskirchenrecht)*]/, der Aesthetik /Prof. FICKER [*FRANZ (1782–1849)*]/ und der Geschichte der Philosophie /Prof. LICHTENFELS [*THADDÄUS PEITHNER Freiherr von* LICHTENFELS *(1798–1877); 1841 Hofrat der Obersten Justizstelle und Mitglied der Hofkommission in Justizgesetzsachen, 1847 Staatsrat und Rechtslehrer von Franz Josef, 1848 Sektionschef im Justizministerium, 1850 Generalprokurator am Obersten Gerichtshof; 1860 Mitglied des verstärkten Reichsrates und Vizepräsident des Obersten Gerichtshof, 1861 Präsident des Staatsrates und Mitglied des Herrenhauses*]/ zu hören. Nicht ganz befriedigten mich die beiden letzteren; doch waren sie nicht ohne Nutzen und ich konnte auf keine andere Weise, wegen der Augenschwäche, und des Mangels an Vermögen für Privatunterricht meinen wissenschaftlichen Gang befriedigen; nur die [*fol.19/3*] Elementarphysik, ließ ich mir, [*von meinen Kindern*] WILHELM und BEATHA, [*oder*] durch einen Correpetitor zu Hause vortragen.

mehr kam, vorbehalten[106], um nur die juristische Vorbereitung bald möglichst zu beendigen. Ich wendete mich den Professoren der Hauptfächer des ersten juridischen Kurses [*zu*]; es war unser später berühmt gewordene, hochverdiente Oesterreichische Nomothet FRANZ ZEILLER[107], welcher nach MARTINI die Lehrkanzel des Naturrechts und des allgemeinen Staatsrechtes in Wien erhielt.[108]

Ich als Fremdling mußte ihm dennoch nicht missfallen haben, denn er bewirkte meine Zulassung als ordentlicher Zuhörer der öffentlichen [*fol.19/4*] Vorlesungen (1786–1787) und gab mir in beiden Semestralprüfungen die Vorzugsclasse. Seit dieser Zeit blieb ZEILLER mein Gönner und Freund, und 20 Jahre später saßen wir als Hofräthe und Collegen noch durch viele Jahre bey der obersten Justizstelle und der Hofcommission in Gesetzessachen neben einander. In diesem ersten Kurse war nach dem Josephinischen Studienplane die Kirchengeschichte für Juristen und Theologen vorgeschrieben, und an der uralten katholischen Universität von Wien wurde sie von dem geistlichen Professor MATHIAS DANNENMAYER[109] (aus Freiburg) deutsch [*fol.20/1*] nach dem protestantischen lateinischen Leitfaden des SCHRÖKH'S[110] vorgetragen. Begreiflich mußte auf diese

---

106 [*Note PRATOBEVERA*] So entstand die bleibende Lücke in der wissenschaftlichen Ausbildung, die ich nicht mehr ausfüllen konnte; ich vergaß sogar das bessere Latein und das wenige Griechische, was ich in Teschen erlernt hatte.

107 *FRANZ ANTON ZEILLER (1751–1828) war zunächst Professor an der Universität Wien (1782–1802 Naturrecht inklusive Kriminalistik sowie Institutionen und Geschichte des römischen Rechts); 1797 Mitglied Der Gesetzgebungs-Hofkommission (Redaktor des Strafgesetzes von 1803/Gesetzbuch über Verbrechen und des ABGB von 1811), seit 1802 Hofrat der Obersten Justizstelle, 1803 Präses und Direktor der Juristenfakultät, 1803 und 1807 Rektor der Universität.*

108 [*Note PRATOBEVERA*] ZEILLER war im Hause des Freyherrn von MARTINI Lehrer, und längere Zeit Supplent desselben, [*fol.19/4*] bis MARTINI in den höheren Staatsdienst eines Hofrathes, Staatsrathes, zweiten Präsidenten der Obersten Justizstelle, der Studienhofcommission, und der Gesetzgebung trat. MARTINI war der Verfasser des westgalizischen Gesetzbuches vom Jahr 1796, und starb gemüthskrank. Seine beiden Söhne, der aeltere, Beysitzer des Reichskammergerichts zu Wetzlar, der jüngere talentsvoll, aber bösartig; kurze Zeit Secretair beym Krakauer Gubernium zeigten sich des Vaters nicht würdig. MARTINI [*fol.20/1*] war nicht ohne Intrigue und Ehrgeiz, und erhielt sich unter vier Regierungen von ganz verschiedenen Regenten. Er war der eifrigste Beschützer des genialen Hofraths KÄS [*FRANZ GEORG Ritter von KEEß (1747–1799); 1777 Hofrat der Obersten Justizstelle, Mitglieder der Gesetzgebungs-Hofkommission (Mitwirkung bei der Ausarbeitung der Allgemeinen Gerichtsordnung 1781; Referent bei der Ausarbeitung des Teil-ABGB 1786)*], und half als Hofcommissair die josephinischen Justizreformen in den Niederlanden, in Italien und Ungarn durchzuführen.

109 *MATHIAS DANNENMAYER (1744–1805), österreichischer Kirchenhistoriker.*

110 *JOHANN MATHIAS SCHRÖCKH (1733–1808), gemeint ist hier sein Kompendium „Historia religionis et ecclesiae christianae" 1777.*

Weise DANNENMAYER in Widerspruch und Widerlegung des Autors, besonders in der Geschichte der Dogmen und Ketzereien gerathen, wenn er auch die Hierarchie und Suprematur des päbstlichen Stuhls gegen die Lehren des Constanzer und Basler Consiliums nicht vertheidigte. Die Regirung erkannte auch bald den Uibelstand, und setzte einen Preis für den besten Leitfaden der katholischen Kirchengeschichte aus, den auch DANNENMAYER, wenn ich nicht irre, erhielt; doch wurde auch seine [*fol.20/2*] Arbeit, wie die übrigen damahligen Lehrbücher über Exegese, allgemeines und Privatkirchenrecht[111], Moral und dergleichen, als nicht orthodox durch andere ersetzt, mit denen der päbstliche Stuhl noch heute nicht ganz beruhigt ist. DANNENMAYER hatte übrigens einen lebhafteren fließenden Vortrag als ZEILLER, der zwar bündig und präzis, aber schläfrig und eintönig nach *Martini* vorlas. Ich machte bei DANNENMAYER beide Semestralprüfungen in Gegenwart des Directors des Seminariums LORENZ[112], später einflußreichen Staatsraths und Vorkämpfers für das jus regium circa Sacra gegen Rom, mit sehr gutem Erfolg. [*fol.20/3*] In demselben ersten juristischen Lehrcurse hörte ich auch die oeffentlichen Vorlesungen des Hofrathes SONNENFELS über den Geschäftsstil, und er ertheilte mir über die eingereichten Probeaufsätze das Zeugniß einer besonders guten Vorbereitung, die ich doch nur durch meine Lectüre guter deutscher Prosaisten wie LESSING, GESNER, MENDELSSOHN[113], erworben haben konnte, und wahrscheinlich richtiger und schöner, wenn auch über den Gegenstand nicht gründlicher, als meine Oesterreichischen, slavischen oder ungarischen Schulgenossen.[114] Ich werde auf SONNENFELS als Professor der politischen Wissenschaften noch zurückkomen.

---

111 [*Note PRATOBEVERA*] RIEGGER [*PAUL JOPSEPH (1705–1775); 1733 Professor an der Universität Innsbruck (Natur- und Völkerrecht, Deutsches Recht), 1753 in Wien an Universität und Theresianum (Kirchenrecht)*], PEHEM [*JOSEF JOHANN NEPOMUK (1740–1799); 1771 Professor (Kirchenrecht), an der Universität Innsbruck und 1779 an der Universität Wien (Nachfolger von JOHANN VALENTIN EYBEL*], JAHN [*JOHANN MARTIN (1750–1816); katholischer Theologe und Orientalist in Wien*], DOLLINER [*THOMAS (1760–1839); zunächst Professor der Rechte an der Orientalischen Akademie in Wien sowie Supplent für Kirchenrecht (1801) an der Universität und am Theresianum, schließlich Professor für Kirchenrecht in Prag (1801) und an der Universität Wien (1805), später auch für Römisches recht (1810); 1816 Mitglied der Gesetzgebungs-Hofkommission; juristischer Publizist*], RECHBERGER [*GEORG (1758–1808); Professor für Kirchenrecht*] und Andere.

112 *MARTIN VON LORENZ (1748–1828), 1815 Hofrat im Staatsrat, 1795 Rektor der Universität Wien; Schöpfer der österreichischen Schulreform von 1804.*

113 *JOHANN MATHIAS GESNER (1734–1761), Professor der Poesie und Rhetorik an der Universität Göttingen; MOSES MENDELSSOHN (1729–1786), deutscher Wegbereiter der jüdischen Aufklärung im 18. Jahrhundert.*

114 [*Note PRATOBEVERA*] Die Original-Zeugnisse über meine juristischen Studien werden sich vorfinden. [*Im Familienarchiv Karton 17.*]

[*fol.20/4*]
25. Im zweiten Jahrgang /1787–1788/ war, neben dem weiter unten vorkommenden Hauptfach des Römischen und peinlichen Rechts, Dr. GEORG SCHEIDLEIN[115], Advocat, Universitätssyndicus nach STRAHL[116], und fruchtbarer Schriftsteller über die Josephinische Gerichts-Ordnung, Professor des Oesterreichischen Bürgerlichen Rechts, in so weit es noch damahls neben dem Römisch-gemeinen Recht, und dem Josephinischen Gesetzbuch vom Jahr 1787 über Familienrecht als Provinzial-Recht galt. In der Oesterreichischen Mundart trug SCHEIDLEIN ohne gehörige Vorbereitung und Studium der alten Österreichischen Rechtsgeschichte die Materien vor, weil auch die Geschäfte der Universität, und der Advocaturpraxis, in der er jedoch keinen großen Ruf erlangte, wie die aelteren Advocaten FROIDEVO, LE FEVRE, MOßBACH, PILGRAM, TOBENZ, [*21/1*] RAAB, VOGELHUBER[117] und Andere bey dem durch die Josephinische Gesetzgebung ganz veränderten Zustände der Oesterreichischen Gerichtsverfassung, der Manipulation und Formen waren die aelteren Advocaten bald genöthigt, das für sie schwierige Studium derselben und die neue tägliche Praxis den jüngeren Kollegen überlassen, und sich auf wenige alte Anwaldschaften von Güterbesitzern, [*und*] Klöstern zu beschränken; alle juristischen Schriften, welche die neue Praxis erleichtern sollten, waren daher von jüngeren Advocaten, Rechtscandidaten oder Justizbeamten, ohne vielen Aufwand von Scharfsinn, und Gelehrsamkeit oder Erfahrung und [*fol.21/2*] Rechtsphilosophie, haufenweise in's Publikum geschleudert. So nebst SCHEIDLEIN, FÜGER, BETTA, SCHWABE, GUSTERMANN, DONNER[118] und mehrere Andere[119]. Das in ganz Deutschland, also auch in Öster-

---

115 *Seit 1774 Professor am Theresianum und seit 1779 außerdem Professor an der Universität.*

116 *JOSEF STRAHL, Universitätssyndikus bis 1790.*

117 *HYAZINTH FROIDEVO (1735–1811; Hofrat der Obersten Justizstelle; Mitglied der Gesetzgebungs-Hofkommission, u. a. Mitwirkung bei der Redaktion der Allgemeinen Gerichtsordnung 1781 und beim Teil-ABGB 1786), JOHANN LE FEVRE (auch LEFEVRE) VON RECHTENBERG (Hof- und niederösterreichischer Kammerprokurator in Wien, um 1800; 1784, 1786 und 1788 Rektor der Universität), LEOPOLD MOßBACH (1735–1821; später Vizebürgermeister von Wien [Justiz]; 1795 Hofrat der Obersten Justizstelle; 1814 Vizepräsident des niederösterreichischen Landrechts), JOHANN JOSEF PILGRAM, JOSEF TOBENZ (1743–1813; 1786 Rat am niederösterreichischen Appellationsgericht in Wien, 1791 Rektor der Universität Wien), JOSEF RAAB (1743–1811; Hof- und Gerichtsadvokat sowie juristischer Schriftsteller in Wien), JOSEF VOGELHUEBER (1750–1831; Hof- und Gerichtsadvokat und juristischer Schriftsteller in Wien).*

118 *JOACHIM FÜGER (1772–1833; 1815 Rat am niederösterreichischen Appellationsgericht, 1819 Hofrat der Obersten Justizstelle, juristischer Schriftsteller), FRANZ BETTA Freiherr DI ARCO (1764–1812; 1806 Rat am niederösterreichischen Appellationsgericht und juristischer Schriftsteller im Vormärz; um 1810 außerordentlicher*

reich seit Jahrhunderten recipirte Justinianische Römische Recht trug CHRISTOPH HUPKA, ein Schlesier, nach den lateinischen Institutionen des HEINECCIUS[120] durch beide Semester vor. Obgleich er sein corpus juris fleißig gelesen hatte, so war er doch ein beschränkter Pedant und sein Vortrag äußerst eintönig und unbehülflich. HÖPFNER und GLÜCK waren seine Nothhelfer, und dann ist ja auch sein Nahme unter den Römischen Civilisten [*fol.21/3*] der älteren und neuen Schule wenig oder gar nicht bekannt. Auch reichte die Zeit für den ganzen Umfang des Römischen Rechts, insbesondere für dessen Geschichte und Alterthümer, lange nicht zu, und die wichtigsten Materien wurden dürftig oder gar nicht berührt; obgleich HUPKA auf das ihm ganz fremd gebliebene Oesterreichische Provinzialrecht in seinen Vorträgen keine Rücksicht nahm. Noch hatte HUPKA in dem ersten Semester die Grundsätze des Criminal-Rechts nach eigenen Heften und mit Beziehung auf die Carolina und das theresianische, dann das so eben erschienene Josephinische Criminal-Gesetzbuch vorzutragen. Man kann also leicht schließen, daß so vielfache Gegen-[*fol.21/4*]stände von einem so engbrüstigen Pedanten wie HUPKA vorgetragen, für seine Zuhörer, welche das Meiste davon, durch die neuen Gesetzbücher als überflüssig geworden, kalt anhörten, viel an ihrem Interesse und Werth verlieren mußten.[121] Obgleich ich in diesem Kurse wegen einer heftigen Augenentzündung beynahe durch zwey Monathe die oeffentlichen Vorlesun-

---

Professor für praktische Rechtswissenschaft an der Universität Wien), JOHANN BAPTIST SCHWABE (1749–1829; Hof- und Gerichtsadvokat sowie juristischer Schriftsteller), ANTON WILHELM GUSTERMANN (1750–1823; juristischer Schriftsteller), JOHANN UDALRICH DONNER (oberösterreichischer Jurist; Verfasser von „Die österreichischen Rechte, das ist: eine Einleitung zum Kenntniß aller in Oesterreich ... üblichen Gesetze", als juridisches Wochenblatt gedruckt in 1777).

119 [*Note PRATOBEVERA*] Hofrath KÄS [! *recte KEEß*], der eigentliche Reformator der Justiz, gab bey TRATTNER [*JOHANN THOMAS von TRATTNERN [(1719–1798), Buchdrukker, Buchhändler und Verleger in Wien*] nur einen kleinen Folio-Band über die ersten Capitel der Gerichts-Ordnung heraus. Desto zahlreicher waren die von ihm ausgegangenen Novellen, und Belehrungen in der SCHÖNFELDischen Gesetz-Sammlung. [*JOHANN NEPOMUK FERDINAND von SCHÖNFELD (1750–1821), Drucker und Verleger in Prag.*]

120 *JOHANN GOTTLIEB HEINECCIUS (1681–1741), ebenso wie die später erwähnten Autoren CHRISTIAN FRIEDRICH GLÜCK (1755–1831; Professor der Pandekten an der Universität Erlangen) und LUDWIG JULIUS FRIEDRICH HÖPFNER (1743–1797; Professor an der Universität Gießen), waren Verfasser grundlegender juristischer Werke des 18. Jahrhunderts.*

121 [*Note PRATOBEVERA*] HUPKA hielt sich in seinem positiven Wissen für gründlicher als seine Collegen und darum gab es zwischen ihm, ZEILLER, FÖLSCH [*JOHANN BERNHARD (1757–1820); 1780 Professor des Naturrechts in Linz, 1783 des Natur- und Lehenrechts in Freiburg, 1786 an der Universität Wien*], wenig Sympathie, und gemeinschaftliches wissenschaftliches Zusammenwirken, denn die letzteren lebten viel in der Gesellschaft und mit Geisteszerstreuung.

gen nicht besuchen oder zu Hause lesen durfte; so hatte ich doch mit verdoppeltem Fleiße alle Prüfungen sehr gut bestanden.

26. Der dritte Jahrgang /1788–89/ umfaßte a) das Privatkirchenrecht, welches der Regierungsrath JOSEPH PEHEM[122] nach seinem größeren [*fol.22/1*] lateinischen Werke über allgemeines und Privat-Kirchenrecht[123] in beiden Semestern täglich eine Stunde vortrug. Er behandelte mit freymüthiger Gründlichkeit als Laie das ewig streitige Verhältniß zwischen Staat und Kirche unter dem Schutze der Hofcommissionen in geistlichen und Studiensachen, jene unter dem Präsidium des Freiherrn von KREßL[124], diese unter Freiherrn VAN SWIETEN[125], Sohn des berühmten Arztes und Restaurators der Universität und nachmahliger Präses der Hofbibliothek.

b) Das Lehen- und deutsche Staatsrecht wurde nach PÜTTER[126] und [!] vorgetragen von Freyherrn FÖLSCH aus Freyburg, DANNENMAYERS vertrauter Freund und Hausgenosse. FÖLSCH hielt [*fol.22/2*] seine angenehmen, aber eben darum abschweifenden Vorträge, und wurde darum mit der umfassenden sehr controversen Materie des deutschen Staatsrechts nicht fertig. Er schrieb auf Auftrag der Regierung einen gedruckten Entwurf über Oesterreichisches Lehnrecht[127], so wie über die späteren Entwürfe des bahnbrechenden Freiherrn von HEINKE noch jetzt [*in der Hofkommission für Gesetzgebungssachen*] die Berathungen offen gehalten werden. FÖLSCH unterzog sich unter Kaiser LEOPOLD II. und FRANZ II.[128], welche die Verbreitung der französischen Lehren seit 1789 über Staat und Kirche verhindern wollten, der ungeheuren, undankbaren, vielleicht unerreichbaren Aufgabe, [*fol.22/3*] die Schriften, welche bereits im Buchhandel lange vorher zugelassen waren, abermahls zu revidiren, zu recensuiren, und aus dem freien Buchhandel zurückziehen. Prof. WATTERROTH und HOFMANN[129] und andere Organe der Censur und Polizey wirkten bei diesem eitlen reißerhaften Beginnen mit, und

122 *Er war davor 1771 Professor für Kirchenrecht an der Universität Innsbruck.*

123 *Jus ecclesiasticum publicum (1781).*

124 *Recte KRESSEL, FRANZ KARL Freiherr von GUALTENBERG (1720–1801).*

125 *GOTTFRIED VAN SWIETEN (1733–1803); Sohn von GERARD VAN SWIETEN; österreichischer Diplomat, zuletzt Botschafter in Berlin; Direktor der Hofbibliothek; Förderer zeitgenössischer Komponisten wie JOSEF HAYDEN (1732–1809), WOLFGANG AMADEUS MOZART (1756–1791) und LUDWIG VAN BEETHOVEN (1770–1827).*

126 *JOHANN STEPHAN PÜTTER (1725–1807), deutscher Staatsrechtslehrer und Reichspublizist.*

127 *Entwurf einer allgemeinen österreichischen Lehenordnung (Wien 1806).*

128 *LEOPOLD war 1790/92 römisch-deutscher Kaiser, FRANZ sein Nachfolger (seit 1804 auch erster erblicher Kaiser der Österreichischen Monarchie).*

129 *HEINRICH JOSEF WATTEROTH (1756–1819), Professor der politischen Wissenschaften, LEOPOLD ALOIS HOFFMANN (1748–1806), Professor der Literatur an der Universität Wien.*

in jedem Nachlasse wurden seitdem die Erben mit der Nachforschung über die vorhandenen Bücher geplagt. FÖLSCH hat meines Wissens Gesundheit, und selbst seine Verstandeskräfte darüber eingebüßt.

c) Auch die teutsche Reichsgeschichte /so schrieb der Professor/ wurde in diesem Jahr von dem Senior der Jura-Professoren und Nieder-Oesterreichischen Regierungsrath JOHANN CHRISTOPH JOSEPH SCHMIDT[130] nach PÜTTER[131] gelehrt. Er hatte [*fol.22/4*] zwar selbst eine kurz gefaßte Reichsgeschichte erscheinen lassen[132], gelangte aber in dem dicken Bande nur bis zur Periode der Hohenstaufen. SCHMIDT überbot an Pedanterey noch seinen Collegen HUPKA, der seine Witwe später heirathete, und mit ihm als Geistesverwandten Umgang pflog. Gewöhnlich war der Hörsaal bey SCHMIDT leer. Und war er gefüllt, höchst unruhig bis zu knabenhaftem Muthwillen. Sein einschläfernder, geist- und geschmackloser Vortrag schien die sichere Vorbedeutung des nahen 20 Jahre später erfolgten Zerfalls des Heiligen Römischen Reichs teutscher Nation. Dennoch hatte ich von SCHMIDT das Zeugniß eines unterscheidenden Vorzugs erhalten, vermuthlich, [*fol.23/1*] weil ich fleißiger die Collegien besuchte und geduldiger zuhörte. Schmidts Nationalität ist mir nicht genauer bekannt. Noch hatte ich in diesem Kurse einen gewagten historischen Gegenstand, wie ich glaube, als Zwangsstudium gehört; es war die Geschichte der Oesterreichischen Monarchie, welche FRANZ JOSEPH MUMELTER VON SEBERNTHAL[133]/wie mich dünkt/ aus Tyrol in zwey Semestern vortrug. Uiber den Werth seiner Vorlesungen in dieser interessanten Materie wage ich aus dem Gedächtnisse kein bestimmtes Urtheil; wahrscheinlich waren sie bey der Unordnung und Unzugänglichkeit der Oesterreichischen Archive [*fol.23/2*] weit unter den Forschungen und Ergebnissen der neueren Zeit. Von jeher wollte ein misstrauischer und übelverstandener Patriotismus alle Regenten des Hauses Oesterreich zu großen und merkwürdigen Fürsten umschaffen [?], wenn auch die Thatsachen noch so laut dagegen sprachen. Solcher idolatrischer Wahn kann mit dem Fortschreiten der Intelligenz nicht fortdauern, und wird für die Thronfolge, so wie für die Völker gleich verderblich; er ist zugleich eine Maske für Tartüffe, ehrgeizige und habsüchtige Höflinge und Oligarchen, und anderes Fliegen-Geschmeiß dieser Art.

[*fol.23/3*]

27. In diesem Zeitraum erlernte ich das Italiänische bis zur ziemlichen Sprachfertigkeit. Das Englische, welches in Wien noch nicht Mode war, machte ich mir mit Hilfe eines Sprachlehrers so weit zu eigen, dass ich gut lesen und englische Klas-

---

130 *JOHANN CHRISTOPH (JOSEF) SCHMIDT (1733–1798).*

131 *Teutsche Reichsgeschichte in ihrem Hauptfaden entwickelt ... (Göttingen 1778).*

132 *Deutsche Kaiser- und Reichshistorie, Teil 1 (Wien 1780).*

133 *(1762–1798); er war zunächst Korrepetitor am Theresianum und seit 1780 dort Professor für Geschichte; 1790 wurde er Professor auch an der Universität.*

siker wie GOLDSCHMITH [!], ADDISON, LOCKE[134] verstehen, und richtig übersetzen konnte.

Zwey wichtige Ereignisse für Oesterreich fielen in dieses Schuljahr [*1788*]. Der Kaiser ließ den aeltesten Sohn seines Bruders[135] des Großherzogs von Toscana kommen, um denselben in die Regierungsgeschäfte einzuführen; er wollte ihm die unmittelbare Thronfolge zuwenden, was der Großherzog nicht zugestand. Ich sah die Vermäh-[*fol.23/4*]lungsfeier des blühenden 19jährigen Prinzen mit der Prinzessin, der liebenswürdigen ELISABETH[136] von Wirtenberg [!] im Jahr 1788, welche ein Jahr später von JOSEPH II. in das Salesianer-Damenstift gebracht wurde, um sich zum katholischen Glaubensbekenntniß vorzubereiten. JOSEPH II. gewann die Prinzessin unendlich lieb; nicht so entsprach der Neffe den Erwartungen und Forderungen des rastlos thätigen Oheims, weil er weder im Kriegsdienste, noch in der Verwaltung große Lust zu Thätigkeit entwickelte, und zu vielen Geschmack an Tändeleyen im Familienkreise zeigte. Dennoch ehrte der Neffe das Andenken seines großen Oheims, als zweiten [*fol.24/1*] Vaters /alteri parenti posuit/[137] im Jahr 1808 durch das schöne Denkmahl ZAUNER'S[138] auf dem Josephplatz, und gleichzeitig seines eigenen Vaters durch die Stiftung des Kaiserlichen Oesterreichischen Leopold-Ordens.

Der verderbliche und anfänglich schlecht geführte Türkenkrieg war durch KATHARINA II. ränkevolle Politik ausgebrochen; und unstreitig hat dieses Ereigniß allein dem Geschicke Oesterreichs eine andre Richtung gegeben. Dieser Krieg, welcher mit einer vorsichtigen, aber mißlungenen Uiberrumpelung Belgrads eröfnet werden sollte, kostete dem Kaiser offenbar das Leben, und zerstörte, oder hemmte alle seine [*fol.24/2*] großen Entwürfe für das Wohl seiner verschiedenen Völker.

Der Krieg zerrüttete die bis dahin blühenden Finanzen; die von den aufgehobenen Klöstern und verkauften Dominien eingegangenen Zahlungen, und ordentlichen Steuern reichten nicht zu; der Kaiser befahl alle Waisen-, Fideicomiß-,

---

134 *OLIVER GOLDSMITH (um 1730–1774), anglo-irischer Dramatiker des 18. Jahrhunderts); JOSEPH ADDISON (1672–1719), englischer Dichter und Politiker des 18. Jahrhunderts; JOHN LOCKE (1632–1704), englischer Philosoph des 17. Jahrhunderts.*

135 *Erzherzog FRANZ (JOSEPH KARL), Erzherzog von Österreich (1768–1835); 1792 letzter römisch-deutscher und 1804 als Franz I. erblicher Kaiser von Österreich.*

136 *ELISABETH (WILHELMINE LOUISE), Prinzessin von Württemberg (1767–1790); 1788 die erste Frau von FRANZ II./I.*

137 *Die Inschrift auf dem Denkmal lautet vollständig: Signum equestre aeneum, quod divo Iosepho II. Franciscus Rom. et Austriae Imperator ex fratre nepos alteri parenti Vindobonae posuit MDCCCVI.*

138 *ZAUNER, FRANZ ANTON [(1746–1822); bedeutendster Bildhauer des Klassizismus in Österreich.*

Stiftungs- und Fondgelder in den Staatscassen verzinslich einzulegen; freilich konnte er bey einer Masse von nun 20 Millionen Wiener-Bankozetteln, nicht an die Möglichkeit denken, dass dieses große bewegliche Eigenthum in den Schlund eines Staatsbankrotts fortgerissen werden [*fol.24/3*] könnte, und so weit mit den Interessen dieser Capitalien so mannigfache wohlthätige oeffentliche Anstalten für den Cultus, Schulunterricht, Spitalen [!], Stiftungen und Armuthshäusern unterhalten wurden, diesselben ganz zu Grund gehen, oder nun kümerlich durch Zuschüsse von Staatseinnahmen erhalten werden müssen. LEOPOLD II. hob diese Zwangsanleihen von vinculirten Capitalien auf.

Kaiser JOSEPH [*II.*] kam von dem ersten unglücklichen Feldzug, der von Feldmarschall LACY geleitet wurde, krank und erschöpft nach Wien. LACY wollte mit den Janitscharen-Horden und Spahis einen regelmäßigen strategischen Krieg führen, alle Gränzen [*fol.24/4*] von Raub und Plünderung schützen; und die schönste Armee starb in den Spitälern. Der 2. Feldzug unter LAUDON[139] und dem Feldmarschall Herzog von COBURG[140] gelang besser; man schlug die Türken vereinigt mit den Russen bey Bogfockschen und Martinestie in der Moldau und Wallachei, und LAUDON eroberte Belgrad im Spätherbste des Jahres 1789.

Nie sah ich in Wien eine freudigere freiwillige Volksbewegung, als bey dieser Kunde.[141] Der Kaiser gestattete den Fackelzug der Universität, den der Jurist Dr. SEGENSCHMID[142] zu Pferd anführte, mit einem großen Transparent-Obelisk auf den neuen Burgplatz zu kommen, und eine musikalische Cantate zu veranstalten. Der [*fol.25/1*] kranke Kaiser ließ sich am geschlossenen Fenster sehen, und wurde von der Jugend enthusiasiert begrüßt. Nie erholte sich dieser Fürst von den Mühseligkeiten dieses Feldzugs, dem Kummer über so viele zerstörte oder schwindende Hofnungen, wohl aber auch von den Folgen eines häufigen und unvorsichtigen Genußes des Gesellschaftstriebes. Man gab seinem Leibwundarzt BRAMBILLA[143] viele Schuld, und der großherzige Fürst belohnte die von Dr. QUARIN verlangte und gegebene freimüthige Äußerung, dass keine ernstliche Hilfe vorhanden sey, mit der Verleihung des Freiherrenstandes, und einem Geschenk [*fol.25/2*] von zehntausend Gulden. Seine geliebte Nichte, die Prinzessin ELISABETH, deren Entbindung bevorstand, ließ er noch ein Mahl an sein Krankenbett

139 *ERNST GIDEON LAUDON (1717–1790).*

140 *FRIEDRICH JOSIAS, Herzog von Sachsen und Prinz von COBURG-SAALFELD (1737–1815).*

141 [*Note PRATOBEVERA*] Der damahlige Rector Magnificus Med. Dr. QUARIN [*JOSEF Freiherr von QUARIN (1733–1814); 1784–91 Oberdirektor des Allgemeinen Krankenhauses in Wien, 1754 Universitätsprofessor, mehrmals Rektor der Universität*] ließ auf seine Kosten das neue Universitäts-Gebäude herrlich beleuchten.

142 *DOMINIK SEGENSCHMID, später Hof- und Gerichts-Advokat.*

143 *JOHANN ALEXANDER VON BRAMBILLA (1728–1800).*

kommen, nicht ahnend, daß sie einen Tag früher in das Grab steigen, und er noch das Todtengeleut hören würde. Sterbend sah er noch die Ungarischen Reichsinsignien, das National-Symbol der königlichen Macht, unter seinen Fenstern feyerlich wegführen, und eine Erklärung wurde noch zur Beschwichtigung der Aufregung im Lande, welche der Preußische Minister Graf HERZBERG und sein treuer Gehilfe von HOMPESCH[144] durch Comissarien [*fol.25/3*] und Gold aus Eifersucht über die Fortschritte der Oesterreichischen Waffen in der Türkei angezettelt hatten, wurde [!] von dem scheidenden Fürsten unterzeichnet. Ohne Seherkraft mußte der thätige Monarch bei dem ihm bekannten apathischen oder jesuitisch-italiänischen Charakter seiner beiden nächsten Nachfolger den Untergang, oder doch einen Stillstand oder Rückgang seiner liebsten Schöpfungen – der Erleichterung der Feudal-Lasten, der Einrichtung gleichförmiger Gesetzgebung, und gerechter Besteuerung, [*der*] Kirchendisciplin, der Nationalindustrie, der Begünstigung des Germanismus vor dem Slavismus oder gar Magyarismus, wenigstens in oeffentlichen Angelegenheiten, und so weiter – mit Wehmuth [*fol.25/4*] vorhersehen. Doch war des guten Samens zu Viel durch Ihn gestreut, welcher durch die Ereignisse in anderen Staaten neu beleuchtet, noch jetzt herrliche Früchte aus dieser Epoche treibt. Man wirft dem Kaiser despotische Willkühr, und Mißachtung der Nationalität der heterogenen Bestandtheile der Monarchie vor; allein seit ALEXANDER[145] bis auf PETER den Großen[146], FRIEDRICH II., NAPOLÉON [*I.*][147] und NIKOLAUS[148], konnten große Reformen in der Civilisation der Völker besonders in den Anfängen nur durch den kräftigen Willen eines Einzigen, [*fol.26/1*] oft durch blutige Katastrophen durchgesetzt, und der Widerstand einzelner, selbstsüchtiger Interessen und Unwissenheit überwunden werden. Die Geschichte der Religionen und der Päbste, zeigt sie uns nicht denselben Gang? Noch weniger konnte JOSEPH II. getadelt werden, dass er die zerstreuten in Verfassung, Sitten, Sprache abweichenden, ja feindlichen Elemente in ein Germanisches Ganze [!] zu concentriren, und in seiner festen Hand haltend regieren wollte; wobey der Bauernstand und die städtischen Gemeinheiten natürlich gegen die Anmassungen und Privilegien des Klerus und des Adels nur die Kreisämter und

144 *EWALD FRIEDRICH GRAF HERZBERG (1725–1795), preußischer Staatsminister; Franz Karl Freiherr von HOMPESCH (1741–1800), bayerischer Finanzminister.*

145 *Wohl ALEXANDER der Große, griechisch-mazedonischer König im 4. vorchristlichen Jahrhundert.*

146 *Auch PJOTR ALEXEJEWITSCH ROMANOW, 1721 erster russischer Kaiser.*

147 *Auch BONAPARTE (1769–1821), 1802–1804 selbsternannter Erster Konsul der Französischen Republik, 1804–1815 selbsternannter Kaiser der Franzosen, 1806 Protektor des Rheinbundes und König von Italien.*

148 *Auch NIKOLAUS PAWLOWITSCH, 1825 russischer Kaiser.*

die [*fol.26/2*] Burocratie zu ihren Vertrauten hatten.[149] Wie kann auch anders die Idee der Staatseinheit und politische Macht ersten Ranges in dem Europäischen Staatensystem bey dem Agglomerat der Oesterreichischen Monarchie verwirklicht werden, als nach den von JOSEPH II. befolgten Maximen? Und wie würden Österreich's – ja vielleicht Europa's Geschicke ganz verschieden sich gestaltet haben, hätte die Vorsehung diesen Fürsten nur noch ein Jahrzehnd kräftiger Lebensdauer vergönnt haben?? Weder Separatismus [*fol.26/3*] noch erloschene Nationalantipathien zwischen Deutschen, Ungarn, Böhmen, Galiziern, Italiänern, noch Jesuiten und akatholische Zelotenpolemik wären wieder erwacht. Will man ohne Träumereyen fragen, ob der mächtige JOSEPH II. nicht den Ausbruch des französischen Krieges mit seinen grässlichen Folgen, die gänzliche Vernichtung Pohlens, den Untergang der deutschen Kaiserwürde, die deutsche Bundesacte mit ihrem Dualismus, die bedenkliche Vergrößerung Preußens und Russlands seit 1815, die Erscheinung NAPOLÉONS, und so viele andre Weltbegebenheiten, die eine unbekannte Zukunft in ihrem Schoße verbergen, nicht aber abzuwenden entschlossen gewesen wäre? Nur [*fol.26/4*] auf dem Sterbebette hörte man auf, den Kaiser zu fürchten, wie später NAPOLÉON auf dem Felsen St. Helena gefesselt keine Furcht mehr einflößte. Das Ende beider Regenten biethet reichen Stoff zum Nachdenken und Aufsuchen von Paralleln, und ich denke noch an den tiefen Eindruck, den SCHNEIDERS[150] Elegie auf den Tod JOSEPHS II.[151] hervorbrachte; das Landvolk wollte lange an die Wahrheit seines Todes nicht glauben. JOSEPH II. zerbrach vollends jede spanische-Etiquette-Schranke[152], die Bitten und Beschwerden ferne hielt. An jedem Tag war er bereit, Klagen und Gesuche von dem Bettler, [*fol.27/1*] und dem reichen Dynasten anzuhören und anzunehmen – eine höchst wohlthätige, obgleich für den Regenten eines großen Staats höchst lästige Maxime, welche die großen und kleinen Machthaber und Beamten in heilsamer

---

149 [*Note* PRATOBEVERA] Noch heute ist die Repräsentation der Hauptstadt in der ständischen Oesterreichischen Verfassung herabwürdigend und eine Nulle. Den Landtagen in den deutschen, galizischen und Italienischen Provinzen werden Gesetzentwürfe, und wichtige Einrichtungen auch nicht zur gutächtlichen Berathung vorgelegt.

150 [*Note* PRATOBEVERA] SCHNEIDER wurde, wenn ich nicht irre, quilottinirt.

151 *EULOGIUS JOHAN GEORG SCHNEIDER, Professor in Bonn und Jakobiner, war Verfasser der Elegie an den sterbenden Kaiser Joseph II. (Bonn, den 26. Februar 1790). Von SCHNEIDER stammt eine weitere Trauerrede auf Joseph II. gehalten vor dem Reichskammergerichte zu Wetzlar den 26. März 1790 (gedruckt Wetzlar und Wien 1790).*

152 [*Note* PRATOBEVERA] Er verboth die Kniebeugung, man sah keine Läufer vor seinem [*fol.27/1*] Wagen, und seine Diener saßen auch in der Stadt bequem hinter der einfachen Kutsche mit zwey Rossen.

Furcht erfüllt.[153] Auch Kaiser FRANZ II. unterzog sich jedoch nur ein Mahl in der Woche der oeffentlichen Audienzen, in welchen Er mit unermüdlicher Geduld Hunderte von Bittstellern und muthwilligen Querulanten empfing. Freylich erfolgte die Entschließung nicht so schnell, wie unter JOSEPH, oft nach Jahren, manchmal gar nicht. [*fol.27/2*] Als Studierender hatte ich den Muth, mich dem Kaiser drey Mahl zu nähern. Ein Mahl bat ich denselben um eine kleine Unterstützung für den dürftigen Landsmann ADAM CHMEL[154] /Vater des Archivars JOSEPH CHMEL[155] im geheimen Staatsarchiv aus dem Stifte St. Florian/; er trat in den philosophischen Lehrkurs, meine Geldmittel waren unzureichend, und seiner Noth half später eine Lehrstunde im Hause des Theater-Unternehmers in der Leopoldstadt MARINELLI[156] ab. Der Kaiser nahm diese Fürbitte gnädig auf, und gab mir 6 Gulden für den Schützling. Ein ander Mahl brachte ich im Enthusiasmus [*fol.27/3*] über die Reden der constituirenden französischen Nationalversammlung vom Jahr 1789, eines MIRABEAU, BARNAVE, ABBÉ MAURY[157] ergriffen, mitten unter einem Haufen von Suplikanten eine Bittschrift in des Kaisers Hände, worin ich ganz ernsthaft und warm um Verleihung einer Constitution für Österreich anonym flehte, und mich, ohne ein Wort zu sprechen, schnell entfernte. Endlich verwendete ich mich als offener junger Geschäftsträger für meine Mitbürger in Biala, die um die Erhebung des aufblühenden Städtchens zu einer königlichen Freystadt mit eigenem Magistrat baten. Diese [*fol.27/4*] vernünftige, obgleich zu belächelnde Mission eines Jünglings, beachtete der bürgerfreundliche Kaiser, und nach vielen Schwierigkeiten wurde Biala aus dem unterthänigen Verbande emancipirt, aber in dem zugewiesenen Weichbilde durch die eigennützigen landesfürstlichen Cameral-Beamten so eingeengt, daß kein Raum für neue Gebäude, Fabriken, Schule, und selbst Kirche vorhanden war. Doch ich vergesse, daß meine Erzählung den unermeßlichen Stoff der Regierung JOSEPHS II. mit hei-

---

153 [*Note PRATOBEVERA*] Kaiser JOSEPH II. nannte sich zwar bey seinem Regierungsantritt in einer oeffentlichen Cabinettsorder, wie der von ihm zu ängstlich als Vorbild gewählte FRIEDRICH II., nur den ersten Staatsbeamten; aber JOSEPH [*fol.27/2*] wußte recht gut, was die Souveränität, und ihre Handhabung sein Attribut, und seine Natur, wie er sagte, war.

154 *(1770–1832), 1794 Mathematiker am Lyzeum Olmütz, von wo er 1803 nach Linz wechselte.*

155 *(1798–1858); 1846 Vizedirektor des Haus-, Hof- und Staatsarchivs in Wien; gehörte zu den ersten Mitgliedern der Akademie der Wissenschaften (1847) und leitete deren Historische Kommission.*

156 *KARL von MARINELLI (1745–1803).*

157 *HORNORÉ-GABRIEL-VICTOR de RIQUETI Marquis de MIRABEAU (1749–1791), französischer Politiker, Physiokrat, Schriftsteller und Publizist; ANTIONE-PIERRE-JOSEPH-MARIE BARNAVE; JEAN-SIFFREIN Abbé MAURY (1746–1817), konservativer Abgeordneter in der Französischen Nationalversammlung.*

liger Scheu gar nicht berühren sollte. Wenn der [*fol.28/1*] Beynahme des Großen nur noch den Schwierigkeiten, die ein Fürst zu überwinden hatte, und den Motiven seines Handelns von der Nachwelt ertheilt werden sollte; so ist JOSEPH II. weit vor FRIEDRICH II. dem Großen zu nennen. FRIEDRICH II. fand eine zerfallene Oesterreichische Monarchie im Jahr 1740 nach seinem Geständnisse als leichte Beute; und hatte weder mit einem römischen Hof, noch einem reichen [*fol.28/2*] phanatischen und trotzigen Klerus und Adel und dessen Interessen zu kämpfen; was auch die französischen geistreichen Schmeichler sagen mochten. FRIEDRICH erbte von seinem Vater tüchtige Generale, Soldaten, und Beamte; und durfte sich zum Großmeister einer Freymauer-Loge erklären, was JOSEPH nicht wagte. Noch mehr, FRIEDRICH erbte nur vernünftige Sparsamkeit, und einen gefüllten Schatz von Eilf Millionen Thaler.

28. Der vierte und letzte juridische Jahrgang 1789 bis 1790 begriff die politischen Wissenschaften, die ich noch am Ende seiner akademischen Laufbahn von dem in seiner [*fol.28/1*] Zeit für Oesterreich so Vieles wirkenden Hofrath von SONNENFELS hörte. Als Gründer dieses Lehrfachs verfaßte er den Leitfaden, nach der bekannten Eintheilung in allgemeine Staatspolizey, Handlungs-, und Finanzwissenschaft, und benützte vorzüglich französische Schriftsteller, einen MONTESQUIEU[158], FORTBONNAIS[159], SULLY[160] und Andere. Ich kann an die Erinnerungen aus meinem kleinen untergeordneten Wirkungskreise nicht würdige biographische Skizzen Österreichischer Regenten, oder berühmter Männer, wie SONNENFELS, knüpfen, wozu andere Talente, Hilfsquellen und Verhältnisse zu denselben gehören würden. So viel darf ich [*fol.28/2*] von SONNENFELS als meinem Universitätslehrer mit Wahrheit hier einfließen lassen, daß er unter allen juridischen Professoren den ersten Rang, so wohl in der österreichischen gelehrten, als in der vornehmenden, kunstliebenden Welt, als Schriftsteller, Reformator der Bühne, als Secretair und Präses der Akademie der bildenden Künste, als Author einer neuen Gesetzes- und Geschäftssprache behauptete. Sein Vortrag, in dem er sich oft durch WATTEROTH vertreten ließ, war frei; aber unvorbereitet, und desultorisch, denn er konnte [*fol.28/3*] dem Drange, seine Belesenheit zur Schau zu tragen, nicht widerstehen, und so von dem Gegenstande seiner Vorlesung häufig abzugleiten. Eine ungemessene Eitelkeit war der hervorstechende Zug seines sonst liebenswürdigen menschenfreundlichen Charakters. Wie oft wiederholte er

---

158 *CHARLES-LOUIS de SECONDAT Baron de LA BREDE et de MONTESQUIEU (1689–1755), französischer Staatstheoretiker des 18. Jahrhunderts.*

159 *Recte FORBONNAIS, FRANÇOIS VÉRON de DUVERGER (1722–1800), französischer Schriftsteller des 18. Jahrhunderts.*

160 *MAXIMILIEN DE BÉTHUNE, duc de SULLY (1560–1641), politischer Ratgeber und 1. Minister Heinrich IV.; Verfasser der Memoires des oeconomies d'estat, domestiques, politiques et militaires de Henry Le Grand IV., Amsterdam (1638).*

mir als College in der Kommission der Gesetzgebung, daß er als gemeiner Soldat in's öffentliche Leben trat; sich selbst unter dem Schutze des fürstlich-DIETRICHSTEINischen Hauses, ohne regelmäßige Universitätsstudien die Bildung gab; und da er die Finanzzerrüttung noch erlebte, klagte er oft bitter vor mir, *[fol.28/4]* daß er durch die Intrigue und Eifersucht der Großen nicht an die Spitze der Finanzverwaltung gestellt worden. Wirklich sank sein Ansehen und das Vertrauen in seine praktische Brauchbarkeit schon unter JOSEPH, und noch mehr unter FRANZ II.[161] Die Großen des Hofes, oft verletzt durch seine Satyre, und neidisch auf die ihm huldigende öffentliche Meinung, erklärten SONNENFELS für einen Ideologen, und seine Vorschläge von vorn herein für unausführbare Hirngespinste. Man mißtraute seinen Grundsätzen und freisinnigen Äußerungen; die er mit Heftigkeit in einer Audienz gegen Kaiser LEOPOLD II. vertheidigen mußte. Erst spät erhielt SONNENFELS den Stephansorden, den ihm JOSEPH II. auf eine verletzende *[fol.29/1]* Weise verweigerte[162] und seinem Liebling und raschen Justizreformator, dem jüngeren Hofrath KÄS [!][163], schon verliehen hatte. Darüber entspann sich Kaltsinn zwischen beiden Nomotheten, und SONNENFELS bekämpfte in einer Vorlesung die durch KÄS bewirkte Aufhebung der Wuchergesetze und seine Schrift, Was ist Wucher?.[164] KÄS erschien bey der angekündigten Vorlesung. Die Wuchergesetze wurden 1803[165] wieder hergestellt, und seit dem ist die Verhandlung über deren abermahlige Aufhebung oder Modification oft wieder aufgenommen worden. Wirklich ist das bestehende Wuchergesetz das am wenigsten gelungene, *[fol.29/2]* höchst willkührlicher richterlicher Anwendung unterliegende, und doch den Wucher gar nicht abschreckende Gesetze aus der Feder des Oberstlandtrichters HAAN[166], wenn ich nicht irre. SONNENFELS lebte viel im Haus der Barone ARNSTEINER[167], die in ihrem Salon das diplomatische Korps, al-

---

161 [*Note* PRATOBEVERA] Zu einer kräftigen glücklichen Administration in Österreich ermangelte SONNENFELS allerdings der Tiefe, Geduld und des praktischen Blickes.

162 [*Note* PRATOBEVERA] Er ließ in die Resolution den bekannten Vers Icarus icareas und so weiter einfließen. [*Das vollständige Zitat lautet: „Dum petit elatis nimium sublimia pennis / Icarus, Icareas nomine fecit aquas" und stammt von dem mittelalterlichen Satiriker* NIGELLUS *von* LONGCHAMPS *(ca. 1130–ca. 1200).*]

163 *Recte* FRANZ GEORG *Ritter von* KEEß.

164 *Uiber Wucher und Wuchergesetze. Eine Vorstellung mit Anmerkungen von* SONNENFELS *(Wien 1789); Uiber die Aufgabe: Was ist Wucher? und: Welches sind die besten Mittel,demselben ohne Strafgesetze Einhalt zu thun nebst Anmerk[ungen] von* SONNENFELS *(Wien 1789].*

165 *Patent vom 2.12.1803 (Justizgesetz-Sammlung Nummer 640).*

166 *MATHIAS (WILHELM) HAAN.*

167 *NATHAN ADAM Freiherr von ARNSTEINER (1748–1838); Mitbegründer der Österreichischen Nationalbank, Bankier und Großhändler in Wien; Mitbegründer des Bankhauses ARNSTEIN-ESKELES und der Österreichischen Nationalbank.*

le Fremden, und selbst den einheimischen hohen Adel, mit Ausnahme der Frauen, versammelten. Er starb ohne Vermögen[168], mit Hinterlassung eines Testaments nach einer glücklichen aber kinderlosen Ehe. Wenn auch seine Ansichten, namentlich das Princip der größtmöglichen Bevölkerung als Grundlage der Völkerwohlfahrt [*fol.29/3*] heut nicht durchaus angenommen sind; so haben doch alle Oesterreichs hohe und niedere Staatsbeamte diesem Lehrer ihre Weisheit zu danken, und sind ihm zum dankbaren Andenken verpflichtet. Es ist befremdlich, daß sein Freund und Gönner der Oberste Justizpräsident Graf HEINRICH ROTTENHAN[169], Graf CZERNIN[170] und Andere, dem hochverdienten Staatsmann und wahren Patrioten die sehnlichst gewünschte geheime Rathswürde nie verschaffen konnte, was die Eitelkeit des ergrauten SONNENFELS schmerzlich empfand.[171] Er wird länger fortleben als alle oesterreichischen geheimen Räthe seiner Zeit!!

29. Der schon oben erwähnte Professor JOSEPH CHRISTOPH SCHMIDT[172] las in diesem Lehrkurse auch über die [*fol.29/4*] Staatenkunde der europäischen Staaten. Wie dürftig, und schwankend der Vortrag desselben in diesem beynah gränzenlosen Gebiethe seyn mußte, werdet Ihr nicht nur aus den Charakterzügen dieses Lehrers, sondern auch daraus schließen, [*dass*] dazu zu jener Zeit, besonders in Oesterreich, alle Materialien für Statistik, wie Bevölkerung, Kriegsheer, Steuer und Schuldenwesen, ständische Verfassung und so weiter dem Staatsbeamten selbst, um so mehr dem Professor und Schriftsteller als Staatsgeheimnisse unzugänglich waren. Seit dem ist man über den Nutzen der Oeffentlichkeit in dieser Beziehung aufgeklärt, und hohe [*fol.30/1*] Beamte erhalten ansehnliche Remunerationen[173] für die Zusammenstellung statistischer Tabellen, nach officiellen Mittheilungen, die ihnen von den Behörden aller Länder zukommen. Immer bleiben aber solche Nachweisungen unsicher und stets wechselnd. Die unteren Behörden liefern aus Bequemlichkeit oder Unwissenheit, nicht selten aus eigennütziger prahlerischer Uibertreibung ungenaue Daten, und man geräth nach den-

---

168 [*Note* PRATOBEVERA] Sein Bruder [*FRANZ ANTON (1735–1806)*], Hofrath der allgemeinen Hofkammer [*er ist 1789 in der böhmisch-österreichischen Hofkanzlei als Hofrat nachweisbar!*], wußte besser sich vorzusehen und hinterließ ein großes Vermögen.

169 *HEINRICH FRANZ Graf ROTTENHANN (1837–1809), Präsident der Gesetzgebungs-Hofkommission (1801) und Präsident der Obersten Justizstelle (1804).*

170 *JOHANN RUDOLF Graf CZERNIN von und zu CHUDENITZ (1757–1845), war Präsident der Akademie der bildenden Künste in Wien (1823) und kaiserlicher Oberstkämmerer (1824).*

171 [*Note* PRATOBEVERA] Sit ipsi terra levis. [*Richtig wohl: „Sit tibi terra levis" – Möge dir die Erde leicht sein! – Herkunft: EURIPIDES, Alkestis*].

172 *22/2 und 22/3.*

173 [*Note* PRATOBEVERA] So erhielt Freyherr von METZBURG, Vice-Präsident der General-Rechnungs-Direction 2000 Gulden jährlich ad personam.

selben auf ganz falsche Berufungen und Schlußfolgerungen. Unsere ämtlichen Tabellen kommen nicht in den Buchhandel, und wichtige Nachweisungen fehlen darin; wie über das Creditswesen, und das neu laufende Papiergeld; Militair-Vorräthe, geheime Ausgaben des Departements der auswärtigen [*fol.30/2*] Angelegenheiten, der Polizey, die landesfürstlichen Privat-Einnahmen und so weiter. Ich sah keinen Gebrauch von diesen Tabellen in den Collegien machen, und bey jedem Vorschlag irgend einer organischen Einrichtung wurden die Behörden zu neuen speciellen Nachweisungen über den vorliegenden Gegenstand aufgefordert, und oft unnöthig das verlangt, was schon längst in Registraturen schlummerte. Indessen ist Etwas besser als Nichts, und Springers Statistik mag unendlich belehrender seyn, als eines alten JOHANN CHRISTOPH SCHMIDT's.

30. Wenn ich auf den angedeuteten juridischen Universitätsunterricht zurücksehe: So muß ich zwar dankbar die Verdienste und [*fol.30/3*] Kenntnisse meiner Professoren anerkennen, aber auch gestehen, daß mir gegenwärtig das Mangelhafte der Einrichtung noch lebhaft im Gedächtnisse ist. Ohne die Schicksale dieser antiquissima ac celeberrima Universität, wie sie sich bescheiden nennt, zu erwähnen, hatte sie schon unter JOSEPH II. selbständige Wirksamkeit in Lehre und Disciplin verloren; an die Stelle eigener Jurisdiction traten die politischen und Justizbehörden mit der polizeilichen und richterlichen Gewalt gegen Professoren und Studirende[174]. Die Leitung und Aufsicht der Studien ging von der Consistorial-Corporation an eigene Studienhofcommissionen von Beamten, an die Nieder-Oesterreichische Landesregierung und die Hofkanzley über, die oft in Conflicte über ihre zuständige Wirksamkeit geriethen. Die [*fol.30/4*] Universität verlor ihre eigenen Fonds, und die Professoren waren auf fixe Besoldungen aus den Staatscassen angewiesen; ohne von ihren Schülern Honorar zu empfangen. Dieß hatte seinen Nachtheil; der Professor trachtete in eine besser besoldete Beamtenstufe zu kommen, ihm war ein großes oder kleines Auditorium gleichgültig, denn er hatte auch keine außerordentlichen Docenten seines Faches zu fürchten. Offenbar waren die juridischen Gegenstände an eine zu geringe Zahl von Professoren vertheilt, besonders die positiven weitläufigen Zweige des Römischen, Canonischen, deutschen Rechts. Man wollte nur Beamte und Routinier[s], aber keine Gelehrte, die mit den Professoren ausländischer [*fol.31/1*] Professoren [!] in Göttingen, Leipzig [*oder*] Berlin wetteifern, oder doch literarisch verkehren konnten, oder durften. Das Schema der oben bezeichneten Vorlesungen zeigt, daß für Bildung von gründlichen Publicisten, Diplomaten, und Staatsoekonomen wenig gethan war; ja das bestehende oeffentliche und Privatrecht unserer Monarchie, und das Regentenhaus, zumahl in Ungarn, Siebenbürgen, Böhmen, blieb in Wien absichtlich oder unabsichtlich bis auf unsere Zeit eine terra incognita. Zu ihrer

174 [*Note PRATOBEVERA*] Das Rectorat war zu einem leeren Nahmen herabgesunken.

Schande berief die Regierung häufig Fremde ohne Landeskentniß von zweideutiger Anhänglichkeit an Oesterreich, oft aus Vorliebe und Vorurtheil, um mit ihnen wichtige Posten im Departement der auswärtigen Angelegenheiten, der Militair- und Finanzverwaltung zu besetzen; aber außerordentli che Missionen ihnen zuerkennen? Welche segensreiche Früchte brachten dem Lande die STADIONS, die EICHHOF, die FAßBENDER, die GENZ [!], MÜLLER, JONKE und anderen mit schwerem Golde bezahlten *[fol.31/2]* bezahlten [!] Fremdlinge, die nach der Hofluft ihre Gesinnungen veränderten, oder verbargen? Österreich pflege freysinnig das reichere einheimische Talent, es sey Deutsch, Slavisch, oder Magyarisch, gleich den klügeren Franzosen, Engländern, und Preußen, und bald wird die angemaßte Superiorität des Auslands nur eine Lächerlichkeit, so wie der Schrifttext: nemo in patria sua Propheta[175], nicht in so trauriger Ausdehnung auf Österreich verwendbar seyn. Man muß anerkennen, daß die Oesterreichische Regierung seit der großen Kaiserin unabläßig sich mit der Erziehung und dem Schulwesen eifrigst beschäftigte; allein theils hatten unglückliche Kriege und ein schlechter Finanz-Haushalt die Hilfsquellen verschlungen, theils schwankte *[fol.31/3]* man von System zu System, in wiefern bey der geistigen Aufregung in Europa seit dem Jahr 1770, und vollends seit den verschiedenen Katastrophen der französischen und anderen Staatsumwälzungen die Lehr- und Preßfreiheit in engere oder weitere Gränzen eingeschlossen werden sollte. Die politischen Führer der Staaten machten daraus einen Hauptgegenstand der Congresse, und Professoren von anerkannter Gelehrsamkeit wurden selten um ihre Meinung befragt. Die bürgerliche Ordnung auf der Wiener-Universität ward zwar, soweit meine Amtserfahrung reicht, nie in dem Grade gestört, daß gegen Lehrer oder Zuhörer gerichtliche Processe stattgefunden hätten; allein die mannigfachen Zwangsmaßregeln verfehlten bey der vergnügungs-*[fol.31/4]*süchtigen Wiener Jugend oft ihre Wirkung. *[fol.31/4]* Die Studenten, ohne in Burschenschaften oder geheime Verbindungen zu treten, unterwarfen sich äußerlich gehorsam der oeffentlichen Macht und Ordnung, rächten sich aber dafür, wie zu allen Zeiten, durch Schwänke und Spöttereien über Anordnungen, geistliche und weltliche Directoren und Professoren, die ihnen nicht, wie SONNENFELS, ZEILLER, DOLLINER und Andere Achtung für ihr Wissen und Betragen, so wie Nacheiferung und Fleiß, abzunöthigen verstanden. Das juristische Studium, wohl auch das philosophische, war in der letzten Zeit gegen andere Facultätsstudien viel weniger begünstiget. Während der Leibarzt des Kaisers FRANZ II., ANDREAS STIFT [!][176], als vieljähriger unumschränkter Leiter des Studienwesens *[fol.32/1]* im Staatsrath die Medicinal-Anstalten auf das freigiebigste unterstützte, ohne selbst einen großen Ruf als

175 *MATTHÄUS 13,57.*
176 *ANDREAS JOSEF Feiherr von STIFFT (1760–1836), kaiserlicher Leibarzt.*

theoretischer oder ausübender Arzt zu besitzen,[177] wurden die wichtigsten Lehrstühle der Rechtswissenschaft durch junge Rechts-Candidaten jahrelang provisorisch versehen, von denen man natürlich keine männliche Freymüthigkeit und keine erfolgreiche Opposition gegen die Bekämpfer und Gegner der Josephinischen Regierungsmaximen erwarten durfte. Wie viel einflußreichere Staatsdiener hatten nach dem Jahre 1815 und 1830 eine andere Sprache über geistliche und weltliche Macht, über Denk- und Gewissensfreiheit, über Adel und Volk und dergleichen [*fol.32/2*] geführt, als von dieser Zeit? Exempla sunt odiosa[178] - - - Die redlichen Freunde der alten Schule schweigen; und verstummten; der übrige Haufen folgte den eben glänzenden Gestirnen des Tages[179]. Indem ich diese Erinnerungen niederschreibe /1841/ ist der Vorschlag neuer Studienpläne befohlen, nur gediegende gründliche Publicisten u[*nd*] Staatsmänner heranzuziehen. Also fühlt man den Mangel? wird man so leicht statt der Unzahl an Legisten und Bureau-Maschinen, Rechtsphilosophen und weise Gesetzgeber erhalten? Warum ist unserer Jugend, besonders der höheren Stände fortan der [*fol.32/3*] Besuch auswärtiger Universitäten, welche von den Söhnen regierender Fürsten nicht verächtlich ignorirt werden, verbothen, um Kenntnisse und Erfahrungen in die Heimath zurückzubringen. Unsere modernen Reisen mit einem Hofmarschall, oder den jungen vornehmen Attachés bey den auswärtigen Missionen, sind nur Schulen für leichtsinnigen Genuß, Tanz, Spiel, oberflächliche Auffassung und Nachäfferey, aber nicht feiner gründlicher Unterricht. Man muß Jahre lang an demselben Ort mit Anstrengung und Fleiß verweilen, um als tüchtiger Rechtsgelehrter, Arzt oder Künstler zurückzukehren. [*fol.32/4*] In Oesterreich hat man den Adel durch

---

177 [*Note* PRATOBEVERA] Auch das politische Institut verdankt dem Dr. STIFT seine Gründung und Aufnahme.

178 *Sinngemäß: Beispiele sind verpönt (und werden daher nichterwähnt).*

179 [*Note* PRATOBEVERA] Man darf aber ohne Ungerechtigkeit nicht alle Rückschritte und Tartüffen-Kniffe auf Rechnung dieses oder jenes Machthabers, Beichtvaters oder Bischof's, eines Fürsten METTERNICH [*CLEMENS WENZEL LOTHAR Graf (1773–1859), 1809 Außenminister, 1821 Staatskanzler*], eines Staatrathes JÜSTEL [*JOSEF ALOYS (1765–1858), 1790 Professor für Moraltheologie und 1794 für Pastoraltheologie am Grazer Lyzeum; 1815 Hofrat und Referent für das Studien- und Zensurwesen, 1829 provisorischer, 1831 wirklicher Staats- und Konferenzrat (Referent in geistlichen, ab 1835 auch in Studiensachen)*], Grafen MITROWKI [*recte MITTROWKY, ANTON FRIEDRICH Graf von Mittrowitz und Nemischl [(1770–1842), 1830 Oberster Kanzler*] und Andere schieben. Nein! Ich sah oft [*fol.32/3*] vernünftige und einmüthige Anträge von erlauchten Staatsdienern an einer unbekannten Opposition scheitern. Freilich wird oft von den Räthen eine doppelte Sprache geführt; eine offene, ofensible [!] in der Rathsversammlung, eine andere geheime im unmittelbaren Verkehr mit dem Fürsten dieß war häufig der Fall unter FRANZ II., der seine consiliarios sub [*fol.32/4*] terreanos hatte, wie sich die Ungarn audrückten. Beklagenswerthes Schicksal der Völker!

die Wiederherstellung des Theresianums und ähnlicher Anstalten von dem oeffentlichen Unterricht der übrigen Stände in Gymnasien und Universitäten abgesondert; was ist denn Gutes und Großes daraus hervorgegangen? Ein törichter Dünkel des unwissenden jungen Adels mit ausschließenden Ansprüchen auf hohe Würden und gut bezahlte Aemter; und Abneigung und Entmuthigung der Mittelklasse, dieser eigentlichen von Arbeit und Religion ernährten Wurzel der fauligen Civilisation. JOSEPH II. begünstigte zwar auch die Erziehung des Adels, indem er nebst dem gemeinschaftlichen [*fol.33/1*] Universitätsunterricht die adelichen aermeren Jünglinge durch Korepetioren aus allen wissenschaftlichen Fächern, und durch Lehrer in fremden Sprachen, Musik, Tanz und Reitkunst und dergleichen unterrichten, und ihre übrigen Bedürfnisse durch jährliche Handstipendien von 500 Gulden Convents-Münze in dem Familienkreise ihrer Angehörigen nach eigener Wahl bestreiten ließ; allein die akademische Jugend wurde einander nicht entfremdet, und der Wetteifer rege gemacht[180]. Die Jesuiten trachteten dieses wichtige Institut des Theresianums dem geistlichen Orden der Piaristen zu entziehen; ob es ihnen unter der jetzigen Curatel des freysinnigen talentvollen Grafen TAAFFE[181], und seines Vertreters, des Hofraths und staatsräthlichen Referenten Freyherrn von [*fol.33/2*] SOMMARUGA[182], gelingen werde, die ihre eigenen Söhne auf die Universität zu den höheren Studien schickten? Dieß tun auch noch andere große Familien, besonders der akatholischen Großen Ungarns, und Siebenbürgens. Wahrlich mit der ungeheuren Dotation des Theresianums ließen sich, vereinigt mit dem Aufwand für die Universität, ließen sich [!] ohne Zweifel

---

180 [*Note PRATOBEVERA*] Ich hatte durch den ganzen juridischen Lehrcurs den jetzigen Obersten Kanzler Grafen MITROWSKI, den verstorbenen Präsidenten Grafen CHORINSKI [*recte CHORINSKY, IGNAZ KARL Freiherr von LEDSKE (1770–1823), 1796 Gubernialrat in Westgalizien, 1798 Stadthauptmann in Prag; 1804 Rat beim niederösterreichischen Landrecht und 1805 während der französischen Besatzung Leiter der niederösterreichischen Statthalterei; 1807 im Staatsrat; 1813 epräsident der Hofkammer und der Hofkanzlei sowie Statthalter in Mähren; 1816 schließlich Hofkammerpräsident*], den Grafen [*JOHANN JAKOB*] GAISRUCK [*1795–1801 Gouverneur für Ostgalizien*] und Andere zu Schulgenossen, unter denen Graf MITROWSKI später im Leben den Ruf einer lächerlichen Aufgeblasenheit erlangte.

181 *LUDWIG PATRICK Graf TAAFFE (1791–1855), seit 1834 Präsident der Obersten Justiz-Stelle, dann des OGH bis 1855.*

182 *FRANZ (SERAPH VINCENZ EMANUEL) Freiherr von SOMMARUGA (1780–1860), 1824 Rat am niederösterreichischen Appellationsgerichts, 1831 Hofrat der Obersten Justizstelle und Beisitzer der Hofkommission in Justizgesetzsachen; 1832 Rektor der Universität Wien; 1838 Referent der Justizsektion des Staatsrats, später Vizepräsident des niederösterreichischen Appellationsgerichts; 1847 Professor am Lyzeum in Lemberg, schließlich von März bis Juli 1848 Unterrichtsminister und ab April 1848 auch Justizminister.*

größere Resultate für Professoren und Zöglinge, und alle Hilfsmittel der höheren Studien an Büchern Apparaten, und so weiter erreichen.

Da ich überall die Vorzugsklassen als juristischer Student erhielt; so wurde ich aufgefordert, ein kleineres Stipendium von 50 dann 60 Gulden, welche bloß für Schlesier aus der bursa silesitica [!] gestiftet ist, nachzu-[*fol.33/3*]suchen; es konnte mir auch im Jahr 1789 gewährt werden, da sich keine würdigeren Conkurrenten gemeldet hatten, und ich meinem Vater ein wenn auch noch so geringes Ersparniß verschaffen wollte.

V. Abschnitt: 1790–1793.

31. Ich hatte nun die Rechtsstudien beendet und stand im 21. Jahre; was sollte ich nun weiter beginnen? Auf Rat meiner mir wohl wollenden Professoren entschloß ich mich sehr gern, das Doctorat[183] [*zu*] erlangen, weil mir dann die verschiedenen Wege zum Lehrstuhl – meinem geheimen gewünschten Ziel – zum Amte, oder zur Advokatie gleich offen lagen. Auf dem letzten Besuch [*fol.33/4*] meiner Eltern in der Ferienzeit erhielt ich auch zu dieser kostspieligen Verlängerung meines Aufenthaltes in Wien die väterliche Einwilligung, wobey mir mein wakkerer Schwager ENZENDORFER (+ 1814) wieder treulich beistand. Beynah hätte mich Bielitz festgehalten.

Ich lernte ganz zufällig eine sehr anmuthige Blondine /DOROTHEE JASCHOWSKI/ kennen; die Tochter eines kleinen Krämers, Lotterie-Collectanten, und früher Leinwandwebers in Biala kennen [!]. Um in der Ferienzeit ohne Aufsehen mich ihr zu nähern, begleitete ich meinen Schwager in den Kranken-Visiten des Hauses, und schwatzte indessen mit der verschämten liebenswürdigen Lotto-Schreiberin. [*fol.34/1*] Meine Eltern hörten bald davon, und hatten nun, wider ihre frühere Gewohnheit, darauf gedrungen, daß ich nach Wien zur Vorbereitung auf die Doctoratsprüfungen zurückkehre; sie mochten meine ernstere

183 [*Note PRATOBEVERA*] Die Doctorswürde kann man auch mit dem Degen ad honores erlangen; so sind WELLINGTON [*ARTHUR WELLESLEY Herzog von WELLINGTON (1769–1852), bedeutendster britischer Heerführer und Staatsmann in napoleonischer Zeit, später zweimal Premierminister des Vereinigten Königreichs*] und BLÜCHER [*GEBHARD LEBERECHT Fürst von WAHLSTATT (1742–1819), preußischer Generalfeldmarschall*] in Oxford, Staatsrath MÜNCH [*CAJETAN Baron MÜNCH von BELLINGHAUSEN (1776–1831), 1796 Rat am niederösterreichischen Landrecht, 1807 Rat am Appellationsgericht Krakau und Direktor der philosophischen Abteilung der Universität Krakau; 1810 Rat am Appellationsgericht Brünn*] in Wien Doctores des Civil-Rechts ernannt worden. Der letzte, um Kanzler des goldenen Fließ-Ordens [!] werden zu können.

Neigung als mit ihrem Patriziat und Wohlstand nicht für ebenbürtig halten. Ich gehorchte, und sah seitdem meine DOROTHEE nicht wieder.

32. Mit regem Eifer ging ich an die Studien zu den Rigorosis, deren damahls drey vorgeschrieben waren; und zwar in freundschaftlicher Verbindung mit meinem Landsmann und Universitätsfreund JOHANN MOßLER[184]; im Anfange des Jahres 1792 hatte ich die Prüfungen mit einhelligem Beifall der Examinatoren [*fol.34/2*] bereits zurückgelegt. Zu meiner öffentlichen Disputation und Dissertation wählte ich mit etwas stolzer Prätension einen schwierigen, polemischen noch heut unentschiedenen Gegenstand des oeffentlichen innern Staatsrechts, der gerade in der Zeit Aufsehen und Interesse, wie ich hoffte, erregen sollte. Ich theilte meinen Universitätsfreunden, und auch keinem Professor das Süjet mit, weil ich Bedenklichkeiten und Einwendungen dagegen besorgte. Ohne fremden Rath oder Beistand arbeitete ich an meiner Abhandlung, und suchte sie mit Stellen und Autoritäten, die ich in den [*fol.34/3*] Bibliotheken fand, auszustatten, ohne meiner eigenen Darstellung und Anordnung zu schaden. Und so übergab ich zwischen Furcht und Hofnung diesen ersten hochfliegenden Versuch meiner literarischen Laufbahn als Manuscript dem Directorat der juridischen Facultät um Zulassung des Druckes. Uiber meine Erwartung erhielt ich das Manuscript, nachdem es bey meinen Professoren, die doch ihre eigenen Kinder damahls noch nicht verläugnen durften, so wie bei dem Präses und Director Hofrath Freyherrn von HEINKE[185], Vater des Lehenprobstes der Nieder-Oesterreichischen Regierung[186], cirkulirt hatte, ohne alle Rüge oder Aenderung mit dem admittitur zurück. Die gedruckte Abhandlung führt den [*fol.34/4*] Titel: Die Rechte des Staates über Kirchen und geistliche Güter. Ein Versuch von CARL JOSEPH PRATOBEVERA zur Erlangung der Doctorswürde an der Wiener hohen Schule nebst angefügten Sätzen aus den Rechts- und politischen Wissenschaften, Wien[187], KASTNERischen Schriften 1792 (gedruckt und verlegt bey dem Universitäts-Buchdrucker BECK).

33. Mein Schwager, der Hofarzt des Fürsten FRANZ SULKOWSKI, bewog mich, die Dissertation demselben zuzueignen, und ich schrieb die vorgedruckte empha-

---

184 [*Note* PRATOBEVERA] Dieser musterhafte, mir so werthe Jugendfreund starb [*fol.34/2*] zu früh als Advocat in Troppau [*MOßLER war um 1800 Gubernialsekretär in Westgalizien*]. Mein Vater machte ihm auf meine dringende Fürbitte einen Vorschuß von 500 Gulden zur Bestreitung aller Kosten; zu keinem Jugendfreund fühlte ich mich in gleichem Grade hingezogen, und die späteren Freundschaften verwirklichten bey mir eine mehr das Ideal der Einen Seele in duobus corporibus.

185 *FRANZ JOSEF Freiherr von HEINKE (1726–1803).*

186 *JOSEF PROKOP HEINKE (1758–1838), niederösterreichischer Regierungssekretär, 1807 Lehenpropst.*

187 *Ein Exemplar dieser Dissertation befindet sich in der Österreichischen Nationalbibliothek (Signatur: 742.895-B.Alt Mag), ein Exemplar ist auch im Familiennachlass PRATOBEVERA, Karton 10, vorhanden.*

tische Zueignung, in der ich den Fürsten mehr als PLINIUS des Kaisers TRAJAN[188], und VOLTAIRE [*oder*] FRIEDRICH II. prieß; allein der herzogliche Mäcen war ärmer als ich, und bezahlte weder Druckkosten, noch gab er mir, [*fol.35/1*] sonst ein Merkmahl fürstlicher Anerkennung. In späterer Zeit schämte ich mich dieser Dedication, und riß sie aus den Exemplaren, die ich noch übrig hatte; denn sie konnte als bittere Satyre oder unwürdige Lobhudely auf meinen gefeyerten Herrn bey Verständigen, die ihn kannten, gelten. Danach verschwand die Abhandlung auch aus den Kaufläden der Antiquare, und scheint in der Folgezeit Aufmerksamkeit erregt zu haben.

Graf WALLIS[189] sagte mir, sie sey in Ungarn verbothen worden, und der Minister Graf STADION brachte sie zur staatsräthlichen Conferenz, um den Vorschlag, entbehrliche Klöster und Kirchengüter einzuziehen, zu veräußern und die Besitzer und Corporationen dafür mit verzinsbaren Staatspapieren zu entschädigen, zu unterstützen. [*fol.35/2*] Wirklich fing man im Jahr 1815 mit einem solchen Versuch an, der Appellationsgerichts-Präsident Baron GÄRTNER[190] kaufte zum Beispiel den Zwettlerhof; Graf STRACHWITZ[191] den Lilienfelderhof mit Papiergeld; allein bald ging man davon wieder ab; ohne Zweifel mit Einfluß Staatsraths PFLEGER[192], der das Kirchengut in Schutz nahm, und überließ das Papiergeld seinem Schicksal, und der Nationalbank.

---

188 *GAIUS CAECILIUS SECUNDUS PLINIUS, auch PLINIUS der Jüngere (61/62–113/15), römischer Senator und Schriftsteller; MARCUS ULPIUS TRAJAN (53–117), 98 römischer Kaiser, unter seiner Herrschaft erreichte das Römische Reich die größte Ausdehnung.*

189 *JOSEF (MICHAEL) Graf von WALLIS (1776–1818), 1795 Rat am niederösterreichischen Appellationsgericht, 1798 Hofrat der Vereinigten Hofkanzlei; 1802 Oberster Landrichter in Böhmen, 1805 Statthalter für Mähren-Schlesien; 1814 Präsident der Hofkammer, 1814 Präsident des Staatsrates; 1817 schließlich Präsident der Obersten Justizstelle und der Gesetzgebungs-Hofkommission.*

190 *FRIEDRICH CHRISTIAN Freiherr von GÄRTNER (1768–1842) war zunächst am Reichshofrat (1796), sodann Hofrat der Obersten Justizstelle (1807; 1818 Vizepräsident) und Mitglied der Gesetzgebungs-Hofkommission (1814, u. a. Mitwirkung an der Beratung der revidierten Gerichtsordnung; 1818 Stellvertreter des Präsidiums); schließlich Rat am niederösterreichischen Appellationsgericht (1817 Vizepräsident, 1824 Präsident); er war der Bruder von KONRAD GÄRTNER.*

191 *KARL Graf STRACHWITZ (1822–1847), Dichter in Wien.*

192 *ANTON PFLEGER Ritter von WERTENAU (1748–1820), war zunächst Professor am Lyzeum (1774/93) und sodann Rat am Appellationsgericht (1793) sowie am Landrecht in Lemberg (1796); später Hofrat der galizischen Hofkanzlei in Wien (1801) sowie Hofrat an der Obersten Justizstelle (1802) sowie Mitglied der Gesetzgebungshofkommission (1804; u. a. Mitwirkung an der Revision der Allgemeinen Gerichtsordnung von 1781 und bei der Redaktion des ABGB von 1811; schließlich Referent am Staatsrat (1805).*

Mehr als den Inhalt der Abhandlung über die Natur des Kirchenguts dürften die angefügten Sätze und Behauptungen aus dem Naturrechte, dem allgemeinen Staats- und Völkerrechte, (Nummer 1-2-3-4-5) aus dem oeffentlichen, Privat- und deutschen Reichsrecht, aus den politischen Wissenschaften, seitdem HALLER[193] und seine Nachbeter in Oesterreich Eingang gefunden haben, mißfällig und bedenklich erscheinen: und doch [*fol.35/3*] enthalten sie nichts, was von allen unabhängigen gutgesinnten Denkern offen, oder insgeheim nicht als wahr vertheidigt wird, und selbst an die Spitze unseres bürgerlichen Gesetzbuches gestellt ist. Mein jugendlicher Versuch bleibt ein wichtiger Beleg für die noch im Jahr 1792[194], als die französischen Doctrinen der Nationalversammlung bereits drey Jahre ganz Europa in Bewegung gesetzt, und blutige Gräuelscenen stattgefunden hatten, ohne auf die Gesinnung der Oesterreichischen Völker zurückzuwirken, wie es bald die Kriegsereignisse auffallend bewährten.

Doch wurde man ängstlicher: juridische und philosophische gedruckte Dissertationen wurden auf unseren Universitäten seltener, oder in ihrem Inhalte unbe-[*fol.35/4*]deutender; man begnügte sich mit schriftlichen Ausarbeitungen der Kandidaten für die Doctorswürde. Endlich, um aller Polemik mit einer geistlichen oder Staatsbehörde auszuweichen, verfiel Hofrath ZEILLER, aus Gelegenheit einer Rüge des Erzbischofes von Prag gegen einige Theses, auf die heut noch geltende seltsame Uibung, daß die Disputations-Sätze nur nach der ganzen Materie, der sie angehören, als bloße Schlagworte gedruckt worden; zum Beispiel aus dem oeffentlichen Staatsrechte – Grundlage der bürgerlichen Gesellschaft? Rechte des Regenten in Kirchensachen und so weiter. Man wird erst in der etwas gauklerischen Disputation gewahr, was der Candidat behaupten werden dürfe, und was der erbethene Opponent der Form wegen einwende.

[*fol.36/1*]

33. [! *recte 34.*] Bald wäre ich durch einen widrigen Zufall an der anberaumten Disputation verhindert worden, da mir ein Blutauswurf 2 Tage vorher eine große Furcht verursachte. Doch eine Aderlaß, die mir der damahls sehr gesuchte Wiener Arzt Dr. CLOSSET der ältere[195] verordnete, hob das Hinderniß – es war die bis jetzt erste und letzte, die unter QUARIN, STOLL, FRANK[196] äußerst häufig, und in Schlesien im Maimonat sogar als Präservativ-Mittel gegen die Folgen des übermäßigen Genusses des feurigen Ungarischen Weins, und des Branntweins angeordnet wurde.

193 *ALBRECHT von HALLER (1708–1777), deutscher Aufklärungsschriftsteller.*

194 [*Note PRATOBEVERA*] ohne Anstoß und Gefahr geltender Lehren der Wiener-Universität über die höchsten Interessen der bürgerlichen Gesellschaft.

195 *Vermutlich THOMAS FRANZ CLOSSET (1754–1813).*

196 *MAXIMILIAN STOLL (1742–1788) war Leiter der medizinischen Klinik Wien; JOHANN PETER FRANK (1745–1821) war Hof-Arzt in Wien.*

Ich disputirte also, wie gewöhnlich, siegreich und mit Beifall, und wurde unter dem Appellationsgerichts Rath von TOBENZ als Rector, [*fol.36/2*] und dem Weihbischof Grafen ARZ[197] und Domprobsten; mit welcher Würde die des Kanzlers der Universität verbunden ist, am 6. Julius 1792 zum Juris Utriusque Doctor ernannt. Am 29. August 1794 machte ich die Einlage mit 415 Gulden 45 X [= *Kreuzer*] in die Witwen-Societäts-Kasse der juridischen Facultät, wohin ich noch jährlich 20 Gulden Convents-Münze beitrage.[198] Schon während der Vorbereitung zu den strengen Doctoratsprüfungen /1791 – bis 1793/ hatte ich den Oesterreichischen Geschäftsgang in Rechtssachen praktisch zu lernen getrachtet, und erhielt Zutritt in die Kanzleien zweyer aelterer Advocaten, die viel Vertrauen genossen, obgleich sie die neue Josephinische Praxis noch immer nicht sich ganz angeeignet hatten. Das achtbare Haus meines [*fol.36/3*] nachmahligen Schwiegervaters IGNATZ RAAB[199] wurde mir durch meinen Universitätsfreund Dr. JOSEPH FRANZ, dem ich die Dissertation pro gradu in Eile zusammenstoppelte, der aber als leichtsinniger unordentlicher Advocat in Armuth und Verachtung starb /1838–40/, eröffnet. RAAB beschäftigte nur einen Schreiber und einen Sollicitator in dieser Zeit, und verfaßte alle wichtigeren Aufsätze selbst; doch schenkte er mir eine freundschaftliche Zuneigung; ich las alle Acten, durfte kleinere gerichtliche Eingaben entwerfen, und wurde von ihm als fürstlich-Lichtensteinischen [!] Anwald und Justiziär zu den wöchentlichen Gerichtssitzungen im Lichtenthal mitgenommen, und auch zu Tisch geladen. Da fand sich freilich eine klösterliche Zurückgezogenheit, die durch Besuch weniger Familien, als des [*fol.36/4*] Hofrathes FROIDEVO, des Hausarztes Dr. PORTENSCHLAG[200], der Advocaten BÖHM, WINTERHALTER, RESCH, KIEßLING[201] unterbrochen wurde. Als Familienvater hatte er vielen Kummer erfahren; von den vier Kindern, die ich noch traf, war der einzige aelteste Sohn JOHANN ein verkrippelter mitleidenswerther Kretin; zu seinem eigenen Glücke starb er lange vor dem Vater, der auch die aeltere Tochter ANNA im 17. Jahre verlor. Die zwey jüngsten Schwestern JOSEPHINE und ANTONIE [*waren im Alter*] von 10 und 8 Jahren.

---

197 *EDMUND MARIA Reichsgraf von ARZ-VASSEG (1739–1805).*

198 [*Note PRATOBEVERA*] Mein Vater erlaubte mir und meinem Bruder nach erledigtem Doctorat eine Lustreise nach Prag und Dresden, die viel Geld kostete, ohne daß wir beide dazu unvorbereitete junge Leute dabey viel gesehen oder gelernt hätten.

199 [*Note PRATOBEVERA*] dessen Frau JOSEPHINE, geborene KOSTLUNGER aus tirolerischem Geschlecht im Jahr 1789 schon verstorben war.

200 *JOSEF PORTENSCHLAG von LEDERMAYER (1742–1834).*

201 *KARL BÖHM (Hofagent in Wien); JOHANN NEPOMUK WINTERHALTER (1757–1815); ANTON RESCH (1758–1828; 1814 Rat am Appellationsgericht Venedig und 1821 Rat am Außensenat der Obersten Justizstelle in Verona, schließlich Trinal-Präsident in Rovigo (1823) und Präsident des Merkantil- und Wechselgerichts Triest); JOSEF KIEßLING.*

In Hause lebte auch noch der Schwiegervater Notar KOSTLUNGER[202], ein Greis, der als Kenner der spanischen Sprache wichtige Handels-Angelegenheiten und Uibersetzungen besorgte; dann eine alte ledige Schwester. Es würde mich zu weit führen, eine nähere Charakteristik der RAABschen [*fol.37/1*] Familie zu liefern; die WAGNERischen Kinder werden durch ihren Vater[203], der jedoch erst nach dem Jahr 1799 in's großväterliche Haus kam, mehrere Notizen erhalten haben! Die Perle, die verborgen heran wuchs, war unstreitig, die Geist und lebhaftes Gefühl entfaltende kleine JOSEPHINE, deren äußere Hülle leider so früh zerbrach.[204]

Einen Gegensatz von echt wienerischer Lebenslustigkeit bildete das Haus des Advokaten JOSEPH SCHWABEL Edler von ADLERSBURG[205], zugleich Syndicus und Hofrichter des mit einer größeren Jurisdiction über Maria-Hilf und Hernals versehenen Metropolitan-Kapitel [*von St. Stephan*], dem der jeweilige Decan des Kapitels vorsitzt. Ich besuchte auch diese Kanzley /1792–93/ [*fol.37/2*] und die Gerichtssitzungen, und wurde als Freund des Hauses zu allen Festlichkeiten bis zu meiner Abreise nach Krakau /1796/ geladen. Ich glaube, daß man eine Verbindung mit mir, jungem Advocaten, und Einer der aelteren Töchter MARIE /später RANPONI/ und LOUISE, vermählte KONGEN [?], wünschte; wenigstens hatte eine große Zuvorkommenheit der Eltern und der Töchter darauf hingedeutet.[206] Sein aeltester Sohn CARL, jetzt Hofrath der Obersten Justizstelle[207], betrieb

202 *MICHAEL KOSTLUNGER, um 1795 Notar in Wien.*

203 *ANTONIE RAAB war mit dem Wiener Hof- und Gerichtsadvokaten Dr. KASPAR WAGNER verheiratet.*

204 *KARL JOSEF PRATOBEVERA war in erster Ehe mit JOSEFINE RAAB verheiratet, die 1799 starb; die Ehe blieb kinderlos.*

205 *JOSEF SCHWABEL Freiherr von ADLERSBURG († 1820) war Gerichtsadvokat und Wechselnotar in Wien; er war der Vater des KARL SCHWABEL Freiherr von ADLERSBURG*

206 [*Note PRATOBEVERA*] Die Musik war eine Lieblingssache des alten ADLERSBURG und auch dessen Sohnes, des Hofraths und Commerzprocurators. Hier sah ich den Schöpfer der Schöpfung den berühmten Dr. der [*fol.37/3*] Musik, JOSEPH HAYDN, noch mit Perrücke, und altmodischem Kleide das Oratorium von BERGHOLESE [*recte PERGOLESI, GIOVANNI BATTISTA (1710–1736)*], Stabat mater, auf einem kleinen Clavier dirigiren. Sein Zeitgenosse MOZART kündigte schon in seinem Äußern den Verfasser des Don Juan an. Beide Musik-Heroen dürften sich zu einander vergleichen lassen wie SCHILLER [*FRIEDRICH (JOHANN CHRISTOPH) von (1759–1805), deutscher Dichter, Dramatiker, Philosoph und Historiker*] zu GÖTHE [! *recte GOETHE, JOHANN WOLFGANG von (1749–1832); Dichter, Naturwissenschafter, Kunsttheoretiker und Staatsmann*].

207 *KARL SCHWABEL Freiherr von ADLERSBURG (1774–1855) war zunächst Rat am Merkantil- und Wechselgericht (1818) sowie am Appellationsgericht Innsbruck (1825), dort auch Direktor des philosophischen Studiums; sodann Rat am niederösterreichischen Appellationsgericht (1826) und niederösterreichischer Kammerprokurator*

viele Jahre, neben seinem Vater, die Advocatie mit größerem Glücke, und mußte am Ende den alten Vater, die zahlreichen Geschwister, und ihre Kinder unterstützen. Er war [*fol.37/3*] ein unglücklicher Bewerber um die Hand der reichen einzigen Erbin ANTONIA RAAB; doch ist auch seine jetzige Frau nicht ohne Vermögen.

34. [! *recte 35.*] Als junger Doctor der Rechte, den man in Bielitz mit einem mir bekannten Doctor der Medizin oft verwechselte, besuchte ich meine Eltern im Jahr 1792, um über die Wahl eines Berufs und mein Etablissement mit ihnen mich zu verständigen. Da ich keine Aussicht hatte, eine kleine, nicht ganz mechanische besoldete Anstellung auf einer Lehranstalt als Assistent oder in einem Gerichte zu erlangen, auch Bielitz und sein Fürst mir nichts anbiethen konnten; so ward ich leicht mit meinen Eltern einig, daß ich vorläufig den Weg der Advokazie [!] [*fol.37/4*] einschlagen sollte, obschon dieser Stand, wie ich ihn bereits in Oesterreich näher kennen gelernt hatte, meinem Ideal eines unabhängigen, nicht bezahlten Vertheidigers der oeffentlichen und Privatinteressen und Kandidaten für höhere Staatsämter nicht entsprach; nur die Wahl des Landes war noch zu bestimmen. Meine Eltern wünschten Bielitz, Teschen, oder Troppau; als ich aber meinem Vater bemerkte, daß ich mich bereits für die Oesterreichische Praxis in großentheils vorbereitet habe, daß ich ansehnlichen Advocaten, die mich im Anfang unterstützen würden, mich empfohlen habe, daß ich in Wien vielleicht mit einer Frau auch eine Kanzley finden könnte, somit ich der väterlichen Unterstützung nur noch kurze Zeit bedürfen werde; willigten meine Eltern in diese [*fol.38/1*] längere und höchst wahrscheinlich beständige Trennung [*ein*]. Einigen Trost und Ersatz versprach mein Bruder, der jetzt in die väterliche Handlung eingetreten war, und im 20. Lebensjahr mit einer Nichte meines Schwagers ENZENDORFER, ELEONORE ENZENDORFER[208], vermählt wurde. Diese allzu frühe Heirath, welche meine Schwester betrieb, hat viel zu dem späteren traurigen Schicksal meines Bruders beigetragen. Die eben so junge Frau war zwar hübsch, aber ohne alle Bildung Kenntniß und Ordnung im bürgerlichen Haushalt, dabey eifersüchtig und zänkisch. Wie hätte sie den Mann, dem sie, als armes verwaistes Mädchen aus Skotschau, doch einen höheren Rang und Wohlstand bey den Unfällen, die später meinen Bruder trafen, [*fol.38/2*] mit Liebe und gutem Rath zu leiten, von verderblichem Umgang abzuhalten und ihre Kinder erziehen vermocht?

(1828) sowie Präses des juridisch-politischen Studiums in Wien und 1828 Rektor der Universität; seit 1834 war er Hofrat der Obersten Justizstelle und Mitglied der Hofkommission in Justizgesetzsachen (u. a. Mitwirkung an der Redaktion des Handelsgesetzbuches); er war der Sohn des KARL SCHWABEL Freiherr von ADLERSBURG.

208 *Eine Nichte des ANTON ENZENDORFER († 1794), Arzt in Bielitz.*

Ich hatte noch als Jurist die Vermögensverhältnisse zwischen meinen Eltern in einem Vertrage auseinander gesetzt, und zugleich die Bedingungen, unter welchen mein Vater die Handlung und das Wohnhaus in Biala meinem Bruder für eigene Rechnung sehr billig überließ, und reiste darauf nach Wien, um den stallum agendi zu suchen.

Da die Anzahl der Advocaten in Wien damahls nicht beschränkt war; so erhielt ich denselben [*den stallum advocandi*], gestützt auf die vortheilhaften Zeugnisse von 16. und 19. Julius 1793 der Doctoren RAAB und [*fol.38/3*] ADLERSBURG, ohne Anstand vom Nieder-Oesterreichischen Appellations-Gericht am 3. September 1793, Zahl 4315, jedoch nur für den Gerichtsbezirk der Provinz Nieder-Oesterreich unter der Enns, denn die Appellations-Gerichte durften zwar Advocaten für sich ernennen, aber nur für den Bezirk ihrer Provinz, und ich hatte nach meiner Advocatenprüfung, bey der der alte MATHIAS HAAN als Appellationsgerichts-Vice-Präsident vorsaß, keine Praxis in Oesterreich ob der Enns, Böhmen Mähren, Schlesien oder Galizien, ausüben dürfen. Diese Beschränkung war vernünftig, denn da jetzt ein in Mailand geprüfter Kandidat, in Lemberg, Wien, Prag, oder wo er sonst Lust hat, den stallum ersuchen, oder eine Uibersetzung von Provinz zu Provinz erlangen kann; so ist diese Neuerung mit Gefahr für Parteien, und Nachtheil [*fol.38/4*] für junge Advocaten selbst verbunden.

Die Provinzial-Gewohnheiten, Gebräuche, Sitten und Sprachweisen der Einwohner, ja selbst die Praxis der Gerichte bleiben verschieden, wenn auch das Gesetz – das geschriebene, nicht gelesen, und oft nicht verstanden, überall dasselbe ist. Junge Advocaten haben sich nach meiner vieljährigen Erfahrung, oft bitter getäuscht, wenn sie von den Provinzen nach Wien als Advocaten Uibersetzungen verlangten und erhielten. Großentheils waren sie in ihren Unternehmungen unglücklich, und den Parteien wie den Gerichten lange Zeit fremd geblieben. Dazu gehört bey den Advocaten wie bey dem Arzt eine längere Zeit, um Vertrauen und einen Nahmen zu gewinnen.

[*Umschlag:*]

II. Heft der Erinnerungen VI. und VII. Abschnitt: 1790 – 1806.

Blatt Nummer 39 bis inclusive 66.

[*fol.39/1*]

VI. Abschnitt: 1793–1796.

35. [! *recte 36.*] Ich werde von diesem Zeitpuncte an bis an's Ende die Familienereignisse nur in den wichtigen Beziehungen auf meine oeffentliche Laufbahn kurz berühren, da Euch die kleinen Einzelheiten der späteren Zeit, deren ich mich weniger, als der vorhergehenden erinnere, durch mündliche, wie wohl nicht immer genaue Erzählungen der Mutter, Tanten, Basen und Vettern bekannt sind.

Kaiser LEOPOLD II. war nach einer kurzen, aber doch folgenreichen Regierung /1790 – 1792/, plötzlich verschieden (1. März 1792), so daß man in der Hauptstadt seine kurze Krankheit von 36 Stunden nicht kannte. Viel ward von einer Vergiftung gesprochen, und Augenzeugen erzählten nur auffallende Erscheinungen an seinem Körper.

Die Monarchie fand LEOPOLD in einer ganz anderen Lage, als das kleine schöne friedliche Toskana, das er leichter mit dem Ruhm eines weisen Gesetzgebers regieren konnte; denn [*fol.39/2*] sein erlauchter Bruder verlieh ihm schon durch seinen Nahmen einen Zusatz an moralischer Kraft. Unbekannt mit den Reformen JOSEPH II., mit den Detail[*s der*] Oesterreichischen, heterogenen Staaten, so wie mit dem Regierungsorganismus, und den Hauptpersonen des Wiener Cabinets, in dem KAUNITZ nur noch scheinbar wirkte, sah sich LEOPOLD auf dem Thron von Ungarn, Böhmen und so weiter, vereinzelt und von dem noch wenig unterrichteten Kronprinzen nicht unterstützt. LEOPOLD zeigte mehr italiänische Klugheit, Schlauheit und Aengstlichkeit, als deutschen Muth und Vertrauen auf das gute Recht seiner Ahnen, und den Charakter seiner neuen Unterthanen, um das zu viel gefürchete Ungewitter im Inneren, und die wirklichen Gefahren des Auslandes abzuwenden; daher war sein erstes Auftreten furchtsam und zögernd.[209] Ungarische Mißvergnügte und Schranzen durften sich erkühnen,

---

209 [*Note PRATOBEVERA*] Die einflußreichen Cabinettssekretaire des Kaisers JOSEPH, die Er nicht mit Pensionen bedachte /KNECHT [*KARL (†1789), Beamter in der kaiserlichen Kabinettskanzlei, 1813 Direktor der Staatsratskanzlei*], BOUGUIGNON/ [*fol.39/3*] wurden entfernt. BÖHM und Andere entließ LEOPOLD, und die alten Staatsräthe EGER [*FRIEDRICH Freiherr von (1734–1812), 1785 Staatsrat*], JSDENZY [*auch JZDENCZY, JOSEF von MONOSTER (1733–1811), 1785 im Staatsrat*], und GROHMANN [*JOHANN JOSEF [(1753–1811); 1791 im Staatsrat*] verloren ihren Einfluß.

[*fol.39/3*] JOSEPH II. aus der Reihe erblicher Könige von Ungarn zu streichen, seine Gesetzbücher und kostbarsten Archive der angefangenen Landesvermessung zum Behuf einer besseren Besteuerung von Grund und Boden und dergleichen zu verbannen, und ganz neue Kapitulationspuncte dem erblichen Könige vorzulegen. Auch in anderen Provinzen kam eine Fluth von Desiderien der Stände zum Vorschein, wo nichts weniger als die Herstellung des Zustandes, wie er unter CARL VI.[210] gewesen seyn mochte, begehrt wurde. Die kurze Regierung LEOPOLD II. schloß den Keim nachfolgender Calamitäten in sich; der Szistower [!] nachtheilige Frieden für Osterreich[211], ließ Rußland alle Früchte des unseligen Türken-Krieges; die Conventionen von Reichenberg und Pillnitz bereiteten [*fol.39/4*] die Angriffs-Kriege gegen Frankreich vor vor [!], weil es seine Staatsverfassung geändert hatte, die man, gröblich durch die Fanfaronaden der Emigranten getäuscht, und das Gold Englands bestochen, mit Waffengewalt leicht wiederherzustellen wähnte.[212] Die Zeit und Erfahrung scheint beide politischen Parteien in Europa über diese Staatsräson zum Angriffskriege umsichtiger gemacht zu haben; sie wollen mit vollem Recht sich vertheidigen, aber als Angreifer wollen sie nicht erscheinen. Und so sind die neuen Krisen [?] vom Jahr 1830 und 1840 in Frankreich, Belgien, Spanien [*und*] Pohlen glücklich vorübergegangen, ohne das Schwert zu ziehen. Werden unsere weisen Staatsmänner auch in nächster Zukunft, so handeln und barbarischen Leidenschaften für Krieg und Eroberung widerstehen können?

[*40/1*]

Der Kaiser LEOPOLD war vor Allem bemüht, die deutsche Kaiserkrone, für welche Oesterreich seit einem Jahrhundert Geld, Menschen und selbst Provinzen aufgeopfert hatte, dem Hause Lothringen zu erhalten.[213] Die Verhandlungen dieser vorletzten Kaiserwahl, so wie die Krönungsfeyerlichkeiten in Presburg [!] und Prag, nahmen die Aufmerksamkeit des Kaisers zu viel in Anspruch, um die Gebrechen der inneren Verwaltung abzuhelfen; überdieß hatte LEOPOLD II. auch seine galanten Verbindungen, und mehrere Personen im Amte /wie Graf KERIZKI [?] und andere galten für seine natürlichen Söhne, oder machten hierauf An-

---

210 *KARL VI. (1685–1740), Erzherzog von Österreich, 1711 römisch-deutscher Kaiser.*

211 *Friede von Sistowa, unterzeichnet am 4. August 1791 beendete den Krieg zwischen Österreich und dem Osmanischen Reich; die Grenzen wurden wieder auf den Stand von 1788 vor dem Kriegseintritt Österreichs gebracht. Damit endete der letzte Türkenkrieg der Habsburgermonarchie.*

212 [*Note PRATOBEVERA*] Man ist jedoch dem Andenken LEOPOLDS und seiner gereiften Weisheit das Zeugniß schuldig, daß er die neuen Gefahren besiegte, und die Kriegsdrangsale abgewendet, oder doch abgekürzt hätte, wenn ihm ein längeres Daseyn vergönnt worden wäre.

213 [*Note PRATOBEVERA*] bekanntlich forderte man von FRIEDRICH II. keinen anderen Ersatz für Schlesien als seine Zustimmung zur Wahl FRANZ II.

spruch. So blieben den bey seinem schnellen Tod die wichtigsten [*fol.40/2*] Regierungsgeschäfte unerledigt, und als man den böhmischen Ständen die Sistirung der Catastralarbeiten gewährte, sagte Staatsrath EGER in einem Votum voraus, man werde sie wieder aufnehmen müssen[214]. Uiberhaupt schien LEOPOLD sich mehr zu einer ministeriellen –, als der Kollegial-Regierungsform hinzuneigen, und obgleich er in einer gedruckten Cabinetsorder seinen Unterthanen erklärte, er werde keinen Ministerialdespotismus leiden, und der Fiscus habe in seiner Amtspflicht über die Freiheit der Berathung zu walten, so war dieß doch nur eine rhetorische Figur, unter deren Worten auch die Regenten ihre wahren Gesinnungen zu verbergen pflegen, wie TALLEYRAND[215] sagte. Der Kaiser [*fol.40/3*] vermählte noch den Kronprinzen zum 2. Mahl mit der neapolitanischen Prinzessin MARIA THERESE [!][216], welche demselben eine zahlreiche, aber großentheils schwächliche Nachkommenschaft gebar. - - - - - - - - - - - -

37. Als FRANZ II. die deutsche Kaiserkrone empfing, ahnte er nicht, daß Er 10 Jahre später sie für immer niederlegen, und nicht wieder auflesen werde, wie zur Zeit des Congresses vom Jahr 1814–15 die deutschen Regenten 2. und 3. Ranges und die Städte, die Grafen und reichsunmittelbaren Dynasten wohl wünschten. Durch die von NAPOLÉON ausgetheilten königlichen Titel, und Souveränitäten ward auch sofort selbst das Schattenbild politischer Einheit der Gewalt in den Personen eines [*fol.40/4*] gewählten oder auch erblichen deutschen Kaisers unmöglich. Die deutsche Bundesacte hatte die monarchische beschränkte Form in Deutschland offenbar aufgehoben, und an deren Stelle einen Staatenbund, den man gerne einen Bundesstaat nennen hört, gesetzt. Wenn manchem redlich enthusiastischen Jüngling ein anderes Deutschland mit einem Haupte und einer Gesetzgebung in der Dauer haltbarer vorschwebte, war der Irrthum so strafwürdig?

Für das Symbol der Einheit der Oesterreichischen Monarchie als solcher war daher die Erklärung FRANZ II. zum ersten Kaiser von Oesterreich ein glücklicher

---

214 [*Note PRATOBEVERA*] Regierungsrath TRAUTMANN [*LEOPOLD (1766–1825)*] und Professor der Landwirtschaft nach JORDAN [*PETER* (1751–1827)], mein Studiengenosse, war Erzieher im Hause des Staatsraths EGER und hatte in diesem Fache unter ihm gearbeitet. Hofrath und Staatsrath JOSEPH Freyherr KNORR [*(† 1840)*] beschäftigte sich seit 1820 beynah ausschließend mit der Regulirung [*fol.40/3*] der directen Steuern, [*bis*] der Verlust des Augenlichts ihn um das Jahr 1838 zwang, sich von den Geschäften zurückzuziehen, und ein allzu früher Tod ihn im Jahr 1840 hinwegraffte.

215 *CHARLES-MAURICE TALLEYRAND de PÉRIGORD (1754–1838), einer der bekanntesten französischen Staatsmänner sowie Diplomat (Fürst von Benevent 1806, Herzog von Périgord 1807 und Herzog von Dino 1815) von der Französischen Revolution bis zum Wiener Kongress.*

216 *MARIA THERESIA, Prinzessin von Neapel und beider Sizilien (1772–1807).*

Gedanke, obschon der Titel allein die großen Calamitäten nach dieser Epoche /1804/ nicht abwenden konnte.

[fol.41/1] Kaiser FRANZ verrieth gleich beym Antritt der Regierung seine Apathie und Unlust für Regierungsgeschäfte, und seinen Hang zum Familienleben; er vermied, so viel er konnte, einen geselligen Umgang mit den Großen seines Reiches, und wählte zu demselben einige wenige Personen, selbst von untergeordnetem Range, unter seinen Hofleuten, Adjutanten, Aerzten. Wem fallen hier nicht die Nahmen eines Grafen WRBNA, KUTSCHERA[217], STIFT [!], des ephemeren Hofbanquiers Baron BRAUN[218], Schloßhauptmanns RIEDLER [!][219] und Anderer *[ein]*! Sie entsprachen mehr der Liebhaberei des Kaisers und der Kaiserin, und man sah in Laxenburg alle die kleinen, schon wieder zum Theil verschwundenen Schöpfungen von Ritterburgen, Häusern der Laune und dergleichen. *[fol.41/2]* In diesem schönen, jetzt verlassenen Laxenburger Park und Schloß war es, wo ein hoffnungsvoller junger Fürst und des Kaisers Bruder, der Erzherzog ALEXANDER, Palatin von Ungarn[220], bey der Selbstverfertigung von Raketen zu einem Familienfeuerwerk durch Explosion das Leben unter gräßlichen Schmerzen der Brandbeschädigung verlor.[221] *[fol.41/3]* Kaiser FRANZ entschloß sich, gedrängt durch die Uneinigkeit seiner Generale, und die Verkehrtheit der hofkriegsräthlichen Anordnungen, zu einem Feldzug am Rhein, kehrte aber bald vom Glücke nicht begünstigt nach Wien zurück. Obgleich nun seine Regierung bis zum Jahr 1814 eine Reihe von Unfällen und Verwirrungen von Aussen und Innen darboth; so hatte der Kaiser, man muß es gestehen, die Liebe des Volkes <u>nie</u> verloren. Man kannte ihn als jungen schönen Prinzen unter JOSEPH II.; zugänglicher als sein *[fol.41/4]* Vater, gewann er mehr Popularität durch seine Freundlichkeit, und seinen heiteren lächelnden Mund; auch sprach er die gemeine Mundart der unte-

---

217 *RUDOLF Graf WRBNA (1761–1823), landesfürstlicher Kommissär für Niederösterreich während der Besetzung Wiens im Jahr 1805; ANTON Graf KUTSCHERA († 1832), Hofrat und Referent (1827) im Staatsrat.*

218 *PETER BRAUN Freiherr von (*1758), Hofbankier; 1794 Hoftheatral-Vizedirektor der beiden Hoftheater (Burg und Oper).*

219 *Recte RIEDL, MICHAEL von LEUENSTEIN (um 1763–1844), Schlosshauptmann von Schönbrunn.*

220 *Erzherzog von Österreich (1772–1795), 1790 Palatin von Ungarn.*

221 [*Note PRATOBEVERA*] der dienstthuende Wundarzt HUBERTUS [*JOHANN (1752–1823), Chirurgie-Professor an der Josefs-Akademie (Josephinum) in Wien*] erzählte mir, daß der schrecklich verbrannte Prinz in der Angst über die Stiege des Schlosses den ersten Stock erreichte, wo er zusammensank. Ganze Klumpen von Fleisch wurden abgelöst, und nur um *[fol.41/3]* Schmerzen zu lindern, wurde der Prinz im fortdauernden Bade von Milch und tausenden Eyern gehalten, bis er am 3<u>ten</u> Tag mit Geistesgegenwart und Standhaftigkeit verschied. Der Vorfall hatte in Wien viel Aufsehen und Mißbilligung solcher Ergötzlichkeiten erregt.

ren Volksklasse geläufig, und mit Vorliebe. Es bleibt in dem Charakter dieses Regenten, der nach seinen Biographen wankte [?], merkwürdig, daß er erst später, nach dem das Los der Monarchie verzweifelt geworden, /1809–1826/ eine größere Kraft und Regierungsthätigkeit entwickelte, am Ende seines Lebens aber stufenweise in den Manirismus des Alters, der Sättigung von Macht und Glanz und eine unglaubliche Sorglosigkeit in der Voraussicht auf den Fall seines Todes verfiel, wie ich noch weiter unten berühren werde. Man könnte diesen letzten Lebensabschnitt die Periode der Reactionen und Concessionen gegen Pabst, Kaiser *Nicolaus* und ungarische Prätensionen und Privilegien nennen.

[*fol.42/1*]

38. Ich eröfnete meine kleine Advocaten-Kanzlei im Herbste 1793 im TRATTNERhof [!] am Graben[222], wo ich ein geräumiges Hofquartier von 5 Zimmern einer Küche, um den jährlichen Zins von 270 Gulden Convents-Münze im 4. Stock gemiethet hatte. Mein Hausstand war eine Magd, und ein Schreiber – kein Sollicitator oder jetzt [*so*] genannte Kanzleydirectoren, die Equipagen halten, und unter der Firma eines Advocaten für ihre Rechnung eckelhafte Schriften selbst oder durch der Schule kaum entronnene Rechtscandidaten fabriziren. Obgleich ich durch Empfehlungen kleinere Vertretungen, auch unter dem Handelsstande, unbedeutende Curateln zuweilen erhielt: so hatte ich doch sehr häufig allein an meinem Schreibtische gesessen, eines Zuspruchs harrend, und mein Schreiber hatte Zeit genug, [*fol.42/2*] sich auf seine Weise mit Lectüre zu unterhalten; ich selbst las fleißig, in alten und neuen Gesetzsammlungen, in den alten Juristen aus meinem Büchervorrath – einen VOETIUS, VINNIUS, LAUTERBACH, STRYK, STRUVEN, WALTHER, SUTTINGER, FINTERWALDER[223] und so weiter, und machte ohne eine schriftstellerische Absicht bloß für mich dürftige, wenig brauchbare Notate in meine Exemplare der Josephinischen Gerichtsordnung, des ersten Theil des bürgerlichen Josephinischen Gesetzbuchs, die ADOLPH[224] nun in seinen Büchern

---

222 *Recte Trattnernhof, benannt nach dem Hofbuchdrucker und Verleger JOHANN THOMAS von TRATTNERN; heute in Wien-Innere Stadt, Graben 29–29a.*

223 *JOHANNES VOETIUS (1647–1713; niederländischer Jurist), ARNOLD VINNIUS (1588–1657; niederländischer Jurist), ADAM WOLFGANG LAUTERBACH (1618–1678; süddeutscher Jurist), SAMUEL STRYK (1640–1710; sächsischer Jurist des Usus modernus pandectarum), GEORG ADAM STRUVE (1619–1692; sächsischer Jurist des Usus modernus), BERNHARD WALTHER (1516–1584; österreichischer Jurist des16. Jahrhunderts; Professor an der Universität Wien, 1556 Kanzler des niederösterreichischen Regiments, 1576 Hofkanzler), JOHANN BAPTIST SUTTINGER (1608–1662; niederösterreichischer Jurist, 1650 niederösterreichischer Regierungskanzler), BENEDIKT FINTERWALDER (1644–1726; oberösterreichischer Jurist).*

224 *PRATOBEVERAS Sohn ADOLF (1806–1875) war zunächst Rat am niederösterreichischen Landrecht (1837) und sodann österreichischer Gesandter bei der Deutschen*

finden kann. Ich ging zwar Mittags zu Tisch in die Gasthäuser und als eifriger Zeitungsleser und Billardspieler in die Kaffehhäuser; aber nicht um alle müssige Stunden auszufüllen; denn mich erinnerte ein inneres Schamgefühl, daß ein junger Advocat sich doch auch zu Hauß treffen lassen müsse; und des alten RAAB Beispiel schwebte [*fol.42/3*] [*mir*] meistens vor. Mein Umgang war auf wenige Häuser beschränkt, der Advocaten RAAB, ADLERSBURG[225], WINTERHALTER, RÖßLER[226] /nachmahligen Hofkammerprocurator/, der Banquier's PRESTINARI, [*und*] WEYHER.[227] – In allen diesen Zirkeln war der heutige belletristische und künstlich langweilige Salon-Ton noch ganz unbekannt, und doch konnte man in keiner Hauptstadt angenehmer, wohlfeiler und besser leben, als in Wien. Die Stände borgten sich, wie in England, aus freier Wahl in ihren eigenen Kreisen; Kaufleute, Gewerbsleute, Gastwirthe waren noch keine raffinirten Agioteurs, und Schelme geworden, und keine Patente und Privilegien auf die Verfertigung von Kerzen-Stiefelwixe, Champagnerwein und so weiter gesucht.

In meiner Advocatie führte mir der [*fol.42/4*] Zufall nebst manchen Bekanntschaften mit einflußreichen Geschäftsleuten auch ein für mich lucratives wichtiges Geschäft zu. Der Kaiser FRANZ, der viel Sinn und Liebhaberey für Landwirthschaft, Botanik, auch Architektur und Musik zeigte, wollte eigene Privatbesitzungen, um fern von Regierungen und dem Zwang der Hofetiquette hier selbst, unabhängig von der scheinbar gefürchteten Nachrechnung der Finanzverwaltung, anordnen und schaffen zu können. Der pensionirte Obrist-Lieutenant von FUEHRNBERG [!][228], welcher die schön gelegenen, holzreichen Güter Luberek [!], Persenbeug, an der Donau in Oesterreich unter der Enns besaß, und stark verschuldet war, both sie dem Kaiser zu Kaufe an. Nach vielen Unterhandlungen, bey denen von Seite [*fol.43/1*] des Hofes der Hofbanquier Baron BRAUN und Glieder der Kaiserfamiliengüteradministration gebraucht wurden, erwarb der Kaiser den gesamten Komplex um den Preis von 2 Millionen, wenn ich recht daran bin; die Gläubiger wurden ohne Nachlaß mit oeffentlichen Obligationen von dem geheimen Hofzahlamt befriedigt, und ich erhielt von FUERHRNBERG eine Remuneration von 500 Gulden.[229]

Bundesversammlung in Frankfurt/Main (1838–1842); später Sektionschef im Justizministerium (1850) und Minister ohne Portefeuille (1861/62).

225 *KARL SCHWABEL von ADLERSBURG.*

226 *RÖSLER, JOHANN GOTTFRIED (1765–1825), Advokat in Wien; 1812 Vizedirektor des juristischen Studiums in Wien.*

227 *BARTHOLOMÄUS PRESTINARI (um 1735–1797), Großhändler und Bankier in Wien; MATHÄUS BERNHARD WEYHER (1750–1819), Großhändler in Wien.*

228 *Recte JOSEF von FÜRNBERG (1742–1799), Oberst-Leutnant; Inhaber der Herrschaft Leiben und des Schlosses Luberegg in der Wachau.*

229 [*Note PRATOBEVERA*] Freiherr von BRAUN war der Maitre des plaisirs am Hofe unter der 2. Gemahlin des Kaisers, lebte mit fürstlichem Aufwand, erschuf als Herr von

Diese Besitzungen wurden wegen ihrer einzigartigen Lage später das Sans-Soucis des Kaisers FRANZ [*II/I.*] und der noch lebenden Kaiserin-Mutter; er theilte seinen Sommeraufenthalt zwischen Baden, und Persenbeug, wo der Regent weitläufiger Reiche sich mit vier bis sechs unansehnlichen Gemächern begnügte. Der Kaiser lebte hier heiterer, als in den [*fol.43/2*] Schlößern von Schönbrunn und Laxenburg in Gesellschaft aller Souveraine von Europa während der glänzenden und kostbaren Periode des Wiener-Congresses. Nur die vielen Reisen seit dem Friedensjahr von 1815 unterbrachen diese Lebensweise des Kaisers. Reisen großer Fürsten, sind kein verlorener Geldaufwand; die entfernteren Unterthanen lernen ihren Herrn nach seiner Persönlichkeit kennen, lieben, und ehren; und die Beamten müssen diese unmittelbare gründliche Mittheilung, wie bey den viel unbequemeren, und weniger erfolgreichen Audienzen in den Residenzen fürchten.

Doch schlage man die Resultate der fürstlichen Reisen nicht zu hoch an. Kaiser FRANZ half selten [*fol.43/3*] wie FRIEDRICH II. und JOSEPH [*II.*] offenbaren Beschwerden an Ort und Stelle durch Verfügungen ab; sondern schickte die zahllosen Bittschriften und Beschwerden dem Staatsrath in Wien zu, welche dann entweder gar nicht, oder in dem langsamen Bureau-Wege ihre Erledigung ertheilen.[230]

Ist aber die Persönlichkeit des reisenden Fürsten der Gegenstand des Mitleides, oder der Geringschätzung; oder lassen sich die Fürsten zu gut gemeinten, aber unerfüllbaren Leistungen, Versprechungen herbey, wie es Kaiser FRANZ [*II./I.*] selten that; so haben solche Reisen wenig Vortheil für das Ansehen des Regenten noch das Vertrauen und die Liebe der Unterthanen. Oft ist der Nimbus, der die Fürsten in ihrem Cabinet nach orientalischer Weise umgibt, auch in Europa [*fol.43/4*] nothwendig und wohlthätig, besonders in Zeiten einerleichtfertigen schrankenlosen Presse, wie die unsrige.

Schönau den phantastischen Tempel der Nacht, und starb verschuldet nach 1830. Spottweise [*fol.43/2*] nannte man ihn den Fürsten BRAUN. FUERHRNBERG war ein wunderlicher Kauz; von seinen Besitzungen behielt er sich bloß drey erbliche Poststationen in Melk erbauen, ließ sich bey Tisch von Postillionen bedienen, und fuhr in der Stadt Wien mit Postillion-Livrée herum; er gab seinen Postillionen zum großen Aerger der Reisenden Auftrag und selbst Geschenke für langsames Fahren. Sein Testa-[*fol.43/3*]ment in der Registratur des Nieder-Oesterreichischen Landrechts soll Diatriben gegen die Advocaten enthalten.

230 [*Note PRATOBEVERA*] Als dieß geschrieben war, finde ich in der erschienen Schrift: Aufzeichnungen eines nachgeborenen Prinzen, aus der nachgelassenen französischen /? Non cresco/ Handschrift übersetzt von E.G.v.A. Stuttgart und Tübingen J.G. COTTA'schen Verlag 1841, daß des ungenannten Verfassers Gedanken über fürstliche Reisen /S. 16 – Kap: Liebe des Volkes/ mit den meinigen übereinstimmen. Die Schrift ist eine Gattung von Anti-MACHIAVEL oder TELEMACH für die neueste Zeit.

39. Da ich den Advocatenstand, wie ich bereits erwähnte, nur als Uibergangsstufe wählte; so dachte ich auch darauf, denselben zu verlassen. Meine [*Tätigkeit*] benahm mir die Hofnung zu einer Professor- oder Assistentenstelle, namentlich in Ollmütz, und [*ich*] ließ es dabey bewenden, ohne einen Concurs mitzumachen, oder ein Gesuch einzureichen. Wahrscheinlich wären meine Leistungen für den Beruf der Kanzel durch längere Zeit zu schwach gewesen. Dagegen unterzog ich mich im Jahr 1794 einer Concursprüfung um die mit 1.200 Gulden erledigte Fiscaladjuncten-[*fol.44/1*]stelle bey der Nieder-Oesterreichischen Hofkammerprocuratur unter dem Kammerprocurator von MANNER[231] mit so gutem Erfolg, daß die Stelle zwar dem viel aelteren Hofgerichtsadvocaten Dr. CARL von BONELLI[232] verliehen, mir aber gleichzeitig in dem Hofdecrete vom 21. Mai 1795 ausdrücklich die Vertröstung zur Erhaltung einer dergleichen Stelle bey einer künftigen Erledigung ertheilt worden. Ob dieser Trost verwirklicht worden wäre, mag dahin gestellt bleiben; gewiß ist aber, daß dieses Fehlschlagen meiner ersten Bemühungen zu einem viel günstigeren Schicksal bald darauf sich gestellt habe; sowie mein Sohn ADOLPH es nicht bedauern darf, daß er in den Jahren 1831 und 1832 keine besoldete Anstellung [*fol.44/2*] bey der Kammer-Procuratur, Hofkammer oder der Wiener-vereinigten Cameral-Administration, noch eine Advocatenstelle nach dem Antrag der Obersten Justizstelle erhielt.

40. Oesterreich hatte um /1795/ durch den Einrichtungs-Hofcommissair Freyherrn von MARGELIK[233] von Westgalizien Besitz genommen, dem man tüchtige Beamte, als früher im Jahr 1770 [*in*] Ostgalizien, zuschicken wollte. Es wurde für beide Länder, die gegen 6 Millionen Einwohner enthielten, eine eigene galizische Hofkanzley unter dem Präsidium des Grafen MAILATH[234] für Justiz und politische Angelegenheiten errichtet, und Freyherrn von BALDACCI[235] war der viel vermö-[*fol.44/3*]gende, kenntnißreiche, aber unendlich schreibselige, leitende Hofrath und Staatsrath bey deren Einrichtungen. Er schickte geübte Geschäfts-

---

231 *FRANZ MANNER, Hof- und niederösterreichischer Kammerprokurator in Wien, um 1800.*

232 *KARL von BONELLI (1756–1823), zunächst Supplent an der der Universität Wien (1782 für österreichisches Staatsrecht, später auch für Kirchenrecht), dann Hofgerichtsadvokat in Wien und 1795 Rat der Kammerprokuratur; in der Folge in dieser Position in Prag (1806) und Klagenfurt (1807); schließlich Präsident des Landrechts Trient (1815) und Präsident des Tribunals Verona (1816).*

233 *JOHANN WENZEL MARGELIK Freiherr von (*1750); Einrichtungs-Kommissär in Westgalizien (1796–1801), später Hofrat der Vereinigten Hofkanzlei.*

234 *JOSEF MAILATH Graf von SZÉKHÉLY (1737–1810), Präsident der galizischen und 1802 der italienischen Hofkanzlei.*

235 *ANTON Freiherr von BALDACCI (1762–1841), 1813 österreichischer Armeeminister, Begründer der amtlichen Statistik in Österreich.*

männer höheren Ranges wie REICHMANN, ERGGELET, PLATZER[236] nach Westgalizien, denen junge Männer zur Ausbildung /Freyherr HAUER, die Grafen SEDLNITZKI [!], INZAGHI, CHORINSKI, MITRWOSKI, KNORR, PILLERSDORF/[237] als Secretaire, Conzipienten, Kreiscommissairen beygegeben wurden.[238]

Auch die Oberste Justizstelle suchte unter den untergeordneten Beamten für das Appellationsgericht in Krakau und die beiden Landrechte in Krakau und Lublin eine bessere Auswahl zu treffen, und die Wahl des Lemberger Landrechtspräsidenten NICOLAUS von URBANSKI[239] – eines Manns von vieler Klugheit [*fol.44/4*] und natürlichem Talent, und unbescholtener Rechtlichkeit obgleich ohne alle juridische gelehrte Bildung[240] – zum westgalizischen-Justiz-Einrichtungs-Hofcommissair und Appellations[*gerichts*]präsidenten war glücklich; sicherte den Justizbeamten eine freundlichere Aufnahme in dem eroberten Lande. UR-

236 *AUGUSTIN REICHMANN von HOFKIRCHEN (1754–1828; später Hofkammer-Vizepräsident, und Verwalter des niederösterreichischen Regierungs-Präsidiums); JOHANN FIDEL Freiherr von ERGGELET (1751–1815; 1797 Hofrat des Direktoriums in Wien, danach in der Vereinigten Hofkanzlei); JOHANN PLATZER, zunächst Gubernialrat für Westgalizien) um 1800.*

237 *JOSEF Freiherr von HAUER (1778–1863; später Hofrat im Staatsrat (1813) und 1831 Vizepräsident der Hofkammer), die Grafen JOSEF SEDLNICKI (recte SEDLNITZKY von CHOLTITZ (1778–1855; 1816 Leiter der Polizei- und Zensurhofstelle bis 1848), KARL INZAGHI (1777–1856; 1842 Oberster Kanzler), IGNAZ KARL CHORINSKY (1770–1823; später Freiherr von LEDSKE; zunächst Gubernialrat in Westgalizien, später 1798 Stadthauptmann in Prag und 1804 Rat beim niederösterreichischen Landrecht, 1805 während der ersten französischen Besatzung Wiens Leiter der niederösterreichischen Statthalterei, sodann 1807 Hofrat im Staatsrat, schließlich 1813 Statthalter in Mähren und Vizepräsident der Hofkammer und der Hofkanzlei sowie 1816 Hofkammerpräsident), ANTON FRIEDRICH MITTROWSKY Graf von MITTROWITZ und NEMISCHL (1770–1842; 1830 Oberster Kanzler), JOSEF Freiherr von KNORR († 1840; 1831 Hofrat im Staatsrat), FRANZ XAVER Freiherr von PILLERSDORF (1757–1807; 1796 Vizepräsident am Landrecht in Lemberg und 1797 Hofrat der galizischen Hofkanzlei in Wien, sodann 1802 Hofrat der Obersten Justizstelle; Vater des Verfassungs-Ministers von 1848).*

238 [*Note PRATOBEVERA*] Freiherr BALDACCI [*ANTON Freiherr von (1762–1841), 1813 österreichischer Armeeminister, Begründer der amtlichen Statistik in Österreich*], starb als Staatsminister ad honores mit 8 Orden geziert, darunter das Großkreuz des Leopoldordens am 9. Julius 1841 im 79. Lebensjahr am Nervenschlag. Er rühmte sich oft, zum Sturze NAPOLEONS wesentlich beigetragen zu haben; weil er [*fol.44/4*] selbst aus corsicher Gesellschaft stammte. BALDACCI starb verschuldet durch schlechte Speculationen im Eisenbahnbetrieb. Wiener Zeitung von 21. Julius 1841, Nummer 199. Kaiser FRANZ gab ihm ausdrückliche Geldgeschenke, entfernte ihn aber dafür in Jahr 1819 aus dem Staatsrath.

239 *Zuvor Landrechtspräsident in Lemberg († 1805).*

240 [*Note PRATOBEVERA*] Er hatte kurze Zeit in Wien als Hofrath der Obersten Justiz-Stelle gedient, verstand Deutsch, aber sprach und schrieb es nicht.

BANSKI kannte die alte pohlnische Gerichtsverfassung, hatte das ganze Land durchgereist, und ward also ein gründlicher Führer des neuen Appellations-Gerichts, wie es die Commissarien in den zurückerworbenen Provinzen die Hofräthe PLANCICZ, VLASICS, LENTL[241] und so weiter in gleichem Grade kaum waren. Da das neue Appellations-Gericht unter 10 Räthen vier nationale Räthe aus Ostgalizien zählte /GOLESZEWSKI, STOJOWSKI, DWERNICKI, ILLNICKI/[242]; so wurde [*fol.45/1*] die Nationalität der Einwohner des unterdrückten Gebieths weniger empfindlich verletzt, und das Appellations-Gericht erfreute sich unter seinem Chef bald eines großen Vertrauens, das auf die deutschen Räthe in dem Grade überging, daß Parteien nicht selten um die Zuweisung ihrer Angelegenheit an die Deutschen bathen. Eine merkwürdige Ernennung aus schonender Rücksicht war die des letzten Gesandten der Krone Pohlens am Wiener Hofe – Grafen WOYNA[243] zum Landrechtspräsidenten in Krakau; ein humaner gutmüthiger Diplomat mit zahlreicher Familie, und ohne Vermögen. Bald berief man ihn von diesem Posten zu dem mehr geeigneten eines Vice-Kanzlers bei den politischen Hofstellen, seine Söhne sind noch in Oesterreichischen Diensten.

41. Der Nieder-Oesterreichische Appellationsgerichts-Präsident Graf UGAR-[*fol.45/2*]TE[244], dem ich als Advocat zu einem Geschäfte durch meinen Jugendfreund von MITIS (+ im Sept. 1842 zu Baden)[245] /gegenwärtig ständischer Verordneter/ empfohlen war, fragte mich, ob ich mich nicht um eine Anstellung in Westgalizien, allenfalls als Landrath, melden wollte: ich erklärte mich zu einem Staatsdienst sehr bereit, besonders in diesem mir nach Sprache und Sitten nicht

241 *LEOPOLD von PLENCICZ (1749–1850; 1803 Hofrat der Obersten Justizstelle, 1816 Vizepräsident sowie Präsident der Obersten Justizstelle/Verona und 1823 Präsident der Obersten Justizstelle in Wien; 1829 schließlich Staatsrat/Sektionschef für Justiz); MICHAEL VLASICS (zuvor 1787 Rat am Gubernium in Galizien); JOHANN von LENTL (1756–1820; später 1809 Rat am niederösterreichischen Appellationsgericht; 1814 Hofrat der Obersten Justizstelle und 1816 Mitglied der Hofkommission in Justizgesetzsachen).*

242 *BARTHOLOMÄUS GOLESZEWSKI von GOLASZE (1759–1826; zuvor 1793 Rat am ostgalizischen Appellationsgericht in Lemberg, sodann 1797 Hofrat der Obersten Justizstelle; später 1801 Landrechtspräsident in Lublin und 1806 in Lemberg, schließlich 1808 Präsident des Appellationsgerichts Lemberg), MICHAEL STANISLAUS von STOJOWSKI (1763–1840; später 1806 Hofrat der Obersten Justizstelle), BERNHARD DWERNICKI von TERNAVA, VINZENZ ILLNIZKI.*

243 *FRANZ XAVER WOYNA, Reichsgraf (1750–1813), später Vizekanzler der galizischen Hofkanzlei (1797); früher polnischer Gesandter in Wien.*

244 *ALOIS Graf UGARTE (1749–1817), davor Gubernator für Mähren-Schlesien, später Oberster Kanzler (1802) und Staats- und Konferenzminister.*

245 *IGNAZ von MITIS (1771–1842), zunächst im niederösterreichischen Justizdienst (1793–1797), später Techniker; ständischer Verordneter.*

fremden Lande; allein meine Verhältnisse als Advocat mit günstigen Aussichten seyen der Art, daß ich nur ein sicheres Amt wünschen könne.

Graf UGARTE erlaubte mir, ein Gesuch um eine Appellationsgerichts-Rathsstelle in Krakau mit 2.000 Gulden zu überreichen, welches er mit einer sehr empfehlenden, unter meinen Papieren abschriftlich befindliche, Note von 29. December 1795 an den Präsidenten der Obersten Justizstelle LEOPOLD Grafen von CLARY[246] begleitete.

[fol.45/3]
Bedeutende Mitglieder der Obersten Justiz-Stelle, wie der 2. Präsident Freyherr MARTINI, die Hofräthe RÜSTEL, FROIDEVO, LEVINSKI[247], kannten mich persönlich, nur der Referent Hofrath B. [!] und einige ostgalizische Räthe standen in dem nicht ungegründeten Verdacht, daß Candidaten sich bey Vertheilung von Aemtern ebenfalls gefällig – erzeigen müssen ... .[248]

Diese Bewerbung gelang, und ich wurde durch das Hofdecret von 29. März 1796 worin meiner belobten vorzüglichen Eigenschaften und der besitzenden ! Kenntniß der pohlnischen Sprache erwähnt ward, zum königlichen Appellationsrathe mit 2000 Gulden Gehalt, und Nachsicht der Karenz- und Karakterstaxe, welche allen Beamten bey dieser ersten Anstellung in der neuen Provinz gewährt wurde, ernannt; von den Wiener Advocaten meldete sich nur Einer *[fol.45/4]* für die terra incognita, Dr. RAGG[249], der später eine Landrathstelle in Lublin erhielt, dieselbe aber nicht antrat.[250]

Ich war in der Reihe der zehn Appellationsräthe der letzte dem Range nach; die übrigen Kollegen waren aus den deutschen Provinzen, die Landräthe ROTT-

---

246 *Von ALDRINGEN (1736–1800), Präsident der Obersten Justizstelle (1791) und später auch der Gesetzgebungshofkommission (1799).*

247 *IGANZ Freiherr von RÜSTEL († 1821; 1782 bereits Mitglied der Kompilationshofkommission zur Redaktion des Teil-ABGB, sodann 1792 Hofrat der Obersten Justizstelle und 1793 Beisitzer der Gesetzgebungs-Hofkommission), JOSEF HYAZINTH von FROIDEVO (1735–1811; Hofrat Obersten Justizstelle und 1774 Mitglied der Kompilations-Hofkommission zur Redaktion der Allgemeinen Gerichtsordnung von 1781 und des Teil-ABGB von 1786), ADALBERT WENZEL LEWINSKI von LEWIN († 1813; seit 1787 Hofrat der Obersten Justizstelle, 1790 kurzfristig Mitglied der Gesetzgebungshofkommission und 1790 Leiter der galizischen Abteilung der Hofkanzlei, schließlich von 1800 bis 1808 Vizepräsident des westgalizischen Appellationsgerichts in Krakau; Vater des JOHANN LEWINSKI).*

248 [*Note PRATOBEVERA*] *Einfügung oder Anmerkung fehlt.*

249 *JOSEF (MICHAEL) RAGG († 1813) war später Advokat in Wien.*

250 [*Note PRATOBEVERA*] Als ich meinen Dank für die Beförderung dem Kaiser zu Füßen legte: sagte er mir lächelnd im Wiener Dialekt; das ist a völliges Mirakel, daß Sie Appellationsrath geworden sind, führen Sie sich nur gut auf, - - - -

MANN aus Wien[251], EMANUEL TRAUBENBERG aus Brünn[252], WYPIOR aus Stanislawow[253], die General-Auditor-Lieutenante WIMBERG und SCHERANZ.[254] Die deutschen Räthe ROTTMANN, TRAUBENBERG, WYPIOR, wurden, so wie ich, bald mit der neuen pohlnischen Sprache mächtig, um mit Verläßlichkeit in pohlnischen Gerichtssachen zu arbeiten.

Unser erster Vice-Präsident war [*fol.46/1*] durch Protection des Grafen CLARY ein böhmischer Appellationsrath Freyherr von WITTORF[255] – ein lächerliches, eitles, und unwissendes Individuum, mit welchem der Präsident und das Kollegium viele Noth hatten, bis er nach mehreren Jahren zum Landrechts-Präsidenten in Lublin befördert wurde, und dem zurückgesetzten aelteren Hofrathe der Obersten Justiz-Stelle, von LEVINSKI, den Platz räumte.

So war das neue Appellations-Gericht in Krakau im Ganzen gut besetzt, und die rüstigen eifrigen Räthe konnten die Arbeiten und Schwierigkeiten überwinden, die sich in einem ganz slavischen Lande bey den ersten Einrichtungen nothwendig entgegenthürmten. Minder glücklich war man bey der ersten Besetzung der [*fol.46/2*] Landrechte in Krakau und Lublin im Herbste 1796, die einen zahllosen kleinen, armen, oft Bauern ähnlichen Adel eines weitläufigen Bezirkes von 6 Kreisen in allen den neuen künstlichen Formen des streitigen und adeligen Richteramtes, deren Mitwirkung bey elenden Magistraten, oder Dominicalämtern zu finden, Justiz adminstriren sollten. Man ernannte zu Räthen Individuen vorzüglich aus Böhmen durch Unterstützung eines damahls viel vermögenden Hofagenten Freyherrn von MAßBURG[256] /Vertrauten des alten Ministers LAZANSKY/[257] welche weder deutsch, noch pohlnisch, noch lateinisch richtig sprachen, bloß wegen des böhmischen Idioms'. So waren denn D.D. [?], WEINLING, BROZOWSKI, KRONENFELS, GELINEK, ROZKOSZNI[258] und Andere so wohl in Ge-

251 *IGNAZ ROTTMANN († 1815), später Hofrat der Obersten Justizstelle (1806), Präsident des ostgalizischen Landrechts in Lemberg (1809) und schließlich Präsident des Appellationsgerichts Venedig (1814).*

252 *Recte EMANUEL DIETMANN von TRAUBENBURG († 1803), zuvor Rat am Appellationsgericht Lemberg (1780), später Geschichtsforscher und Publizist in Mähren.*

253 *FRANZ WYPIOR (auch WIPIOR; † 1839), zuvor Rat am Appellationsgericht Lemberg, später dort Vizepräsident.*

254 *JOHANN von WIMBERG; JOSEF SCHERANZ.*

255 *FRANZ SERAPH WITTORF Freiherr von HOHENDORF († 1801), später Präsident des Landrechts Lublin (1806).*

256 *Recte MASCHEK Freiherr von MAASBURG, JOHANN BAPTIST, kurpfälzisch-bayerischer Hofrat, später Hofagent in Wien (1752–1800).*

257 *PROKOP Graf LAZANSKY (1771-1823), Oberster Kanzler.*

258 *JOHANN WEINLING (1763–1823; später Advokat und Appellationsgerichtsrat in Prag), FRANZ BROZOWSKI (Landrat in Lublin), KRONENFELS (recte JOHANN STEPHANN von KRONENFELS; *um 1735–1812; zunächst 1796 am Landrecht und 1806 Rat am Appellationsgericht Krakau), FRANZ JOHANN GELINEK (später Vorsitzender des Ju-*

schäften, als in dem zu [*fol.46/3*] vertraulichen Umgange die Zielscheibe des Spottes und des Witzes von gebildeteren Gerichtsassessoren und Advocaten, wenn man auch nicht gerade ihre Rechtlichkeit antastete.[259]

Unter ihnen war jedoch ein seltener Mann. PURTSCHER von ESCHENBERG[260] kam als Landrechtssecretair im Jahr 1796 nach Lublin, und starb im Jahr 1841 als Präsident der Obersten Justizstelle von zwey italiänischen Königreichen in Verona! Als Freiherr und Commandeur des Kaiserlich-Oesterreichischen Leopold-Ordens.

42. Eifrig traf ich nun meine Anstalten zur Abreise nach Krakau, um bey der Installirung des Appellations-Gericht am 1. Mai 1796 nicht zu fehlen. Vor allem übergab ich meine kleine Advocaten-Kanzley meinem Jugendfreund ADLERSBURG[261] mit einigen [*fol.46/4*] guten Parteien. Ein noch wichtigeres Geschäft für mich war die Entscheidung meines Verhältnisses zu dem RAABischen Hause. Seit längerer Zeit konnte ich, ohne eitle Selbsttäuschung, wahrnehmen, daß ich von den beiden noch übrigen Töchtern, der aelteren JOSEPHINE nicht gleichgültig war, und ihre jungfräuliche Schüchternheit und Verlegenheit war gerade der beredete Verräther. Auch ich fühlte mich zu ihr hingezogen, denn es lag in diesem holden Wesen ein Schatz von Geist und Gefühl verborgen, den mir die glückliche Zu-

---

stizsenats beim Magistrat Krakau), WENZEL ROZKOSZNI (auch ROSKOSCHNY; Rat am Landrecht in Krakau, um 1800).

259 [*Note PRATOBEVERA*] Mit voller Wahrheit kann ich bezeugen, daß man erst in den letzten Regierungsjahren des Kaisers FRANZ den Stand der Beamten, besonders der Justizbeamten zur Integrität zu erheben und der Corruption, dem verwandtschaftlichen Patronat, der Geschenkannahme, oft durch übertriebene Criminal- und Cassationsstrafen entgegen zu wirken suchte. In vielen fiskalischen Untersuchun-[*fol.46/4*]gen gegen die Verwalter von städtischem Zunft, und Gemeindevermögen lieferten die Rechnungen die Nahmen von politischen hohen Beamten, denen die üblichen Geschenke an Geld, Waaren, Lebensmitteln ohne Anstoß abgeliefert worden. Dieser wohl nie auszurottende Krebsschaden wuchert noch jetzt am meisten in den Militair-Zweigen, bey den Recrutirungs-, Verpflegs- und Pensionirungswesen, und dem damit verbundenen geheimen Chargen-Mäckeley, der steigende Luxus [*fol.47/1*] der kleineren und großen Beamten gibt hierzu den Schlüssel der Erklärung, wogegen Strafgesetze nur ihre Ohnmacht und nicht selten die Richter ihre Ungerechtigkeit beweisen. Dant veniam carvis, vexant [*censura*] columbas. [*Sprichwörtlich gewordener Vers aus Juvenals Satiren (II, 63): Raben gewährt Nachsicht die Kritik, doch schilt sie die Tauben, oder sinngemäß: Den Raben gewährt man Straffreiheit, sucht aber die Tauben mit Verfolgung heim.*]

260 *FRANZ XAVER PURTSCHER Freiherr von ESCHENBURG (1768–1841), zunächst am Appellationsgerichtsrat in Lemberg (1797) und sodann Hofrat der Obersten Justizstelle (1809); später Präsident des Innsbrucker Appellationsgerichtes (1815); Vizepräsident der Obersten Justizstelle und Leiter des lombardo-venezianischen Senats in Verona (1824).*

261 *Gemeint ist JOSEF SCHWABEL Freiherr von ADLERSBURG.*

kunft verhieß. Obgleich ich weder bey JOSEPHINE, noch bey ihrem Vater eine Fehlbitte zu wagen besorgte; und ich der freudigen Zustimmung meiner Eltern gewiß war: So hielt mich [*fol.47/1*] doch die zarte Jugend JOSEPHINES, und meine beschränkte Advocatie, bis jetzt von einer Erklärung zurück. Nun aber sollte ich Wien, vielleicht für immer, verlassen, und ich konnte mit Grund besorgen, daß weder der Vater in eine so schmerzliche Trennung willigen, noch die zärtliche Tochter mir in ein fremdes rauhes und in Wien übel berüchtigtes Land folgen würde. JOSEPHINE gab mir die Zusicherung der liebevollen Hingebung für mich, und der Vater wollte mir ebenfalls sein <u>liebstes</u> Kind anvertrauen; er gab uns die Erlaubniß einander zu schreiben, und es ward verabredet, daß die Verbindung im nächsten Jahre /1797/ Statt finden sollte. Ich reiste nun als Bräutigam mit meinem Kollegen dem Landrathe ROTTMANN von [*fol.47/2*] Wien in einem gemeinschaftlichen Wagen ab, dem das Gepäck voranging, und stiegen auf der Durchreise bey meinen hocherfreuten Eltern ab, die nun unverhofft ihren Sohn in der Nähe von zehn Meilen in einer ansehnlichen Amtsstellung sahen, und alles aufbothen, um uns Bielitz wenigstens durch zwey Tage recht behaglich zu machen. Leider fand ich meinen innigsten Freund [*ANTON*] ENZENDORFER nicht mehr am Leben [*(† 1794)*]; er war im Jahr 1794 gestorben, und meine Schwester [*CAROLINE*] lebte mit ihren Kindern, wie durch die ganze Zeit ihres Ehestandes, im väterlichen Hause. Im nächst folgenden Jahre heirathete sie ihren zweiten jungen und hübschen Mann SPARSAM[262], der die Bielitzer Handlung übernahm, aber frühe /1799/ mit Hinterlassung der CHARLOTTE [!][263] ohne Vermögen verstarb.

[*fol.47½/1*]

VII. Abschnitt: 1796–1806.

43. Meine Wohnung nahm ich gemeinschaftlich mit ROTTMANN in einem Gebäude der verwitweten Gräfin WIELOPOLSKA[264], Oesterreichische Sternkreuz-Ordensdame, und Besitzerin von Seypusch oder Zywiec. Am bestimmten Tage /2. Mai 1796/ wurde das Appellations-Gericht in dem alten weitläufigen zum Heiligen Peter, als dem auch für das Landrecht gewidmeten Gerichtshause, durch den politischen Hofeinrichtungs-Commissair Freyherrn von MARGELIK eingeführt und vereidet. Die Localität war geräumig, aber unbequem, und sehr sparsam durch unseren Präsidenten eingerichtet.

---

262 [*Note PRATOBEVERA*] den Sohn eines Arztes aus Neusohl.

263 *Nach den Selbstbiografischen Skizzen beigefügten genealogischen Aufzeichnungen CAROLINE, die gemeinsame (1799 geborene) Tochter. In seinem „Familienbüchel"(101) nennt Sohn Adolf sie aber auch „Lotti Sparsam"!*

264 *LEONA WIELOPOLSKA (1781–1824).*

Bald wurde ich mit allen Kollegen freundschaftlich vertraut, und als jüngster [*fol.47½/2*] Rath eines Kollegiums konnte ich noch zu keiner Eifersüchteley Veranlassung geben, die später zwischen den drey aeltesten Räthen GOLESZEWSKI, WYPIOR, und STOJOWSKI hervortrat, als es um eine Beförderung nach Wien handelte. STOJOWSKI, der Liebling des Präsidenten, ward Kanzley-Director, und fand sich unter seinen Landsleuten, besonders dem früheren Adel von Krakau einheimisch; noch nach 30 Jahren wählte er Krakau als pensionirter Hofrath zum Aufenthalt. Ich gehörte noch lange nachher dem Bürgerstande an, und obgleich ich das französische und pohlnische ziemlich geläufig sprach, und viele adelige Familien mit meinem Vater Geschäfte gehabt hatten: So wurde mir der Zutritt zu den höheren Kreisen weniger leicht[265], denn der deutsche Beamte wurde als solcher [*fol.48/1*] im Umgang mit kaltem Mißtrauen gemieden. Und ist dieß jetzt nicht noch der Fall, im weit höheren Grade, in Galizien, in Ungarn, in der Lombardey?

Die Religions- und National-Antipathien scheinen Jahrzehnte hindurch ausgelöscht; aber bey irgend einem zufälligen großen Anstoß, dem Erscheinen eines NAPOLÉON, dem Sturz eines Regentenhauses und dergleichen brechen sie mit neuer zerstörender Wuth in helle Flammen aus. Die Weiber in Pohlen, so wie in Frankreich und Italien, spielen in solchen Katastrophen eine viel größere Rolle als unsere deutschen, englischen und andere germanischen stillen Hausfrauen der höheren Kreise. Ich sah die pohlnischen geistvollen, in oeffentlichen Geschäften oft mehr als die Männer gewandten Damen ihre Gunst selbst den preußischen und russischen Officiren – den Werkzeugen der tyranischen Unterdrückung Pohlens –, mehr als den deutschen und oesterreichischen zuwenden, weil die [*fol.48/2*] ersten bloß aus der adelichen gebildeten Kaste genommen, seit FRIEDRICH [*II.*] und KATHARINA in Petersburg und Berlin die geschmeidige, aber leichtfertige französische Sitte kennen gelernt hatten, die dem Lande schon früher durch thörichte, verschwenderische pohlnische Magnaten, durch Aufwieglinge von Gouverneuren und Gouvernanten, so wie durch den prachtliebenden Hof der letzten sächsischen Könige Pohlens, in reichem Maße aus Frankreich zugeführt worden [*ist*]. Auf solchen Boden mußte der Samen russischer Bestechung in Warschau so wie in Konstantinopel wuchernde Früchte treiben.

44. Um die Erbhuldigung Westgaliziens einzunehmen, wurde der Fürst AUERSPERG[266], Oesterreichischer Feld-Marschall-Lieutenant außer Activität, nach Krakau bald darauf geschickt /1796/ welcher eine traurige Berühmtheit später in

265 [*Note* PRATOBEVERA] Indessen hatte ich erst in Krakau die Gebräuche und Sitten höherer Kreise etwas näher kennen gelernt, wozu ich in Wien keine Gelegenheit fand.

266 *KARL JOSEF FRANZ Fürst von AUERSPERG (1750–1822), österreichischer Feldmarschall-Leutnant.*

der ihm aufge-[*fol.48/3*]drungenen Vertheidigung Wien's im Jahr 1805 gegen NAPOLÉON erlangte. Bey seinem eigenen großen Vermögen zeigte er in Krakau den Landesinsassen und den wegen der Gränzberichtigung anwesenden fremden preußischen und russischen Commissarien und Diplomaten eben so viele Pracht wie Geschmack. In seinem Gefolge hatte er den bekannten, par excellence patriotischen, reichen Wiener Goldarbeither WÜRTH[267] – den Stammvater der verbreiteten Patrizier Familie WÜRTH – er sollte mit seiner Oesterreichischen Mundart den Krakauer Bürgern anhängliche Gesinnungen für den neuen Landesherrn einflößen. Dabey stieß er auf keine entschiedene Abneigung, denn nach Krakau wurde damahls durch die Oesterreicher und andere Fremde [*fol.48/4*] viel Geld gebracht, man forderte für den Soldaten und Beamten nichts umsonst[268], und die Kaufleute verkauften zu guten Preisen ihre ausländischen Waaren und Weine.

Der Huldigungseid wurde in der Marienkirche, nicht in dem alten schönen Dom der PIASTEN, in lateinischer und pohlnischer Sprache verlesen, welchen die anwesenden Adelichen, die Deputirten der Städte und Landgemeinden nachsprachen.

In dieser Ganzen kulturellen Feyerlichkeit, bey welcher den Anwesenden wohl kein Enthusiasmus und Billigkeit anzumuthen war, hatte der politische Einrichtungs-Hofcommissair in seinem lächerlichen Hochmuthe dem Fürsten AUERSPERG den Rang streitig machen wollen. Es folgte nun eine Reihe von geistreich leeren Hüllen, eine dürftige Beleuchtung [*fol.49/1*] und andere Festlichkeiten, die der Huldigungs-Commissair dem Adel, dem höheren Klerus[269], den fremden Diplomaten, und abwechselnd einigen Beamten gab. Adel und Bürgerschaft waren zu verarmt und auch wenig geneigt, ihrer Seits dem kayserlichen Abgesandten, und den neuen Magistraturen gleiche Feste anzubiethen; man nahm zu oeffentlichen Redouten, und Bällen in Gast- oder Privathäusern und so weiter Zuflucht, wobey prächtiger Damen-Schmuck- oder Anzug, oder glänzende Equipagen der Eingeborenen höchst sparsam zum Vorschein kamen. Ein einziges Fest gab die Bürgerschaft in den Hallen des Rathauses.

Ehe noch der Rausch der ersten Tage ganz verflogen war, hatte ein unangenehmer Vorfall die oeffentliche [*fol.49/2*] Stimmung gegen uns Oesterreicher gewaltig aufgeregt. Ein Oesterreichischer Husaren-Rittmeister von VECSAI[270] vermißte seit einigen Tagen sein Windspiel, und faßte mit Grund oder Ungrund den Argwohn, daß der Krakauer ansässige Kaufmann SOBIESKI den Hund heimlich besitze, was dieser läugnete. Der Rittmeister hatte nun die feige Brutalität,

---

267 *FRANZ KASPAR WÜRTH (1715–1769).*

268 [*Note Pratobevera*] wie zur Zeit der Kasakischen oder preußischen Besatzung.

269 [*Note PRATOBEVERA*] Der Bischof von Krakau war, wenn ich nicht irre, in russischer Gefangenschaft.

270 *Recte VECSEY AUGUST [(1775–1857), später General der Kavallerie.*

unter den Augen der höchsten Militair- und Civil-Autoritäten, den Kaufmann am hellen Tage in seinem Hause, an dessen Eingang eine Oesterreichische Ehrenwache eines russischen Oberofficirs stand, beym Mittagsmahl mit einem Commando von 12 Husaren zu überfallen, ihn von der Seite seiner Frau über die Stiege in den Hofraum [*zu*] schleppen, und hier mit 20 Stockstreichen belegen zu lassen, um die Herausgabe oder [*fol.49/3*] Entdeckung des Hundes zu erpressen. Mit gerechter Entrüstung ließ der Oesterreichische kommandirende Feld-Marschall-Leutnant SCHRÖDER[271] den rasenden Rittmeister, welchen der Major kurz vorher bey Tisch von jeder Gewaltthätigkeit abmahnte, in Ketten legen, und den förmlichen Proceß gegen ihn realisirn. Vielfache Versuche zur Beilegung und Unterdrückung der Sache, zur heimlichen Entfernung des Verhafteten, wurden von Seite der Officire und der Freunde gemacht, die wahrscheinlich durch eine übel angebrachte Milde die Oesterreichische Regierung und ihre Officire nur gehässig machen wollten. Die Bürgerschaft und der gemißhandelte schwächliche Kaufmann, die auf Genugthuung drangen, hatten später den Edelmuth, als der Rittmeister zur Kassation und Festungsarrest verurtheilt war, bey dem Kaiser um eine Strafabkürzung zu bitten, und seine Familie zu [*fol.49/4*] unterstützen. Wie gefährlich ist Waffengewalt solcher Halbwilder, deren man sich als Werkzeuge blinden Gehorsams gebrauchen kann, und welche Gräuel und blutige Folgen werden nicht auf lange Dauer durch solche Ausbrüche verbreitet, welche die schadenfrohe Bosheit dann der Regierung selbst mit eben dem[*selben*] Recht zur Schuld legt, wie man derselben ein zerstörendes Hagelwetter, oder eine Brandlegung anrechnen kann.

45. Der Kreis meiner Bekannten unter den Beamten war groß genug, um eine eigene Lotterie von jungen lebenslustigen Männern zu bilden, und die pohlnischen höheren Gesellschaften leichter zu vermissen; obschon ich zuweilen zu den reicheren Domherren und Prälaten, zu den ehemaligen Reichswürdenträgern Grafen MALACHOWSKI, [*fol.50/1*] WIELSPOLSKI[272], und Anderen – gewöhnlich in Gesellschaft mit STOJOWSKI und ROTTMANN – geladen, wo noch alter im Lande beliebter Ungerwein in großen Pokalen zu unschuldigen, nicht politischen Trinksprüchen reichlich floß. Der Präsident URBANSKI, obgleich ein kräftiger schöner Mann von 50 Jahren lebte als garçon in den großen Häusern, da seine Frau den Aufenthalt in Lemberg vorzog.

Zum Mittagsmahl vereinigten wir Beamte uns nur bey dem französischen Restaurateur PARISSOT, und des Abends im Theater oder in den gastfreien Häusern

---

271 *GOTTFRIED SCHRÖDER von LILIENHOF (1740–1807), österreichischer Feldmarschall-Leutnant.*

272 *JOSEF STANISLAUS WIELOPOLSKI.*

des Gubernial-Rathes und Polizey-Directors HALAMA[273], des Gubernial-Rathes PLATZER. Auch die ledigen Freunde und Tischgenossen hatten, so wie ich, Wohnung und Hausstand so eingerichtet, daß wir abwechselnd Souper's und Spiel – oft unanständiges Hazard-Spiel – gaben. Wir waren schlechte Rechenmeister und hatten, nebst [*fol.50/2*] unserer Besoldung meist einiges Einkommen bey der Wohlfeilheit der täglichen Lebensmittel, [*und*] des Dienstlohnes, schier die Sparsamkeit überflüßig. Bald wurde diese Sorglosigkeit durch die Kriegsunfälle geschreckt; von meiner Besoldung per 2000 Gulden wurde damahls noch 10 von Hundert Arrha für den Pensionsfond, und eben so viel an Kriegssteuer abgezogen, so daß ich statt 2000 Gulden nur jährlich 1600 Gulden Besoldung erhielt, und dieß zum Theil in schlechten Oesterreichischen 24 X-[= *Kreuzer*] und 12 X-Stücken die in Umlauf kamen, ehe noch die Wiener-Bankozetteln einen Kurs unter Pari des Silbers hatten[274]. Es ist weder hier, noch irgendwo in diesen Blättern ein schicklicher Ort, die unglücklichen Kriegsereig-[*fol.50/3*]nisse vom Jahr 1796 bis 1806 oder die vielen verunglückten Finanz-Operationen an die Erzählung meines Lebens umständlicher und kritisch anzuknüpfen, obgleich die Schicksale des Beamten und der gesamten guten oder schlechten Administrationen unzertrennlich damit verwebt sind. In einer solchen Untersuchung, wenn sie kein phantastisches Gebilde seyn soll, wird ein langes Studium der geheimnißvollen Quellen, und eine noch günstigere Stellung als die meinige war, erfordert; ich berühre also die der Justizverwaltung nicht zunächst angehörigen oeffentlichen Ereignisse nur dort, wo ich als Augenzeuge oder als Beamter daran Antheil nahm.

46. Die Justizverwaltung hatte für uns Alle anfänglich viele Schwierigkeiten, und die aus Galizien kommenden Räthe [*fol.50/4*] hatten bloß den Vortheil einer geläufigeren Kenntniß der pohlnischen, und der lateinischen Gerichtssprache für sich. Wir fanden eine ganz verschiedene Gesetzgebung in einzelnen alten Statuten, Reichstagsabschieden, insbesondere den von Rußland dictirten Grodnoer-Constitutionen vom Jahr 1793 für den Adel; eine andere Legislation für städti-

---

273 *DANIEL HALAMA von GITSCHIN († 1800) war seit 1787 Polizeidirektor in Krakau.*

274 [*Note PRATOBEVERA*] Man glaubte in einem oder zwey Feldzügen mit dem zerrütteten Frankreich seelig zu wer-[*fol.50/3*]den, und die Regierung kündigte an, daß sie den Krieg ohne neue Kriegssteuer führen werde; bald aber schwand dieser Traum; Anleihen, Vermehrung des Papiergeldes, Auflagen auf Industrie und Handelseinfuhr und Ablieferung des Silbergeräthes wurden in's Unendliche gesteigert; nur die Landaristocratie wußte sich zu schonen. In welche traurige Lage Beamte, Rentiers, die von Zinsen der oeffentlichen oder Privat-Capitalien lebten, ge-[*fol.50/4*]riethen, da alle Lebensbedürfnisse zu den höchsten Preisen stiegen, ist bekannt; und hätte die Aristocratie die Umstände der Zeit durch Sparsamkeit besser zu benützen verstanden, so könnte das weltliche und geistliche Landbesitzthum schuldenfrei in den Hypotheken-Büchern stehen.

sche Gemeinden, denen durch die Könige sächsisch-Magdeburgisches oder Kulmer-Recht verliehen wurde.

Endlich hatten auch die geistlichen Gerichte in den ihnen zugewiesenen Gegenständen, und Personen, ihre eigenen kanonischen und päbstlichen Vorschriften. Ohne in eine [*fol.51/1*] nähere Darstellung des alten pohlnischen, mehr auf die Praxis und Herkommen, als geschriebenen Normen beruhenden Gerichtswesens einzugehen[275], wird die Bemerkung genügen, daß von einer deutschen sophistischen schriftlichen Proceßhandlung, und actenmäßigen Referirungsmethode, von einer nicht [!] ehrlichen Amtswirksamkeit bey Uibertragung der Erbschaften, Bevormundung der Waisen, Verwaltung ihres Vermögens und überhaupt dem officio nobili judices – /einem wohlthätigen und schönen Attribut des Richters, wenn es in vernünftigen Gränzen gehalten wird/ nichts oder wenig bekannt war. Der Notar und Regens Actorum war die Seele und Instrument des ganzen Processes, die gewählten Richter unter Vorsitz eines königlichen [*fol.51/2*] Würdenträgers /Palatin – Vice[-]Palatin, Starosten, judicia terrestria oder castrensia/ bey dem Adel; der Vogt- und Schöffengerichte /Judicium Advocatiale Scabinale/ in den Städten, die vom Bischof designirten Kanzler und Räthe, sprachen ihr Urtheil, nachdem sie den Notar und die Parteien vernommen, und überließen dem Notar die Ausfertigung des Urtheils mit allen vorhergehenden Incidentien des Processes, so daß wir die Urtheile von ganzen Büchern Papier, besonders in Gantverfahren (decreta potioritatis) zu revidiren hatten.[276] Die alte ungarische Gerichtsverfassung hat unstreitig mit der pohlnischen die größte Ähnlichkeit, die von der nachbarlichen Lage, und selbst der politischen Verbindung und Wechselwirkung unter den mächtigeren [*fol.51/3*] JAGELLONEN begreiflich wird.

Zwar hatte in Westgalizien gleich nach der Besitznahme, die Wirksamkeit dieser alten Gesetze, Observanzen und Gerichtsstände nur noch kurz gedauert, und es wurden in den Jahren 1796 – und 97 die westgalizische Gerichtsordnung, das westgalizische Strafgesetzbuch, das westgalizische Civil-Gesetzbuch in 3 Theilen, die Jurisdictionsnormen für alle Stände, die Wechselordnung kundgemacht; allein der Uibergang von einer Gesetzgebung zur andern, und die Behand-

---

275 [*Note* PRATOBEVERA] Man findet darüber fleißige Nachweisungen in den Heften der WAGNER'schen-Zeitschrift vom Jahr 1840–41–. [*Begründet von* VINZENZ AUGUST WAGNER *(1790–1833), Professor für Wechselrecht an der Universität Wien.*]

276 [*Note* PRATOBEVERA] Auch die zahlreiche elende jüdische Bevölkerung hatte eine beschränkte eigene Gerichtsverfassung in den Rabinat- oder Kahal-Gerichten. [*Kahal: Jüdische Gemeindeverwaltung*].

lung anhängiger Rechtssachen findet immer große Schwierigkeiten und Zweifel bey den Anwendung alter und neuer Gesetze. Ich habe in den ersten Tagen.[277]

Alle diese erwähnten Gesetze [*fol.51/4*] waren neue Entwürfe [*für den Gesamtstaat*][278], waren in Westgalizien, und bald darauf auch in Ostgalizien versuchsweise in's Leben getreten, um dann an die Stelle der Josephinischen Gesetzbücher gesetzt zu werden. Das westgalizische Strafgesetzbuch hatte den Nieder-Oesterreichischen Obristen Landrichter von HAAN, das westgalizische Gesetzbuch den Freyherrn Präsidenten von MARTINI zum Verfasser.

Auch die Arbeiten und Entwürfe zu einer zweifachen Landtafel in Krakau und Lublin, und zur Einführung städtischer Grundbücher, anstatt der bisherigen oeffentlichen Acten und Register /Acta terrestria, Castrenisa/ wurden angewendet, und vom Appellationsgericht der Hofentscheidung [*fol.52/1*] vorgelegt; allein der galizische Referent /Graf FÜRSTENBUSCH[279], nachmahliger Vice-Präsident des Nieder-Oesterreichischen Landrechts/ ließ dieses mühevolle Referat so lange auf sich beruhen, bis Westgalizien im Jahr 1809 abgetreten werden mußte. Eben so ging es mit meinem Vorschlag von Kreisgerichten für das offene Land, und die unterthänigen Flecken. – Auf solche Weise werden oft nützliche, aber Geduld und Ausdauer fordernde Einrichtungen den Völkern vorenthalten, oder ganz vereitelt, wenn die oberste Macht nicht mit Kraft einzelne Beamte zur Erledigung derselben anhält, oder der Regent selbst davor zurückschreckt. Das letztere war leider [*fol.52/2*] sowohl bey dem Kaiser FRANZ, als dessen gegenwärtigen Stellvertreter Erzherzog LUDWIG[280] oft der Fall. Der gute königliche Wille allein frommt den Unterthanen nicht, wenn er die im Princip und in der Ausführung für wohlthätig und möglich, oft für dringlich anerkannte Vollziehung nicht mit festem Nachdruck bewirkt. Wenn in Republiken und constitutionellen Staaten die

---

277 [*Note* PRATOBEVERA] nach Einrichtung des Appellations-Gerichts einen patriotischen, in dem folgenden Absatz Nummer 47 näher berührten Vorschlag gemacht, um der neuen Gesetzgebung leichteren Eingang und Empfänglichkeit bey den Richtern und Advocaten zu verschaffen.

278 [*Note* PRATOBEVERA] Die westgalizische Gerichtsordnung enthält jedoch bloß aus der Unzahl der Josephinischen Erläuterungen nur die wichtigsten, mit äußerst wenigen Abweichungen, die ich in den Materialien erwähnte.

279 *FRANZ LUDWIG Graf FÜRSTENBUSCH (1759–1828) war zunächst 1797 Hofrat der Vereinten Hofkanzlei und seit 1804 der Obersten Justizstelle; 1818 niederösterreichischer Landrechtspräsident und seit 1825 zugleich Präsident des Merkantil- und Wechselgerichts in Wien.*

280 *Erzherzog von Österreich (1784–1864), Sohn von Kaiser LEOPOLD II.; vertrat mehrfach seinen Bruder Kaiser FRANZ II./I. und wurde von diesem testamentarisch an die Spitze der Geheimen Staatskonferenz berufen, welche 1836–1848 die Geschäfte für Kaiser FERDINAND I. führte; zog sich nach der Revolution 1848 ins Privatleben zurück*

heilsamsten Reformen an der Wuth des Parteigeistes, und des Egoismus scheitern; so sehen wir ein gleiches Ergebnis in unbeschränkten Monarchien an der Apathie oder unschlüssiger Furchtsamkeit des Regenten oder seiner Minister. Es war durch meine ganze Amtsführung mein Lieblingsgedanke, auf eine Verbesserung der Rechtspflege für die unteren [*fol.52/3*] und armen Volksklassen hinzuwirken, und schon in Krakau machte ich dazu Entwürfe, die beyfällig von den Landesbehörden aufgenommen worden, aber bis jetzt nach 40 Jahren zu keinem Resultat führten. Ich weiß nicht ein Mahl, in welcher Registratur oder Keller meine Kreisgerichte modern; denn schon werden aus Mangel des Raums die wichtigsten Urkunden, Rathsprotocolle, Referate, in kellerartige Räume geschafft, indeß Präsidenten und Hofräthe elegante Naturalquartiere und Bureau's einnehmen.

47. Als Doctor der Rechte und Facultätsmitglied einer Universität hatte ich gleich nach meiner Ankunft in Krakau den Zustand der Universität, an der ich [*später*] ein Directorat und Rectorat erhalten sollte, und insbesondere die Lehrstühle [*fol.52/4*] der Jurisprudenz kennen zu lernen gesucht. Hier fand ich Alles in planloser Unordnung, und weit unter der Verfassung der Oesterreichischen Katholischen hohen Schulen und deren Ausstattung an Hilfsmitteln, baufällige gothische Gebäude, die erst jetzt /1841/ [*wieder*]hergestellt worden, keine geordnete dotirte Bibliothek, keine physikalische und andere Sammlung, oder höchstens veraltete Fragmente. Wie konnte auch während so vieler Unruhen und Invasionen auf die Universität von Krakau Sorgfalt und eine bedeutende Unterstützung gewendet werden, um sie gleichen Schritt mit den übrigen Lehranstalten in den civilisirten Staaten halten zu lassen.

Die Oesterreichische Regierung konnte erst später durch Provisorien etwas der Unordnung und dem gänzlichen Verfall abhelfen, und schickte [*fol.53/1*] tüchtige Männer, vorzüglich im Fache der Medizin nach Krakau. HILLEBRAND[281] /später Director des allgemeinen Krankenhauses in Wien/, RUST /preußischer königlicher Leib- und oberster Feldarzt/, KAIMANN[282], erster Leibarzt des Kaisers, LITTROW[283] und Andere waren unter ihnen; nur die Jurisprudenz bekam keinen Professor von Bedeutung während meiner Anwesenheit.

Da nur kanonisches Recht, und das Römische als Hilfswissenschaft von geistlichen Professoren dürftig gelehrt worden [*ist*]; so war von einer wissenschaftli-

---

281 *HILDEBRAND, JOHANN VALENTIN [(1763–1818); Professor der Medizin in Lemberg (1793) bzw. Krakau (1805) und schließlich Wien (1807), 1811 Direktor des Allgemeinen Krankenhauses in Wien.*

282 *JOHANN NEPOMUK KAIMANN, erster Leibarzt des Kaisers, um 1840.*

283 *JOSEF JOHANN LITTROW (1781–1840), später 1809 an der Universität Kasan (Russland) sowie 1819–40 Direktor der Wiener Sternwarte, 1834–37 Inhaber der Lehrkanzel für Höhere Mathematik.*

chen Vorbildung der Richter und Advocaten eben so wenig die Rede, als bey den Ungarischen Richtern und Juristen die doch in ihrem WERBÖCZ[284] einen Führer haben. Es war mir daher einleuchtend, daß die neuen gleich kund-[*fol.53/2*]zumachenden Gesetzbücher weder in der deutschen Ursprache, noch in den lateinischen Uibersetzungen richtig aufgefasset, und zahllose Anfragen, und gefährliche Irrthümer veranlaßt werden würden, wenn nicht in der kurzen Zwischenzeit vor der Wirksamkeit derselben wenigstens ein vorbereitender Umriß der Oesterreichischen Gesetze und Gerichtsverfassung den Organen der Rechtspflege unentgeltlich[285] vorgetragen würde. Eine gerechte Auswahl und Beschränkung der alten Advocaten und Richter, und die Aufnahme jüngerer Candidaten war alsdann nicht so willkührlich und gewagt.

In dieser selbstlosen Uiberzeugung erboth ich mich schon am 11. Mai 1796 in einer ausführlichen, in Originali [*fol.53/3*] unter meinen Papieren aufbewahrten, Darstellung an die Oberste Justiz-Stelle, über die neuen Gesetze, neben meinem Amte[286], in drey oder vier wöchentlichen Nachmittagsstunden, in lateinischer Sprache einen Cursus an der Universität interimistisch zu eröffnen, wofür jede Art Belohnung seiner Zeit dem höchsten Ermessen anheimgestellt bleiben sollte. Man konnte meine Absichten und die Wichtigkeit meiner lauteren Beweggründe nicht verkennen; dennoch hatte ein kurzsichtiger Referent meine am 20. Jänner 1796, Ziffer 2981, praesentirte Eingabe schon am vierten Tage /24. Januar 1796/ mit dem sehr eilfertigen lakonischen Bescheid abgefertigt: „Dem Bittsteller zum Bescheid anzufügen: es könne diesem obwohl an sich ganz lobwürdigen [*fol.53/4*] Antrag und Gesuch nicht gewillfahrt werden, in dem dadurch die volle Erfüllung seines Hauptberufes einen Abbruch leiden würde!!

War die letzte gesuchte Besorgniß bey mir vorauszusetzen? Und ist eine Stunde eines überdachten Lehrvortrags von vielen, um des eigenen Vortheils, wißbegierigen Zuhörern zur Förderung der Rechtspflege nicht wirksamer, als vier Stunden des Extrahirens unsinniger Gerichtseingaben, die durch bogenlange Belehrungen an einzelne Behörden oder Parteien erledigt werden, ohne den bereits geschehenen Irrthum und Nachtheil heben zu können?

Nach diesem Bescheid hätte mein Eifer abgekühlt werden sollen; allein mein reges Pflichtgefühl erhob mich noch öfter über [*fol.54/1*] solche Erbärmlichkeiten! Als ich zum Prüfungs-Commissair bey dem Appellations-Gericht, und später zum Director der juridischen Studien, und Rector Magnificus ernannt wurde, hät-

---

284 *Recte WERBÖCZY STEPHAN (um 1458–1541), Autor des Opus Tripartium Juris Consuetudinarii Inclyti Regni Hungariae, einer Sammlung des Gewohnheitsrechts des Königreichs Ungarn mit gesetzesgleicher Anerkennung im Rechtsleben Ungarns bis in das 19. Jahrhundert.*

285 [*Note PRATOBEVERA*] bis zur künftigen Einführung ordentlicher Lehrstühle.

286 [*Note PRATOBEVERA*] nach ZEILLER*'s* und PFLEGER's Vorbild.

te ich gern den gemächlich in Wien und im Prater sich ergehenden Bescheidschreiber zur gerechten Buße an meine Stelle gewünscht! Requiescat in pace.

48. Neben den eigentlichen appellatorischen Rechtsgeschäften wurden einzelne Räthe zu langwierigen Commissionen als Beisitzer zugezogen. Dahin gehörten unter anderem die Liquidation und Vertheilung der Landesschulden unter die drey Mächte; die Regulierung der Emigrationsfreiheit der Sujets-mixtes; des Kirchen- und Stiftungsvermögens und des droit d'Épaves; des jüdischen Schuldenwesens; und der großen fallieten Handlung's-[*fol.54/2*]häuser, die in allen getheilten Gebiethen einen höchst bedeutenden Activ- und Passivstand hatten. Die ersten Commissionen waren in Warschau und Wien aus diplomatischen Personen zusammengesetzt, und durch Staatsverträge geordnet. Der vieljährigen Liquidations-Commission des jüdischen Schuldenwesens hab ich als Commissair und Präsidiumsstellvertreter beygewohnt; sie hatte ohne Proceßführung über die Ansprüche einzelner Gläubiger definitiv zu erkennen, welche ihre Zahlung nach und nach von den eingehenden jüdischen Steuern, namentlich dem drückenden Koscher-Fleisch-Aufschlag und der Lichtentzündungssteuer[287] befriedigt werden sollten. Bey dieser Commission lernte ich den elenden Zustand der zahlreichen jüdischen Bevölkerung in [*fol.54/3*] Pohlen kennen, die, von den meisten bürgerlichen und politischen Rechten und Ansprüchen ausgeschlossen, sich selbst als heimatlos betrachtet, aber durch ihren unbeschreibbaren Haß, Aberglauben und Verfolgungsgeist ihr Schicksal nicht ganz unverdient trägt. Unmöglich kann man sie dem Bekennen der christlichen Religion Religion [!], wo diese die überwiegende Anzahl bilden, gleichstellen; und es wäre nur ein gefährlicher Versuch auf Kosten der letzteren, was selbst in dem fernen England von den philantropischen Vertheidigern der Juden so eben /1841/ im Parlamente anerkannt wurde. Das Problem, den Juden ein Vaterland, und eine ungeheuchelte Theilnehmung an dem Glück und Unglück desselben zu geben, ist noch nicht gelöst; dieß scheint unmöglich, so [*fol.54/4*] lange die Religion eine unübersteigliche Scheidewand bildet, und das <u>eheliche Familienleben</u>, die <u>Wurzel</u> des politischen, zwischen Juden und Christen, verhindert, und verhindern muß. Der Jude muß zu <u>schweren</u> Arbeiten des Ackerbaues und in Fabriken und Bergbau, so wie zum Soldatenstande gezwungen werden, um unbewegliches Eigenthum besitzen können. Beschränkt man ihn auf den leichteren Schulden- und Hausierbetrieb, und auf Geldwucher; so bleibt sein <u>physisches</u> und moralisches <u>Wesen</u> schwach, elend, und arglistig,

287 [*Note* PRATOBEVERA] Der ärmste Jude muß bei gewissen gottesdienstlichen Andachten eine Anzahl Kerzen brennen, welche den Maß-[*fol.54/3*]stab der Bestimmung bilden. Beide gewissermassen auf <u>religiöse</u> Ceremonien gelegte Abgaben an jüdische General-Pächter verpachtet, und von diesen den einzelnen Gemeinden /Kahalen/ zur eigenen Repetition weiter überlassen. [*Der Koscherfleischaufschlag wurde bereits 1784 eingeführt, die Lichtanzündungssteuer erst 1797.*]

weil er, man muß es gestehen, an Frechheit, Verstellung, und Berechnung weit den gemeinen christlichen Mitbewohnern offenbar überlegen ist, welcher in alter Zeit dem reicheren Juden durch Gewalt und Verfolgung die Beute seiner Habsucht wieder zu entreissen trachtete. Der gemeinste [*fol.55/1*] jüdische Bube in Galizien lernt in dem Hause seines Vaters oder eines Lehrers die Landessprache /das Polnische/ die deutsche [*Sprache*] und den jüdischen Jargon; auch liest, schreibt, und rechnet er gut. Hieraus ist allein schon die Uiberlegenheit des verschlagenen Juden über den christlichen Bauern, den Einwohnern kleiner Städte, ja selbst den Gutsbesitzern im Verkehr und Handel erklärbar. Der Erzeuger roher Producte, wie Getreide, Wein, Wolle, Eisen und dergleichen, verkauft sie niemahls unmittelbar an den in- oder ausländischen Consumenten; der Jude muß als Mittelsperson sie aufsuchen, abholen, und an seine Abnehmer liefern; selbst tägliche Hausbedürfnisse verschaffen sich größere Haushaltungen durch ihre jüdischen Faktoren und Hausjuden. Seit 1780 ist eine Judenordnung in der Verhandlung und gegenwärtig /1841/ ist ein Entwurf von der Regierung genehmigt, aber doch zur Begutachtung neuerdings an die Galizische Landestelle geschickt worden. [*fol.55/2*] Selbst NAPOLÉON, so wie den russischen Autocraten wollte es mit der Einbürgerung dieses alten Völkerstammes, welcher eine Geschichte hat, nicht glücken.

Zu der Liquidations-Commission der sechs Falliten-Handlungshäuser TEPPEN, FELIX POTOCKI[288], HEIßLER, WEIßNER et cetera wurden die aelteren Galizischen Appellationsgerichts-Räthe WIPIOR[289], ein Schwager des böhmischen Philologen ZLOBICKI[290], Registratur-Adjuncten der Obersten Justiz-Stelle/ und STOJOWSKI nach Warschau mit Diäten aus den Massen geschickt. Die Commission hatte die Aufgabe, alle Activen und Passiven in den drey Landsgebiethen des pohlnischen Reichs zu liqudieren und darüber zu erkennen; ihre Erkenntnisse wurden allenthalben in Vollzug gesetzt. In den letzten Jahren ihrer langen Dauer /1804/ wurde zur Ersparung der Kosten, auch wegen Unverträglichkeit der aeltere Appellationsgerichts-Rat [*fol.55/3*] WYPIOR auf den Vorschlag des Commissionspräsidenten RACZYNSKI[291] nach Krakau zurückgeschickt, und der vom Minister THUGUT und dem Grafen OSSOLINSKI[292] begünstigte STOJOWSKI blieb bis an's Ende der Commission in Warschau, und erhielt ansehnliche Geschenke von

288 *FELIX STANISLAUS POTOCKI (1745–1811), polnischer Feldherr.*

289 [*Note PRATOBEVERA*] Er starb als Vice-Präsident des Lemberger Appellations-Gerichts im Pensionsstand im Jahr 1839, und gehörte zu meinen Freunden.

290 *JOSEF VALENTIN ZLOBICKY (1743–1810), tschechischer Sprachlehrer an der Universität Wien.*

291 *XAVER RACZYNSKI, Rat am Landrecht Lublin.*

292 *JOSEF MAXIMILIAN OSSOLINSKI Graf von TENCZYŃ (1809–1826), polnischer Gelehrter, Präses der Hofbibliothek in Wien und Oberst-Hofmeister im Königreich Galizien.*

den Höfen in Petersburg und Berlin an reichlich verzierten Dosen. Aus dem ganzen Gremium des Krakauer Appellations-Gerichts wurde in den Decennien bis zum Jahr 1806 nur der aelteste Rath GOLASZEWSKI zum Hofrath der Obersten Justiz-Stelle befördert, weil man die aelteren Ostgalizisch-Lemberger Appellationsgerichts-Räthe STELZHAMMER, BORZAGA[293], PFLEGER, MARISCHLER von ROTTERHEIM[294] nicht übernehmen konnte; bey dieser geringen Aussicht zur Beförderung wendete ich mich vertraulich nach Wien an Hofrath ZEILLER wegen einer allfälligen Uibersetzung; allein er hatte richtig voraus gesehen, daß ich leichter eine [*fol.55/4*] Beförderung zum galizischen Senat der Obersten Justiz-Stelle als eine Uibersetzung zum Nieder-Oesterreichischen Appellations-Gericht erhalten würde.

49. Mit meiner JOSEPHINE[295] unterhielt ich einen eifrigen Briefwechsel; treu berichtete ich ihr meine Junggesellenwirtschaft, bey der sie immer als der unbekannte warnende Genius mir vorschwebte. Meine Mutter hatte mich Ein–Mahl [!] in Krakau im Herbste des ersten Jahres 1796 mit dem Vater besucht. Wie mögen sie beide sich gewundert haben, und den Kopf geschüttelt haben, als sie des frühen Morgens unverrichtet in mein Zimmer traten, und auf den Tischen leere Punschgefäße, Karten und Teller mit Uiberresten, und einige bekannte junge Freunde /darunter den HENNIGSTEIN [!][296] [*fol.56/1*] aus Wien/ auf Stroh schlafen sahen. Ebenso verwirrt erklärte ich meinen Eltern den mir nicht mehr erinnerlichen Anlaß des Studententfestes, und meine Gesellschafter schlichen sich Hals ueber Kopf heimlich davon. Es war die letzte Zusammenkunft mit meiner theuren Mutter[297]. Sie bekam auf einer Fahrt nach Teschen im Wagen heftige Koliken; mein Vater glaubte, sie im nächsten Gasthof an der Strasse mit schwerem Kaffeh und Liqueur zu stillen, und eilte mit ihr nach Bielitz zurück. Eine Gedärmentzündung machte so reissend Fortschritte, daß, als ich auf eine erhaltene Eilstafete des Nachts Bielitz in zehn Stunden erreichte, ich bereits meine geliebte Mutter auf der Bahre fand, und ihre Hände mit Thränen [*fol.56/2*] benetzte. Sie starb - - -[298] October 1796 mit Hinterlassung eines Testaments vom 20. August 1794, worin

---

293 *BALTHASAR BORZAGA († 1806), zunächst Rechtslehrer am Theresianum (1775 Natur-, Staats- und Völkerrecht sowie bürgerliches Recht und Strafrecht), 1784 Professor an der Universität Lemberg (römisches Recht; 1785 Rektor); 1795 Rat am Appellationsgerichtsrat Lemberg und 1804 Hofrat der Obersten Justizstelle.*

294 *FRANZ MARISCHLER von ROTTERHEIM († 1817), 1797 Rat am Appellationsgericht Lemberg und 1805 Hofrat der Obersten Justizstelle.*

295 *JOSEFINE RAAB, seine Verlobte in Wien.*

296 *Vermutlich JOSEF von HENIKSTEIN, später Kaufmann und Bankier sowie Kunstmäzen in Wien.*

297 [*Note PRATOBEVERA*] Den Tag des Herbstes 1796 weiß ich nicht genau. [*durchgestrichen*]

298 *Fehlt die Tagesangabe 24.*

sie ihr in dem früheren Abkommen de dato 1. September 1789 auf Vier und Zwanzigtausend Gulden ausgemittelte[*s*] eigene[*s*] Vermögen unter die 4 leiblichen Kinder, nämlich die Tochter [*aus*] 1. Ehe, FRANZISKA TRAVERSIN, verehelichten KUTZAB[299], der CAROLINA, verwitweten ENZENDORFER[300], mir und meinen Bruder[301], nebst Legaten hinterließ. Die fromme Frau erkennt darin ausdrücklich, daß sie dieses ansehnliche Vermögen nächst Gott nur dem thätigen Fleiße ihres Mannes verdanke. Das Jahr 1797 war gekommen, wo ich PEPI[302] zum Altar führen sollte; allein gerade damahls war die feindliche Invasion gegen Wien näher und drohend gerückt, und die Regierung erließ an die Chef's der Provinzen, somit auch nach Krakau, den Auftrag, die Einwohner zu freiwilligen Beiträgen einzuladen. Der Polizey-Director HALAMA forderte mich auf, einen Aufruf zu verfassen, und durch den Druck zu veroeffentlichen. Obgleich kein großer Erfolg wohl erwartet werden konnte, unterzog ich mich der mißlichen Aufgabe, und schrieb im April 1797 die in meinen Papieren befindliche gedruckte Zuschrift an meine [*fol.56/3*] Mitbürger von Westgalizien, welche Appellationsgerichts-Rath STOJOWSKI auf der 2. Columne ins Pohlnische übersetzte[303]. Ich, der Ungenannte, übergab zugleich 100 Gulden Convents-Münz-Scheine als Anfang der Subscription dem Polizey-Director. Kaum hatte den Aufruf die Presse erhalten, als die Friedensnachricht eintraf, die galizische Subscription verschwand, und ich die 100 Gulden vom Empfang zurückerhielt. Ich hatte als scharfsichtiger Politiker am Schluße der Proclamation dem Kaiser FRANZ [*II.*] den nützlichen aber vergeblichen Rath im Jahr 1797 ertheilt, dem Kriegsgeschrey der Emigranten und Engländer nicht nachzugeben; und die ganz zufällige Katastrophe des russischen Feldzugs vom Jahr 1812 beweist nichts [*fol.56/4*] gegen die Weisheit meiner Rathschläge, die sich in den Feldzügen vom Jahr 1800 – 1805 – 1809 so glänzend bewährt hatten. (S.).[304] Uiber meinen bethätigten Patriotismus wurde mir von keiner Seite Etwas weiteres bedeutet.

Das Hinderniß meiner Abreise hatte aufgehört, und ich fuhr im Julius 1797 in Begleitung meines Bruders nach Wien. Nach dem ersten Zusammentreffen mit meiner theuren JOSEPHINE konnte ich meinem Bruder den tiefen Kummer nicht [*ver*]bergen, daß mir ihr Aussehen, ihre zarte Gestalt, ihre wechselnde Gesichtsfarbe Besorgnisse unter einem rauheren Clima einflößen, und doch war sie jetzt

---

299 *Seine Halbschwester aus der ersten Ehe seiner Mutter.*

300 *Die vollbürtige Schwester aus der dritten Ehe seiner Mutter.*

301 *JOSEF PRATOBEVERA.*

302 *Gemeint ist JOSEFINE RAAB.*

303 [*Note PRATOBEVERA*] In den Druck haben sich grobe Interpunctationsfehler eingeschlichen; sonst scheint sie mir nicht schlecht ausstaffiert.

304 *Seitenverweis fehlt. Ausführungen dazu finden sich unten im 58. Absatz (fol.73/4 ff.).*

noch anmuthsvoller, und über meine Ankunft voll Freude, und inniger Zärtlichkeit. Mein Bruder beruhigte mich damit, daß der alte *[fol.57/1]* Hausfreund und Arzt PORTENSCHLAG *[von]* LEDERMAYER, so wie der sorgsame Vater sein liebstes Kind durch die eheliche Verbindung und den Aufenthalt in Krakau keiner wahrscheinlichen Gefahr hingeben würde. Ach! Meine düstere Ahnung wurde nur zu bald erfüllt.

Der Heirathsvertrag von 17. Julius 1797[305] beweist die allseitigen liberalen Gesinnungen. Der Vater setzte ein Heirathsgut von 2000 Gulden, einen jährlichen Beitrag von 400 Gulden, eine Ausstattung von 2000 Gulden aus einem Vermögen und den Genuß von der Braut eigenem ererbten Pupillen-Vermögen zu 10615 Gulden fest; ich sicherte dagegen 4000 Gulden, die ich bereits von der Mutter besaß, alle Einrichtung und so weiter zu. *[fol.57/2]* Die Trauung wurde still in der Michaeliskirche vollzogen, wobey von Seite der Braut Dr. CARL BÖHM, Kurator ihres Vermögens, und von der meinigen mein Bruder Beistand waren. Nach einigen Festlichkeiten bey dem kleinen Zirkel der Bekannten des Hauses trafen wir Anstalten zur Abreise; ich kaufte einen geschlossenen neuen zweysitzigen Wagen um 400 Gulden, den ich wieder in Krakau verkaufte, und in den ersten Tagen des Monaths August 1797 verließ meine junge Frau das väterliche Haus. Rasch fuhren wir Tag und Nacht beym schönsten Sommerwetter. Wie glücklich war diese Fahrt, auf welcher sich JOSEPHINE mit *[fol.57/3]* ihrer lebhaften Phantasie, und ihrem Geiste die Zukunft an meiner Seite so schön ausmalte. – Und wie schmerzlich und angstvoll dagegen mußte der leidenden schon nach einem Jahre die Rückfahrt in das väterliche Haus fallen! - - - -

Der schöne Sommer vom Jahr 1797 zeigte ihr die durchreisten Gegenden und Krakau's Umgebungen an den Karpathen im freundlichen Licht, und stimmte zur Heiterkeit. Mein Vater und meine Schwester und mein Bruder bemühten sich mit liebvoller Anstrengung uns einige frohe Tage auf der Durchreise zu verschaffen, was ihre unbefangene Gemüthlichkeit mit liebvollem Anstrengen eines das Empfangene überschätzenden Dankgefühls erwiderte.

Die junge Frau überwand bald die *[fol.57/4]* Schüchternheit der früheren Lebensweise, und fand sich leicht und ungezwungen in die neuen von der Sitte des väterlichen Hauses verschiedenen, ungewohnten Formen und Verhältnisse des Amtes und Landes; alle meine Freunde begrüßten Sie auf das freundlichste, und zu ihrer oekonomischen Vertrauten und Rathgeberin wählte sie sich aus Frau HABEL, die Gattin des Krakauer Oberpostamts Controlor's, eines Bruders des Wiener Postwagen-Expeditions Direktor's.[306]

---

305 *Im Familienarchiv, Karton 19.*

306 *FLORIAN und JOHANNN (1758–1815) HABEL.*

Mein Haushalt war nun regelmäßig und stiller, doch wurden wir der Geselligkeit nicht fremd. Wenn ich oft ganze *[fol.58/1]* Abende am Schreibtische saß, blieb JOSI mit einer weiblichen Arbeit bey mir, und sank schlaftrunken oft auf meinen Stuhl. Sie hatte natürliche Anlagen zum Gesang, und ergötzte uns oft mit kleinen Liedern, und selbst der Adelaide von BEETHOVEN. Nur eine höhere Freude wurde ihr im Anfang des Jahr 1798 zu Theil; sie hatte die Hofnung, Mutter zu werden, und dieser Gedanke erfüllte sie mit allen den schönen Empfindungen und Entwürfen, deren sie überschwenglich fähig war. Ein Besuch ihrer geliebten noch ledigen Schwester ANTONIA in Begleitung der Erzieherin Frau SOLF um eben diese Zeit[307] steiger-*[fol.58/2]*te unser häusliches Glück; allein mitten unter unsere Zerstreuungen und Vertraulichkeiten, brach das Unglück schnell herein.

Eine heftige Bewegung und Wagenerschütterung auf einer Spazierfahrt zerstörte ihre Hofnungen, und ihre zarte Gesundheit; der Husten, der sie nie ganz verlassen hatte, ward nach der Fehlgeburt heftiger, jede Nacht unruhiger.

Auf der Aerzte Anrathen führte ich sie, mit unseren lieben Gästen nach dem Dorfe Kamnitz bey Bielitz, wo eine Molkenkur seit langer Zeit auch von Fremden besucht werden; nebst dem wurden künstliche Schwefelbäder verordnet. Nach einigen Wochen des ländlichen *[fol.58/3]* Aufenthalts in Kamnitz verließen uns die Wiener Gäste, und JOSIE setzte die Kur fort. Der Erfolg war gering, und meine Besorgnisse wuchsen mit der herannahenden kälteren Witterung. Ich drang nun in meine Frau, bey den Wiener Aerzten Hilfe zu suchen, und versprach, Sie, auf jeden Wink abzuholen. Lange wollte die treuliche nicht einwilligen, endlich wurde festgesetzt, daß der bekümmerte Schwiegervater ihr bis Brünn mit einem bequemen Wagen entgegen kommen, und ich mit meinem Vater, der den alten RAAB kennen zu lernen wünschte, die Leidende nach Brünn begleiten sollte und so geschah es; nach einer schmerzlichen Trennung fuhr sie mit dem Vater nach Wien, *[fol.58/4]* und ich kehrte voll der trübsten Ahnungen nach Krakau zurück.

Der alte Arzt des Hauses, PORTENSCHLAG, erkannte alsbald die Höhe des Uibels, und als es [!] bey der Jugend der Patientin, welche nun den Wunsch äußerte, sich dem Freiherrn QUARIN, einem in Brustkrankheiten sehr gesuchten Arzte, vertrauen zu dürfen. Ihr zärtlicher Vater scheute keine Kosten, und es gelang ihm, QUARIN zur Uibernahme regelmäßiger Besuche, deren jeder mit 4 Gulden Convents-Münze honoriert wurde, zu bewegen. So verflossen drey Monathe abwechselnd zwischen Hofnung und Furcht; ihre Briefe an mich verbargen *[fol.59/1]* die Gefahr, die eine jugendliche Kranke bey Brustleiden auch selbst nicht nahe glaubt; doch verriethen sie die Sehnsucht, mich an ihrer Seite zu sehen, wozu mich meine eigene Unruhe täglich trieb. Ein längerer Urlaub ward mir gewährt, um in den Weihnachtsferien des strengen Winters von 1798–1799 in

307 [*Note PRATOBEVERA*] † Julius 1798.

Wien mir trostlose Gewißheit über den Zustand der theuren Kranken zu erhalten. Bey einer Kälte von 25 Graden kam ich an; die Freude des Wiedersehens gab ihr die Kraft mich außer dem Bette zu empfangen, und mir Worte tröstender Beruhigung zu sagen. Ich benutzte die erste Gelegenheit, die Aerzte um ihre freimüthige Meinung [*fol.59/2*] zu befragen. Der alte PORTENSCHLAG erklärte mit Bestimmtheit den Zustand für unheilbar und so hoffnungslos; nicht so der leichtsinnige, eitle, geckenhafte QUARIN, welcher bey jeder Visite, ehe er zum Krankenbette trat, zuerst vor dem Spiegel Perücke und Kragen zurecht richtete, mit mir von seinen zu Tisch geladenen hohen Gästen plauderte, und nach einigen scherzenden Worten mit der Kranken sich wieder schnell entfernte; QUARIN glaubte bis an's Ende an die Heilkraft seines Wissens und Ruhmes.

So erlebte ich drey Monathe in Wien, und hatte keinen andern Trost, als meiner theuren Gefährtin die [*fol.59/3*] letzten Tage des Lebens mit Lectüre, traulichen Gesprächen und Eingehen in ihre Wünsche und Hofnungen, mit Klavier-Spiel, dem sie bey großer Schwäche manchmal nur zusah, zu erheitern. Ich verließ ihr Zimmer nur, um eine Stunde in irgend einem einsamen Kaffeehause Zeitungen zu lesen - - - -

Wie sie Entwürfe für den künftigen Aufenthalt in Krakau täglich entwarf, so dachte unaufgefordert ihr frommer und wohlwollender Sinn auf die Reise jenseits, und die Bestellung ihrer irdischen Angelegenheiten.

Sie unterzeichnete am 26. Februar 1799 ein rührendes Testament, in dem sie von Allen Abschied nahm, und Allen Merkmahle der Liebe hinterließ.

Mich ernannte sie zum Universal-Erben ihres mütterlichen noch übrigen Ver-[*fol.59/4*]mögens von ungefähr 8.000 Gulden, worunter der 4. Antheil des um 19.000 Gulden von den beiden Eheleuten RAAB[308] im Licitationswege erkauften Hauses in der Wipplingerstrasse begriffen war.

Ihr letzter Wille ist von dem Hausfreund Dr. ANTON RESCH[309], und dem Kanzleyvorsteher GEBHARD als Zeugen gefertigt, unter meinen Papieren.[310]

Drey Wochen später erlag sie, ehe der von ihr gehoffte Namenstag mit den gewünschten Geschenken kam, am 14. März 1799 dem langen Todeskampfe, in dem sie im Bette, das sie täglich auf einige Stunden verließ, sich von mir zu einem Naturbedürfniß aufheben ließ, und in meinen Armen den Geist zum Himmel sandte. - - - - - -

Ich eilte bald möglichst im Anfang April 1799 aus dem mit Trauer erfüllten Hause, nachdem der [*fol.60/1*] kundgemachte letzte Wille dem Krakauer Magistrate zur weiteren Verhandlung zugefertigt, alle Anordnungen in Wien vollzo-

---

308 Dr. *IGNAZ und JOSEFINE (†1789) RAAB.*

309 *Hof- und Gerichtsadvokat in Wien.*

310 *Im Familienarchiv, Karton 19.*

gen, und mein Hausantheil dem ehrenwerthen gebeugten Vater nach seinem Wunsche um 5.000 Gulden von mir überlassen worden.[311] Das theure Bild in einer Dose nach dem Tode gemalt begleitete mich nach Krakau - - - -

Die Hingeschiedene, zwar wie der jüngeren Schwester an jugendlicher Gesundheitsfülle, aber an Engelsgüte gleich, hatte von der Vorsehung die kostbaren Geschenke eines überlegenen munteren und leicht auffassenden Geistes erhalten, und so früh mußte die kaum verschlossene Knospe zerknickt werden! Ihrer glück-[*fol.60/2*]licheren Schwester war es doch vergönnt, 40 Jahre an der Seite eines liebenden Gatten, und dankbarer Kinder zu leben, doch ward auch sie schnell und unerwartet abberufen. /6 März 1841/.

Mögen beide verwandte edle Seelen, nun in höheren Revieren wieder vereint, uns zurückgebliebenen als Schutzgeister auf dem längeren oder kürzeren Pfade begleiten –

50. Der Aufenthalt in Krakau hatte nun den größten Reiz für mich verloren; Arbeit und der wieder angeknüpfte Umgang mit meinen vorigen ledigen Freunden, da ich selbst erst 29 Jahre alt war, füllten durch einige Zeit die Leere meines gut einge-[*fol.60/3*]richteten Hauses, und ich setzte meine Küche fort, die ich mit einigen Tischgenossen, dem Grafen SEDLITZKI, Baron AUER auf ihren Wunsch zum Mittagsmahl theilte. Um diese Zeit nahm ich den Neffen CARL ENZENDORFER[312] ins Haus[313], um ihm die juridischen Studien in Krakau nothdürftig vollenden zu lassen, bis er um das Jahr 1804 in die Praxis bey dem Magistrat Krakau unter dem Bürgermeister, jetzigen Landtafelpräsidenten in Stanislawow DOMINIK DRADACKI[314] eintrat.

Meine appellatorischen Berufsarbeiten, wozu das Rectorat, später das officiose Kanzley-Referat kamen, vermehrten sich mit dem gestiegenen Vertrauen des Präsidenten und des im Jahr 1800 zum Vice-Präsidenten beförderten aeltesten [*fol.60/4*] galizischen Hofraths ADALBERT LEVINSKI[315], Vater des an der Colera verstorbenen Lemberger Appellationsgerichts-Präsidenten JOHANN von LEVINSKI, Vorgängers des [*späteren*] Präsidenten ENZENDORFER[316]. Dabey hatte ich

---

311 *Vertrag vom 1. April 1799 im Familienarchiv, Karton 19.*

312 [*Note PRATOBEVERA*] von Ollmütz, wo er bey CHMEL, dem Vater und Professor, in der Kost war.

313 *Er war der Sohn seiner Schwester CAROLINA.*

314 *Er war u. a. auch Bürgermeister von Krakau (1802) und später Präsident des Landrechts Stanislawow (1823) und Präsident des Appellationsgerichts Lemberg.*

315 *(†1813); er war Hofrat der Obersten Justizstelle (1787) und kurzfristig Mitglied der Gesetzgebungshofkommission (1790); seit 1790 war er Leiter der galizischen Abteilung der Hofkanzlei und später Vizepräsident des westgalizischen Appellationsgerichts in Krakau (1800–1808).*

316 *PRATOBERVERAS Neffe KARL; er war zunächst Rat am Appellationsgericht Laibach (1817) und Landrechtspräsident in Karlstadt (1821); später Hofrat bei der Ober-*

der Lektüre größerer Werke juristischen und historischen Inhalts und der Journale der an Begebenheiten äußerst fruchtbaren Zeit gewidmet. Ich sandte kleine Aufsätze den Redactionen ein, die ich immer abgedruckt gefunden, weil ich mich eben nie nannte, und sie nur gelegentlich, oft in einer vorübergehenden Aufwallung geschrieben wurden; so weiß ich darüber keine weitere Nachweisung zu geben. Nur eines größeren Aufsatzes weiß ich mich zu erinnern, den ich über [*fol.61/1*] die alte Successionsordnung des pohlnischen Adels an den königlich-preußischen Obertribunals-Rath KLEIN in Berlin einschickte, der ihn an der Spitze seiner Annalen über Gesetzgebung und Rechtsgelehrsamkeit /ADOLF[317] besitzt sie/ aufnahm.[318] Er lud mich zu neuem literarischen Verkehr ein, was ich jedoch unbeachtet ließ, wie nur später von dem im Jahr 1841 ausgetretenen preußischen Justizminister KAMPZ, welcher mit seinem Kollegen MÖLLER[319] wegen Beibehaltung der französischen Legislation in den preußischen Rheinlanden und Posen in Opposition war. Glücklicherweise hatte in dieser Periode /1796-bis 1806/ das Krakauer Appellationsgericht noch nicht die unseeligen politischen Processe zu überwinden, von welchen noch jetzt 1841 das Lemberger Obergericht nach 70jähriger Landesoccupation heimgesucht wird. Nicht selten wird nach der Natur dieser Untersuchungen – eine wahre Geisel unserer Zeit –, unter 100 Verhafteten, die Jahre lang als Verdächtige im Kerker schmachten, und um das Urtheil sehnten, kaum Einer schuldig befunden. Die Regierung hat daher in der neuesten Zeit die Procedur-[*fol.61/2*]ren in Italien und Galizien niederschlagen, und auf Rädelsführer, und thätliche Angriffe einschränken müssen.

Eines illustren politischen Gefangenen erinnere ich mich; es war Graf IGNAZ POTOCKI, Schwiegersohn der Fürstin LUBOMIRSKI[320], ein Hauptredacteur der vernünftigen Constitution von Jahr 1790[321], die einen erblichen sächsischen Thron, und eine getheilte Repräsentation in Pohlen einführen sollte. Er war beschuldigt, in die KOSCIUSKI*sche* [!][322] Gegenrevolution eingewirkt zu haben, wurde aber von Oesterreich nach einer politischen Untersuchung bloß confi-

---

sten Justizstelle (1824) und schließlich Landrechtspräsident (1828) und Appellationsgerichtspräsident (1831) in Lemberg.

317 *Sein Sohn.*

318 *Noch einige Bemerkungen über das jus terreste Nobilitatis Prussiae correctum zur Aufklärung der alten polnischen Erbfolge des Adels, [anonym] in: [ERNST FERDINAND KLEIN's] Annalen der Gesetzgebung und Rechtsgelehrsamkeit in den Preussischen Staaten 1805.*

319 *Recte MÜHLER HEINRICH GOTTLIEB (1780–1853), 1832 Justizminister neben KAMPTZ.*

320 *ISABELLA LUBOMIRSKA Fürstin (1736–1816), ihre Tochter ALEXANDRA war mit POTOCKI verheiratet.*

321 *Recte 1791.*

322 *Nach KOSCIUSZKO TADEUSZ [(1746–1817); Führer eines Aufstandes von polnischen Patrioten gegen die Teilungen Polens.*

nirt[323].Während meines dreyjährigen Witwerstandes /1799 – 1802/ näherte ich mich einigen Töchtern von achtbaren Familien, bey denen ich keine abschlägige Antwort zu besorgen [*fol.61/3*] gehabt hätte; allein theils hielt mich eine gewisse Schüchternheit mit jüngeren Männern in die Schranken zu treten, besonders bey Pohlinen von Geburt, von einer ersten Erklärung zurück; theils hatte ich die freiere Lebensweise meiner Lage nicht leicht vertauschen wollen, und gefaßt bei einer Urlaubsreise nach Wien eine deutsche Frau zu finden, wenn ihr auch das anziehende Wesen der schönen Sarmatinnen fehlen sollte; auch konnte ich darauf nehmen, früher oder später eine Uibersetzung oder Beförderung in deutsche Provinzen zu erhalten. So erhielt ich mich frei gegen die Gefahren, die mir von der Tochter unseres Vice-Präsidenten LEVINSKI[324], nachmahlige Freyin von STERNEK-DAUBLESKI[325], von CHRISTINE [*fol.61/4*] KLUGER, Tochter der damahls noch üppig schönen ARDELT, und selbst von der reizenden Blondine ELEONORE MAUCHARD, die einige Zeit bey ihrer Tante HABEL in Krakau sich aufhielt, drohten.

Mein Vater starb [*am*] 3. März 1801 im [ ][326] [*Lebens-*]Jahr; ich war noch so glücklich, ihn lebend zu treffen, und seinen Segen zu empfangen. Das vorgefundene Testament vom 18. April 1800 hatte ich selbst früher nach seinem Willen entworfen.[327]

Er hinterließ noch ein abgesondertes Vermögen von 60000 Gulden ungefähr in guten Schuldscheinen, ungeachtet der Legate an die 4 Enkel-Kinder meiner Schwester, damahls schon verwitwete SPARSAM. In diesem reinen Vermögen waren wir drey Geschwister [*fol.62/1*] gleiche Erben, obgleich ich dazu beitrug, daß meine Geschwister bey der Uibernahme der Realitäten und Handelungen, noch bey Lebzeiten des Vaters in Hinsicht ihrer Kinder begünstigt wurden. Ruhe sanft theurer Vater, der zum Glücke der Kinder keine Aufopferung scheute. Wohl ihm, daß er zwey Ereignisse nicht erlebte, die ihn tief betrübt hätten, und die Früchte seiner unermüdlichen Thätigkeit größtentheils zerstörten – ich meine den großen Brand von Bielitz im Jahr 1807 und das Finanzpatent von Jahr 1811. Vielleicht hätte er aber auch den gänzlichen Fall meines Bruders verhüthet.

---

323 [*Note PRATOBEVERA*] Ich spielte oft mit dem Grafen beym Polizeydirektor HALAMA Whist; er beobachtete die größte Zurückhaltung über politische Ereignisse und lebte mit seiner [*fol.61/3*] einzigen Tochter CHRISTINE, welche die Gefangenschaft des verwitweten Vaters freiwillig theilte.

324 *ADALBERT WENZEL.*

325 *Verheiratet mit JOSEF STERNEK von DAUBLESKY zu EHRENSTEIN (1775–1848), er war zunächst 1795 Auskultant am mährischen Landrecht Brünn und später (1800) am ostgalizischen Landrecht Lemberg, sodann Sekretär des westgalizischen Appellationsgerichts Krakau (1805) und Rat am Appellationsgericht Lemberg.*

326 *Altersangabe fehlt. Sein Vater ist um 1720 geboren.*

327 *Im Familienarchiv, Karton 19.*

51. Ich besaß nun ein Vermögen von ungefähr 30000 Gulden, das nebst bei [?], meiner Besoldung zum Unterhalt einer Familie hingereicht hat. Die Neigung zum häuslichen Leben erwachte mit jedem Jahr stärker, und meine Wahl war nach dem Tod meiner guten Eltern frei, die an eine Verbindung mit einer großstädtischen Familie wahrscheinlich Anstoß genommen hätten. Mein Bruder glaubte, ich sollte eine Frau nicht erst in der Ferne suchen, und schlug eure Mutter, die [*fol.62/2*] schönste und reichste Braut in Bielitz vor. Um sie näher kennen zu lernen, machte ich im Frühjahr 1802 Ausflüge nach Bielitz. Schnell war Alles mit dem verwitweten Vater, CARL GOTTLIEB SCHRÖTER, und dessen Stiefschwiegermutter ELISABETH NESSITIUS – einer ehrwürdigen Matrone in Ordnung gebracht, die bey ihren Stiefenkeln ebenso liebevoll die Mutterstelle vertrat, als bey ihrem eigenen leider ungerathenen verschwenderischen Sohn SAMUEL NESSITIUS, und dessen Kindern. Am 26. April 1802 wurden wir in der katholischen Kirche zu Kamnitz getraut und die Vorsehung schenkte mir zum 2. Mahl eine Gefährtin, die mich durch 30 Jahre mit der treusten, innigsten Liebe beglückte, und mir in Euch die [*fol.62/3*] Pfänder ihrer mütterlichen Sorgen, und die Tröstungen des Alters hinterließ.[328]

Beynah hätte ein Zufall und meine Unvorsichtigkeit, an die ich noch jetzt nicht ohne Schaudern denke, mein Glück schon im Entstehen vernichtet. Kurz vor der Vermählung spielten wir im Garten des Schwiegervaters auf einer Kegelbahn, und meine 18jährige Braut sah sitzend in ihrer zu jugendlichen Blüthe mit andern Mädchen dem Spiele zu; ich ergriff die Kugel, um zu schieben, und holte so gewaltig aus, daß ich die Kugel rückwärts aus der Hand schleuderte, welche dicht an der Schläfe meiner JENNY in die Bretterwand schlug – Gott! Wie nahe war der [*fol.62/4*] Tod, oder doch eine gräßliche Verstümmelung des schönen Gesichts und ein unsägliches Leiden für das ganze Leben! Wahrlich des Menschen Schicksale stehen unter einer höheren Leitung.

In Krakau fand meine Frau durch ihre schöne Gestalt, ihre freundliche Gutmüthlichkeit und zarte Weiblichkeit herzliche Aufnahme; sie beschränkte ihren Umgang auf die höhere deutsche Beamtenwelt, da sie das Französische beynah gar nicht, das Polnische mangelhaft sprach. Selten besuchten wir die Bälle und Gesellschaften des neuen Gouverneur's Grafen TRAUTMANNSDORF[329], der an die Stelle des Freyherrn von MARGELIK trat. Wegen nicht befriedigten Hochmuths fiel dieser [*fol.63/1*] bürgerliche Emporkömmling und Günstling JOSEPH II. in ei-

---

328 [*Note* PRATOBEVERA] Nicht die scheußliche Geißel der neuen Zeit /die Colera/, sondern Brustleiden waren auch bey ihr meine Besorgnisse; denn als Braut war sie von einem Husten geplagt, der sie nie verließ, und ihre Mutter starb an der Abzehrung (+ [*Angabe über das Todesjahr fehlt*]). Erst nachdem meine Bedenklichkeit gehoben war, führte ich sie zum Altar; ein gebranntes Kind scheut das Feuer!

329 *JOHANN GRAF TRAUTMANNSDORF, Gouverneur Galizien in 1801–1803.*

ne Geisteszerrüttung, die endlich nicht verborgen werden konnte; als die Russen in dem strengen Winter von 1798 auf 1799 nach der Schweiz zogen, war bey Freyherrn von MARGELIK eine große Tafel für die Generalität angesetzt; um die bestimmte Stunde waren die Gäste versammelt, nur der Herr des Hauses fehlte, und die Baronin in der peinlichen Unruhe, da er nach langem Warten von seinem Spazierritt nicht zurück war; man mußte sich schweigend zur Tafel setzen. Es ergab sich, daß MARGELIK in der ungeheuren Kälte zwey Poststationen, ungeachtet der Bitten des Reitknechts fortgeritten war, endlich halb erstarrt in einem Bauernhause auf einer Ofenbank schlafend gefunden wurde. Er starb später in Wien unter der Aufsicht seiner Frau, und gehörte zu den politischen begünstigten Reformatoren Kaiser JOSEPH II., und [*fol.63/2*] den Freymaurern, welche der Kaiser mit Unrecht oeffentlich in einer Cabinetsorder als Gaukler verspottete, da sie doch seine Pläne gegen die Anmassungen und den Widerstand des hohen Adels und Klerus und die Jesuiten eifrig aus Grundsätzen unterstützten. Ich glaube, daß das Gespenst der geheimen Gesellschaften bald aufhören werde, den gesunden Sinn der Völker, und dem Thron der Fürsten Furcht einzuflößen, obgleich alle guten und schlimmen Weltbegebenheiten zu ihrem ersten Beginnen heimlicher Verbündeter und Genossen nicht entbehren konnten.

Man lese die Geschichte der Regenten, der Diplomaten, der Helden und Eroberer, der Päbste und geistlichen Orden, der Religionsstifter und Sectierer – sie alle mußten zur Heimlichkeit und Verrath [*bei*] Polizey-Spionen eine Zuflucht nehmen, und nur die Presse liefert dagegen eine beschwerliche Gegenwaffe.

[*fol.63/3*]

52. Um einen Theil meines Vermögens sicher in den täglich bedenklicheren Oesterreichischen Finanzverhältnissen sicher zu stellen, kaufte ich um 10.000 Gulden-Rheinisch im Jahr 1804 eine kleine Vorstadt Besitzung mit Haus und Garten, und wir bezogen dieselbe.

Die Wohnung war zu ebener Erde; und so beengt, daß CARL ENZENDORFER[330] theils deshalb, theils weil ich ihn oft wegen müssigen Herumschwärmens zu Rede stellte, von uns wegzog. Kurz bevor ich im Jahr 1806 Krakau verließ, verkaufte ich die Besitzung um denselben Preis, und verlieh die Kammer an den Kaufmann PAUL SCHÖN[331], von dem ich glücklicherweise 5000 Gulden zur Reise nach Wien zurückerhielt, mit dem Reste aber seit 1807 verfiel ich in Concurs beym Magistrate in Cracau [!], und nach 35 Jahren bekam ich an Kapital und Zinsen eine Abfertigung von 300 Gulden circa, sage drey hundert Gulden.

---

330 *Sein Neffe, den er nach dem Tod seiner ersten Frau 1799 bei sich aufgenommen hat.*

331 [*Note PRATOBEVERA*] Uibernehmer der alten HALLER'schen Handlung. [*Inhaber JOSEF ANTON HALLER (1725–1785)*].

ROTTMANN hatte die vorige Besitzerin der Handlung; das 40jährige Fräulein BARBARA HALLER[332], die reichste [*fol.63/4*] Parthie in Krakau, um eben diese Zeit geheiratet, und beruhigte mich über die Solidität meines Schuldners, von dem ich nach seiner Flucht nichts weiter erfuhr. Vermuthlich glaubte ROTTMANN meiner Familie einen kleinen Ersatz für den Verlust dadurch zu gewähren, daß er dieselbe in einer verworrenen, unausführbaren Stiftung unter tausend andern Theilnehmern auch dazu berief, wie ich noch weiter unten berühren werde.

Mein liebes Weib gebar mir den ersten Knaben CARL, den ich im Jahr 1805 an dem heftigsten Scharlachfieber mit Petechien[333] nach drey Tagen verlor; seine Schwester MARIE, ein Kind von 2 Jahren lag dicht neben ihm, und erkrankte nicht. Vergebens bot Dr. RUST[334] alle Mittel seiner Kunst auf, den Knaben zu retten.

Auch der Tod der Pflegemutter meiner Frau, und Stiefgroßmutter (die 2. Frau des JOHANN BENJAMIN NESSITIUS, Vaters der leiblichen Mutter ANNA ROSINA NESSITIUS, [*fol.64/1*] geboren 1756 + 1788 in Bielitz) nämlich, ELISABETH NESSITIUS, geborene NITSCH /[geboren]1738, gestorben 1805/ fiel in diesen Zeitraum. Sie liebte ihre Stiefenkel und war lange Zeit Gesellschafter ihres Stiefschwiegersohnes CARL GOTTLIEB SCHRÖTER, und des Bürgermeisters SAMUEL BAUER. Sie trennte sich zu rechter Zeit und erhielt ein bedeutendes Vermögen, von dem sie ihre eigenen Enkel NESSITIUS, die Tochter, verehelichte BOZAN, und die SCHRÖTERischen Stiefenkel im Testament reichlich bedachte.

Aus ihrem Nachlasse kauften ich und mein Bruder anfänglich gemeinschaftlich den Mymhof in Bielitz, ich überließ aber meinen Antheil später 1805 meinem Bruder, den leider diese weitläufige Oeconomia von seinem Handlungsbetrieb ablenkte und großen Antheil an dem Verfall seiner Vermögensumstände Schuld hatte, besonders da auch der große Brand im Jahr 1807 den Mymhof ergriffen hatte.

[*fol.64/2*]

53. In der Administration von Westgalizien geschah eine wichtige Veränderung; man vereinigte im Jahr 1804 das Krakauer Gubernium, und dessen zahlreiche Nebenämter, wie die Cammerprocuratur, Buchhaltung und so weiter, mit dem Gubernium zu Lemberg, und Krakau ward eine Kreisstadt, mit der Universität, dem Bischofssitz und glücklicherweise auch dem Appellationsgericht, und so bekam ich Lemberg nie zu sehen. Hatte man ein Vorgefühl, daß Westgalizien einige Jahre später /1809/ dem Herzogthum Warschau zufallen würde? Erzherzog

332 *HALLER, BARBARA († 1805).*

333 *Petechien: Blutungen aus Kapillaren in die Haut oder Schleimhäute.*

334 [*Note PRATOBEVERA*] der nachmahls in preußischen Dienst getretene oberste Feldarzt, und Leibarzt des Feldmarschalls BLÜCHER /ein mehr genialer als theoretisch gebildeter Doctor und Wundarzt/. [*JOHANN NEPOMUK RUST (1775–1840)*].

CARL war zwar mit einem großen Generalstab in Krakau während des kurzen Friedens (1803) in Krakau eingetroffen, um einen festen großen Waffenplatz auszumitteln, der auch noch jetzt nach [*fol.64/3*] 70jährigem Besitz in dem wichtigen nicht genug bekannten, und zu keiner Zeit verständig benutzten Galizien fehlt; allein es blieb bei Projecten, und es scheint, als ob man dieses Land mit Strassen, Schulen, einigen aufblühenden Städten nur für eine fremde Herrschaft, den nordischen Koloß aufbewahren, und die Monarchie hinter den Karpathen vertheidigen wolle. Auf den letzten Ungarischen Landtagen brachte die Opposition eine Vereinigung Galiziens mit Ungarn zur Sprache, auf Grundlage historischer Deductionen. Die Oesterreichische Regierung möge sich hüten ein solches Amalgana zu gestatten, welches ohnehin den galizischen Adel nur als Operationsbasis wünschen würde, um mit Hilfe der Magyaren, als freie Pohlen gegen Rußland zu kämpfen.

[*fol.64/4*]
Kaiser ALEXANDER [*I.*][335] schickte im Jahr 1805 nach dem Beispiel seines unglücklichen Vaters PAUL[336] als Bundesgenosse des Kaisers FRANZ [*II.*] Hilfstruppen und seine schöne Garde-Regimenter in's Feld; allein ehe sie Krakau erreichten, war die schmähliche Schlacht und die Gefangennehmung des durch Gehirnleiden ganz unfähig gewordenen Feldzeugmeisters MACK[337] bey Ulm geschlagen, Wien und die Donauübergänge besetzt, und die Franzosen eilten den Russen nach München entgegen, die den Rest der Oesterreichischen Armee, etwa 30000 Mann, größtentheils Recruten, aufnahmen. Die Russen und ihr Anführer KONSTANTIN[338] brannten vor Ungeduld, NAPOLÉON, der neue Kaiser seit einem Jahr, zu besiegen, ohne das Corps des Generals BENNIGSEN von Breslau zu erwarten, und der Oesterreichisch-Italienischen Armee unter Erzherzog CARL[339] zur Diversion im Rücken des Feindes Zeit zu lassen. Die Schlacht von Austerlitz (2. December 1805), [*fol.65/1*] welche NAPOLÉON zu seiner glänzendsten Waffenthat zählte, zwang die Russen, auf Verlangen des Kaisers von Oesterreich vom Kriegsschauplatz abzutreten, und Oesterreich die Schließung des Separatfriedens zu überlassen.

Kaiser FRANZ entschloß sich zum ersten Mahl, eine persönliche Unterredung mit NAPOLÉON nachzusuchen; sie fand gleich nach der Schlacht statt, und Napoléon äußerte sich nachher günstiger über den eindringenden Verstand des Kaisers FRANZ, als über die Persönlichkeit des Erzherzogs CARL.

---

335 *(1777–1825), russischer Kaiser aus dem Haus Romanow-Holstein-Gottorp.*
336 *Auch PAWEL PETROWITSCH (1754–1801), 1796–1801 Kaiser von Russland.*
337 *KARL MACK Freiherr von LEIBERICH (1752–1828).*
338 *Russsicher Großfürst, Bruder von Zar ALEXANDER I.*
339 *Erzherzog von Österreich, Herzog von Teschen (1771–1847).*

Hofrath ZEILLER wurde von Wien mit einer Mission an den Kaiser in seinem Biovuaque in Mähren nach der Schlacht abgeschickt; er fand den Kaiser gut gelaunt – war es Stoicimus?; war es die Folge einer trostlosen Apathie und Rathlosigkeit erzeugenden Lage? Schnell war der Waffenstillstand geschlossen, nachdem der [*fol.65/2*] Kaiser sich eben so schnell zu den harten Präliminarien entschloß, als er in die kriegslustigen Rathschläge der Emigranten, und der Engländer einzugehen pflegte. Als die Russen innerhalb 14 Tagen vom Austerlitzer Schlachtfeld durch Krakau zurückkehrten; sahen sie wir [?], eine Unzahl Kranker und Verwundeter durch Mähren und Schlesien im Schneegestöber nachschleppen, und gräßliche Seuchen unter unserer Bevölkerung verbreiten.

54. Es war an diesem unglücklichen 2. December 1805, als ich in einer patriotischen Aufwallung von Unmuth über den Zerfall der Finanzen, und das Papiergeld, über welches ich in ADAM SCHMITS [!][340] National-Reichthum fleißig nachgelesen hatte, einen Vorschlag an den aus Wien nach Teschen geflüchteten Hofkammer-[*fol.65/3*]präsidenten und Finanz-Minister CARL Grafen ZICHY[341], unter dem Namen meines Dieners ANDREAS LAMMEL, einschickte, und darin vorschlug, das schon sinkende Papiergeld aus der Circulation zu ziehen, und allmählich einzulösen, und ein neues Papiergeld ohne Zwang gegen Metall in Umlauf zu setzen und auf sichere Einnahmensquellen zu fundieren. Hätte man damahls /1805/ mit der Papier-Emission inne gehalten, das Unglück vom Jahr 1811 und 1813 [! *recte 1816*] wäre mindestens für Staatsgläubiger und Besitzer des werthlosen Papiergeldes erträglicher gewesen. Was mag wohl Graf ZICHY mit meinem Vorschlag angefangen haben? Ich hatte nicht den Muth, ihn als meinem nachmaligen Chef im Staatsrath dann zu fragen; und doch waren es dieselben Ideen, die man im Jahr 1811 und 1816 zu realisieren versuchte. So viel weiß ich, daß Graf ZICHY, unter Kaiser JOSEPH [*II.*] insolvent, später als reicher Finanzminister starb. [*fol.65/4*] Ein guter Genius inspirierte mir den Gedanken, über eine bessere Einrichtung der Strafanstalten, so wie sie mir auch in Galizien mit unsern übrigen Verhältnissen vereinbar schien, zu schreiben; diesem Aufsatz, dem ich einige Verse aus DE LILLE*'s*[342] Gedicht, „Sur la pitié", vorsetzte[343], verdankte ich meine gegen alle Erwartung früher geschehene Abberufung nach Wien, die später mit meiner Mitwirkung den Appellationsgerichts-Räthen STOJOWSKI und ROTTMANN den Weg bahnte. Ich schickte nämlich die Schrift, die so wenig, wie meine

---

340 *Recte SMITH Adam (1723–1790), schottischer Moralphilosoph und Begründer der klassischen Volkswirtschaftslehre.*

341 *KARL ZICHY (1753–1826), Hofkammerpräsident.*

342 *ALAIN de LILLE (1128–1202), französischer Theologe und Dichter.*

343 [*Note PRATOBEVERA*] Er muß sich im Original nebst dem Antwortschreiben des Grafen ROTTENHAN unter meinen Papieren finden. [*Familienarchiv, Karton 19: Mitteilung von Rottenhan an Pratobevera 26.IV.1806*]

übrigen Entwürfe in's praktische Leben eingeführt wurden, dem Grafen ROTTENHAN, damahligen obersten Justizpräsidenten, einem Kavalier im besten Sinn des Wortes, voll Eifer für Wissen-[*fol.66/1*]schaft und Industrie, gleich seinem noch lebenden Schwager, dem Oberst-Kämmerer Grafen CZERNIN; doch ermangelte er tiefer eindringender Urtheilskraft, und Graf LAZANSKY nannte ihn boshafter Weise eine bibiliotheque renversée.

Unter den wenigen Präsidenten, die meine Dienstleistung beurtheilten, war Graf ROTTENHAN der humanste, kenntnißreichste, und mir unvergeßlich. Obgleich ich ihm – als obersten Burggrafen in Böhmen, dann als Obersten Kanzler und Staatsminister – bis dahin persönlich noch nicht bekannt war, erfreute er mich mit einer Zuschrift, worin er meinen Versuch des Dankes würdig, und davon ämtlichen Gebrauch machen zu wollen erklärte; denn er hatte im Sinn, den Antrag zu stellen, daß ich auf Kosten der Regierung auswärtige Strafanstalten besuchen solle. Ich weihte dem Grafen ROTTENHAN, der viel zu früh im Jahr 1808[344] ohne männliche Nachkommen verstarb, nach den von der Familie [*fol.66/2*] CZERNIN erhaltenen Daten; und auf ihr Ersuchen, einen Nekrolog, der in ZEILLER*'s* Jahrbüchern /4. Band/ abgedruckt ist.[345]

Die Gelegenheit zu der ersehnten Dienstleistung in Wien gab die Gemüthskrankeit des galizischen Hofraths Freyherrn von PILLERSDORF[346], Vaters des viel würdigeren Sohnes, Oesterreichischer Financier und jetzt Kanzlers bey der böhmischen Hofkanzlei. Ich wurde durch ein Decret vom 25. April 1806 der Obersten Justizstelle zur Aushilfe in galizischen Geschäften, jedoch nur mit einem Appellationsgerichtsrats-Gehalte und Rang bis zur wirklichen Erledigung einer galizischen Hofrathsstelle abberufen, jedoch zugleich meine Stelle in Krakau für erledigt erklärt. Es war wohl klar, und Graf ROTTENHAN ließ mich dessen ins-[*fol.66/3*]besondere versichern, daß ich nach Krakau nicht mehr zurückkehren sollte. Mit unglaublicher Eilfertigkeit verkaufte ich alle meine entbehrliche Habe, und reiste mit meiner Frau und der kleinen polnischen MARIE schon im Mai 1806 /also gerade nach einem Decennium von Krakau ab. Mehrere Bekannte begleiteten uns bis zur 2. Station, und da hier noch zum Abschied wacker gezecht, und Pharao nach Tisch gespielt wurde, hätte ich bald eine große Thorheit – die letzte dieser Art – empfindlich büßen müssen. Ich steigerte immer unglücklich die Karten bis auf ein tausend Gulden, bis endlich der letzte Wurf gewann - - - - - -

---

344 *Recte 1809!*

345 *Jährliche Beyträge zur Gesetzkunde und Rechtswissenschaft in den österr. Erbstaaten IV (1809), 246–256 (Erstveröffentlichung in: Vaterländische Blätter für den österreichischen Kaiserstatt XV [1809]).*

346 *FRANZ XAVER Freiherr von PILLERSDORF (1757–1807), 1796 Vizepräsident am Landrecht Lemberg; sodann 1797 Hofrat der galizischen Hofkanzlei und 1802 an der Obersten Justizstelle in Wien; Vater des Verfassungs-Ministers von 1848.*

Mein Nachtlager nahm ich in Dwory, dessen Besitzer Appellationsgerichtsrat ROTTMANN kurz vorher durch den Tod seiner Frau /1805/ geworden war, und von da ging es nach Bielitz in das väterliche SCHRÖTERische [*fol.66/4*] Haus, das vor Freude über die Wendung unseres Schicksals trunken war. Ich ließ die hochschwangere Mutter und das Kind in Bielitz, und eilte voran nach Wien, um nicht lange auf den künftigen Hofrath warten zu lassen, und Quartier und andere Anordnungen zu besorgen. Wirklich gebahr mein theures Weib schon nach 14 Tagen den 2. Sohn ADOLPH in meiner Vaterstadt; das Glück hat ihn als Schlesier, so wie mich, mehr begünstigt, als seine Oesterreichischen jüngeren Brüder, die mit dem ersten Athemzug die Lust einsogen, in welche die sogenannten Wiener Früchtel gediehen. Fruges consumere nati.[347]

Am Ende des unglücklichen Jahres 1805 starb mein würdiger Präsident URBANSKI an einer Wassersucht[348], und sein ernannter Nachfolger, ein Graf SWERTS SPORK[349], dem ein ungünstiger Ruf launenhafter Eigenmächtigkeit voranging, war in Krakau noch nicht angekommen, desto willkommener war mir der Ruf nach Wien.

[*Umschlag:*]

[III.] Heft: 8.–10. Abschnitt: 1806–1819–1835.

Bogen 67–107.

[*fol.67/1*]

VIII. Abschnitt: Jahr 1806 bis 13. September 1814.

55. Mit neu belebten und verstärkten Gefühlen eilte ich der Hauptstadt zu, die ich nie wieder zu verlassen schon damahls beschlossen hatte, wenn mir auch glänzende Aussichten in den Provinzen eröfnet würden, was wirklich in der Folge oft der Fall war. Ich faßte neue Hofnungen, meine idealistischen Verbesserungen und Entwürfe zu verwirklichen, da ich als Referent der Hofstelle auch Macht und

347 *Nos numerus sumus et fruges consumere nati / Nullen sind wir, die Früchte der Erde verbrauchend (Horaz): Als Charakterisierung der nur zum Genießen gebornen Müßiggänger.*

348 [*Note* PRATOBEVERA] Ich schrieb einen kurzen Nekrolog für die Wiener Literaturblätter [*recte Wiener Jahrbücher der Literatur*], in denen er abgedruckt ist.

349 *JOHANN WENZEL SWERTS-SPORK (1723–1804), 1775 Präsident am Appellationsgericht Krakau.*

Einfluß gewann, ohne welche besonders in Staaten, in denen keine gebildete öffentliche Meinung, keine freisinnige Presse an den Regierungsgeschäften Antheil und Interesse nehmen, und wo selbst ein gut organisirter Staatsrath fehlt, die trefflichsten Vorschläge fromme Wünsche bleiben. Jederman weiß, wie viel ein Hofreferent, [*fol.67/2*] der beinah ausschließlich und ohne Möglichkeit einer Controlle die Initiative über die nachfolgenden Materialien weitläufiger Verhandlungen in Händen hat, nach dem Geschäftsgang der Oesterreichischen Bürokratie vermag. Ich für meine Person hatte den Vortheil einer zehnjährigen Erfahrung für mich, und konnte daher zuversichtlicher auftreten als Professoren und Stubengelehrte.

In demselben braunen gestickten Staatskleide, mit dem Degen an der Seite, und gepudertem Haare, und einem kleinen Zopf, woran der Haarbeutel hing, stellte ich mich, wie vor 10 Jahren in Krakau, dem Obersten Justiz-Präsidenten Grafen ROTTENHAN, dem Vice-Präsidenten von FECHTIG[350] – einem treuherzigen, etwas ungelenken Schwaben[351] –, und den Hofräthen vor, und fand überall

---

350 *FERDINAND Freiherr von FECHTIG (1756–1837) war zunächst Hofrat der Vereinten Hofkanzlei (1793) und Beisitzer der Hofkommission in Gesetzsachen (1799), sodann 1801 Hofrat im Staatrat und 1804 Vizepräsident der Obersten Justizstelle; später Präsident des niederösterreichischen Appellationsgerichts in Wien (1818), 1824 abermals Vizepräsident der Obersten Justizstelle und 1829 Präsident, schließlich 1834 Chef der Justizsektion im Staatsrat.*

351 [*Note PRATOBEVERA*] FECHTIG, von dem ich noch manchmahl sprechen werde, war aus dem Freiburgischen von sehr dürftigen Aeltern geboren; Freyherr [*fol.67/3*] von ULM, – Vater des Vice-Präsidenten der Obersten Justiz-Stelle, ließ den jungen FECHTIG studiren, und gab ihm mit seinen Domestiquen Tisch; wer hätte geglaubt, daß FECHTIG als 2., dann obrister Justizpräsident der Chef des Sohnes vom Hause aus dem altfreyherrlichen Geschlechte der ULM werden würde. Seine glänzende Periode war in der politischen Laufbahn als Hofrath der vereinigten Hofkanzley und dann als Staatsrath, der das politische, juridische, und selbst das finanzielle Referat im Staatsrath führte. Er hatte die Sanctionirung des Strafgesetz-[*fol.67/4*]buchs vom Jahr 1803 dadurch erleichtert, daß er seine Monita als Staatsrath bey der Hofcommission in Gesetzsachen vortrug. Im Jahr 1804 erhielt er auf seine Bitte wegen sehr geschwächter Gesundheit die durch SCHLOIßNIGGS [*JOHANN Freiherr von (1746–1804); 1797 Vizepräsident der Hofkanzlei, 1802 Vizepräsident der Obersten Justizstelle*] Tod erledigte Vize-Präsidenten-Stelle der Obersten Justiz-Stelle. Als bloßer Justizmann war er Reformen wenig geneigt, aber seine Rechtlichkeit und Gradheit, obschon öfter unter einer derben heftigen Hülle, waren anerkannt.
Er liebte die Jagd bis in sein hohes Alter, und beschränkte seinen Umgang auf schwäbische Landsleuthe, /LEHMANN, MOSER und Andere/ [*fol.68/1*] mit denen er oft zechte. Ich erinnere mich nicht, ob er einen würdigen Biographen gefunden. Durch die Heirath mit der Witwe ZORN erwarb er bedeutendes Vermögen, welches durch unglückliche mercantilistische Spekulationen seines einzigen talentvollen Sohnes, und seiner beiden Schwiegersöhne Grafen CASSIS [*FRANZ ANTON Graf von FARAONE (1792–1866)*], und DUM[E]REICHER [?] [*fol.68/2*] hart mitgenommen wur-

eine günstige Aufnahme, da die aelteren Oesterreichischen Hofräthe mich noch als Advocaten kannten. WAGNER's[352] Anerbiethen, in seine Wohnung [*fol.67/3*] in der Wipplingerstraße, sehr nahe an der böhmischen Hofkanzlei, dem Sitz der Obersten Justizstelle [*zu ziehen*], nahm ich dankend an, da ich nun gemächlich eine Wohnung für meine Familie vorbereiten konnte.

Die WAGNERische Familie war in Enzersdorf.[353] Mein ehrenwerther Schwiegervater [*IGNAZ RAAB*], der unter dem Grafen CAVRIANI[354] zu den Sitzungen über die Gerichtsordnung, gerichtliche Schätzungen, und Veräußerungen zugezogen wurde, änderte seine Gesinnungen gegen mich nicht, ward aber gegen mich als Hofrath ceremoniöser, und ermangelte nicht, an meinem Namenstag, und zum neuen Jahr in einem scharlachroten Rock mit Degen bei mir zu erscheinen.

Graf ROTTENHAN teilte mir veraltete galizische Prozesse, und bald darauf das officiöse Referat für Westgalizien zu, als ich nach einer dreimonathigen Supplirung durch [*fol.67/4*] das Hof-Dekret vom 22. August 1806, Zahl 33401, zum wirklichen Hofrath ernannt, und vereidet worden. Ich ließ nun sogleich eure Mutter, die in ihrem Wochenbette große Schmerzen an ihren Brüsten litt, und zur Amme Zuflucht nehmen mußte, mit beiden Kindern und der Amme nachkommen, und wir bezogen in derselben Straße im Herbst das erste Quartier im Springersteinischen Hause, wo Louise als erste Wienerin geboren ward.

Der Kreis unserer Bekannten war gleich anfangs groß genug; ich erneuerte nicht nur einige von meinen früheren Verbindungen, wie mit der Familie RAAB, BERGER, ADLERSBURG, RÖSLER und andere, sondern neue kamen durch die Amtsverhältnisse hinzu, wie das Haus HENNIGSTEIN, ERGGELET, Hofagent BÖHM, Staatsrath BALDACCI und mehrere Hofräthe. Allmählich schränkte ich diesen Kreis ein, theils weil ich den [*fol.68/1*] Zerstreuungen nicht viel Zeit widmen wollte, theils weil meine Frau bey den kleinen Kindern alle Mühen und Sorgen einer Bonne oder Gouvernante auf sich nahm, und den Zwang und Luxus

---

de. Die Wiener sagten: Der Zorn habe die Galle geheiratet. Landrath Dr. HIERSCH hat eine Enkelin FECHTIG's zur Frau.

352 *KASPAR WAGNER (1773–1854), Hof- und Gerichtsadvokat in Wien, er war mit ANTONIE RAAB (1783–1841), der jüngeren Schwester von PRATOBEVERAS erster Frau JOSEFINE verheiratet.*

353 *Sie bewohnten das der Herrschaft „Veste Liechtenstein" zugehörige Haus Nr. 57 (Papiere dazu im Familienarchiv, u. a. Karton 10 und 19); ursprünglicher Eigentümer war IGNAZ RAAB, dann seine Tochter ANTONIA und Schwiegersohn KASPAR WAGNER sowie dessen Tochter AMALIE und Schwiegersohn ADOLF PRATOBEVERA, schließlich deren Tochter ADOLFINE.*

354 *Graf LUDWIG CAVRIANI (1739–1799), seit 1755 Mitglied der Kompilations-Hofkommission (u. a. Mitwirkung an der Redaktion des Codes Theresianus), 1791 Vizepräsident der Obersten Justizstelle und 1797 Präsident der Gesetzgebungs-Hofkommission.*

großer Diners, Spielgesellschaften, wie sie bei HENNIGSTEIN, BALDACCI, BÖHM häufig gegeben worden, vermeiden wollte. Wie endlich, nebst der Familie WAGNER, HABEL, Baron GÄRTNER[355] nur noch unsere Mitbewohner des Bürgerspitals durch 20 Jahre,[356] die mir werthen Familien HEINRICH[357], MARISCHLER von ROTTENHEIM, EHRENBERG[358], HANISCH, SCHWARZ[359], einige Zeit WOLF, zu unserem vertraulichen Umgang bis an den Tod der Mutter gehört haben, wißt Ihr lieben Kinder aus eigener Wahrnehmung. Ich führte die Vormundschaft über die Kinder der ersteren, nach dem Tode der Väter HEINRICH und MARISCHLER, meine beiden wahren Freunde, die sich herzlich über mein Glück freuten.

56. Mein Geschäftskreis erweiterte sich [*fol.68/2*] mit jedem Jahr, und ich gehörte bald zu den [*am*] stärksten [*in Anspruch genommenen*] Referenten der Obersten Justiz-Stelle. Ohnedies gelten die galizischen Rechtssachen wegen des Conflicts alter und neuer Gesetze, wegen des mangelhaften Zustandes der ersten Gerichte, der verworrenen und oft widersinnigen alten und neuen Führung der Hypothekenbücher für die schwierigsten; und da im Grunde nur der verschuldete und leichtsinnige Adel Besitzthum und Vermögen hatte, der Bürgerstand aber und der Landmann erbärmlich waren; so waren die Streitigkeiten des unruhigen und streitsüchtigen Adels auch dem Object nach die wichtigsten. Ich mußte daher deutsche, und wegen der slavischen Sprachverwandtschaft auch böhmische und mährische Prozesse referiren, ohne eine gleiche Erleichterung von den Hofräthen der germanischen Provinzen erwarten zu dürfen.

[*fol.68/3*]
Auf einen Vortrag des Grafen ROTTENHAN wurde ich bereits am 4. April 1807 zum wirklichen Beisitzer der Hofcommission in Gesetzgebungssachen ernannt. Ich nahm sogleich thätigen Anteil an der letzten Revision des Civil-Gesetzbuches vom Jahr 1811, und Graf ROTTENHAN überreichte den Entwurf noch vor seinem

---

355 *FRIEDRICH CHRISTIAN Freiherr GÄRTNER (1768–1842); zunächst am Reichshofrat (1796), seit 1807 Hofrat der Obersten Justizstelle, 1814 Mitglied der Gesetzgebungs-Hofkommission (Mitwirkung an der Beratung der revidierten Gerichtsordnung; 1818 Stellvertreter des Präsidiums); schließlich 1817 Vizepräsident des niederösterreichischen Appellationsgerichts (1824 Präsident) und 1818 Vizepräsident der Obersten Justizstelle; Bruder des KONRAD GÄRTNER.*

356 *Pratobevera wohnte von 1813–1833 im Bürgerspitalhaus (Familienarchiv, Karton 19, Familienbüchel, 24).*

357 *JAKOB HEINRICH (1753–1827), seit 1805 Hofrat der Obersten Justizstelle.*

358 *JOHANN ALOIS GAYER Freiherr von EHRENBERG (1737–1818), seit 1792 Hofrat der Obersten Justizstelle und ab 1800 Beisitzer der Gesetzgebungs-Hofkommission (u. a. Mitwirkung an der Redaktion des ABGB).*

359 *ANTON Ritter von SCHWARZ (1770–1832), seit 1811 Hofrat der Obersten Justizstelle und ab 1814 Mitglied der Gesetzgebungs-Hofkommission; 1819 österreichischer Delegierter bei der Mainzer Zentraluntersuchungskommission.*

Tode im Jahr 1808, nachdem er mich aufgefordert hatte, das Kundmachungspatent anstelle desjenigen [*auszuarbeiten*], welches Hofrath ZEILLER entworfen, und [*das auch*] vorgezogen wurde.

Die Gesetz[*gebungs*]-Hofcommission war damahls noch aus politischen und Justizräthen zusammengesetzt, unter den erstern traf ich von SONNENFELS und Freyherrn von HAAN /Bruder des obristen Landrichters/[360] an. Allein von SONNENFELS hatte die Idee gefaßt, einen bleibenden politischen Code /Code d'Administration/ eine Art politischer Charte oder Constitution, an dessen möglicher Realisirung ich [*fol.68/4*] gleich anfänglich zweifelte.[361] Kaiser FRANZ [*II.*] ließ eine abgesonderte Hofcommission aus politischen und Cameral-Räthen, und zwey Justizhofräthen unter dem Präsidium des Grafen ROTTENHAN, und dem Vice-Präsidium des Hofraths SONNENFELS entstehen, und Graf ROTTENHAN eröfnete mir unter dem 28. August 1808 meine Berufung zu dieser Commission mit dem Beisatze, wie es ihm /Grafen von ROTTENHAN/ zum besonderen Vergnügen gereiche, einen so einsichtsvollen Mitarbeiter bey diesem wichtigen? Geschäfte erhalten zu haben. SONNENFELS wollte selbst die Grundsätze der Verwaltung zu gesetzlichen Normen feststellen, die doch mit den Zeiten und Sitten ewig wechseln, auch davon abgesehen, daß die Freunde der unbeschränkten Monarchie und Willkühr die unbequemen, sich selbst geschaffenen Fesseln scheuten. Weder Graf ROTTENHAN [*fol.69/1*] noch SONNENFELS, noch die nachfolgenden Titular-Präsidenten dieser Commission, JOHANN RUDOLPH CHOTEK[362], Staats- und Conferenzminister in partibus, und Graf WURMSER /der jetzt ganz erblindete Exgouverneur von Galizien, in den Feldzügen Armee-Commissair/[363] erlebten irgend ein Resultat, ja nicht ein Mahl das Ende der angeordneten vorläufigen Normaliensammlung, zu welcher, nach der Ablehnung des Professors KOPETZ[364] in Prag, Professor EGGERT [!][365] verwendet werden sollte. Graf WALLIS[366] löste als

---

360 *LEOPOLD Freiherr von HAAN (1743–1828), Gouverneur in Galizien; Bruder des Mathias WILHELM HAAN.*

361 [*Note PRATOBEVERA*] Materialien 1. bis 10. Band und das Hauptregister. [*Die Materialien umfassen bloß 8 Bände das Gesamtregister befindet sich im Anhang zu Band VIII, Seiten XII–LXIV.*]

362 *JOHANN RUDOLPH CHOTEK (1748–1824); 1802 Staatsminister und Oberstburggraf in Böhmen, 1805 Konferenzminister; Präsident der Ministerial-Banco-Deputation; 1809 Präsident der Hofkommission in politischen Gesetzsachen.*

363 *Graf DAGOBERT SIGMUND WURMSER (1724–1797), österreichischerFeldmarschall und erster Gouverneur von West-Galizien.*

364 *GUSTAV WENZEL KOPETZ (1782–1857), Professor für Politische Wissenschaften an der Universität Prag.*

365 *Recte EGGER, FRANZ von (1765–1851), 1789 Professor am Lyzeum Graz, 1803 für Natur- und Kriminalrecht an der Universität Wien.*

366 *MICHAEL JOSEF Graf von WALLIS, 1791–1796 Hofkammerpräsident.*

Oberster Justiz-Präsident diese Commission auf, und man hat nun chaotischer politischer und Justizsammlungen von Gesetzen, und transitorischer Verfügungen einzelner Behörden eine Unzahl. Es ist eine der drückensten Bürden für den oesterreichischen Beamten jeden Zweiges, in diese Sammlungen nur einiger Massen sich einzuarbeiten.

[*fol.69/2*]
Man wird oft mit 10 Circularien über den selben Gegenstand, und dennoch in der Textirung und Uibersetzung nicht genau harmonisch, überladen. Diesem Uibel muß doch ein Mahl durch eine vernünftige Promulgation der Gesetze in einem Amtsblatte gesteuert werden, zum Ersparniß von Papier und der Druckkosten.

Die oberste Justizstelle hatte mir die Fortsetzung und Herausgabe der Sammlung der Gesetze im Justizfache, welche seit dem Jahrgang 1796 in's Stocken gerathen war, aufgetragen: der Hofsecretair GOUTTA[367] brachte eine ungeheure Menge von gedruckten und ungedruckten Verordnungen, Belehrungen der Hofstellen zusammen, welche ich in einem Ausschusse der Hofräthe und Referenten der Länder consultirte, dann die Sprache dcr Kanzleyexpeditionen besserte, oder [*fol.69/3*] abkürzte, sehr Viele, als überflüssig und erloschen zur Weglassung antrug. Die aufgenommenen Gesetze wurden, wie früher, durch Vortrag dem Hofe vorgelegt, wo sie äußerst wenige Abänderungen und Zusätze zu enthalten pflegen, je nachdem der einzelne staatsräthliche Referent die einzelne Novelle beurtheilte. Man begreift leicht, daß auch diese offizielle Justiz-Gesetz-Sammlung, welche die Gerichtshöfe als allein legal allgemein, die Rechtsunsicherheit nicht hebt; denn die Richter zweifeln häufig an, a) ob die ausgelassenen, und oeffentlich oder handschriftlich ihnen zugekommenen Erläuterungen deßhalb aufgehoben seyen, was sich nicht behaupten läßt, da diese Auslassungen in der Redaction aus Uibersehen geschehen seyn können,[368] vorkommen [!]; und eine periodische Sammlung von Gesetzen in diesen Folio-[*fol.69/4*]bänden, welche weder Parteien noch Advocaten, noch kleinere Gerichte sich immer anschaffen, ist überhaupt keine vernünftige und legale Promulgation, abgesehen von der Verschiedenheit des Textes in der Sammlung, und ihrer Quelle, wodurch die Normen eigentlich neue Gesetze oder authentische Erklärungen werden, was jedoch nicht in der Absicht des Gesetzgebers liegt. b) Ein anderer arger Mißgriff der Praxis ist, daß sie die an einzelne Obergerichte erlassenen Verfügungen schon darum als allgemeinverbindlich angesehen werden, weil sie in der Sammlung stehen, ohne zu unterscheiden, ob das Hauptgesetz, das Substrat der Erläuterung, in allen Pro-

---

367 *WILHELM GERHARD GOUTTA (1762–1832), Präsidialsekretär der Obersten Justizstelle.*

368 [*Note PRATOBEVERA*] auch sich in anderen censurirten Sammlungen und bey Schriftstellern später, wohlerworbene Rechte begründet haben.

vinzen kundgemacht worden, wie zum Beispiel die Josephinische Gerichts-Ordnung, das Civil- und Strafgesetzbuch und so weiter. Diese Sammlung ist von mir für mehr als 12 Jahre bis zu meinem Eintritt [*fol.70/1*] in den Staatsrath besorgt worden, und ist jetzt als einziger Nothbehelf im Gange. Eine ähnliche Arbeit veranlaßten die Anfragen und Belehrungen über das Strafgesetzbuch vom Jahr 1803; ich referirte über 100 Erlasse dieser Art, von denen jedoch der Obriste Landrichter von HAAN, der den Vorsitz führte, nur die kleinere Zahl in den Anhang der letzten Ausgabe, vorzüglich zum Behuf der neu erworbenen oder recupirten Provinzen, aufnehmen ließ. Das große, aber schlecht redigirte Register über die Justiz-Gesetzsammlung bis zum Jahr 1820 inclusive ist von GOUTTA, der dafür eine mäßige Belohnung von 1500 Gulden Convents-Münze auf meinen Antrag erhielt.

Eine größere Leistung, die noch jetzt von einigem Nutzen ist, war die von mir im Jahr 1805 entworfene und sanctionirte Instruction für die galizischen Collegial-Criminalgerichte[369], [*fol.70/2*] um ihnen die Ausführung des Gesetzes und des Verfahrens zu erleichtern, wie eine ähnliche Civil-Instruction vom Jahr 1785 den gleichen Zweck in bürgerlichen Rechtssachen hat. Offenbar ist in unserem Criminal-Proceß vom Jahr 1803 sehr Vieles aufgenommen, was sehr wandelbar und von Local-Verhältnissen abhängt, und nur für die Oesterreichischen kleineren Patrimonial-Gerichte, welche der Verfasser /von HAAN/ allein praktisch kannte, unanwendbar ist; zum Beispiel das Capitel von Gefängnissen, Verpflegung der Verhafteten, der Tariff der Criminal-Costen und dergleichen Mehr. Man hat diese Instruction in Tyrol und Italien anwendbar gemacht; auch bey dem Nieder-Oesterreichischen Appellations-Gericht wird darüber jedoch wie gewöhnlich, ohne weiteren Erfolg berathen.

57. Meine Collegen STOJOWSKI und ROTTMANN waren nach mir nun auch in das Gremium der Obersten Justiz-Stelle, [*fol.70/3*] so wie der Lemberger Appellationsgerichts-Rath, nachmaliger Schwiegersohn des Hofrates MARISCHLER, PAUL [! *recte FRANZ*] von ESCHENBURG, ein Tyroler, eingerückt.

Ich wurde nebst ROTTMANN unter dem 27. Februar 1807 durch den Polizeypräsidenten und Curator der Theresianischen Ritterakademie, Freiherrn von SUMMERAW[370] in Kenntniß gesetzt, daß wir von Seiner Mayestät mit den Staats- und Conferenzräthen von BALDACCI, PFLEGER, BEDEKOVICH, Grafen CHORINSKI, dann den Hofräthen Baron SCHWITZEN[371], Baron HUGNER? [!] bestimmt worden,

---

369 *Philantropische Fragmente über die Errichtung eines zweckmäßigen Straf- und Besserungshauses in Westgalizien, 1805.*

370 *JOSEF THADDÄUS Freiherr von SUM[M]ERAW, um 1785 im Staatsrat; später Kurator der Theresianischen Ritterakademie (um 1810).*

371 [*Note PRATOBEVERA*] SCHWITZER.

Prüfungen an den Wiener öffentlichen Erziehung- und Unterrichtsanstalten beyzuwohnen.

Mehrere Jahre unterzog ich mich, selbst als staatsräthlicher Referent, diesem läßtigen Geschäfte emsig; allein da ich sah, daß sich nach und nach die meisten Commissarien davon dispensirten, daß mich Niemand um meine Meinung über Professoren, und Zög-[*fol.70/4*]linge befragte, daß ich durch 23 Jahre bis zum Uiberdruss appellatorischen Prüfungen beiwohnen mußte, so gerieth auch bei mir der höchste Auftrag in Vergessenheit, ohne daß ich jemals davon ordentlich enthoben wurde.

Der Kaiser hatte im Jahr 1806 – 6. August, die deutsche Kaiserkrone niedergelegt, nachdem er schon früher /1804/ durch den Erzbischof von Wien zum Kaiser von Oesterreich nach des Grafen COBENZEL Rath sich krönen ließ, und das deutsche Reich durch den Rheinbund und das Protectorat NAPOLÉONS /1806/ endlich aufgelöst war. Großmüthig gab der Kaiser den Mitgliedern der da unter dem Churfürsten von Mainz, als Reichserzkanzler stehenden Reichskanzlei, und des Reichshofrathes Pensionen aus dem Oesterreichischen Staatsschatz, oder Annahme Oesterreichischer Dienste. Wirklich benutzten den letzten Antrag mehrere Reichshofräthe von der gelehrten Bank, wie die katholischen Räthe Baron BARTENSTEIN[372], Baron WERNER[373], HEß[374], dann die protestantischen Räthe Freyherr von PUFENDORF[375], GÄRTNER [*und*] von OKEL[376] /der gelehrteste unter Allen/.

[*fol.71/1*]

Diese Herren, als hoffähige Diener des römischen Kaisers, dem nur der Pabst in der alten Welt nicht weichen wollte, hatten viel Glück, sowohl bey dem Kaiserlichen Oesterreichischen Hofe, als in den Oesterreichischen Collegien, in welchen sie Rang und höhere Besoldungsstufen den Oesterreichischen Räthen abgenommen. Auch die Diplomatie, besonders unter STADION[377] und METTERNICH[378] ge-

---

372 *ANTON KARL Freiherr von BARTENSTEIN (1766–1829), Hofrat der Hofkanzlei um 1820.*

373 *FRANZ HERMANN Freiherr von WERNER (1775–1855), 1800 im Reichshofrat, 1806 Präsident des Appellationsgerichts Brünn.*

374 *ALBERT von HEß (1786–1838), 1826 Hofrat der Obersten Justizstelle, 1828 Beisitzer der Hofkommission in Justizgesetzsachen (Mitwirkung bei der Redaktion eines Seekodex), 1831 im Staatsrat (Justizsektion).*

375 *KONRAD FRIEDRICH Freiherr von PUF[F]ENDORF, 1770 im Reichshofrat; Enkel des berühmten Juristen SAMUEL PUFENDORF.*

376 *BALTHASAR O[C]KEL (1764–1834), zunächst am Reichshofrat, nach 1806 Rat in der Hofkammer.*

377 *JOHANN PHILIPP KARL JOSEF STADION Graf von WARTHAUSEN (1763–1824), österreichischer Staatsmann und Diplomat; 1805 Außen- und 1815 Finanzminister.*

brauchte sich zu lucrativen Missionen. Die Oberste Justiz-Stelle erhielt noch unter Grafen ROTTENHAN die Hofräthe Freyherrn von GÄRTNER, [*und*] WERNER (1808); der Hofkammerrath den Hofrath OCKEL /Syndicus der Stadt Frankfurt in früherer Zeit/, HEß kam nach Mähren; sie wurden nach und nach Präsidenten Oesterreichischer Gerichte, ohne mit der Gesetzgebung und dem Oesterreichischen Mechanismus vertraut zu seyn. Der Reichshofrathspräsident, früher Cammergerichtspräsident in Wetzlar, Graf OETTINGEN[379], wurde nach dem Tod des Grafen ROTTENHAN /1808/ Präsident der Obersten [*fol.71/2*] Justizstelle; ein humaner, guthmüthiger Kavalir, aber er war weder ein deutsch-Römischer, noch ein oesterreichischer Jurist auch nur von ferne; glücklicherweise für ihn und die Rechtspflege, fühlte er dieß, machte keine Prätension, oder Empfehlung geltend, und wählte sich unter den Räthen seine Führer oder Inspiranten, namentlich den Baron GÄRTNER, und von ESCHENBURG. Fürst SCHWARZENBERG[380] war sein Neffe, und unterstützte ihn in seinen zerrütteten Vermögensverhältnissen; denn er war als garcon lebenslustig und Genüssen aller Art nicht abhold. Das Präsidium der Hofcommission in Justiz-Gesetz-Sachen mußte wohl in andere Hände (von HAAN) gelegt werden, und wurde erst nach 33 Jahren /1841/ dem Präsidenten der Obersten Justiz-Stelle wieder übertragen, wenn ich nicht irre.

Eine der merkwürdigsten oeffentlichen Feyerlichkeiten dieser Zeit war die Enthüllung der Reiterstatue Kaiser JOSEPHS [*II.*] auf dem Josephplatz, der rings herum mit 6 Reihen Tribunen, gefüllt von Adel und hohen Beamten im vollsten Kostüme der neuen Staatsuniformen besetzt war. Von dem Eck-Balcon [*fol.71/3*] des Naturalien-Cabinets gegen die Augustinerkirche sah Kaiser FRANZ mit der erklärten Braut, der anmuthsvollen Prinzessin MARIA LUDOVICA (+ 1818)[381], Tochter der Nebenlinie Erzherzog FERDINAND, Königlicher Hoheit von Modena-Este[382], und 3. Gemahlin, der schönen, der Pietät des Kaisers gegen den großen Oheim, zur Ehre gereichenden Ceremonie zu. Mit den modernen Einrichtungen wollte man in ganz Europa dem sinkenden Ansehen der Magistratur durch glänzende Amtskleidung, Titulaturen, und eine Unzahl von neuen Ordensdecorationen zu Hilfe kommen. Allerdings kann man in monarchischen, und selbst consti-

---

378 *CLEMENS WENZEL LOTHAR Graf METTERNICH (1773–1859); 1813 Fürst und 1818 Herzog von Portella; österreichischer Staatsmann und Diplomat, 1809 Außenminister, 1821 Staatskanzler.*

379 *PHILLIPP OETTINGEN Graf von WALLERSTEIN (1759–1826), Richter am Reichskammergericht in Wetzlar und Präsident des Reichshofrates; 1809 Präsident der Obersten Justizstelle, 1817 Konferenz- und Staatsminister, 1819 Obersthofmarschall.*

380 *Fürst JOSEF JOHANN (NEPOMUK ANTON KARL) SCHWARZENBERG (1769–1833).*

381 *Recte 1816. MARIA LUDOVICA BEATRIX, Erzherzogin von Österreich-Este (1787–1816), dritte Gattin von Kaiser FRANZ I. von Österreich.*

382 *Erzherzog FERDINAND von Österreich-Este (1754–1806), Bruder von Kaiser JOSEF II.*

tutionellen Staaten nicht entbehren, und die Freiheitsmütze, so wie Blouzen sind zum Gespött geworden. Dennoch haben diese äußeren Erscheinungen nicht den Eindruck auf das Volk, den man [*fol.71/4*] davon erwarten sollte. Ein Mahl ist auch die oesterreichische Civil-Amtskleidung zu sehr der militairischen französischen nachgebildet, und für alte oder gebrechliche Civil-Beamte, Richter, Aduocaten Professoren, beinah lächerlich; nur die ungarische Staatsuniform, oder die altpolnische, machen eine Ausnahme, weil sie dem orientalischen Costüme näher kommen; Geschmack mit Decenz vereinigen. Die Civil-Beamten von höherem Range sind in Oesterreich noch nicht hoffähig, und noch weniger ihre Frauen; darum modern die Uniformen oft ein ganzes Jahr, ohne zu ihrem Gebrauch durch die Amtsverrichtungen, zum Beispiel in den Sitzungen, auf dem Katheder aufgefordert zu seyn, und das Volk kennt ihre Bedeutung nach der verschiedenen unbedeutenden Stickerei nicht, wie bei dem höheren Clerus oder Officierstande. In Wien absorbirt der Hof allen Glanz; die Beamten [*fol.72/1*] der Hof- und Landesstellen werden auch zu größeren Feyerlichkeiten kollegienweise nicht eingeladen, wie zum Beispiel bey der Fronleichnamsprocession, dem erhabensten Gepränge der katholischen Welt. In dieser Hinsicht leben die Beamten in Wien weit ungezwungener und freier, als in den Provinzen, wo der Gouverneur auch einen kleinen Hof um sich bilden will.

Unter Kaiser FRANZ [*II./I.*] sind zwey neue oesterreichische Hausorden hinzugekommen, der Kaiserliche oesterreichische Leopoldsorden, zu Ehren des Vaters Kaisers LEOPOLD II., und der Orden der eisernen Krone der Lombardey. Beide werden an Civil- und Militär-Personen ohne Unterschied, und vom Großmeister ohne Capitel-Beschluß, vertheilt; der Kaiser benützt diese Orden, um die zahllosen Ordensverleihungen auswärtiger großer und wichtiger Höfe an oesterreichische Unterthanen einiger massen erwidern zu können, während die alten Orden des goldenen Vließes, St. Stephan von Ungarn, und des militärischen Maria Theresia-Ordens, [*fol.72/2*] nur an Inländer, fremde Souverain's, und der letzte nur für wirkliche Dienste im Felde, und allein mit jährlichem Pensionsgenuß, gegeben. Die Oesterreichische Regierung ist überhaupt mit diesen Decorationen nicht so verschwenderisch, wie die Russische, und französische. Daran thut sie gut, denn sonst werden sie verrufene Münze, die der bessere Beamte wenig anziehend findet. Die kränkliche /epileptische/ Persönlichkeit des Kaisers FERDINAND I. hat die großen Ordensfeyerlichkeiten mit offener Tafel des Kaisers und der anwesenden Ritter, dann dem feyerlichen Ritterschlag seit mehreren Jahren unterbrochen, und ich hatte nicht ein Mahl nöthig, mir nur eine Ordenskleidung als Kommandeur vom Leopold-Orden in der Ordens-Garderobe anpassen zu lassen, oder die kleinen Bedürfnisse an Schuhen, Strümpfen oder Handschuhen und dergleichen anzuschaffen.

Gegenwärtig bin ich auch von dem Erscheinen [*fol.72/3*] bey den jährlichen Kirchenfesten, und der Fronleichnamsprocession enthoben, von welcher sich die Ordensglieder aus dem Amtsadel gern loszählten, um die Berührung mit den hochgestellten Hofleuten, und der letzteren lächelndes Nase rümpfen zu vermeiden. Diese Courtisans würden unverschämt seyn, wenn nicht die große Popularität der kaiserlichen Familie sie etwas im Zaum hielte. In nicht ferner Zeit wird sich auch in Wien die Hofetiquette, und das Ceremoniell bey den landständischen Versammlungen zu anderen Formen bequemen müssen, und der Bürgermeister von Wien wird nicht mehr durch eine kleine Hinterthüre in den ständischen Saal eintreten dürfen, um dort mit den übrigen ständischen Abgeordneten bloß stumm die geforderte Steuer zu vernehmen, ohne zu den weiteren Berathungen, und Desiderien der drey oberen Stände /Prälaten [*fol.72/4*] Herrn- und Ritterstand/ Theil nehmen zu dürfen. Ich sah dieses demüthigende Schauspiel in Wien, als ich ein Mahl auf der Prälaten-Bank, als Rector der Universität Platz genommen hatte.

58. Das Kriegsglück war dem übermächtigen Frankreich günstig; der Feldzug vom Jahr 1806 und die Schlacht von Auerstädt und Jena (14. October 1806) hatten Preußen politisch vernichtet, und es verdankte im Tilsiter Frieden ausdrücklich nur der Fürsprache Rußlands die kümmerliche Existenz als politische Macht zweiten Ranges, was NAPOLÉON später oft bereute[383]. Anstatt durch diese Katastrophe in dem größten deutschen Staat eingeschüchtert zu werden, stürzte sich Oesterreich allein gegen NAPOLÉON und seine neuen erzwungenen Bundesgenossen in den unheilvollen Feldzug vom Jahr 1809, weil man [*fol.73/1*] den Augenblick wegen des französischen blutigen Kampfes in Spanien für günstig wähnte. Oesterreich machte ungeheure Anstrengungen und brachte über 400.000 Mann von ungeübten Linie- und Landwehr-Soldaten auf die Beine – Spanien und Portugall [!] mögen dieser fünften Koalition Oesterreichs mit England, welches über NAPOÉLONS Berliner Decrete (21. November 1806) die Continental-Sperre des englischen Handels, und die Blockade-Erklärung in Wuth entbrannte und Gold mit vollen Händen Oesterreich zuschickte, seine Rettung verdanken, aber NAPOLÉON näherte sich blitzschnell das zweite Mahl den Thoren Wiens.

Alles flüchtete; auch ich war bestimmt unter dem Obersten Justiz-Präsidenten Grafen OETTINGEN mit dem böhmisch-galizischen Senate der Obersten Justiz-Stelle nach Ungarn abzugehen, um die vom Feinde unbesetzten Länder am linken Donauufer, welches der Erzherzog CARL nach der unglücklichen ersten Schlacht

383 [*Note PRATOBEVERA*] Kaiser ALEXANDER blieb von diesem Zeitpunct an der Bewunderer und Bundesgenosse NAPOLÉONS, ließ dessen Gewaltstreiche ruhig [*fol.73/1*] geschehen, und sich dagegen Eroberungen gegen Schweden, und die Pforte in der geheimnisvollen Zusammenkunft in Erfurt (1808) zusichern.

bei Eckmühl [*bei*] Regensburg (19.–23. April 1809) besetzt hielt, in der Rechtspflege, zu administriren.

Meine Frau gewärtigte jeden Tag die [*fol.73/2*] Entbindung mit Fanny, und Graf OETTINGEN gestattete mir, in Wien bey dem Oesterreichischen Senate unter FECHTIG zu bleiben. Einen Anblick der Verwirrung und Rathlosigkeit both die Hauptstadt bey der Annäherung des Feindes; die höchsten politischen, Cameral-, Kriegs- und Polizey-Hofstellen [*sowie*] der Staatsrath waren aufgelöst, oder geflüchtet, und nur die Local-Behörden von Wien und der ständische Ausschuß blieben in Activität, welche auch der Feind zur Vollziehung seiner Befehle beibehielt. Die oesterreichischen Commissarien, welche bestimmt waren die für sicher gehaltenen Eroberungen in Bayern, am Main, an Rhein und Neckar für unsere Rechnung zu verwalten, waren entweder noch gar nicht abgereist, oder kehrten auf halbem Wege in der Stille um. Ich kann hier nicht unerwähnt lassen, daß sich auf die allgemeine Aufforderung der Regierung, auf das betrübte Publikum [*fol.73/3*] durch Flugschriften ermutigend zu wirken, ich auch eine solche anfertigte, sie zur Drucklegung in das Bureau des oesterreichischen Beobachters (spottweise le petit moniteur genannt) übergab; aber sie kam noch nicht unter die Presse, als Wien schon bedroht war. Von diesem patriotischen Product besitze ich keine Abschrift; der Staatsrath PFLEGER hatte sie, nach seiner Äußerung, gelesen, und belobte sie. Seltsam genug hatte diese Proclamation oder Aufruf vom Jahr 1809 gerade das Schicksal, wie sie meine frühere in Krakau im Jahr 1797; beide kamen, wie man zu sagen pflegt, post festum. Vor der Einschließung Wiens hatte ROTTMANN als neu ernannter Landrechtspräsident in Lemberg die Stadt verlassen, und das tröstliche Gerücht von einem großen Sieg, welchen der Erzherzog CARL dem Herzog ALBRECHT[384] von Sachsen-Teschen vom Schlachtfelde berichtet haben sollte, auf die Reise mitgenommen.

Indessen gab man sich in Wien die [*fol.73/4*] Mine [!], dem Feinde die Hauptstadt streitig machen zu wollen. Auf den Wällen der inneren Stadt, denn an die Vertheidigung der Vorstädte dachte Niemand ernstlich, wurden Kanonen aufgeführt, viele Baumwollsäcke zum Schutze der Bürgersoldaten und Jungen aufgethürmt, und der Erzherzog MAXIMILIAN von Este[385] als oberster Militair-Befehlshaber ließ an die Straßenecken Wiens gedruckt anschlagen, daß Wien sich wie das heldenmüthige Saragossa vertheidigen, und Er selbst sich unter dem Schutte Wiens begraben lassen würde – eine Kleinigkeit fehlte; die Wiener waren

384 *ALBRECHT (auch ALBERT) von Sachsen-Teschen, Herzog (1738–1823), Reichsfeldmarschall.*

385 *Erzherzog MAXIMILIAN (JOSEF) von Österreich-Este (1782–1863), Hochmeister des Deutschen Ordens.*

keine Spanier, und der junge Heros kein PALAFOX oder STARHEMBERG.[386] Man hatte keine Linientruppen zur Besatzung, und der tapfere Feldmarschall-Lieutenant HILLER[387], der am Mittag [*am*] (12. Mai 1809) mit einer schwachen Division die Stadt erreicht hatte, und die Mannschaft auf den Strassen des Graben und anderen Plätzen einige [*fol.74/1*] Stunden ruhen ließ, brach sogleich weiter auf, und ging über die Taborbrücke auf das Schlachtfeld von Aspern, wo er größeren Ruhm, als bey Wiens Vertheidigung seiner harrte. Auch Erzherzog MAXIMILIAN eilte bey Nacht, unter Zurücklassung mehrerer Officiere, den großen Donaubrücken zu, die nach seinem Uibergange sogleich niedergebrannt wurden, auch die neuen Brücken über den Donaukanal wurden unnöthigerweise zerstört; denn die Franzosen waren bereits in den Prater beym Lusthause eingedrungen. BONAPARTE nahm sein Hauptquartier im Lustschloße zu Schönbrunn, und begehrte die Oeffnung der Stadtthore. Man zögerte, schlug Kapitulationspuncte vor, die natürlich der übermüthige Kaiser zurückwies. Man glaubte, daß das französische Heer kein großes Geschütz mit sich führe; [*fol.74/2*] und die Stadtwälle und Fortificationen für einen Handstreich zu stark wären. Man plänkelte den Tag auf dem Glacis, wechselte Flintenschüsse, und warf einige Bomben auf unsere Vorstädte und nahen Gebäude, hinter denen die Franzosen Batterien für Haubitzen bald fertig hatten. Kaum hatte die neunte Stunde Abends geschlagen, als schon die ersten Haubitzen in die Stadt der Richtung gegen den Stephansplatz, den Graben, die Dorotheagasse, wo ich kurz zuvor eingezogen war, gespielt wurden; die Ziegeln von den Dächern herabrollten, und einige Häuser, wie der große Trattner-Hof, [*oder*] das Kaisersteinische Haus in Brand gerieth. Die erschrockene Bevölkerung wurde auf diese Demonstration nicht vorbereitet, die Hausthore wurden angstvoll geschlossen, und als man zum Löschen die Inwohner [*fol.74/3*] mit Lärmen und Pochen aufforderte, sah den Schrecken der stürmenden Feinde vor dem Thore. Ich und meine bereits hochschwangere Frau mit Euch schlafenden Kindern /ADOLPH, MARIE, LOUISE[388]/ flüchteten uns in die Keller, weil eine Haubitze auch in das Dach des kleinen Salesianer-Hauses einschlug. Dort verloren wir uns in trostlose Klagen, und harrten angstvoll unseres Schicksals; das Feuer der Belagerer hielt nur durch eine Stunde; bald erneuerte es sich aber wieder, weil die nach Schönbrunn geschickten Deputationen unverrichteter Sachen zurückkehrten. Endlich brach der Morgen /13. Mai 1809/ an, und wir sahen ganz

386 *JUAN PALAFOX de MENDOZA (1600–1659), Bischof von Puebla de los Angeles / Neu-Spanien (Mexiko) und Gouverneur von Mexiko (1642); ERNST RÜDIGER Graf STARHEMBERG (1638–1701), Feldmarschall; Stadtkommandant von Wien bei der Türkenbelagerung 1683.*

387 *JOHANN Freiherr von HILLER (1748–1819); österreichischer Feldmarschall-Leutnant, Feldzeugmeister.*

388 *LUDOVICA THERESIA (auch LOUISE; 1807 in Wien geboren.*

ruhig und staunend das feindliche Heer von allen Waffengattungen und Nationen, theils um theils durch die Stadt dem Prater in militairischer Haltung mit Musik zuziehen. Die erste [*fol.74/4*] Begrüßung des übermüthigen Siegers war ein Maueranschlag desselben Tages an den Strassen von Wien, daß das Haus LOTHRINGEN zu regieren aufgehört habe, dessen Söhne die Unterthanen, wie MEDEA ihre Kinder, feige dem Tode überliefern, und verlassen. Wien's Volk ging an diesen öfter gehörten Phrasen mit schweigender trauernder Indignation vorüber, und zeigte glänzend, daß nicht die Furcht vor unheimischen Bajonetten und Sprüchen, sondern die Liebe und Anhänglichkeit an den alten Regentenstamm die beste Gewähr der Treue leiste.[389] Der französische General ANDREOSSY war Civil-Gouverneur von Wien und bezog die Kaiserliche Burg; die übrigen Heerführer, wie NEY[390], MASSENA[391], der Vice-König von Italien[392], MURAT[393], MARMONT[394] [*fol.75/1*] und Andere waren in die Palläste der geflüchteten großen Familien, eines Herzogs von ALBRECHTen[-]Teschen, LICHTENSTEIN, SCHWARZENBERG, LOBKOWICZ, und der hohen Geistlichkeit einquartiert, wo von den rückgelassenen Hausofficieren oder Machthabern für luxoriöse Dejeuners à la fourchette, Mittagstafel, unentgeltlich und reichlich gesorgt werden mußte. Wie sehr Wien mit Soldaten und Officiren bis zum Waffenstillstand überfüllt war, kann man daraus schließen, das der Präsident Baron GÄRTNER als Besitzer des winklichten Steyrerhofes 9 und 11 Officire, die sich dafür sehr artig benahmen, täglich verpflegen mußte. Auch ich sollte einen Theil der Wohnung räumen, hätte mich nicht das Wochenbett mit FANNY[395] bey dem französischen Quartiermeister entschuldigt. Die Lasten waren groß, aber die Wiener-Wirthe und Kleinhändler lobten die französischen Gäste, die mit vollen Händen [*fol.75/2*] Geld und Bancozetteln wegwarfen, um gut zu essen und zu trinken, und reelere [!] Werthe, als das Papiergeld, einzutauschen.

---

389 [*Note PRATOBEVERA*] Von gleicher Wirkung war ein Aufruf an die Ungarn, auf den Helden „RAKOCSZ", zur neuen Königswahl zu schreiten. [*RAKOCSZ, recte FRANZ II. RÁKÓCZI (1676–1735); ungarischer Anführer des nach ihm benannten Aufstandes (1703 bis 1711) gegen Habsburg*].

390 *MICHEL NEY (1769–1815); 1804 Marschall von Frankreich, 1808 Herzog von Elchingen, 1812 Fürst von der Moskwa.*

391 *ANDRÉ MASSENA (1758–1817); Marschall von Frankreich, Herzog von Rivoli und Fürst von Essling.*

392 *Irrig: Tatsächlich war Vizekönig von Italien EUGÈNE-ROSE de BEAUHARNAIS [(1781–1824), Sohn aus der ersten Ehe NAPOLÉONS mit JOSÉPHINE (1763–1814)*].

393 *JOACHIM MURAT (1767–1815), Marschall von Frankreich, 1806–1808 Großherzog von Berg, 1808–1815 König von Neapel; Schwager von NAPOLÉON.*

394 *AUGUSTE-FRÉDÉRIC-LOUIS MARMONT de VIESSE (1774–1852); Herzog von Ragusa (Dubrovnik), Marschall von Frankreich.*

395 *Recte FRANZISKA, geboren am 27. Mai 1809.*

Die Franzosen erlitten am 21. und 23. Mai 1809 bey Aspern eine bedeutende Niederlage, die Oesterreich vor dem Schicksal Preußens rettete, weil es der erste Wendepunct des unerhörten NAPOLÉONischen Kriegsglücks war; freilich hatte auch hier ein Natur-Element unsere Waffen begünstigt, wie später die Russischen; aber es gehörte großer Muth des oesterreichischen Feldherrn Erzherzog CARL*'s* dazu, die Schlacht im Angesicht der Hauptstadt, aus welcher der Feind unsägliche Hilfs-Quellen zog, und seinen Brückenkopf machte, zu schlagen, mit Truppen, die so eben so unglücklich gefochten hatten. Es ist also ein schlechtes Witzwort der eitlen Franzosen, [*fol.75/3*] daß der General Danube die Schlacht bey Aspern gewonnen habe, obgleich die französischen Armeen durch die weggerissenen Brücken und die Isolirung auf der Insel Lobau in eine gefährliche Lage geriethen. Uibrigens ist es noch im Dunkel, wem die Ehre des Tages vorzüglich gebühre, ob dem Erzherzoge [*CARL*], oder dem Fürsten LICHTENSTEIN[396], und dem tapferen, und verwundeten General HILLER, welche zur Fortsetzung des Kampfes anfeuerten. Auch hat man viel darüber gesprochen, daß die Oesterreicher die mißliche Lage des Feindes nicht hinlänglich benutzten, und durch die Erstürmung der Lobau, und durch einen rascheren Uibergang die Donau bey Presburg [!] dem Feinde in den Rücken und der Hauptstadt zur Befreiung kommen sollten; wenigstens hatte erst nach dieser Schlacht NAPOLÉON seine Verstärkungen aus Italien Tyrol und Deutschland erhalten.

[*fol.75/4*] Vielleicht hoffte man immer insgeheim auf Rußlands und Preußens Beitritt; allein Erzherzog FERDINAND-Este hatte mit 36000 Mann Kerntruppen Warschau, [*und*] Thorn räumen müssen, und ein Handvoll sächsischer Truppen aus Warschau unter PONIATOWSKI[397] hatte beide Galizien beynah ohne Schwertstreich in Besitz genommen. Dieser Feldzug in Pohlen[398] war wirklich unerklärlich; und ein Seitenstück zur Vertheidigung Wiens unter dem erlauchten Bruder Erzherzog MAXIMILIAN[*-Este*].

Man rüstete sich nun auf beiden Seiten des Donauufers zum neuen Kampfe, der auf dem nämlichen Schlachtfelde von NAPOLÉON erneuert wurde, ohne daß ihm der Uibergang über den Strom streitig gemacht wurde. Nach sechs Wochen lieferte der Kaiser am 5. und 6. Julius die entscheidende Schlacht bey Wagram, und schickte schon am 1. Schlachttage Couriere von Wien nach Paris mit der Ankündigung des gewissen [*fol.76/1*] Sieges des folgenden Tages. Erzherzog CARL zog sich zwar in Ordnung und fechtend nach Italien zurück, wo noch ein blutiges und entscheidendes Gefecht geliefert wurde; allein nie war dieser Feld-

---

396 *JOHANN I. JOSEF Fürst LIECHTENSTEIN (1760–1836), österreichischer Feldmarschall; seit 1805 regierender Fürst von und zu Schellenberg und Vaduz.*

397 *STANISLAUS II. AUGUST PONIATOWSKI, letzter König von Polen.*

398 [*Note PRATOBEVERA*] dessen Leiter und Generalquartiermeister sich entleibte.

herr vielleicht in seinen Hofnungen so getäuscht, als dieses Mahl, und in seinem Unmuth hatte er vielleicht, und zur Unzeit das Commando der Armee ohne Wissen und Rath seines Oheims, des Herzogs [*ALBRECHT*] von Sachsen-Teschen, in die Hände des Kaisers zurückgelegt, der es provisorisch dem Feldmarschall-Fürsten JOHANN LICHTENSTEIN übertrug. Der Waffenstillstand mit dictatorischer Festsetzung neuer schmerzlicher Abtretungen folgte auf dem Fuß, und am 14. October 1809 wurde der Wiener Frieden unterzeichnet, worin Oesterreich ganz Westgalizien nebst dem Zamoscer Kreis an das Herzogtum Warschau, von Ostgalizien den Tarnolpoler Kreis an Rußland und andere Districte der alten oesterreichischen Provinzen, das Küstenland, Krain und so weiter, in einem [*fol.76/2*] Gesamtbetrage von 4 Millionen Einwohner zur Verfügung des Siegers abtreten mußte. Der französische Kaiser verließ Schönbrunn erst nach Unterzeichnung des Friedens, und erst spät Ende November zog die feindliche Besatzung ab, worauf der Kaiser FRANZ [*II./I.*] in einer Feldkalesche in seine Hauptstadt unbemerkt zurückkehren wollte; aber von dem Volke erkannt, mit unglaublichem Jubel angehalten und begrüßt wurde. Eine große Tröstung inmitten solcher Unfälle für einen Fürsten! Mit ihm war aber auch die Zeit der Verdächtigung, der Denunciation, der Angeberei und wechselseitigen Recriminationen gekommen, um die Schuld des Unglücks an andere zuzuschieben. Selbst zwischen den beiden erlauchten und tapferen Brüdern den Erzherzogen CARL und JOHANN entspann sich ein lange nachhaltender Groll, weil JOHANN nicht [*fol.76/3*] in der vorgeschriebenen Zeit auf dem Schlachtfelde von Wagram erschienen war. Hohe und niedere Beamte wurden beschuldigt, daß sie zu viele Sympathie für die Franzosen gezeigt, oder laute Besorgnisse über den Fortbestand der alten Regierung geäußert hätten. Diese gehässigen und feigen Schlechtigkeiten fanden vorzüglich in Tyrol, welches man zum Aufstand gegen den rechtmäßigen Landesherrn aufgereizt, und dann doch einer blutigen Rache preisgegeben hatte, so wie in beiden Galizien statt. Der Feind verlangte zu seiner Sicherheit und Subsistenz unter harten Bedrohungen die Fortsetzung des oeffentlichen Dienstes, die getreue Abgabe aller oeffentlichen Vorräthe und Gelder, die Angelobung, keinerley Verbindung mit der eigenen geflüchteten Regierung oder Heeresmacht. Was sollte [*fol.76/4*] der Beamte in dieser Nothlage thun? Durch seine zeitige Verwendung im Dienste des Feindes verhüthet er vielmehr Raub, Plünderung, und alle Gräuel einer ungebundenen Kriegsschaar, die sich mit den Waffen das Nöthige verschafft. Dennoch hatte man gegen viele Beamte, auch solche, die mit dem Waffengetümmel nichts zu thun hatten, wie die Gerichtspersonen, und aus den abgetretenen Provinzen übernommen werden mußten, harte Maßregeln der Entlassung, der Zurücksetzung oder kärglichen Pensionierung unter dem Vorwande der Epuration ergriffen, und schlaue [... *unleserlich* ...] Maulpatrioten hervorgezogen. Die moralischen Wirkungen und Nachwehen der Kriege sind tausendmahl schlim-

[*fol.77/1*]mer und unheilvoller, als die Gräuel des Schlachtfeldes, und des zerstörten Eigenthum's; dieses läßt sich ersetzen, aber der Same des Mißtrauens, des Hasses, der Sittenverschlechterung wuchert durch Jahrhunderte fort. Kaiser FRANZ lieh nur allzu leicht sein Ohr den Nichtswürdigen, und einigen Beamten sagte er die harten Worte: Nun! Sie haben auch geglaubt, daß ich nicht mehr nach Wien kommen würde. Möchte doch die fortschreitende Civilisation nunmehr die bourbonischen Gesetze des Krieges gegen Gefangene, und die zur offenen Waffensicherung nicht berufenen friedlichen Einwohner des feindlichen Staates beschränken.

59. In Wien hatte man während der ganzen Anwesenheit der Franzosen [*fol.77/2*] volle Sicherheit der Person und des Eigenthums, weil die Sieger die Anforderungen durch Commissarien und Organe aus den Local-Behörden realisiren ließen, und ihre Authorität durch strenge Disciplin der Officire und Soldaten unterstützten. Desto mehr Ungemach erduldete das offene Land, wo kein strenger Obergeneral die subalternen Officiere und Soldaten im Zaume hielt, und den französischen Gens'd'armes nicht zureichte. Vorzüglich überließen sich gerade deutsche Nachbarn, Baiern, Wiertenberger [!] wegen Excessen, die sie in einzelnen nächtlichen Ermordungen durch die Bauern in waldichten einsamen Ortschaften büßten. In einem einzigen zum kaiserlichen Waldamt Viertel-unter-dem-Wiener-Wald gehörigen Ortes wurden in einer Nacht 12 Wierten-[*fol.77/3*]bergische Dragoner ermordet; der Ort sollte auf Befehl des französischen Generals niedergebrannt werden; das Dominium mußte zur Abwendung dieser Drohung eine starke Strafcontribution erlegen, welche nach vielen Jahren gegen die Gemeinde im Civil-Rechtsweg zurückgefordert und auch behauptet wurde. Die Thäter, welche den Mord verübten, suchte man im Criminal-Verfahren, aber vergebens, zur Strafe zu ziehen. Die Verwaltung der Justiz in Wien ging ihren Gang unangefochten fort, und als der alte treue Diener Freyherr von FECHTIG die herbe Aufgabe vollzog, uns, die zurückgebliebenen Glieder der Obersten Justizstelle, dem französischen General ANDREOSSY in der Burg der deutschen Kaiser in einer [*fol.77/4*] kurzen Audienz [*vorzustellen*], wobey der Hofrath der Oesterreichischen Hofkanzley JOSEPH Freyherr von KIELMANSEGGE[399] die Dienste des Zeremonienmeisters vertrat, [*und*] versicherte [!] dem Vice-Präsidenten von FECHTIG mit Artigkeit den Schutz des unabhängigen Justizganges zusicherte [!].

---

399 [*Note* PRATOBEVERA] KIELMANSEGG [*auch* KIELMANSEGGE *(1767–1832); 1808 Hofrat der Hofkanzlei*], auf nachdrückliches Verlangen des Nieder-Oesterreichischen Regierungs-Präsidenten Grafen BISSINGEN dem französischen Gouvernement zur Mittelsperson in allen Vorfällen zugewiesen, wurde dennoch wegen angeblicher zu großer Bereitwilligkeit gleichsam genöthigt, seinen oeffentlichen Dienst aufzugeben. Er hatte die Statuten und das Kostüm zum Leopoldsorden entworfen.

Die Geldaufwendungen des Feindes selbst nach geschlossenem Waffenstillstand nöthigten die Nieder-Oesterreichische Regierung ein Zwangsdarlehen auszuschreiben, und die Umlage durch eine Commission festzusetzen, und der Regierungspräsident Graf BISSINGEN[400] eröffnete am 28. Juli 1809 dem Hofrath von FROIDEVO als Präsidierenden der Obersten Justiz-Stelle, daß eine Executions-Commission aus Justiz-, Regierungs- und Magistrats-Räthen zusammen gesetzt wurde, um über Redonationen [!] der Contribu-[*fol.78/1*]enten zu dem Zwangsdarlehen nach Billigkeit zu entscheiden. Der Vorsitz sey dem Nieder-Oesterreichischen Regierungs-Präsidenten /damahls REICHMANN von HOCHKIRCHEN/ vorbehalten, doch machte mich Graf BISSINGEN namhaft, um den Vorsitz in Verhinderungsfällen zu führen; wahrscheinlich hatte REICHMANN selbst, der mit mir in Krakau diente, auf mich hingewiesen. Er kam nie zur Commission, der ich mich nicht entziehen konnte; doch waren den retirenden Parteien nicht zu Viele, weil die Quote möglichst gemäßigt wurde. NAPOLÉON befahl unerbittlich die Zerstörung einiger Hauptbastionen der inneren Stadt, welche man als festen Platz vertheidigt hatte, und [*fol.78/2*] diesem Umstande verdankte man in Wien, so wie an vielen Orten Deutschlands, die Umstaltung des Glacis und des Walles in einen anmuthigen Spaziergang. Man machte den Vorschlag, auch die Gräben des Stadtwalles auszufüllen, alle Bepflanzungen des Glacis niederzureissen, und die Stadt mit den Vorstädten durch neue Strassen und Gebäude zu verbreithen. Der Kaiser FRANZ [*II./I.*] verwarf diesen Plan, wohl hauptsächlich um die innere Stadt gegen Volksaufläufe schließen zu können; allein für die Salubrität der Einwohner, für Greise und Kinder armer Familien ist dieser nahe bepflanzte große Zwischenraum zwischen der Stadt und den Vorstädten eine unschätz-[*fol.78/3*]bare Wohlthat in jeder Jahreszeit. Es ist eine unheilvolle Thorheit, die Hauptstädte eines großen Staates in der Ausdehnung und Bevölkerung keine Gränzen setzen zu wollen, die alte und neue Geschichte sollten die Regenten warnen, deren Stolz und luxoriöser Hofstaat sich daran gefallen mögen, so wie vielleicht fiscalische scheinbare, und vorübergehende Vortheile. Das alte und neue Rom, Konstantinopel, Neapel, Wien, Paris, Moskau wurden im Kriege eine leichte Beute oft einer Handvoll muthiger Barbaren, und 10000 Engländer hoffen heut, mit Peking und seiner Million Einwohner bald fertig zu werden. In Zeiten des Friedens sind diese bodenlosen Kloaken des geistigen und körperlichen Verderbnisses eine wahre Geisel für [*fol.78/4*] die oeffentliche Verwaltung, die ohne Unterlaß gegen Hunger und Seuchen Brod und Heilmittel herbeyschaffen soll, indeß die Provinzen und ihre Städte mit Gras und Moos überzogen werden. Der Staatskörper ist aber so wenig, als der menschliche gesund, wenn die Hauptstadt

---

400 *FERDINAND BISSINGEN Graf von NIPPENBURG (1744–1831); 1797 Gouverneur von Tirol-Vorarlberg, 1802/05 Generalgouverneur der venezianischen Provinzen.*

als das angebliche Herz von Blut strotzt, und die Extremitäten und übrigen Gliedmassen absterben. Warum ist Deutschland so blühend, so hochgebildet in allen Theilen seines Umfanges geworden? Gewiß nur darum, weil es nicht eine tyranisirende Hauptstadt, sondern 100 wohlhabende Städte und Residenzen in seinen Gränzen zählt.

[*fol.79/1*]

60. Der Staatsrath PFLEGER war während der feindlichen Occupation Wiens außer Activität zurückgeblieben; er benutzte diese abgedungene Muße, zur Revision des bereits von Grafen ROTTENHAN überreichten Civil-Gesetzbuches, und hatte sich auch mit dem neuen Präsidenten von HAAN, welcher durch ein Handbillet vom 11. März 1809 zum Präsidenten der Hofcommission in Gesetzgebungs-Sachen berufen worden, vereinigt, in einem engeren Comitée einige Erinnerungen vorzutragen. Von HAAN bestimmte nebst dem Hofrath ZEILLER, Baron AICHEN[401], [*und*] EHRENBERG, auch mich zu den Sitzungen, die er mit Zuziehung des Staatsrathes PFLEGER in seiner Wohnung halten ließ. Bis zur Rückkehr des Kaisers waren sie beendigt, und das Gesetzbuch bald im Jahr 1810 mit Allerhöchster Sanktion zurück. Man hatte jedoch [*fol.79/2*] noch mehrere Monathe nöthig, um den Ausdruck noch in vielen §§ zu berichtigen, wobey Professor DOLLINER mit vielem Nutzen mitwirkte; das Realregister durch den damahligen Adjuncten an der Universität, späteren Hofrath im Staatsrath von HEß verfertigen zu lassen, die Uibersetzungen in die slavischen Sprache[402] vorzubereiten, endlich waren auch wegen des Finanzpatentes vom Jahr 1811 einige Änderungen nöthig geworden, und der Präsident HAAN überreichte um die Mitte des Jahres 1811 das erste gedruckte Exemplar dem Kaiser. Aus der Erledigung des Praesidial-Vortrags theilte mir von HAAN unter dem 5. Julius 1811 folgendes wörtlich mit:

---

401 *JOSEF FREIHERR von AICHEN (1745–1818), 1792–1803 Hofrat der Obersten Justizstelle, später Mitglied der Gesetzgebungs-Hofkommission (Mitwirkung bei der Redaktion der Westgalizischen Gerichtsordnung); schließlich 1814 niederösterreichischer Oberstlandrichter.*

402 [*Note PRATOBEVERA*] Hofrat STOJOWSKI besorgte die pohlnische Uibersetzung, und der krankheitshalber nach Wien gekommene lembergische Landrechtspräsident [*IGNAZ ROTTMANN*] unterzog sich einer Commission, die sich unter seiner Leitung mit der italienischen Uibersetzung für die später erworbenen [*fol.79/3*] italienischen Provinzen, Dalmatien, und das Küstenland, beschäftigte, aber eine unbrauchbare, unjuridische Arbeit lieferte. Später ward in Mailand selbst das Civil-Gesetzbuch, wie es jetzt ist, übersetzt. ROTTMANN war viel zu wenig gründlicher Jurist, und Kenner der juridischen italienischen Sprache, um die Arbeiten bloßer Professoren und Literaten /wie des Bibliothekars in der Kaiserlichen Privatbibliothek von JUNG und eines FORNASARI/ consumiren zu können. Die italienischen Hofräthe verstanden wieder den deutschen Text nicht. [*JOHANN NEPOMUK JUNG (1779–1828); Hofbibliothekar um 1810; Professor an der Universitäät und am Theresianum in Wien um 1815; ANDREAS JOSEF FORNASARI, (1787–1865)*].

„Seine Majestät haben dem unterzeichneten Präses /wie bescheiden!/ der Hofcommission [*fol.79/3*] in Justizgesetzsachen über den Ihnen (dem Kaiser) bey Uiberreichung des ersten Exemplares des allgemeinen Bürgerlichen Gesetzbuches für die gesammten deutschen Erbländer der Oesterreichischen Monarchie erstatteten Präsidial-Vortrag, worin die von dem Herrn Hofrath PRATOBEVERA zur Vervollkommnung des Werkes, und noch während der Auflage desselben verwendete besondere Mühe, den seltenen Eifer, mit welchem der Herr Hofrath den Text in neuerliche Uibersicht zog, und seine trefflichen Bemerkungen, welchen an vielen Stellen wahre Verbesserungen an Deutlichkeit, Ergänzung und Zusammenstimmung zu verdanken ist, wohl verdientermassen angerühmt wurde, aufgetrag-[*fol.79/4*]gen, dem Herrn Hofrathe hierüber die gnädigste Zufriedenheit Seiner Majestät zu erkennen zu geben. Welchen höchsten Auftrag der unterzeichnete Präses mit Vergnügen hiermit erfüllt[403].

Präsident von HAAN erwartete nach seiner mündlichen Äußerung schon damahls für mich eine andere Auszeichnung; ich mußte umso mehr das Geschehene als genügend anerkennen, als auch den übrigen Gliedern der Hofcommission bis auf den hochverdienten Präses von HAAN, welchem der Kaiser das Großkreuz des Stephanordens umhing, nur die höchste Zufriedenheit bezeugt wurde. Insbesondere mochte sich Hofrath ZEILLER, der freilich schon das Stephans-Ritterkreuz trug, in seinen Erwartungen [*fol.80/1*] und gerechten Ansprüchen getäuscht finden; allein ZEILLER, obgleich Lehrer und Freund mehrerer Erzherzöge, war so wenig als SONNENFELS dem Kaiser persönlich angenehm; ob gerade wegen dieses Verhältnisses? ob wegen Verdächtigung gegen ZEILLER über manche Äußerung in Vorträgen und Denkschriften? Franz ZEILLER konnte bis an seinen Tod (+[...][404]) weder eine höhere Stellung im Staatsrath, noch in den Gerichtshöfen erhalten. Die Wahrheit fordert aber von mir das Bekenntniß, daß ZEILLER mehr speculativer Rechtsphilosoph und Lehrer als praktischer, und zugleich thätiger Geschäftsmann gewesen. Bey der obersten Justizstelle wurde er mit sehr wenigen Arbeiten betheilt, und ebenso später seit dem Jahr 1814 bey der Hofcommission in Gesetzsachen. Seine Gesundheit wurde vorzüglich durch die angestrengte und übereilte Lieferung seines Commentars über das Allgemeine Bürgerliche Gesetzbuch angegriffen, wobey ZEILLER freilich die preiswürdige Absicht hatte, die Anwendung des Kodex zu erleichtern, unnöthigen [*fol.80/2*] Anfragen, Zweifeln und Critiken und Mißgriffen zuvorzukommen, und den blo-

403 [*Note PRATOBEVERA*] Der Präsident hatte bei Hof so viel Autorität und Vertrauen, daß er die letzten Emendationen des Gesetzbuches allein auf sich nehmen durfte. In der That kann nur ein solcher Einfluß den endlosen Berathungen und Widersprüchen einzelner Beisitzer ein Ziel setzen. Persönlich that es auch das gewaltige Genie NAPOLÉONS bey seinem Code.

404 *Angabe des Sterbedatums fehlt.*

ßen Legisten die Arbeit aus der Hand zu nehmen. Allein dazu gehörte eine viel größere Muße, und nähere Bekanntschaft mit unseren verschiedenen Provinzial-Rechtszuständen und Gewohnheiten. Das Civil-Gesetzbuch erwartet und erfordert eine baldige Revision, sonst wird es von den dickleibigen Commentatoren erdrückt, und wie gern wollte ich noch die letzten Tage meines Lebens diesem Versuche als Referent weihen, wenn der Stundenzeiger nicht schon zu weit vorgerückt wäre, um nur möglicher Weise an einen Erfolg zu denken. ZEILLER fiel in eine düstere Schwermuth, und sein zweymahliger Versuch, seinen Leiden in der Donau und der Muhr ein Ende zu machen, mußte ihm dem religiösen Kaiser FRANZ noch mehr entfremden.

Als daher ZEILLERS Freunde und Zöglinge /SOMMARUGA und Andere/ [*fol.80/3*] äußerten, ihrem [!] Lehrer in der Universitätskirche ein Denkmal zu setzen, wollte man höchsten Orts in die Idee nicht eingehen.

61. Die Arbeiten der Obersten Justiz-Stelle gestatteten mir gleich nach meiner Ankunft /1806–bis 1814/ nicht, an literarischen Beiträgen ordentlich Theil zu nehmen, obgleich mich sowohl KAMPZ [!] und MITTERMAIER, und der Vice-Präsident der Polizeyhofstelle, letzterer auf Befehl des Kaisers unter dem 23. Dezember 1813 dazu zum Behuf der damahls begünstigten vaterländischen Blätter aufforderte.

Als jedoch Hofrath ZEILLER seine Jahrbücher mit dem 4. Bande für geschlossen erklärte, entschloß ich mich, zur Fortsetzung einer jährlichen und zwanglosen Zeitschrift, nach einem veränderten Plane, und so erschien im Jahr 1814 der erste Band meiner Materialien für Gesetzkunde und Rechtspflege. Ich theilte dieselben im Manuscript früher [*fol.80/4*] dem Hofrath ZEILLER, als dem Präsidenten von HAAN mit, weil ich zugleich die Äußerungen und Belehrungen der Hofcommission in Justiz-Gesetz-Sachen kurz mittheilen wollte, welches mir auch als Leitfaden der neuesten Oesterreichischen Rechtsgeschichte, und zur Auffindung wichtiger Vorarbeiten der Gesetz-Commission nicht ohne praktischen Nutzen erschien; auch wollte ich mich gegen die Anstände der Censur sicherstellen, weil ich mit den Nachrichten über Oesterreichische Justizpflege und ihre Mängel und Resultate Manches aus amtlichen Quellen dem Publicum mittheilte, was man bis dahin als Registraturgeheimniß in Oesterreich zu betrachten gewohnt war, und Hofrath ZEILLER nicht benutzte. Beide Nomotheten nahmen den ersten Versuch sehr beifällig auf; insbesondere äußerte *von* HAAN unter dem 21. März 1814 schriftlich gegen mich, daß er bey seiner Liebe für vernünftige Publicität nichts Anstößiges gefunden, und das Werk mit [*fol.81/1*] Vergnügen gelesen habe; eine Stelle, die ich zu seinem gerechten Lobe einfließen ließ /1. Band, Seite 238/ mußte im Drucke unterbleiben.

Diesen beiden Autoritäten verdanke ich es wohl, daß ich keinerlei Anstände von Seite von den [!] Censoren, noch der Polizeyhofstelle weder bei diesem

1. Band noch den folgenden der Materialien erfuhr, und daß sie nicht ein Mahl vorläufig der Hofcommission in Gesetzsachen, wie DOLLINERS Schriften, mitgetheilt wurden. Es wurde nämlich auf Anforderung des Kaisers noch eine neue Belästigung der Censur eingeführt, daß auch juridische Schriften, wenn die auch schon von den einzelnen Censoren der Polizeyhofstelle gutächtlich vorgelegt waren, von der letzteren noch der Hofcommission in Gesetzsachen vor der Zulassung zum Druck mitgetheilt werden mußten. Man hat vergeblich die Vorstellung sich [*fol.81/2*] erlaubt, daß die Mitglieder der Hofcommission unmöglich gremialiter das Amt des Censors gründlich und ohne Chicane ausüben könnten; und daß selbst der Referent, der allein das Werk, oft nur flüchtig übersehe, in keine Berichtigung oder Polemik gegen den Autor, oft gegen den willkürlich absprechenden ersten Censor sich einlassen könne.

Die Hofcommission behalf sich daher mit einer an sich lächerlichen Formel, und [*der*] Referent fertigte in kurzer Zeit oft bänderreiche Compilationen von Gesetzen, Präjudicaten und dergleichen mit den lakonischen Worten an die Polizey und Censurhofstelle ab, daß die Hofcommission gegen die Drucklegung der Schrift auf ihrem Standpuncte nichts zu erinnern finde. Konnte dies mit Wahrheit von allen Beisitzern bestätigt werden, und mußte [*der*] Autor [*fol.81/3*] und Verleger und das juridische Publicum nicht viel mehr voraussetzen, daß in jener orakelmäßigen Formel eine wahre Billigung des Inhalts und der Brauchbarkeit der Schrift, oder deren Unschädlichkeit mindestens liege?

So gefallen sich die Menschen in Selbsttäuschungen, und das einzige Gute was zu weilen bewirkt wurde, war, daß ein armer Autor von den chicanösen Bedenklichkeiten eines ängstlichen furchtsamen wohl auch scheel sichtigen Censors, wenn dieser selbst über dieselbe Materie schon geschrieben hatte, oder zu schreiben gedachte, bey der Censurhofstelle eher befreit würde. DOLLINERS Schriften, die nur gesammelt werden sollten, erfuhren eine unglaubliche Behandlung der Oesterreichischen Censur. Ein mittlerer Band seines Eherechts wurde an die Staatskanzley aus lauter [*fol.81/4*] Furcht vor der Römischen Curie geschickt; Fürst METTERNICH fand ein sehr willkommenes Auskunftsmittel für Autor, Verleger, und die Käufer der ersten Bände; er schickte das Manuscript gar nicht zurück, weder mit Approbation noch Reprobation, und der Veteran der juristischen Schriftsteller starb darüber /+ 1840/ ohne für seine Mühe belohnt zu werden. Erst sein Erbe wagte es, das Duplikat im Jahr 1841 in Leipzig /2. Band/ drucken zu lassen, und dieser Band wird kaum anders als auch transeat in den Buchhandel kommen.[405]

405 *Handbuch des in Oesterreich geltenden Eherechts. 2. vermehrte und verbesserte Auflage (Leipzig 1841).*

Meine Materialien wollte ich Niemandem zueignen, wie es ZEILLER und Andere vor mir thaten; dennoch glaubte ich Seiner Majestät dem Kaiser und dem Kronprinzen gebundene Prachtexemplare, und anderen Freunden auf Schreibpapier zu überreichen, von welchem ich im Ganzen 36 Frei-Exemplare von dem Verleger GEISTINGER[406] erhielt. Darin bestand aber auch der größte Theil meines Honorars, denn GEISTINGER bezahlte in kleinen [*fol.82/1*] unordentlichen Noten zu 5 und 10 Gulden den Druckbogen mit 16 Gulden Convents-Münze, wovon ich an die Mitarbeiter den verhältnismässigen [*Anteil*] ablieferte. Dieser unglückliche Speculant ließ sich mit einem Hofsecretair und Referenten des Hofkriegsraths /HÜBLER/ ein, und veranstaltete auf seine Kosten eine Compilation aller neuen und alten Militairgesetze in vielen Bänden. HÜBLER versprach ihm eine große unbefohlene Abnahme von Militär-Behörden und Regimenten, und ließ sich ein Honorar von mehr als 16000 Gulden Convents-Münze bezahlen, woraus HÜBLER eine Stiftung !! anordnete. Es blieb bei leeren Zusagen, GEISTINGER mußte sich in wucherliche Schulden stecken, und endlich kurz vor meiner Befriedigung nach dem letzten Bande, sich [*fol.82/2*] gerichtlich für zahlungsunfähig erklären. So kärglich war der pecuniere Vortheil meiner Schriftstellerei, und weder der Kaiser noch der Kronprinz gaben mir damahls irgend ein Merkmahl von Anerkennung; doch bedaure ich auch jetzt noch nicht die Redaction der Materialien geliefert zu haben; sie waren, so viel ich wahrnehmen konnte, von einigem Nutzen für Theorie und Praxis. Man hatte in letzter Zeit, mir den Wunsch geäußert, meine eigenen Aufsätze daraus zu entheben, und neu herauszugeben. Dies schien mir ohne eine gänzliche Umarbeitung nicht thunlich; das Positive und Historische war entweder veraltet, oder durch die seit 1814 erflossenen zahlreichen Erläuterungen und neue Anordnungen unanwendbar geworden; auch arbeitete man seit 30 Jahren an neuen Gesetzentwürfen. Das Bleibende der natür-[*fol.82/3*]lichen Rechtslehre und Philosophie hat seitdem tüchtigere Meister gefunden, und war in Oesterreich seit 1820 minder willkommen. Nimmermehr hätte ich aber mich entschließen können, mit Zurückhaltung über Mißbräuche und die Nothwendigkeit der Reformen zu sprechen; ich bin allerdings der Meinung, daß man auch ohne geschriebene Charten, ohne Repräsentation in einer oder zwey Kammern die Völker gut regieren kann; aber man muß den Willen in's Werk setzen, und unbeschränkte Fürsten müssen ihre Macht so gebrauchen, als ob eine bindende Constitution ihnen dabey die nicht zu überschreitende Linie vorzeichnet; sie mögen nun diese Linie in der heiligen Christenreligion, oder in einem philosophischen Anti-Machiavell finden.

406 *JOSEF GEISTINGER (1769–1829).*

[*fol.82/4*]

62. Die Erwerbung und Zurücknahme so ansehnlicher Ländertheile, so wie die zahlreichen Streitigkeiten über das Finanz-Patent vermehrten die Arbeiten der Obersten Justiz-Stelle und der Hofcommission in den Jahren 1814 und 1815.[407] Die Beamtenwelt der neuen und alten Provinzen kam in große Bewegung; und es war der Tag der Beförderungen in Staat, Kirche und Armee erschienen, und CARL ENZENDORFER wurde, vorzüglich durch ESCHENBERGS Unterstützung vom Lemberger Appellationsgerichts-Rathsprotocollisten zum Landrath in Laibach, und später zum Präses des neuen Stadt- und Landrechts in Carlstadt befördert. Ungeachtet durch die Vermählung des französischen Kaisers mit der Erzherzogin MARIE LOUISE[408]im Anfang des Jahr 1816 auf einen längeren Frieden oder wenigstens Waffenstillstand gerechnet werden [*fol.83/1*] konnte; so wußte doch die Oesterreichische Aristocratie kein anderes Mittel, dem täglichen Sinken des Papiergeldes entgegen zu arbeiten, und statt einer patriotischen Selbstbesteuerung das Papiergeld und die verzinsliche Staats- und ständische Schuld seinem Schicksal zu überlassen, und den scheinbar beschränkten Staatsbanquerott in der Stille vorzubereiten und auf die Capitalisten zu wälzen! Man hatte keine andere Hilfsquelle, als stete Anfertigung neuer Bankozetteln, die auf 1100 Millionen anwuchsen, um nur die Contribution an Frankreich, die Zinsen der Staatsschuld, und die Beamten zu bezahlen. England allein konnte Subsidien oder Anleihen verschaffen; allein es war durch die Handelscontinentalsperre von Oesterreich isolirt [*fol.83/2*] worden, und sein Geld konnte nur noch Rußland eine günstigere Wendung im europäischen Geichgewichtssystem vorbereiten.

Die Wiener Handelshäuser, vorausschauend die Katastrophe im Geldwesen, hatten ihre Rechnung mit dem Auslande und unter sich bereits auf Augspurger Valuta, das ist Metallgeld gestellt, das immer mehr aus dem Verkehr verschwand, und auf der Börse täglich um 100 oft 200 procento gegen Papiergeld schwankte.[409] Der vom Appellationsgerichtspräsidenten in Böhmen zum Finanzminister ernannte Graf Joseph WALLIS war der Mann, den man zur Beschwörung des nahenden Sturmes herbeirief. Er war allerdings von der rathlosen Hofparthei ge-

---

407 [*Note PRATOBEVERA*] Die Oberste Justiz-Stelle erhielt wegen Ungleichheit der Sprüche, ohne Vortrag zwey gleichförmige Urtheile in Geldprozessen zu reformiren. War dies nicht selbst bey ihr der Fall?

408 *Erzherzogin MARIE LOUISE von Österreich (1791–1847), Tochter Kaiser Franz II./I. und zweite Ehefrau von NAPOLÉON I.*

409 [*Note PRATOBEVERA*] Das Publicum hatte den nicht ungegründeten Verdacht, daß der Kaiser, oder doch einige Glieder der Familie und andere Große sich des Papiergeldes zu entledigen, und dafür große Summen Metallgelde in ihre Kisten schloßen, oder Realitäten zu erwerben [*fol.83/3*] eilten, Häuser und Wohnungsmiethen stiegen ungeheuer, so wie die Industrieerzeugnisse im Preise, wenn die Zahlung in Papiergelde angenommen werden sollte.

wählt; obgleich ohne die geringste Kenntniß der höheren Finanzverwaltung hatte er doch die [*fol.83/3*] eiserne Stirne und Entschlossenheit die Insolvenz auf eine Weise zu erklären und mit dem gutmüthigen Volke zu experimentiren, wie es dem Interesse seiner Kaste, den Güterbesitzern am meisten zusagte; allein Graf WALLIS bedurfte einige Zeit zu seinem geheimen Finanzpatent, bei dessen Abfassung er sich bloß der Beihilfe weniger Vertrauter, wie des Hofrathes MITIS[410], des Ministers ZICHY[411], und des Kaisers bediente.

Es wurde daher einer geheimen Hofcommission die Aufgabe gestellt, unter dem strengsten Amtsgeheimniß Vorschläge zu machen, wie in der Zwischenzeit dem Börsespiel möglichst Gränzen gesetzt werden könnten. Diese Hofcommission präsidirte der alte Fürst METTERNICH, Vater des Staats-[*fol.83/4*]kanzlers, selbst ein Cridatar, den Vortrag führte Vice-Präsident von BARBIER[412], der Obrist-Landrichter von HAAN, und ich wurden dazu mitberufen. Was bey dieser Berathung mit vieler Zurückhaltung gesprochen wurde, deutete dennoch auf den bodenlosen Abgrund der Unwahrheit der Finanzen, und es ward endlich durch Stimmenmehrheit eine Art temporairen Moratoriums vorgeschlagen, dass nämlich die Forderungen im Metallgelde in der Execution des Gläubigers sistirt werden sollten, wenn der Schuldner das Fünffache in Bancozetteln also 500 Gulden für 100 Convents-Münze deponiren, und der Gläubiger die Annahme als Zahlung verweigern würde. Wirklich erschien dieses Publicandum, erwies [*fol.84/1*] sich aber als unmächtiges Palliativ, oder wie BARBIER, der eine gänzliche Sistirung der Zahlungen in Metall vorschlug, sich ausdrückte: ce sera un coup pièd dans l'eau. Vergeblich wollte man der Agiotage imponiren, die Zahlungspflichtigen, welche den Schutz jener Maßregel nachsuchten, wurden von der Börse ausgeschieden. Das Papiergeld sank unter 12- bis 1.500 unter Pari. Endlich nahte der Termin der Publication des geheimnißvollen Finanzpatentes vom Jahr 1811, nämlich der 15. März 1811; ich habe Grund zu glauben, dass über den Inhalt desselben als eine beschlossene Sache kein Justizmann gehört wurde, und Staatsrath [*fol.84/2*] PFLEGER nur über eine Nacht den Entwurf zu seiner Begutachtung pro forma erhielt, um, das Gewissen des Kaisers, der von seinem dominio eminenti gar große Begriffe hatte, zu beschwichtigen. PFLEGER mochte darin Recht haben, dass die Regierung, wie der Einzelne, genöthigt werden könne, sich für insolvent zu erklären, aber wenn er dieses tyranische Gesetz auch in Hinsicht der Geldverhältnisse unter den Privaten billigte, so möge er es vor Gott verantworten.

---

410 *WENZEL FERDINAND MITIS (1773–1812), 1809 Hofkammerrat.*

411 *KARL Graf ZICHY (1753–1826); Hofkammerpräsident.*

412 *ADRIAN NIKOLAUS Freiherr von BARBIER (1758–1840), 1830 Gouverneur der Österreichischen Nationalbank.*

Am Vorabend des 15. März 1811 befand ich mich in einer großen Spielgesellschaft von Kaufleuten und Beamten bey dem alten HENIKSTEIN. Man sprach von dem furchtbaren morgigen Tage, spielte aber ganz ruhig Whist [*fol.84/3*] und Boston, und man konnte es der Gesellschaft anmerken, daß Viele davon in die Karten geblickt haben mochten. Auch zeigte sich dasselbe Symptom bey manchen Großen und Güterbesitzern, die in den letzten Tagen eiligst Papiergeld ihren Gläubigern, für das vor 50 und 100 Jahren, wo noch kein Papiergeld in manchen Provinzen existirte, geliehene Gold und Silber das werthlose Papiergeld aufzudringen, und das Beispiel der Demoralisation und des Durstes nach Gewinn zu geben. Mit dem frühen Morgen des 15. März 1811 fand man das Patent an den Strassen angeschlagen, und bey den Behörden verlesen. Die Bevölkerung war betäubt zu hören, daß der Bankozettel pro 5 Gulden nur Einen Gulden und auch wieder nur in neuem Papiergelde der Einlöseschein mit [*fol.84/4*] gezwungener Annahme werth sey; doch die Bevölkerung Wiens blieb ruhig; denn das Schwert des DAMOCLES traf nicht die Proletarier, sondern die Staats- und Privatgläubiger, die zur besseren Klasse gehörten, und Verstand genug besaßen, um einzusehen, dass durch Gewaltthätigkeit das Uibel nur ärger werde; auch hatte man für den täglichen Bedarf an Lebensmitteln mit Subventionen an Bäcker, Müller, Metzger gesorgt. Der vortreffliche Finanzminister WALLIS ging an diesem Morgen mit stolzer Haltung frei in den Strassen herum, und rühmte sich, eine große Schlacht gewonnen zu haben, an der wir noch jetzt bluten, und welche die Moralität des Volkes tiefer verletzte, als alle revolutionairen, von ihm nicht gelesenen Pamphlets.

[*fol.85/1*] An widrigen Verwünschungen und Schmähungen gegen den Fürsten und seine Rathgeber fehlte es zwar nicht; aber die Polizey sorgte dafür, daß sie in den oeffentlichen Orten nicht zu laut wurden, und den Gerichten die Untersuchung der sogenannten Störung der inneren Ruhe des Staates nicht allzu häufig aufgetragen werden dürfte. Die schlimmste Sensation machte das Finanzpatent in Ungarn, und Siebenbürgen, und von diesem Zeitpunct kann man das stets wachsende Misstrauen zwischen dem Hofe und der Ungarischen Landespräsentation, das Sinken und Nachgeben der Königlichen Macht datiren; denn hier war das Unrecht der Oesterreichischen Verwaltung zu klar und schlagend. Man bemühte sich vergeblich mehrere Landtage zur gesetzlichen Annahme des [*fol.85/2*] Finanzpatents zu bewegen; ZICHY und WALLIS waren gleich verhaßt, und da doch im Lande kein anderes Circulationsmittel als das, obgleich als solches sanctionirte Wiener Papiergeld war, so sah sich der König genöthigt, ein Provisorium zu publiciren, und darin einige Milderung über die Privat-Verhältnisse zwischen Schuldnern und Gläubigern, namentlich über Käufe und Pachtungen eintreten zu lassen. Der Ungar liebt das Geld vor Allem, und sieht die Ausbeute seiner Bergwerke mit Schmerz nach Wien ziehen, und nie wieder zurückfließen.

Graf WALLIS hatte durch zwey Spiegelfechtereien einen Nimbus von Oeffentlichkeit und Vertrauen diesen Operationen zu geben versucht. Erstens wurde eine permanente Deputation [*fol.85/3*] aus ständischen, größtenteils armen adelichen Mitgliedern aller Provinzen in Wien mit großen Diäten niedergesetzt, die darüber wachen sollten, daß keine größere Menge von Einlöseschеinen in Kurs gesetzt werde, als die in dem Finanzpatent angekündigten 210 Millionen Gulden. Man hatte das Ergebniß dieser Controlle, die sonst nicht den mindesten Einfluß auf die übrigen Operationen bey Negozierung neuer Anlehen, Staatslotterieen, der verzinslichen alten und neuen Staatsschulden-Tilgungsfonds und dergleichen ausüben durfte. Das neue Papiergeld bekam am ersten Tage einen Kurs von 300 Gulden und Niemand gab drey Zwanziger für einen Gulden Einlösschein, wie Graf WALLIS träumte.

Die zweite beinahe lächerliche Maßregel war, daß eine Commission aus Handelsleuten und oeffentlichen Beam-[*fol.85/4*]ten unter dem Vorsitz des Vice-Präsidenten von Barbier niedergesetzt worden, welche dem Umtriebe der Agiotage auf der Börse entgegen wirken sollten. Auch ich, so wie der damahlige Nieder-Oesterreichische Wechselgerichtsrath, jetzt Vize-Präsident der Obersten Justiz-Stelle DEGLI OREFICI[413], ward durch ein Präsidial-Decret vom 12. Julius 1811 des Grafen WALLIS zu dieser hochwichtigen und erfolgreichen !! Commission berufen, welche ihr Daseyn bis zum letzten Junius 1816 fortschleppte.

Sie kostete nichts, nur den Mitgliedern Zeit- und Langeweile, mir aber eine heftige Recidive[414] an Brustleiden, denn ich und andere ehrenwerthe Personen, wie Hofrath LEDERER[415], Baron PUTHON[416], ESKELES[417], GEYMÜLLER[418], HIPPENMAYER[419] versammelten und anfänglich Zwey Mahl, später Ein Mahl des Nachmittags im Börsegebäude, und da ich auf dem Lande in Währing und Hernals in dieser Zeit wohnte, hatte [*fol.86/1*] ich mir eine Lungenentzündung an welcher ich schon früher seit Jänner 1812 durch Verkühlung nach einem Diner

---

413 *[Note PRATOBEVERA] FRANZ Freiherr von (1771–1854), 1814 Rat am Appellationsgericht Wien und Klagenfurt, 1816 Präsident des Provinztribunals Udine, 1819 Vizepräsident des Appellationsgerichts Venedig und 1841 Vizepräsident der Obersten Justizstelle.*

414 *Von lateinisch rezidiv = rückfällig.*

415 *KARL JOSEF ALOIS Freiherr LEDERER (1772–1860), Hofrat im Staatsrat.*

416 *KARL Freiherr von PUTHON (1780–1863), Großhändler und Industrieller.*

417 *BERNHARD Freiherr von ESKELES (1753–1839), Bankier in Wien, Finanzberater von Josef II. und Franz II., 1816 Mitbegründer der Österreichischen Nationalbank und 1819 der Ersten österreichischen Spar-Casse.*

418 *HEINRICH von GEYMÜLLER (1839–1910), Kunsthistoriker und Architekt.*

419 *Auch HIPPENMEYER, HANS CONRAD (1752–1832), aus dem Thurgau; 1815 Direktor der Österreichischen Nationalbank.*

bey Grafen OSSOLINSKI[420] krank darnieder lag, und meine fontanelli zuerst bis auf den heutigen Tag erhielt, durch das zweymahlige Hin- und Hergehen in die Stadt, wenn ich bey der Obersten Justiz-Stelle und der Hofcommission in Justiz-Gesetz-Sachen Sitzungen hatte. Man ernannte mich sogar am 14. Februar 1814 zum Präsidiums-Verweser der Börsecommission, weil Vice-Präsident BARBIER zu seiner höchst lucrativen vieljährigen Mission zur Ausgleichung der Schuldforderungen an Frankreich und Belgien in Folge der Tractate geschickt wurde. Damals war Hofrath LEDERER, an dessen Stelle Hofrath PILLERSTORF in die Börse-Commission eintrat, zum Staatsrath mit Baron HAUER ernannt; Graf WALLIS bereits im Staatsministerium, und die Leitung der Hofkammer einstweilen dem obersten Kanzler UGARTE übertragen. Vergebens bat ich am 5. Aprill [!] 1814 um Enthebung von der Börse-Commission [*fol.86/2*] durch den Obersten Justiz-Präsidenten Grafen OETTINGEN, erhielt aber erst mit der gänzlichen Auflösung im Jahr 1816, wo ich bereits 2 Jahre im Staatsrath war, die Erledigung.

Was war denn eigentlich das Geschäft dieser Börse-Hofcommission mit ihren allerdings achtbaren Mitgliedern? Etwa Vorschläge zu Reglements gegen die Börse-Agiotage, oder zur allmählichen Realisirung des Papiergeldes vorzulegen? Mit Nichten! Wir hatten nicht anderes zu thun, als in die Bücher der Sensalen Einsicht zu nehmen, uns von dem Börse-Commissair den gedruckten Börsezettel vorlegen zu lassen, und den Nahmen der stärksten Agioteurs, die einfältig genug waren, sich zu nennen, und zu erfahren; die großen Agioteurs blieben [*fol.86/3*] hinter den Koulissen. Nicht also durch alle diese Phantasmagorien von Commissionen, über die jeder Verständige lachte, sondern durch das Bedürfniß des Geldes in einem Provinzencomplex von noch immer 20 Millionen Einwohnern besserte sich der Kurs, der auf keinem reellen Tilgungsfond durch Uiberschuß der Einnahmen gegen die laufenden Staatsausgaben basirten Einlösungsscheine im Jahr 1812 und im Anfange des Jahres 1813 bis auf 130 gegen 100 Gulden Metallgeld; der Graf WALLIS hatte wenigstens das feyerliche Versprechen, unverzinsliches Papiergeld mit Zwangsumlauf über die angekündigten 200 Millionen nicht zu vermehren, fest erfüllen wollen; er war mit Einem Banquerotte zufrieden, und trat in's Ministerium, weil er nicht im Jahr 1813 in die Emission von 400 bis 500 Millionen Anticipations-[*fol.86/4*]scheinen einwilligen wollte. Gab es denn in dem gesegneten Oesterreich kein anderes Hilfsmittel, um die ungeheuren Unfälle des Kaisers NAPOLÉON im Feldzuge vom Jahr 1812 zu benutzen, und durch ein volles Jahr um Kriege sich zu rüsten? Man sollte denken, wenn man

420 *JOSEF MAXIMILIAN OSSOLINSKI Graf von TENCZYŃ (1809–1826), polnischer Gelehrter, Präses der Hofbibliothek in Wien, und Oberst-Hofmeister im Königreich Galizien.*

den Haushalt von dem zerschmetterten Preußen und Sachsen dagegen hält[421]. Durch die Anticipationsscheine ist bis jetzt der Besitzer und Gläubiger von 100 Gulden auf 8 Gulden Capital in Metallmünze herabgesunken. Doch ich breche auf immer von diesem trostlosen selbst verschuldeten, durch ungezähmte Gewinn- und Selbstsucht des Adels und der Ministerhöflinge herbeigeführten Oesterreichischen Finanzzustande, der auch jetzt nach 25 Friedensjahren nicht viel besser ist.

[fol.87/1]

IX. Abschnitt: Vom 13. September 1814 bis 31. December 1818.

63. Das Finanzpatent und die Erwerbung von 8 Millionen Unterthanen vermehrten auch die Arbeiten des inneren Staatsraths. Der schon ergraute Staatsrath PFLEGER, welcher nebst allen Justizsachen auch in geheimen Polizey-, Kirchen- und Schulsachen das Vertrauen des Kaisers besaß, und von Ihm mit Arbeiten überhäuft wurde, konnte mit seinem alten Statsraths-Konzipisten PITTREICH[422], und ANGERMAYER[423] nicht ausreichen; auch war PFLEGER in der italienischen Sprache wenig geübt. Er durfte sich einen Aushilfsreferenten wählen, und seine Wahl fiel auf mich. Unstreitig mochte sein Liebling und Freund Hofrath MARISCHLER, der so wie ROTTMANN schon ihrer Kränklichkeit wegen auf den staatsräthlichen *[fol.87/2]* Dienst in dieser Epoche verzichteten, mich dem Staatsrath PFLEGER empfohlen haben, mit dem ich bis dahin in geringe persönliche Beziehung gekommen war. Ich erhielt am 15. und 21. September 1814 die unmittelbare Eröffnung, daß Seine Majestät mich, mit meinem Hofrathskarakter im Staatsrath anzustellen geruht haben, und ich den nämlich Dienst, wie ein Staatsrath zu leisten haben werde. Der mir zugewiesene Geschäftskreis über den genehmigten Vortrag des Staatsrathes PFLEGER bey der dessen Leitung provisorisch /?/ anvertrauten staatsräthlichen Section der Justizpflege und Gesetzgebung war das Referat über die Rechtspflege und Gesetzgebung aller die Oesterreichische Kaiserli-

421 [*Note PRATOBEVERA*] Seit Kaiser JOSEPH II. wollte man sich in Creditsachen der Provinzial-Stände nicht mehr bedienen; durch das Finanz-Patent waren alle verzinslichen Schuldscheine zu Renten umgeschaffen, und noch heute sind die Oesterreichischen Ständischen Postulat-Landtage im Lande selbst zur Demision [?] geworden. Freilich waren die Stände von jeher nur Vertreter ihrer Privilegien; allein sie bildeten doch in Geldsachen und gegen Verschleuderung eine unabhängige Opposition.

422 *Auch PITTREICH, JOSEF Ritter von (1751–1809), 1796 Hofrat der Obersten Justizstelle und Mitglied der Gesetzgebungshofkommission (Mitwirkung an der Redaktion des ABGB; gemeinsam mit MICHAEL ZIMMERL Redaktor der Wechsel- und Fallitenordnung, Handelsgesetz sowie Gerichtsordnung).*

423 *JOSEF ANGERMAYER (1764–1845).*

che Monarchie integrirenden Länder, sowohl in Civil- als Militärangelegenheiten, /mit alleiniger Ausnahme der Hungarischen, und jener der Militair-Gränze, bei welcher eine Berührung mit der Landesconstitution eintritt/. Meine neue Amtswirksamkeit begann mit 1. October 1814. Man sieht schon aus diesem Umfang [*fol.87/3*] der Geschäfte eines einzelnen Staatsraths der großen Monarchie, daß seine Wirksamkeit mehr nominell und negativ in einer Controlle der Hofstellen, als in einer selbstthätigen Initiative zu Entwürfen und Verbesserungen im ganzen socialen Zustande bestanden habe, und noch bestehe; denn zu dem obigen Referat allein wären drey Staats- oder Ministerial-Räthe nothwendig gewesen[424]. Aus diesem Grunde war bis auf Kaiser FRANZ der Oesterreichische Staatsrath sehr beschränkt, so wie die Zahl der Minister, welchen Rang und Titel man häufig altgedienten, oft schwachsinnigen Präsidenten der Hofstellen gab und gibt. Es sind also vielmehr die Referenten der Hofstellen die eigentlichen Staats- oder Ministerial-Räthe; welche die Action der Staatsmaschinerie in Bewegung setzen; und da hinwider die [*fol.87/4*] Wahl der Hofreferenten für einen vorliegenden Gegenstand gewöhnlich ganz den Präsidenten der Hofstellen überlassen ist, so sind die letzteren nicht dem Nahmen, aber der Sache nach die eigentlichen Staatsminister, wenn nicht die Persönlichkeit einzelner oder offensibler Minister, wie eines Fürsten METTERNICH, eines Grafen KOLOWRAT[425] die Präsidenten der Hofstellen, und ihre Räthe in den Hintergrund drängt. Hieraus ist die beständige Eifersucht und Reibung zwischen Staatsrath und den Hofstellen, zwischen den Ministern, und den Staatsräthen unter sich erklärbar, und die stets wechselnde Physiognomie des Staatsraths; je nachdem sich ein Theil mehr oder weniger der Administration bemächtigt. Alles läuft am Ende auf Unbestimmtheit, Willkür und Wohlgefallen des Regenten hinaus.

[*fol.88/1*]

In diesem Geiste war die mir mitgetheilte staatsräthliche Instruction, welche damahls neu, wahrscheinlich von dem Staats- und Conferenz-Minister Grafen WALLIS entworfen wurde. Aus den 45 § § derselben enthebe ich, mit Uibergehung der Manipulationsvorschriften, bloß folgende, noch jetzt bestehende Ei-

---

424 [*Note* PRATOBEVERA] SARDAGNA hatte den Muth, sowohl dem Fürsten METTERNICH, als dem Grafen KOLOWRAT eine bessere Organisation des Staatsrathes vorzuschlagen, und damit die Commission in Gesetzsachen zu verbinden; aber damit konnte Niemand sich einverstehen. Die Minister und Präsidenten fürchteten eine Präponderanz der Staats-[*fol.87/4*]räthe aus dem gelehrten Stande; die Staatsräthe selbst fürchteten die Arbeit, und die Controlle zu vieler Mitcollegen.

425 *FRANZ ANTON KOLOWRAT von LIEBSTEINSKY (1778–1861), 1826 Staats- und Konferenzminister und 1836–48 Mitglied der Geheimen Staatskonferenz (für innere Verwaltung und Finanzen zuständig).*

genthümlichkeiten und Principien des Oesterreichischen Staatsrathes zur Bestättigung der obigen Bemerkungen:

a) Der Staatsrath ist, ohne alle executive und administrirende Gewalt, bloß der Rath /Conseil/ des Kaisers, und zwar nur in jenen Geschäften, die Er zur Berathung dem Staatsrathe durch seine Cabinets-Direction zuschickt. Obgleich also der Staatsrath b) seine Staatsrathskanzley und Registratur hat; so empfängt er keine Eingaben von Behörden oder Parteien, welche sämtlich [*fol.88/2*] in das Cabinet des Kaisers geschickt werden; und von den eigenen Beamten und Cabinetsdirector /damahls Hofrath NEUBERG[426], später Hofrath [*ANTON*] MARTIN, jetzt Hofrath [*JOSEF*] PASCHINGER und GERWAY[427]/ dem Kaiser zur weiteren Verfügung vorgelegt werden; so daß eine große Anzahl solcher Eingaben /besonders in geheimen Finanz-, Kriegs-, Polizey- und auswärtigen Gegenständen/ an den Staatsrath nicht gelangt; sondern nach Anhörung einzelner vom Kaiser bezeichneter Minister oder Staatsrathsreferenten im Cabinett unmittelbar, oder gar nicht erledigt werden.

c) In dem Schema erscheinen vier Sectionen des Staatsraths ohne einen Vorzug unter sich, die von Staats-Ministern oder Staatsräthen präsidirt wurden. In gemischten Gegenständen communicirten die respectiven Sectionen, oder alle Vier, in denen der Kaiser Sich den Vorsitz vorhielt; allein immer denselben an [*fol.88/3*] Erzherzoge RAINER[428], später LUDWIG, oder an den aeltesten Staats- und Conferenzminister /Grafen ZICHY/ übertrug.

Die Minister allein bildeten die Ministerial-Conferenz, welche allezeit besonders, jedoch selten, für einzelne Sachen von dem Kaiser angeordnet wurden, und wozu nebst dem vortragenden Staatsrath die bezeichneten Chef's der Hofstellen zugezogen wurden;

d) für die auswärtigen Geschäfte war keine eigene Sekzion [!] im Staatsrathe festgesetzt, der Vorsteher der geheimen Hof- und Staats-Kanzley ist aber immer zugleich Staats- und Conferenzminister, und zwey Staatsräthe der Staatskanzley konnten nach Erforderniß zur Sitzung der staatsräthlichen Sectionen von dem Chef der letzteren zugezogen werden. Fürst KAUNITZ hatte sich von dem Stimmtischraum des Staatsraths nicht ausgeschlossen.

e) Das Amtsgeheimniß war streng gebothen, und [*fol.88/4*] nahe Anverwandte oder Verschwägerte sollten nicht zugleich Mitglieder des Staatsrathes seyn.

e) [!] Die Vorträge der Hofstellen, die Bittschriften und Eingaben von Privatpersonen wurden durch eigene Beamte /Staatsraths-Conzipisten, und Offizialen/

---

426 *ANDREAS von NEUBERG (um 1761–1821), 1807 Kabinettsdirektor.*

427 *SEBASTIAN (JOSEF) GERVAY, 1843 im Staatsrat, später Direktor der (Staats-)Konferenzkanzlei.*

428 *Erzherzog RAINER (JOSEF JOHANN MICHAEL FRANZ HIERONYMUS; 1783–1853), Vizekönig von Lombardo-Venetien.*

extrahirt; der staatsräthliche Referent mußte jedoch für die Verläßlichkeit des Extracts haften, und denselben berichtigen.

f) Hatte der Referent das Votum und den Resolutionsentwurf schriftlich verfaßt, so circulirte das Stück unter den Mitgliedern der Section, die jedoch bloß ihr vorläufiges vidit ohne weitere Äußerung für oder gegen den Referenten beyzusetzen haben, weil jedes Stück nach der Circulation in einer Sitzung der Section vorgetragen, und der Beschluß nach Stimmenmehrheit gefaßt wurde. Eine vernünftige Modalität gegen Uibereilung oder Willkür der einzelnen staatsräthlichen Referenten; allein die Minister sowohl [*fol.89/1*] als die Staatsräthe zeigten nach dem Tod des Kaisers FRANZ Unlust und Abneigung gegen häufige Staatsrathssitzungen, wodurch die in ihren Sommerausflügen unliebsam gestört wurden; es wurde die Modalität beliebt, daß nur dann Sitzung Statt finden sollte, wenn ein Mitglied in der Circulation bemerkt, daß er eine verschiedene Ansicht von dem Referenten über den Gegenstand habe. Wer wird sich leicht eine solche Äußerung erlauben, durch welche die übrigen Mitglieder in ihrer Behaglichkeit gestört werden. Als daher eben jetzt[429] /1841/ eine neue Instruction für den Staatsrath verfaßte, und auf die Abhaltung regelmäßiger Sitzungen drang, hörte ich manche Äußerung des Mißvergnügens gegen den Reformator.

g) Folgende Individuen wurden mir als Mitglieder des Staatsraths bezeichnet: [*fol.89/2*] I. Section /A/ für Gesetzgebung und Justizpflege; Vorsteher: Staats- und Conferenzrath von PFLEGER; Mitglieder Staatsrath von MIKOS[430] für Ungarische und Siebenbürgische Rechtssachen; Hofrath PRATOBEVERA für diese Gegenstände in den übrigen Theilen der Monarchie.

II. Section /B/ der inneren Verwaltung. Vorsitzender: Staats- und Conferenzminister Graf JOSEPH von WALLIS. Mitglieder: die Staatsräthe

a) LORENZ für geistliche Angelegenheiten und Vergebung der Pfründen in der ganzen Monarchie;

b) Staatsrath von BEDEKOVITS: Die politischen Gegenstände Ungarns, das ungarische Contributionale, und die Militär-Gegenstände, in so fern sie von der ungarischen Hofkanzley behandelt werden,

c) Staatsrath von ATZEL[431] wie oben für Siebenbürgen;

[*fol.89/3*] d) Staatsrath Freiherr von SCHWITZER[432]: Politische Gegenstände von Steyermark, Kärnthen und Krain, und die politischen Militär-Gegenstände in diesen Provinzen, nebst Strassen und Canalbau;

---

429 [*Mit Bleistift eingefügt:*] Graf HARTIG [*recte HARTING, FRANZ († 1843), Generalmajor; 1834 im Staatsrat.*]

430 *LADISLAUS MIKOS von Torrodhaza, 1814 Hofrat im Staatsrat.*

431 *STEPHAN ACZEL von BOROS-JENÖ, 1808 Referent für Ungarn im Staatsrat, um 1815.*

432 *Recte SCHWITZEN, SIGMUND Freiherr von (1747–1834), Hofrat der Hofkanzlei, 1793 Untersuchungskommissär in Galizien, 1815 im Staatsrat.*

e) Staatsrath Freiherr von STIFT: Studienwesen, Bildungs-, Erziehungs-, und Convictsanstalten; das Sanitätswesen der gesammten Monarchie;

f) Staatsrath Freiherr von HAUER: Lehensangelegenheiten; Oeffentliche Polizeygegenstände; alle politischen Gegenstände der Monarchie, mit Ausnahme wie oben b–d.

III. Section /C/ der Finanzen. Vorsitzer Staats- und Conferenzminister CARL Graf ZICHY; Mitglieder: Staatsrath Freiherr von LEDERER, von MIKOS für ungarische Cameral-Gegenstände: Hofrath der vereinigten Hofkanzley CARL KÜBEK[433] für die bezeichneten Cameral-Gegenstände, die nicht [*fol.89/4*] dem Staatsrath LEDERER zugewiesen waren;

IV. Section /D/ der Kriegsverwaltung. Vorsitzer: Staats- und Conferenzminister Feldmarschall WENZEL Graf COLLOREDO[434]; und Feldzeugmeister von DUKA[435] /zugleich General-Adjutant des Kaisers. Referent. Mitglieder: Feld-Marschall-Leutnant PEUSQUENS[436] (1759–25.5.1831) in streng-militärischen Gegenständen, Avancement und dergleichen, Hofrath KREUTZER[437] für die Militär-Oeconomie-Administration.

Der Director der Staatsrathskanzelley [!] war Hofrath KNECHT[438]; die Staatsraths-Conzipisten und -Offizialen wurden auf die Chefs aller Sectionen vorgeschlagen und vom Kaiser ernannt, der selten diese Beamten zu Hof- und Länderstellen als Hofsecretaire, Regierungsräthe oder Kreishauptleuten beförderte, wozu auch die wenigsten Individuen Lust hatten, oder geeignet waren.

Das durch den Staatsrath vorgelegte Exhibi-[*fol.90/1*]tum wurde von Kaiser FRANZ oft ohne Vortrag unmittelbar erledigt; wichtigere Gegenstände bezeichnete er zum mündlichen Vortrag durch einen Staatsrath, oder den Chef. Der Staatsrath PFLEGER war durch die ganze Zeit meiner Dienstleistung in der Section A allein zum Vortrage meiner Ausarbeitungen zugelassen[439]. Bey der jetzigen individuellen Persönlichkeit Kaisers FERDINAND, über den sein Volk höchst discretes Schweigen beobachtet, werden die Cabinetsstücke eines Ministers /KOLOWRAT/

433 *KARL FRIEDRICH KÜBECK, Freiherr von KÜBAU (1780–1855), österreichischer Staatsmann; Mitglied des Staatsrats, 1840 Hofkammerpräsident; 1848 Finanzminister (März/April).*

434 *KARL CONCI, Freiherr zu TRES UND MOLLARBURG (1759–1841), 1814 Hofrat Obersten Justizstelle.*

435 *PETER GRAF von DUKA (1756–1822), später österreichischer Feldzeugmeister.*

436 *HUBERT PEUSQUENS (1759–1831), Feldmarschall-Leutnant.*

437 *CHRISTIAN KREUTZER (um 1760–1820), 1810 im Staatsrat.*

438 *KARL KNECHT (†1789), Beamter der kaiserlichen Kabinettskanzlei, 1813 Direktor der Staatsratskanzlei.*

439 [*Note PRATOBEVERA*] Kaiser FRANZ verlangte nicht selten von mir durch den Cabinets-Director von Neuberg eine specielle Aufklärung über aufgefallene Bedenken in den Resolutionsentwürfen, bey welchen Er es dann bewenden ließ.

durch einen Staatsrath vorgetragen, nachdem auch der Erzherzog LUDWIG früher das Gutachten gesehen hat. Des Kaisers Wirken besteht in Unterzeichnung seines Nahmens, und von ihm kann man sagen, qu'il regne et qu'il ne gouverne pas. Darum konnte er äußern, er hätte nicht gedacht, das Regieren sey eine solche leichte Sache.

[*fol.90/2*]

64. Meine Ernennung zum staatsräthlichen Referenten, war wie bemerkt, von meinen Kollegen in der Obersten Justiz-Stelle eben nicht mißgünstig angesehen worden. Die meisten Höfräthe liebten ihre Ruhe, und andere, wie PLENCICZ, PURTSCHER, LENTL, waren zu Organisationscommissionen, und Präsidien in den neuen Provinzen bestimmt. Nur Hofrath [*FRIEDRICH CHRISTIAN*] GÄRTNER, der als Akatholik auf eine Anstellung im Staatsrath nicht zählen mochte, konnte nach meinem Austritt gegen mich die ewige Klage nicht unterdrücken, daß er zurückgesetzt, und /nach so kurzer Oesterreichischer Dienstleistung nicht genug belohnt sey. Ich war so glücklich, daß meine Anträge, denselben zum Vice-Präsidenten des Nieder-Oesterreichischen Appellations-Gericht zu befördern, und ihm den Stephans-Orden zu verleihen, allerhöchst [*fol.90/3*] genehmigt wurden. Am wenigsten gefiel meine Berufung in den Staatsrath dem Präsidenten HAAN, der mich aus der Hofcommission in Gesetzsachen ungern entließ, und mir zur Zögerung in der Annahme der neuen Bestimmung rieth. Er fragte mich, wen er an meine und nach mir 2. Stelle zu Beisitzern der Hofcommission in Justiz-Gesetz-Sachen vorschlagen könne; ich machte ihm unbedenklich die Hofräthe Baron GÄRTNER und SCHWARZ namhaft, und beide traten auch wirklich damals /1814/ in die Commission.

Die Section A hatte keinen Staatsrath für die laufenden Geschäfte; Staatsrath PFLEGER bearbeitete ausschließend die zahlreichen an ihn gelangenden Cabinets-Actenstücke, und so war ich anfänglich mit Arbeiten reichlich versehen, da mir die zahlreichen Organisations- und Aemter-Besetzungen in den neuen Provinzen als Sectionsreferenten zugewiesen, [*fol.90/4*] und mein würdiger Chef auf das sorgfältigste vermied, mir im Voraus einen Wink oder eine Ansicht, die ich bey meinen Anträgen zu befolgen hätte, zu äußern, wenn ich nicht ausdrücklich darum gebethen hatte. Der Kaiser war mit meinen ersten Arbeiten, doch nicht mit meinen kleinen Schriftzügen zufrieden; einigen Mitgliedern des Staatsrathes, welchen die Geschäfte oblagen, und nicht instructionsmäßig abfertigten, hatte ich zu weitläufig geschrieben.

Die lästigste Nebenarbeit war das Durchlesen der zahlreichen Protocolle der Obersten Justiz-Stelle, des Hofkriegsraths, und des Italienischen Senats, welche letztere jedoch von dem Obersten Justiz-Präsidenten vorher einem der italienischen Sprache wohl kundigen Hofrath der Obersten Justiz-Stelle (BENONI, SAR-

DAGNA, CONCI[440]) mitgeteilt wurden. Es ist begreiflich, daß diese Controlle in bereits [*fol.91/1*] entschiedenen Sachen mehr zur Verhüthung künftiger Mißgriffe, Uibergriffe, und Irrthümer der Hofstellen nützlich ist, und es ist auffallend, warum die Oberste Justiz-Stelle sich nicht solche Protocolle von den Appellationsgerichten, und das Cabinet von den genannten Hofcommission in Gesetz-Sachen zu gleichem Zwecke vorlegen läßt. Dadurch würden die Schreibereien nicht vermehrt, auch der Geschäftsgang nicht verzögert, vielmehr die appellationsgerichtlichen Protocollsführer zur Genauigkeit und Aufmerksamkeit aufgefordert, wenn anders die Rathsprotocolle schnell zurückgeschickt werden. Die politischen und Cameral-Landesstellen müssen gegen ihre Hofbehörden, sich dieser Aufsicht unterwerfen.

Es würde mich zu weit führen, alle die wichtigeren Angelegenheiten zu [*beschreiben,*] [*fol.91/2*] die ich im Laufe von Vier Jahren und 3 Monathen im Staatsrath zu bearbeiten hatte, nicht bloß als Referent der Section A; sondern der Kaiser hatte sehr häufig über die Gutachten der übrigen Sectionen theils die Meinung der Section A, theils persönlich die Meinige verlangt. Nur einige wenige kann ich nicht unerwähnt lassen.

Im Anfang des Jahres 1815 handelte es sich um die großen Entschädigungsforderungen der Mächte an Frankreich; anfänglich sollte nur eine Art Concours-Verhandlung durch französische und die Commissaire der verschiedenen Mächte, in eigenem, und ihrer Unterthanen Nahmen in Brüssel niedergesetzt werden; man mühte sich in endlosen Conferenzen über die Feststellung des Begriffs eines [*fol.91/3*] nach [!] europäischen Kriegsrathes zur Vergütung rechtlich geeigneten Kriegsschadens, vergeblich ab, und ich sagte voraus, daß Frankreich in die übertriebenen Forderungen und Liquidationen, worunter vorzüglich Preußen sich hervorthat, nie einwilligen würde, so geneigt auch die restituirten Bourbonen zu je-

---

440 *JOSEF BENONI von CLANISBERG (1783–1841), 1822 Hofrat der Obersten Justizstelle/Außensenat Verona, 1827 Hofrat der Obersten Justizstelle und Mitglied der Hofkommission in Justizgesetzsachen Oberste Wien; KARL SARDAGNA Freiherr von MEANBURG UND HOHENSTEIN (1774–1849), zunächst 1803 Ratsprotokollist der Obersten Justizstelle, und Rat am innerösterreich-küstenländischen (1807), mährisch-schlesischen Appellationsgericht Brünn (1810) und am Appellationsgericht Triest (1814); sodann Rückberufung als Hofrat an die Obersten Justizstelle nach Wien, seit 1815 auch Beisitzer und Referent der Hofkommission in Justizgesetzsachen; schließlich Rat am Außensenat der Obersten Justizstelle Verona (1816) und bis 1817 Referent für die gesamte Justiz-Neuorganisation und Gesetzgebung Venetiens; danach Vizepräsident am Appellationsgericht Mailand und Leiter der Neuorganisation der Justiz; 1819 abermals Hofrat Rat der Obersten Justizstelle, zuletzt 1827 oberster Landrichter und Präsident des ständischen Landrechts in Niederösterreich; KARL CONCI, Freiherr zu TRES UND MOLLARBURG (1759–1841), 1814 Hofrat Obersten Justizstelle.*

dem Opfer der Dankbarkeit gegen die Mächte und so nachgiebig sie sich zeigen müßten; Sie erhielten endlich durch Kaiser ALEXANDERS [*I.*] großzügige Mitwirkung die Zustimmung zur Annahme eines Aversal-Quantums für alle Mächte, die dann unter sich das Lösegeld vertheilen, und daraus mit ihren Unterthanen liquidiren sollten. Es war auch für Oesterreich so ausreichend, daß sich ein Uiberschuß nach Befriedigung der Privatforderun-[*fol.91/4*]gen an Capital, und selbst Interessen, welche der Kaiser gegen alle Erwartung den Betheiligten nachträglich zu liquidiren befahl, ergeben hatte. Diese vieljährige Commission präsidirte in Wien anfänglich Baron PUFFENDORF, später der Appellationsgerichts-Präsident Baron [*CHRISTIAN FRIEDRICH*] GÄRTNER. Die meisten Betheiligten und Ansprecher hatten ihre Forderungen schon früher an Speculanten um Spottpreise verkauft, und das Haus ROTHSCHILD[441] mag in Oesterreich allein eine Million Gulden durch Einlösung gewonnen haben.

Eine meiner ersten Arbeiten im Staatsrath war die in Verhandlung gekommene Frage: ob die faktisch bestehende Revisionsinstanz für das Lombardisch-Venetianische Königreich in Wien [*fol.92/1*] bleiben, oder ein höchstes Gericht getrennt von der Obersten Justiz-Stelle im Lande niedergesetzt werden sollte? Meine Meinung erhielt damahls den Beifall des Kaisers und des Staatsraths, daß die oberste Rechtsverwaltung und die Attributionen des eigentlichen Justizministeriums von der Obersten Justiz-Stelle in Wien ausgeübt werden sollen.

Kaiser FRANZ gab jedoch auf seiner ersten Reise in der Lombardey und Venedig /1816/ den Bitten und Wünschen des Landes nach, und bewilligte einen eigenen höchsten Senat der Justiz in Verona, der aber gleichwohl einen integrirenden Theil der Obersten Justiz-Stelle in Wien bilden sollte. Hiernach mußte die Instruction für das Verhältniß der beiden Justizorgane von mir verfaßt werden, aus welchem nothwendig in der Folge manche Reibungen, Widersprüche und vervielfältigte Berathungen, besonders [*fol.92/2*] in Gesetzgebungs- und Einrichtungsentwürfen zwischen Wien und Verona entstehen mußten. Jetzt, wo ich dies schreibe /anno 1841/ wirft man wieder die Frage über die Vereinigung des Senats von Verona mit den Senaten der Obersten Justiz-Stelle auf. – Mir scheint die Frage zur Zeit unklug, und würde große Aufregung in Italien hervorbringen. Den wahrgenommenen Gebrauchen der jetzigen Verfassung ließe sich wohl auf andere Weise, insbesondere durch eine größere Unabhängigkeit des Senats von Verona von den Wiener Senaten abhelfen; die Einheit der Rechtsverwaltung kann der Staatsrath, und die Hofcommission in Gesetz-Sachen wohl vermitteln.

---

441 *Das Haus ROTHSCHILD wurde in Österreich von SALOMON MEYER Freiherr von ROTHSCHILD (1774–1855), zweiter Sohn des Dynastiegründers MAYER AMSCHEL ROTHSCHILD, begründet. Er eröffnete 1821 eine Bank in Wien, aus der 1855 unter seinem Sohn ANSELM SALOMON von ROTHSCHILD die Creditanstalt hervorging.*

Die geistliche und weltliche Macht des Pabstes war gleich nach dem Pariser Frieden, und der Vollziehung der Bundesacte ein wieder erwachter [!], mit Bitterkeit und religiöser Anfeindung geführter Kampf. Der Pabst, dem [*fol.92/3*] durch die Zertrümmerung des Kaiserreichs der päbstliche Landbesitz /das Patrimonium Sancti Petri/ und der alte Sitz in Rom gesichert worden, protestirte gegen alle Theile der Bundesacte, und die Verträge, welche den alten Kirchensatzungen und päbstlichen Bullen /In coena domini[442], Unigenitus[443] und so weiter fort/ zuwider von den verschiedenen großen und kleinen Fürsten über die bürgerliche Gleichstellung der drey geistlichen Confessionen, über die neue Diöcesan-Eintheilung, das placetum regium, die Freiheiten der Nationalkirchen und so weiter ohne päbstliche Genehmigung geschlossen waren.

Die päbstlichen Protestationen waren zwar jetzt eben so wenig, als beym westphälischen Friedensschluß geachtet, und man überließ es den einzelnen Landesherren, sich mit dem Pabste über die nothwendig gewordenen Veränderungen in den kirchlichen Verhältnissen einzuvernehmen.

Auch in Oesterreich drang der päbstliche Hof auf den Abschluß neuer Concordate, welche [*fol.92/4*] die letzten weisen Fürsten JOSEPH II. und LEOPOLD II. ablehnten. Allein Fürst METTERNICH und tausend Publicisten machten die Maxime geltend, das monarchische Prinzip könne nur gerettet werden, wenn der Staat auf eine ganz unabhängige geistliche Macht und ihr einziges Organ, den Pabst, gestützt würde. Fast glich es einem Scherze, als Kaiser FRANZ [I.] uns zur vollen staatsräthlichen Konferenz unter dem Vorsitz des Grafen WALLIS im Jahr 1818 über die Frage versammeln ließ, ob es räthlich sey, Concordatsverhandlungen mit Rom anzuknüpfen, was natürlich freimüthig mit Belobung des Kaisers widerrathen wurde. Dabey ist es merkwürdig, daß so oft von dieser Zeit an geistliche Referenten und Hofräthe, Professoren oder Aebte die Installation [?] erhielten, sie sich mit Hintansetzung des Oesterreichischen Kirchenrechtes nur als römische Bischöfe und Delegaten ansahen: So MILDE, GRUBER, ZIEGLER, ZÄNGERLE[444] und Andere.

---

442 *In coena Domini (lateinisch: beim Mahle des Herrn, die Eingangsworte der so genannten Abendmahlsbulle von Papst URBAN V. (recte GUILLAUME DE GRIMOARD [1310–1370; 1362 Papst 1363). Sie ist eine Sammlung von Exkommunikationsandrohungen und -verfluchungen gegen Ketzer.*

443 *Die Bulle Ungenitus (auch Unigenitus dei filius – lateinisch „der eingeborene Sohn Gottes" wurde 1713 von Papst CLEMENS XI. (recte GIANFRESCO ALBIANI [1649–1721], 1700 Papst) gegen die Strömung des Janseanismus erlassen.*

444 *VINCENZ EDUARD MILDE (1777–1853), Erzbischof von Wien; AUGUSTIN JOSEF GRUBER (1763–1835), 1816 Bischof von Laibach und 1823 Erzbischof von Salzburg; GREGORIUS THOMAS ZIEGLER (1770–1852), Bischof von Linz/Oberösterreich; ROMAN ZÄNGERLE (1771–1848), Bischof Seckau/Steiermark.*

In der Militairverwaltung hatte die Einverleibung der italiänischen, nach französischen Militär-Gesetzen bisher behandelten Armee große Schwierigkeiten, und insbesondere, ob das französische oder Oesterreichische Straf-System, insbesondere die körperliche Züchtigung zur Anwendung zu bringen wäre. Der Feld-Marschall Fürst SCHWARZENBERG hatte den Muth auf die Abschaffung der Züchtigung mit Stockstreichen oder Spießruthen, bey der gesammten Oesterreichischen Armee anzu-[*fol.93/1*]tragen, aber weder der Hofkriegsrath, noch die vereinigten Sectionen des Staatsrathes getrauten sich, dieses gefährliche Experiment dem Kaiser vorzuschlagen, so wenig es heut noch im englischen Parlament bey der Armee geschehen ist. Man führte daher die körperliche Züchtigung auch bey den italienischen Regimentern ein, weil es einleuchtend war, daß man sie keiner anderen und milderen Disciplin unterwerfen könne, als die übrigen Regimenter und Bestandtheile desselben Körpers. Man ließ daher auch in den Oesterreichischen Civil-Straf-Codex für die Lombardey und Venedig die Androhung mit der von den Einwohnern äußerst gefürchteten und verabscheuten Bastonade stehen, obgleich sie wenig zur Anwendung kommt, und in den schweren Polizey-Uibertretungen gesetzlich außer Uibung gesetzt worden. [*fol.93/2*] Die Militair-Justizpflege, und die unförmliche Organisation des Hofkriegsraths als oberstes Gericht unter rein militairischen Präsidien gibt dem Staatsrathe reichliche Arbeit, und ich hatte, besonders nach den beendigten langen Kriegsjahren, Gelegenheit zu bemerken, daß Beschwerden und Denunciationen der Officiere und Militär-Beamten gegen einander, über Willkür selbst der Richter, Unterschleife und Betrügereien der Lieferanten, Militär-Aerzte, Conscriptions-Officiere und so weiter viel häufiger und leidenschaftlicher waren, als im Civilstande; ein Civil-Justiz-Hofrath beym Hofkriegsrath ist ein unumschränkter Gebiether über alle Auditoren und ihre höhere Abstufung, ohne eine Opposition von seinen Kollegen, und der beysitzenden Stabsofficiere besorgen zu dürfen. Aus [*fol.93/3*] dieser Rücksicht hat der für unpartheyische Rechtspflege äußerst sorgsame Kaiser sehr oft die Anträge des Hofkriegsrathes und dessen Entscheidungen zur neuen Revision oder Berathung der Obersten Justiz-Stelle verwiesen, oder die Zuziehung einiger Räthe derselben anbefohlen. Ich war bereits lange beym Nieder-Oesterreichischen Appellations-Gericht, als der Kaiser die Absicht gegen den Staatsrath PILGRAM[445] äußerte, Er wolle mich zum Vice-Präsidenten beim Hofkriegsrath in Justizsachen mit den Genüssen des Ranges und einer gänzlichen Unabhängigkeit von dem Hofkriegs-Raths-Präsidenten ernennen; ich erklärte freimüthig, daß ich diese Ehre ablehnen müßte, weil alle die verschiedenen Normen in der Oeconomie-Verwaltung und der Militär-Strafjustiz, an deren Reform

445 *JOHANN BAPTIST Freiherr von PILGRAM (1780–1861), 1820 Hofrat Obersten Justizstelle/ Außensenat Verona und 1827 in Wien, 1834 sodann im Staatsrat.*

seit 30 Jahren eine Commission sich bis nun abmüht, mir nicht geläufig sind, auch kannte ich nicht die Abneigung und Eifersucht der Generale gegen eine solche Einrichtung. Man ließ die Idee fallen, und der Feld-Marschall-Lieutenant [*fol.93/4*] PROHASKA[446], der vor 40 Jahren seine Laufbahn als Auditor begonnen hatte, wurde damahls /1833/ Vice-Präsident für Justizsachen, ist aber später wieder in den Staatsrath zurückversetzt worden.

Der Kaiser hatte mir theils ad personam, theils zum Vortrag im Staatsrathe längst entschiedene Militär-Untersuchung[*en*] zur Untersuchung zugewiesen: So die Untersuchung des gewesenen Feldzeugmeisters Freyherrn von SIMBSCHEN[447], der beschuldigt wurde, daß er bey den servischen [!] Unruhen unter CZERNY GEORGE[448] [*und*] MILOSCH[449] gegen seine Instructionen gehandelt habe; des Feld-Marschall-Lieutenants Fürsten von AUERSPERG, der durch die unterlassene Zerstörung der Tabor-Donau-Brücken den Franzosen den Weg zur Austerlitzer Schlacht /1805/ gebahnt hatte, auch des Feldzeugmeisters MACK über seine gräulichen Unfälle bey Ulm. Alle diese [*fol.94/1*] Reassumirungen führten zu einer gelinderen Behandlung der Verurtheilten, mich aber ließen sie einen tiefen Blick in die unglückliche Lage der Militair- und Civil-Organe werfen, welche sich mit widersprechenden Befehlen des Kaisers, der Erzherzoge, und des Hofkriegsrathes zu vertheidigen suchten, und doch konnte die Schuld von den Richtern auf die hochgestellten und selbst unverantwortlichen Autoritäten nicht offen zurückgeworfen werden.

65. Ich bedurfte nach den Anstrengungen der Jahre 1815–1816 einer Erholung, und mit PFLEGERS freudiger Zustimmung erhielt ich vom Kaiser einen 4wöchentlichen Urlaub, den ich zu einem Besuche der WOLF*'schen* Familie in Gratz benutzte (1817). Der Kaiser war so gnädig, vermutlich auf PFLEGERS Anregung, mir [*fol.94/2*] durch Hofrath PITTREICH tausend Gulden in Einlösungsscheinen zu diesem Ausflug zustellen zu lassen, und war bey der darauf Statt gefundenen Audienz gegen mich sehr gütig. PFLEGER wünschte auch für diesen Zwischenraum einen Stellvertreter, und auf seine Äußerung schlug ich ihm den

---

446 FRANZ ADOLF *PROHASKA (1768–1862), Feld-Marschall-Leutant; Sektionschef für Militärsachen im Staatsrat, 1835 Vizepräsident der Obersten Justizstelle; 1840 sodann wieder im den Staatsrat.*

447 *KARL Freiherr von SIMBSCHEN (1794–1870), österreichischer Feldmarschall-Leutnant.*

448 *Recte CZERNY GEORGE, eigentlich GEORG PETROWITSCH (1770–1817), Fürst von Serbien; wegen des an seinem Vater begangenen Mordes erhielt er den Namen schwarzer (= böser) Georg (= Czerny George); die Türken ihn riefen KARA DJIORDJE (Kara = schwarz).*

449 *MILOSCH OBRENOWITSCH, er führte den zweiten Serben-Aufstand von 1815–1817 gegen die osmanische Fremdherrschaft; sein Gegenspieler war CZERNY GEORGE.*

Hofrath [*ANTON*] SCHWARZ vor, den der Kaiser genehmigte, und der bis zu meiner Rückkehr die currenten Gegenstände bearbeitete.

Auf dieser Reise war es, daß ich zu meinem Erstaunen in der Wiener Zeitung [*las*], daß ich zum Mitgliede des Ausschusses zur Bearbeitung der Statuten der bewilligten Oesterreichischen National-Bank erwählt sey; vermuthlich kannte mich die mercantilistische Welt von der noch fortdauernden Börse-Commission. Ich wollte [*fol.94/3*] dieses Geschäftes wegen meine Stellung im Staatsrath ablehnen; allein der Kaiser befahl, es zu übernehmen. Es war eine unter dem Präsidium des Nieder-Oesterreichischen Landmarschalls JOSEPH Grafen DIETRICHSTEIN[450] [*eingesetzte Kommission*], woran der regierende Fürst JOSEPH SCHWARZENBERG, Graf FRIES[451], GEYMÜLLER, STEINER[452], ESEKELES, WAINA[453], HIPPENMAIER, die Hofräthe KIELMANSEGGE, JOHANN *von* LICHTENSTEIN [*als*] Beisitzer [*teilnahmen*]; Freiherr von PILLERSDORF war landesfürstlicher Commissair und Repräsentant des Finanzministers. Die Berathschlagungen währten lange, und in einem engen Ausschuße wurde in meiner Wohnung der Entwurf über die Rechtsverhältnisse der Bank zu den einzelnen privaten active und passive größtentheils von mir abgefaßt, und auch höchsten Orts sanctionirt; allein [*fol.94/4*] der wichtigere Theil der Statuten über Emission des Papiergeldes, dabey eintretende Publicität, die Befugnisse der Bankdirection, welcher man für wichtige Sachen einen Ausschuß von 12 Mitgliedern zur Controlle setzen wollte, und dergleichen wurden im Finanz-Ministerium abgeändert, und in veränderter Gestalt kundgemacht. Ich erinnere mich noch mit Vergnügen der Humanität des Fürsten SCHWARZENBERG, der mich durchaus nach den Sitzungen immer in seinem Wagen nach Haus geleitete. Es wäre mir leicht gewesen damahls, dem ANTON ENZENDORFER[454] eine Stelle in den Bureau's der Bank zu verschaffen, die er einem schlecht berechneten eigenen Handelsgewerbe mit Seidenstoffen in Mailand leider nachsetzte. Später waren meine Bemühungen wegen des Nepotismus der Bankdirectoren vergeblich.

[*fol.95/1*]

Mehrere äußere Veranlassungen trugen dazu bey, mich in meiner staatsräthlichen Stellung unbehaglich und entmuthigt zu fühlen. Es waren drey Jahre verflossen,

---

450 *JOSEF KARL Graf DIETRICHSTEIN (1763–1825), 1804/5 Präsident der niederösterreichischen Landesregierung, 1811 Landmarschall.*

451 *MORITZ CHRISTIAN Graf FRIES (1777–1826), Kunstmäzen und -sammler, Bankier; nach dem Bankrott seines Bankhauses übersiedelte er 1824 nach Paris – er wurde zum Vorbild für den „Verschwender" von Ferdinand Raimund.*

452 *MELCHIOR von STEINER (1763–1827), Großhändler in Wien.*

453 *Recte WAYNA JOESPH, Großhändler in Wien.*

454 *Der (1794 geborene) Sohn von ANTON ENZENDORFER († 1794), dem Schwager von PRATOBEVERA.*

in denen ich mehr als jeder andere Staatsrath arbeitete, ohne höheren Rang und Gehalt. Ich war [*ein*] viel aelterer Hofrath als KÜBEK und KREUTZER, die auch mir im Staatsrath eine Vorrückung wünschten und hofften, und denen ich absichtslos im Wege stand. Graf WALLIS hatte nämlich mit meiner Zurücksetzung darauf angetragen, den Hofrath KÜBEK zum wirklichen Staatsrath zu befördern; es unterblieb, weil in der Konferenz der Staatsrath PFLEGER und der vorsitzende Erzherzog RAINER, damahliger Stellvertreter des Kaisers sich dieser Unbilligkeit [*fol.95/2*] freimüthig dagegen widersetzten; [*KARL*] KÜBEK erhielt die Schatzmeister- oder Greffier-Stelle des Leopoldordens mit dem Gehalt von 1000 Gulden, um welche ich, und im freundschaftlichen Einverständnisse auch Hofrath SCHWARZ bathen. Die Ungunst des Grafen WALLIS gegen mich war leicht erklärbar; ich mußte häufig aus Anlaß vieler Beschwerden und Anfragen das große Unrecht in den Anordnungen des Finanz-Patents beym Staatsrathe pflichtmäßig zur Sprache bringen, was dem Staats- und Konferenz-Minister als Urheber des Gesetzes, vielleicht auch dem Kaiser selbst, eben nicht willkommen war. Ich besorge aber, daß der von Herrschsucht und Intelligenzneid besessene Graf WALLIS selbst die Lauterkeit meiner politischen Gesinnungen verdächtigt haben mochte, wie mir [*fol.95/3*] glaubwürdige Männer zu verstehen gaben. Graf WALLIS selbst verlor noch vor meinem Austritt aus dem Staatsrath die Gunst des Kaisers, und wurde unvermuthet nach der Pensionirung des Grafen OETTINGEN zum Obersten Justizpräsidenten ernannt, welche Stelle der Minister von Einfluß, und gewohnter Eigenmacht nur für ein vorübergehendes Exil ansah; in dem er jedoch in voller Manneskraft plötzlich am Schlagfluß verschied[455] (+ 1818 im December). Er hatte während der kurzen Dauer seines Justizpräsidiums den ersten Vice-Präsidenten der Obersten Justiz-Stelle Freiherrn von FECHTIG, als einen ungelenken und starrsinnigen Amtsgenossen entfernt, und ihn eben so unerwartet zum Nieder-Oesterreichischen Appellations-Gerichtspräsidenten, nach dem Tode des Präsidenten von WÖBER[456], befördert. FECHTIG der bald darauf noch auf meinen Vorschlag den Hofrath Baron GÄRTNER zum [*fol.95/4*] Vice-Präsidenten des Nieder-Oesterreichischen Appellations-Gerichts erhielt, besuchte mich in seinem Unmuth häufig, und drang in mich, den staatsräthlichen Dienst zu verlassen, wo es keine nahe Aussicht zur Beförderung in der Section 4 gäbe, in welcher zwey Staatsräthe für Oesterreichische Justizsachen nicht leicht ernannt würden. Ob FECHTIG es redlich meinte, oder ob er besorgte, ich möchte als staatsräthlicher Referent früher oder später bey der Obersten Justiz-Stelle seinem vertrauten

455 [*Note PRATOBEVERA*] Man hatte dem Grafen nicht mit Unrecht Schuld gegeben, daß er willkürlich mit den Protocollen der staatsräthlichen Deliberationen, und den ihm mißfälligen besonderen Meinungen verfuhr.

456 *JAKOB Freiherr von WÖBER, 1760 Rat am niederösterreichischen Appellationsgericht, 1791 Vizepräsident, 1802 Präsident.*

Freunde Baron GÄRTNER vorgezogen werden ? Ich glaube das Erstere nach seinem gegen mich später eingehaltenen Benehmen. Eben war auch der Vice-Präsident der Obersten Justiz-Stelle Baron PLENCZIC gestorben; und der Kärntnerische Landrechtspräsident Baron ULM[457] an dessen Stelle ernannt. In meinen Privatverhältnissen war mir eine Beförderung außerhalb Wien ganz unerwünschlich, und ich [*fol.96/1*] mußte besorgen, daß ich, besonders nach PFLEGERS Rückritt, oder Ableben, auch gegen meinen Willen in eine Provinz oder zu einer ersten Instanz geschickt würde. Endlich fand ich mich doch, in meiner Selbstthätigkeit gelähmt, und befangen; denn anstatt daß ich selbst wie bey der Obersten Justiz-Stelle und der Hofcommission in Justiz-Gesetz-Sachen, Entwürfe und Vorschläge nicht ganz ohne Erfolg versuchte, war mein Wirken im Staatsrath doch nur negativ, und auf Aemterverleihung größtentheils und Acte der höchsten Gnade angewiesen.

Alle diese Betrachtungen bestimmten mich, dem Staatsrath PFLEGER vertraulich zu eröfnen, wie ich glaube, daß Seine Majestät nicht die Absicht habe, mich unter seiner mir angenehmen Leitung zum Staatsrath zu befördern, und ich mich entschlossen habe, um den Rücktritt zur [*fol.96/2*] Obersten Justiz-Stelle zu bitten, bis vielleicht die Vice-Präsidenten-Stelle bei dem Nieder-Oesterreichischen Appellations-Gerichte zu theil würde; in dieser Beziehung übergab ich ihm eine Bittschrift an Seine Majestät.

Staatsrath PFLEGER schien darüber betroffen, rieth mir diesen Schritt noch auszusetzen, und in einer Audienz Seiner Majestät mündlich meine Gesinnungen darzulegen – eine schwierige Aufgabe, der ich mich in meinem Inneren widerstrebend unterzog, und darum nicht ganz glücklich löste.

Ich sprach freimüthig, daß ich von der Allerhöchsten Gnade eine Verbesserung meiner Lage verdient zu haben glaube, und da ich besorge, daß dieß im Staatsrath selbst nach den höchsten Absichten nicht geschehen dürfte; so würde ich mich unglücklich dünken, wenn Seine Majestät mich in mein voriges Verhältniß zur Obersten Justiz-Stelle zurückzuver-[*fol.96/3*]setzen geruhen würde, wo ich dann mein weiteres Schicksal zu erwarten hätte. Diese Worte schienen dem Kaiser vielleicht übel gewählt, und er hatte einen strengeren Blick als sonst seine Freundlichkeit pflegte mir zugewendet; doch sagte er hierauf nichts weiter, als Er werde für mich schon sorgen, und die Audienz hatte damit ein Ende. Mehrere Monathe waren darüber verflossen; ich glaubte nun um so mehr auf meinem Gesuche beharren zu sollen, welches endlich PFLEGER gleich nach dem Tode des Grafen WALLIS dem Kaiser vorlegte.

---

457 *FERDINAND Freiherr von ULM auf ERBACH (1756–1829); 1807 Landrechtspräsident in Kärnten, 1818 Vizepräsident der Obersten Justizstelle (1828 Leitung).*

Hierauf erfolgte die höchste Entschließung vom 30. December 1818, wodurch Baron GÄRTNER zum dritten Vice-Präsidenten der Obersten Justiz-Stelle (PLENCICZ in Verona, ULM und GÄRTNER in Wien), ich aber zu GÄRTNERS Stelle in Gemäßheit meiner um Enthebung von dem staatsräthlichen Referate überreichten Bitte zum Vice-Präsidenten des Nieder-Oesterreichischen Appellations-[*fol.96/4*]Gerichts /mit 6000 Gulden Gehalt, 300 Gulden Quartiergeld/ ernannt wurden.

Auf eine neuerliche Bitte bewilligte mir der Kaiser am 3. April 1819 durch Handbillet an den Grafen CHORINSKI als Personalzulage 500 Gulden zum Entgelt für das im Staatsrath bezogene höhere Quartirgeld von 800 Gulden Convents-Münze.

Diese ungewöhnliche Erscheinung, daß ein Beamter sich freiwillig von dem Throne mehr entferne, wurde, des Zeitungsartikels ungeachtet, von geschäftigen Zeugen so gedeutet, als ob man mich zu jener Bitte um Enthebung von dem bisherigen Referate höchsten Orts aufgefordert hätte. Nichts weniger als dieses, und hätte ich später besonders nach dem Tode PFLEGERS im nächsten Jahr (27. Mai 1820), und auf die Aufforderung des Grafen KOLOWRAT Versuche gemacht, wieder in den Staatsrath zu gelangen; so würde vielleicht der Kaiser, welcher mit seinem Vertrauen gegen mich fortfuhr, dagegen nicht abgeneigt gewesen seyn.

[*fol.97/1*]

X. Abschnitt: Von 1. Jänner 1819 bis 2. März 1835.

66. Dieser lange Zeitraum von zway- und zwanzig Jahren und 3 Monathen füllt gerade die ganze letzte Hälfte meiner Dienstlaufbahn aus; und man sollte denken, daß er für mich eine Zeit des Mißgeschicks und des Unzufriedens meines Gemüths gewesen, weil ich durch 22 Jahre stationär Appellations-Gerichts-Vice-Präsident geblieben, indessen jüngere Männer aller Geschäftszweige mich weit im Rang, Ansehen, und Einkünften hinter sich ließen; allein ich kann noch jetzt auf diesen Zeitraum mit dem heiteren Bewußtseyn zurücksehen, daß ich für eine gute Rechtsverwaltung, für eine Fortbildung der Gesetzgebung, für meine [*fol.97/2*] Familie, und selbst für literarische Erholung mehr gelebt und gewirkt habe, als ich es selbst als wirklicher Staatsrath vermocht hätte. So gelähmt und unsicher erweiset sich, bis auf diesen Augenblick die Wirksamkeit eines Oesterreichischen Justiz-Staatsrathes aus dem Stande, dem ich durch Geburt angehörte. Ich konnte also meine Empfindlichkeit über manches Ereigniß leichter beschwichtigen, da ich von der öffentlichen Achtung manche Beweise erhielt, und die Oberste Justiz-Stelle bey allen Vorschlägen zu Präsidien erster und zweiter Instanz mich nicht unerwähnt ließ, obschon sie wußte, daß ich Wien nicht zu ver-

lassen gedenke. Meine gute Frau betrübte sich anfänglich über meinen Austritt aus dem Staatsrath, bis sie endlich sah, daß ich der Geschäfte und der Arbeitslust nicht ermangle.

Schon am 11. Februar 1819 eröffnete mir Baron GÄRTNER, der nach dem Tode des Obersten Landrichters von HAAN (+ 10 December 1816)[458] als erster Beisitzer der Hofcommission in Justiz-Gesetz-Sachen das Präsidium ohne den Rang eines Vice-Präsidenten vertrat, eine [*fol.97/3*] höchste Entschließung von 8. Februar 1819, daß Seine Majestät die gründlichen Rechtskenntnisse und bewährten Einsichten des Nieder-Oesterreichischen Appellationsgerichts-Vice-Präsidenten bey den endlichen Berathungen über die neue Gerichtsordnung in Streitsachen /?/ bey der Redaction der Gerichts-Ordnung außer Streitsachen und überhaupt bey allen ferneren Arbeiten der Hofcommission in Justiz-Gesetz-Sachen fortan zu benutzen wünschen, und mich zum ordentlichen Mitglied und Beysitzer der Hofcommission ernennen.

Ich hatte nicht recht Lust, unter dem Präsidium des GÄRTNER, dessen Individualität am Rathstische mir nicht zusagte, diese Bahn neuerdings zu betreten, und es schien einer Ironie ähnlich, daß der neugeschaffene Vice-Präsident der Obersten Justiz-Stelle diesen höchsten Auftrag zu neuer Arbeit als eine allergerechteste [*fol.97/4*] Anerkennung meiner ausgezeichneten Verdienste in der Eröffnung mir bemerklich machte. Dennoch folgte ich, besonders auch auf PFLEGERS und MÜNCHS Anrathen, dem höchsten Ruf, und erboth mich gegen Baron GÄRTNER zu einem Referate bey der Hofcommission. Er lehnte es ab, weil in der Hof-Entschließung davon nichts erwähnt war. Ich glaube, der Kaiser hätte es nach dem schmeichelhaften Cabinetschreiben nicht mißfällig aufgenommen, wenn Baron GÄRTNER über mein Anerbiethen berichtet hätte.

Die alte Vertraulichkeit zwischen mir und dem geheimen Rath und Vice-Präsidenten der Obersten Justiz-Stelle war von diesem Zeitpunct an verschwunden, wie wir noch weiter unten sehen werden.

67. Die Stellung bey dem Appellations-Gericht war mir dagegen höchst willkommen; mein Präsident Freyherr von FECHTIG überließ mir beynah unbeschränkt die Leitung dieses [*fol.98/1*] Gerichts, und selbst bey allen wichtigen Präsidialgeschäften zog er mich, ohne mein Zuthun, in das freundschaftliche Vertrauen, er verabsäumte nie, bey schlechtem Wetter mich in [!] meiner Wohnung abzuholen, in seinem Wagen zu den Sitzungen abzuholen und wieder zurückzuführen. So erlebte ich mehrere Jahre an FECHTIG's Seite zufrieden mit meinem

458 [*Note PRATOBEVERA*] Staatsrath PFLEGER und ich begleiteten die Leiche dieses achtbarsten aller [*Träger der*] Großkreuze des [*fol.97/3*] St.Stephan-Ordens; allein kein einziges Mitglied des Ordens, oder dessen Dienerschaft war dabey sichtbar !!! Eine gute Lection für ungemessenes Streben und Hoffen des Nachruhmes eines Beamten in Oesterreich.

bedeutenden Einfluß auf die Räthe, selbst [*auf die*] aelteren und schwächeren, die mich noch als jungen Advocaten kannten, wie zum Beispiel einen Grafen MAJANS[459], von HAAN, WALDSTÄTTEN, FEGERL, Fürsten PALM, HUBER[460] und Andere. Auf die Bildung von Candidaten für das Richteramt, und die Advocazie, deren Anzahl durch die lange Zeit weit über tausend betrug, suchte ich durch eine mehr ernste praktische [*fol.98/2*] Appellationsgerichts-Prüfung zu wirken, und zuweilen eine Zurückweisung auszusprechen, die früher auch unter GÄRTNER ganz unerhört war; leider habe ich mich von der Mangelhaftigkeit und Seichtigkeit einer einzigen Prüfung für alle auf die höchsten Cathegorien des Justiz-Dienstes und der seltenen Gabe, gründlich, und mit Ruhe zu prüfen überzeugt. Ich mußte wegen des großen Andrangs der Candidaten mit den Räthen als Examinatoren abwechseln, die nur mit Unlust dieses lästige Geschäft, ohne alle Remuneration, ansahen und sichtbar unvorbereitet und unzusammenhängend prüften. Mir ist keine Beschwerde erinnerlich, daß ein Candidat über eine durch mich veranlaßtes Unrecht im Calcul des Ausschlags geklagt hätte, denn der appellationsgerichtliche Beschluß war und konnte nicht anders seyn, als das Ego der appellationsgerichtlichen Commission, weil die Prüfungs-[*fol.98/3*]protocolle die Antworten des Candidaten in extenso nicht enthielten.[461]

So eifrig FECHTIG für eine reine Justizpflege besorgt war; so hatte das höhere Alter ihn viel zu sehr gegen Reformen abgeneigt gemacht, wenn auch sein heller Verstand offenbare [?] Mängel nicht leugnen konnte. Dieß ward vorzüglich der Fall in Hinsicht der Patrimonial-Gerichtspflege zumahlen in der Criminal-Jurisdiction. Er, so wie sein Nachfolger Baron GÄRTNER, glaubten, durch Absendung von Berichten, und periodischen Tabellen von den Gerichten, durch kostspielige Visitationen, die einen oder mehrere Räthe durch den Sommer dem Appellationsgerichts-Dienste raubten, durch beständige hin und her geschobene Delegationen der Untersuchungen auf Kosten der Gerichtsherren; durch ewige pönfällige Aufträge, die entweder gar [*fol.98/4*] nicht, oder schlecht vollzogen wurden, zur Erbauung von Arresten, Anverstellung von geprüften Beamten, Actuarien, Gerichtsdienern und dergleichen den schlagenden Uibelständen abzuhel-

459 *Recte MAYANCE, FRANZ MARIA (1782 am niederösterreichischen Appellationsgericht).*

460 *Mathias Wilhelm HAAN, JOSEF HAYEK Freiherr von WALDSTÄTTEN (1785–1825), ehemaliger Reichshofrat, 1792 Rat am niederösterreichischen Appellationsgericht; MICHAEL FEGERL VON MOLDBERG († 1826), 1817 Rat am niederösterreichischen Appellationsgericht; KARL PALM, 1807 Rat am niederösterreichischen Appellationsgericht; FERDINAND HUBER, 1817 Rat am niederösterreichischen Appellationsgericht.*

461 [*Note PRATOBEVERA*] Auffallend war mir der Mangel der Universitätsbildung bey den Candidaten, seit der Einführung der deutschen Gesetzbücher, im gemeinen Recht, und den gelehrten Sprachen; mit den Zeugnissen der Eminenz [?] waren sie nicht im Stande einen lateinischen Rechtssatz auszudenken oder auch zu verstehen.

fen. Alle diese Palliative erwiesen sich durch 30 Jahre als nutzlos, und dennoch erhält ein im Cabinett liegendes Gutachten aller Behörden für die Reform der Criminal-Patrimonialgerichte in Nieder-Oesterreich seit Jahren keine Erledigung.

Eben so wurde ein neues Inquisitionshaus in der Hauptstadt von der Beamtenschaft angesehen, und ohne die gebietherische Nothwendigkeit in der Epoche der Cholera die oeffentlichen Arbeiten zu vervielfältigen, hätte der Kaiser FRANZ [I.] den Bau des großen Gebäudes nicht beginnen lassen. Ich ließ mich in meinen [*fol.99/1*] Bestrebungen weder bey dem Appellations-Gericht noch bey der Hofcommission in Gesetzsachen in dieser Beziehung nie ermüden, obgleich Baron GÄRTNER es nicht für gut fand, mich auch nur ein Mahl zu den gemischten wichtigen Commissionen abzuordnen, oder selbst daran Theil zu nehmen, die sich mit den Vorschlägen und Prüfungen der Baulichkeiten, der Zertheilung des ungeheuren Magistratischen Personals und dergleichen beschäftigten. Jeder Geschäftsmann weiß, wie viel daran liege, daß bey solchen Commissionen gleich an der Wurzel die besten Einleitungen und Maaßregel getroffen, oder den höheren Behörden vorgeschlagen werden. Der Regierungspräsident fehlte nie dabey. Von Seite des Appellations-Gerichts erschienen abwechselnd oft indifferente, vielleicht über den Zweck solcher Anstalten schlecht unterrichtete Stimmführer, wenn [*fol.99/2*] man den höchst eifrigen Appellationsgerichts-Rath PELLER[462] ausnimmt. Bey allen später entdeckten Mängeln des großen Inquisitionsgebäudes hat man doch das Bewußtseyn, daß wenigstens Krankheiten unter den Inquisiten, namentlich der Scorbut und die Abzehrung in dem neuen Locale um mehr als ein Dritthel abgenommen hatten, wie ich ämtlich überzeugt wurde.

68. Bey der Hofcommission in Gesetzsachen nahm ich als erster Votant wieder meinen Sitz, und saß allen Hofräthen, selbst meinem Lehrer ZEILLER vor; als aber Hofrath SARDAGNA nach des Grafen LICHTENBERG's[463] höchst unerwarteten Beförderung vom Nieder-Oesterreichischen Obersten Landrichter zum Staatsrath das Präsidium des Nieder-Oesterreichischen Landrechts erhielt, wurde SARDAGNA mir vorgesetzt, ohne ein Referat in der Commission zu führen, welches an den außer Activität gesetzten Hofrath BENNONI [!] (+ 1841) übertragen wurde. Unter dem Präsidium des Baron GÄRTNER wurden regelmäßige Sitzungen der Commission jede Woche gehalten, und [*fol.99/3*] die Revision der Civil-Gerichts-Ordnung von Hofrathe Baron GÄRTNER vorgetragen. Bei dem Civil-Processe fand die letzte Berathung und Feile in meiner Wohnung mit beiden

462 *LEOPOLD von PELLER (1788–1869); 1831 Rat am niederösterreichischen Appellationsgericht, 1845 Hofrat der Obersten Justizstelle.*

463 *ERASMUS von LICHTENBERG (1775–1841); 1816 Präsident des Stadt- und Landrechts Laibach, 1819 Oberstlandrichter in Niederösterreich, 1824 Staatsrat, 1829 Vizepräsident der Obersten Justizstelle.*

Brüdern GÄRTNER[464] und mir Statt; allein man verband damit eine chaotische Compilation der Verordnungen über das adeliche Richteramt, die Grundbuchssachen, Registraturen und so weiter, ohne daß diese letzten Materien, die mehr ein Gegenstand abgesonderter Manipulationsinstructionen, und oft wechselnden Reglementes sind (Materialien, 1. Band)[465] gehörig berathen und geprüft werden müssen. Der Präsident Baron GÄRTNER legte die ganze Masse dem Kaiser zur Bestätigung vor.

Allein Niemand hatte Lust die Acten aufzubinden; einige Zeit hindurch waren sie theilweise im Staatsrathe nicht zu finden, bis endlich Hofrath HEß als staatsräthlicher Referent Hand daran legte, [*fol.99/4*] aber auch er wollte den Civil-Proceß nicht zur letzten Revision bringen lassen, weil inzwischen Baron GÄRTNER dem von SARDAGNA bey der Hofcommission den Platz räumen mußte, und dem ersten die Ehre der Redaction unter seinem Vorsitz nicht genommen werden wollte. So schaffte man sich selbst lächerliche Hindernisse aus bloßen persönlichen Konvenienzen. Diese unförmliche Masse der Vorschläge über das Civil-Verfahren ist jetzt /1841/ zur neuen Revision der Hofcommission zurückgelangt.

Hofrath ZEILLER sollte in der selben Zeit über die Verbesserung des Strafgesetzbuches zufolge des höchsten Auftrages referiren, und über seine Entwürfe wurden vorläufig von 12 bezeichneten Individuen aus den Provinzen Gutachten eingeholt, [*von*] einem DI PAULI[466], STERNECK[467] und mehreren Appellationsgerichts-Räthen.

Alle diese Berathungen und Entwürfe[468] wurden zur Makulatur; der Hofrath ZEILLER wurde von Baron GÄRTNER zum systematischen Referate des Criminal-Gesetzbuches nicht zugelassen wegen [*fol.100/1*] angeblicher dringlicher Arbeiten. Inzwischen trat Hofrath ZEILLER und Baron GÄRTNER aus der Commission. Der von SARDAGNA verschriebene Referent Professor JENULL[469] fand später un-

---

464 *FRIEDRICH CHRISTIAN und CONRAD.*

465 *Seite 237 ff: Beyträge zur neuesten Geschichte der Oesterreichischen Gesetzgebung.*

466 *ANDREAS ALOIS DI PAULI Freiherr von TREUHEIM (1761–1839), zunächst Rat am Appellationsgericht Innsbruck (1803), 1816 Hofrat der Obersten Justizstelle und Mitglied der Gesetzgebungs-Hofkommission (u. a. Mitwirkung an der Redaktion einer neuen Gerichtsordnung), sodann Präsident des Landrechts Graz (1822) und schließlich Präsident des Appellationsgerichts Innsbruck (1824).*

467 *JOSEF STERNEK von DAUBLESKY zu EHRENSTEIN.*

468 [*Note PRATOBEVERA*] Diese Commissionsgutachten aus den Provinzen waren, wie gewöhnlich, von den Geschäftsmännern oberflächlich [*fol.100/1*] und schnell abgefertigt, so wie die Grundlage selbst, der ZEILLERische Revisionsentwurf die Schwächen und die Unlust des hohen Alters offenbarten.

469 *SEBSTIAN JENULL (1777–1848); 1804–1829 Professor für Enzyklopädie des Rechts, Naturrecht und österreichisches Kriminalrecht an der Universität Graz, danach in*

ter meinem Vorsitz die ZEILLERischen Entwürfe ganz ungenügend; die eingegangenen Monitee wurden gar nicht vorgetragen; und JENULL entwarf einen neuen Text mit weitläufigen Notizen, die selten ein besseres Schicksal hatten, als die Zeillerischen Entwürfe. Dieses Beispiel zeigt wohl, wie viel es auf die Initiative des Referenten, und das Ansehen und Vertrauen, dessen er genießt, bei solchen Geistesarbeiten ankommt. Gegenwärtig /1841/ will man desto eilfertiger zu Werke gehen.[470]

Eine dritte Arbeit, die Baron GÄRTNER liefern sollte, aber auch nicht beendigte, war das Wechselrecht und der Handelscodex. Man hatte den Wechselrath ZIMMERL[471] als vorigen Referenten beseitiget, und den Professor [*fol.100/2*] der Materie an der Wiener Universität Dr. WAGNER[472] zum Referenten ernannt.

Er fing seine Arbeiten unter Baron GÄRTNER an, der außer der Sitzung eine vorläufige Critik gegen ihn sich erlaubte.[473] Auch unter SARDAGNA mühte sich WAGNER mit dem Wechselrecht ab, bis ihn der Tod ereilte. Jetzt (1841) ist der Nieder-Oesterreichische Appellationsgerichts-Rath Dr. CARL RAULE[474] berufen, um dieses einzelne Gesetz endlich neu ins Leben treten zu lassen. Die ungarische Gesetzgebung, so langsam und schwerfällig sie sonst sich bewegt, ist uns zuvorgekommen, und hat mit Hilfe eines einzigen Redacteurs /des Wiener Advocaten Dr. WILDNER[475]/ ein neues Wechselrecht zur gesetzlichen Wirksamkeit gebracht. WILDNER erhielt das ungarische Indigenat und vom Kaiser den Adel, blieb aber deutscher Advocat in Wien.

Wien; 1828 Mitglied der Gesetzgebungs-Hofkommission (Redaktion eines revidierten Strafgesetzes).

470 [*Note* PRATOBEVERA] und dem nächsten ungarischen Reichstag /1842/ das revidirte Oesterreichische Criminal-Gesetzbuch vorlegen? Ist es möglich? Und ist diese bereitwillige Aufnahme der Ungarn zu erwarten? Credat Jud[*äus*] Apelles. [*Nach* HORAZ, *Satiren 1,5,100: „Credat Judäus Apella". – Sinngemäß: „Das möge der Leichtgläubige glauben, nicht aber ich.*]

471 *JOHANN MICHAEL ZIMMERL (1758–1830); 1818 Rat am niederösterreichischen Appellationsgericht; Mitglied der Gesetzgebungs-Hofkommission (Referent für das Handelsgesetzbuch und die Wechselordnung.*

472 *VINZENZ AUGUST WAGNER (1790–1833); Professor für Wechselrecht an der Universität Wien.*

473 [*Note* PRATOBEVERA] Oft klagte mir [*VINZENZ AUGUST*] WAGNER, daß er von Baron [*CHRISTIAN FRIEDRICH*] GÄRTNER nur Schulmeisterei zu lästigen Umänderungen genöthigt worden.

474 *FRANZ RAULE (1795–1871); 1830 Rat am niederösterreichischen Appellationsgericht, 1846 Hofrat der Obersten Justizstelle; 1841 Redakteur der Wechselgerichtsordnung).*

475 *IGNAZ WILDNER von MAITHSTEIN (1802–1854); Supplent für Natur- und Strafrecht, später für Gerichtsordnung, Lehen-, Handels- und Wechselrecht (Entwurf 1840); 1848 Abgeordneter des österreichischen Reichstages.*

69. Baron GÄRTNER hatte als Leiter der Hofcommission in Gesetz-Sachen keine Erfolge bewirken können. Hofrath CAJETAN Baron MÜNCH von BELLINGHAUSEN, wurde [*fol. 100/3*] nach meinem Austritt /1819/ staatsräthlicher Referent unter PFLEGER und nach dessen Tode /1820/ leitete er in dieser Eigenschaft das ganze Justizwesen der Monarchie. Es war für Hofrath SCHWARZ, welcher ihm an Arbeitsamkeit, Geradheit, und vielseitiger Geschäftskenntniß weit überlegen war, eine demüthigende Zurücksetzung, daß nicht Er, mein gewesener zeitlicher Supplent im Staatsrath und aelterer Hofrath, sondern Baron MÜNCH zum staatsräthlichen Referenten berufen wurde; allein SCHWARZ war nicht von Adel, und ohne Familienverbindung, vielleicht zu freimüthig gefunden; denn nach den gräulichen Mordthaten an Herzog von BERRY, und KOTZEBUE[476] bemächtigte sich Schrekken der europäischen Monarchen, welchen die hohe Aristocratie und Klerisey meisterhaft für sich aus-[*fol. 100/4*]zubeuten verstanden, und es erfolgte nun seit 1820 auf den verschiedenen Kongressen zu Wien, Troppau, Laibach, Verona, Teplitz der Kreuzzug gegen liberale Gesinnungen, die man demagogische Umtriebe nannte, gegen die Presse, und gegen nicht katholische Konfessionen, denen man eine Hinneigung zu democratischer Umwälzung schuld gab, obgleich in neuerer Zeit nur sehr katholische Staaten, Italien, Frankreich, Spanien, Belgien, Portugall [!] davon heimgesucht wurden.

Hofrath SCHWARZ hatte das Unglück, daß seine Tochter dem Fürsten ODELSCHALCHI[477] gefiel, und dieser sich nicht entblödete, eine Hofrathstochter unter Vorspiegelungen von ewiger Treue, vielleicht einer ehelichen Verbindung zu bethören, und verführen.

Die Sache wurde zur Publicität gebracht, als der bedauernswürdige Vater sich geradezu an den Kaiser FRANZ [*I.*] wegen dieser Entehrung seines Hauses wandte. Der Kaiser befahl dem [*fol. 101/1*] Fürsten bey seiner Ungnade und Meidung des Hoflagers, sich mit dem Vater auszugleichen, und der Fürst mußte sich zur Dotation der Verführten, die seitdem als Hauptmannsgattin in Galizien verstorben ist, einstehen. Diese Abfindung im Gelde, die zwar in England, aber nicht in Deutschland und Frankreich, ohne Anstoß, in den höchsten Klassen vorkommt, schadete dem Hofrath *Schwarz* in der oeffentlichen Meinung. Auch seine Mission nach Frankreich endete nicht glücklich für ihn, er wurde wegen Mißhelligkeiten mit dem preußischen Commissair zurückberufen, und durch einen veralteten

476 *CHARLES FERDINAND Herzog von BERRY (1778–1820 ermordet), Sohn des Comte D'ARTOIS, später König KARL X. (1757–1836) von Frankreich; AUGUST FRIEDRICH FERDINAND von KOTZEBUE [(1761–1819); deutscher Dramatiker, Rechtsanwalt, Generalkonsul im russischen Auftrag in Deutschland.*

477 *INNOCENZO ODELSCHALCHI (1778–1833); Herzog von Syrmien.*

Polizey-Director, den Appellationsrath von RATH[478] – Vater des Hofrathes – zur Compromittirung der Oesterreichischen Regierung ersetzt. Hofrath SCHWARZ hoffte zuletzt, wie er mir sagte, an eine Stelle bey der Appellation zu treten, [*fol.101/2*] weil er an meiner Beförderung zum Vice-Präsidenten der Obersten Justiz-Stelle nach des Baron ULM Tode nicht zweifelte; allein er starb als aeltester Hofrath der Obersten Justiz-Stelle (+ 1834) und ich blieb Vice-Präsident des Nieder-Oesterreichischen Appellations-Gerichts. Die einzige Auszeichnung wurde ihm und mir zugleich durch Baron FECHTIG als 2. Präsidenten der Obersten Justiz-Stelle im Jahre 1829 verschafft. Wir hatten den Adelstand bis dahin nicht nachgesucht, obgleich es mir oft sehr nahe gelegt wurde. FECHTIG /nicht mein Präsident Baron GÄRTNER/ schritt für uns beide, ohne unser Wissen oder Bitten in einem Präsidial-Vortrag vom 31. März 1829 bey dem Kaiser FRANZ [*I.*] darum ein, welcher uns beiden in einem Cabinetsschreiben vom 1. Mai 1829 an den [*fol.101/3*] Oesterreichischen Hofkanzler Grafen SAURAU[479] den Oesterreichischen Ritterstand taxfrei zu verleihen geruhte.[480] Vor dem Tode meines unglücklichen Bruders /+ 11. März 1820/ wollte ich auch aus dem Grunde den Adelsstand nicht nachsuchen, weil ich meinen Bruder, der oft darauf abzielte, auch hätte berücksichtigen müssen; und doch überzeugte ich mich, daß diese Standeserhöhung für seine Familienverhältnisse weniger paßlich gewesen wäre, als für die meinigen, obschon ich ihn als vieljährigen belobten Bürgermeister und Besitzer der großen goldenen Civil-Ehrenmedaille hätte empfehlen können. Leider hat er seine bürgerlichen Auszeichnungen allzu theuer mit Zerrüttung seiner häuslichen Lage durch die [*fol.101/4*] sorgenlose Vernachlässigung seines Gewerbes, und allzu große Liberaliät und Gastfreiheit gegen höher gestellte Beamte des Militär- und Civil-Standes erkauft. Dazu trug die Beschränktheit seiner Frau auch bey, welche alle Bedürfnisse aus Gewölb und Keller ohne Rechnung holte, als ob sie umsonst in's Haus gebracht worden wären.

70. Freiherr CAJETAN von MÜNCH war der rechte staatsräthliche Referent nach dem Sinne des Kaisers FRANZ [*I.*]. Niemand verstand es so gut als Er, evasive und dilatorische Entschließungen bey dem Kaiser auszuwirken, und dadurch

---

478 *MATHÄUS RATH (1761–1828); 1796/97 Polizeidirektor in Laibach und Graz sowie 1804 Rat am Appellationsgerichts Klagenfurt, 1826 am niederösterreichischen Appellationsgericht; 1820 österreichischer Kommissär bei der Zentraluntersuchungskommission in Mainz.*

479 *FRANZ JOSEF Graf SAURAU (1760–1832); österreichischer Politiker, seit 1795 Regierungspräsident von Niederösterreich, Berater Kaiser Franz II.; seit 1823 Oberster Kanzler und Leiter der Hofkanzlei.*

480 [*Note PRATOBEVERA*] Mein gegen Entrichtung der Kanzley- und Stämpeltaxen von mehr als 200 Gulden Convents-Münze ist von Kaiser FRANZ [*I.*] am 29. April 1829 unterzeichnet worden.

die Verwirrung der Gesetzgebung vorzubereiten, in der diese sich noch jetzt befindet. Dabey hatte Baron MÜNCH, wie die übrigen Hofleute, [*fol.102/1*] sich in den Mantel der äußeren Frömmigkeit, der strengen Sitten, und patriotischen Strenge gegen abnorme Gesinnungen gehüllt und geheimen Polizeynachforschungen und Auskünften zu vielen Einfluß und Glauben verstattet. Alles dies sey sine studio et ira gesagt; denn gegen mich hatte er immer rücksichtsvoll gehandelt, so weit sein eigenes Ich dabey nicht im Spiele war, und dem BERGMANN sowohl, als [*auch*] dem ADOLPH[481] hat er zum Gelingen ihrer ersten Anstellungen, so lang er lebte, thätigen Beistand geleistet. Ich besuchte den Staatsrath PFLEGER auf seinen letzten Lebenstagen kurz vor seinem Tode; er klagte, daß der Kaiser noch täglich ihm Acten zuschicke, die er nicht mehr eröfnen könne, und setzte bey, daß er ihm Vorschläge gemacht habe, wer nach seinem Tode an dessen Stelle zu empfehlen wäre. Ich weiß nicht, welcher Art nach [*fol.102/2*] diese unerwarteten Vertraulichkeit die letzten Gesinnungen PFLEGERS gegen mich gewesen. Sie hatten keine weiteren Folgen, und Baron MÜNCH hatte keine Lust, sich mir im Staatsrath unterzuordnen; er regierte als Hofrath noch einige Zeit, als Staatsrath berief er zur Aushilfe den Hofrath PILGRAM, und erhielt das Doctors-Diplom mit Nachsicht der strengen Prüfungen, um zu der so einträglichen Würde eines Kanzlers des goldenen Vließes habilitirt zu werden. Uibrigens war Baron MÜNCH dem Hochmuth der Geburt, der Liebe zum Gelde, und zur Sparsamkeit, so wie der Hofintrigue nicht fremd geblieben.

71. Nach der Rückkehr FECHTIGS zum obersten Gerichtshofe im Jahr 1824 wurde die erledigte Präsidentenstelle bey dem [*fol.102/3*] Nieder-Oesterreichischen Appellations-Gerichte zuerst dem ersten Vice-Präsidenten der Obersten Justiz-Stelle Baron ULM angebothen, und nach dessen Ablehnung dem 2. Vice-Präsidenten Baron GÄRTNER im Jahr 1824 verliehen, der nebenbey das Präsidium der Hofcommission in Justiz-Gesetz-Sachen fortführte. Ich empfand diesen Präsidiumswechsel beym Nieder-Oesterreichischen Appellations-Gericht tief, und nur wenige Charakterzüge [*GÄRTNERS*] von vielen werden es sehr begreiflich machen. Wenn mich FECHTIG mit zu vieler Vertraulichkeit und Offenheit oft in Verlegenheit setzte; so that es im Gegentheil Baron GÄRTNER durch hochtrabende, verschlossene diplomatische wichtigthuende Geheimnißkrämerey und launenhaft wechselndes Benehmen; er würdigte mich Jahre lang keines Höflichkeitsbesuches in meinem Hause, und noch weniger eines Platzes in seinem Wagen, obgleich er täglich vor meinen Fenstern in den Amtsort des Appellations-Gerichts fuhr. Als [*CARL*] ENZENDOR-[*fol.102/4*]FER, ebenfalls wirklicher Rath

481 *ADOLF, sein Sohn; JOSEF BERGMANN, sein (zweifacher) Schwiegersohn, 1828 verheiratet mit seiner Tochter MARIA ELISABETH († 1839), 1840 verheiratet mit ihrer Schwester LOUISE.*

und Lemberger Appellationsgerichts-Präsident diesem Herrn Kollegen einen Besuch bey seiner letzten Anwesenheit in Wien machte, erwiderte Baron GÄRTNER diesen Besuch bloß durch seine junge Frau, obgleich er täglich in die Stadt fuhr. Ist dieser Zug nicht pikant? Ich richtete nach diesem mir ganz ungewohnten Benehmen gegen mich auch das meinige ein, um meine Stellung als Vice-Präsident zu behaupten. Als Baron GÄRTNER sich einst mit schlecht versteckter Ironie hämische Bemerkungen über die Begünstigung ADOLPHS in der Sitzung erlaubte, dictirte ich laut sogleich eine verdiente Antwort in das Protocoll, und flüsterte ihm zu, ich würde mich gegen ihn bey Hof beschweren. Dieß wirkte, er erschrak, und zeigte zuvorkommend den [*fol.103/1*] Vorfall dem Präsidenten FECHTIG an. Dieser übernahm nun durch Hofrath SCHWARZ ängstlich die Rolle des Vermittlers, und ich ließ mich bewegen, aus dem Protocoll das Geschriebene gegen eine mich beleidigende mündliche Erklärung des Baron GÄRTNER, [*wegzulassen.*] Seitdem war der äußere Frieden zwischen uns dauerhaft, aber meine wechselseitige Vertraulichkeit war bis ans Ende meiner Laufbahn verschwunden. Bey der Hofcommission in Gesetzgebungs-Sachen fand dieselbe Spannung aus gleichen Ursachen zwischen Baron GÄRTNER und SARDAGNA statt. Immer wollte Baron GÄRTNER der Lehrer und Meister auf dem Gebiethe der Oesterreichischen !! Rechtsverwaltung seyn, was doch zu arg, und zu lächerlich war. Der neue Staatsrath MÜNCH zeigte sich, wie sein Vater, der verstorbene katholische Reichshofrath Baron MÜNCH, der GÄRTNERischen Familie nicht sehr geneigt; [*fol.103/2*] er nahm dagegen seinen ehemaligen Collegen beim Appellations-Gericht in Brünn, den Hofrath SARDAGNA, in seinen wärmsten Schutz, welchen er, so wie mich, als den ersten Oesterreichischen Juristen in dieser Zeit /wahrscheinlich ironisch/ stämpelte. Dieser zu lebhafte und derbe Tyroler war in Mailand wirklicher Vice-Präsident beym Appellations-Gericht; allein wegen seiner beständigen Zänkereien und Reibungen mit dem Appellationsgerichts-Präsidenten PATRONI, der als Mailänder mit dem Südtyroler nicht harmonirte, und von der Oesterreichische Gerichtsform und Gesetzgebung wenig verstand, verlangte SARDAGNA seine Zurückversetzung zur Obersten Justiz-Stelle nach Wien als Hofrath, und man war schwach genug nachzugeben, obgleich SARDAGNA eigentlich befördert werden [*wollte*], um in Italien /nicht in Wien/ den Justiz-Einrichtungen behülflich zu seyn. Unstreitig besitzt SARDAGNA großes natürliches Talent, eine schnelle Auffassung, sehr vielen [*fol.103/3*] Fleiß und [!], aber weniger Geduld und Beharrlichkeit in der Ausführung, und am Rathstische ließ er sich zu unanständigen heftigen, polternden Ausbrüchen, und oft widersinnigen Behauptungen in der Hitze des Streites hinreissen. Er suchte durch Lectüre seine früheren Studien zu vervollständigen; aber auch dabey hatte er kein abgeschlossenes Gebieth sich selbst gesetzt. Er hatte als Oberster Landrichter den Prätensionen des hohen Adels, dem sich als Kaualier bey Hof gern näherte, zu viel nachgegeben; doch ist seine

Rechtlichkeit und gute Absicht nie beanständet worden, wenn auch alle Rathsgremien über die Zudringlichkeit seine vorlaut geäußerte Ansicht geltend zu machen, mit Recht klagten. Er war offen, wenn man sich ihm näherte, und suchte thätig heranwachsende talentvolle Männer zu unterstützen.

Staatsrath MÜNCH wählte daher SARDAGNA [*fol. 103/4*] zum Hauptorgan und Leiter der Reformen der ganzen Gesetzgebung und Gerichtsverfassung, auch in den alten Provinzen, und diese Wahl war ein Mißgriff, denn ein solcher Charakter bedurfte selbst noch einer festen Leitung und Zügelung, die weder MÜNCH, noch PILGRAM, noch der staatsräthliche Referent HEß auf sich zu nehmen Lust und Muth hatten.

Es waren aber einige strategische Winkelzüge nöthig, um SARDAGNA zu der wichtigen Aufgabe zu verhelfen, und ihn an die Spitze der Gesetzgebungs-Hofcommission zu stellen. Erst mußte Graf LICHTENBERG von seinem Posten als Nieder-Oesterreichischer Obrister Landrichter zum überflüßigen Staats- und Conferenz-Rath, und bald darauf zum Vice-Präsidenten der Obersten Justiz-Stelle befördert werden, um von SARDAGNA als Nieder-Oesterreichischen obersten Landrichter mit Zurücksetzung des alten Vice-Präsidenten Grafen FÜRSTENBUSCH Platz zu machen. Nun kam es darauf an, den Baron GÄRTNER von seinem Lieblingspräsidium der [*fol. 104/1*] Hofcommission in Gesetz-Sachen, ohne auffallende Demüthigung zu entfernen, unter welchem SARDAGNA nicht weiter als Beisitzer der Hofcommission nach der Rückkunft aus Mailand stehen wollte. Hierzu both der ehemalige Reichshofrath, und zuletzt Appellationspräsident in Mähren Baron WERNER eine schickliche Gelegenheit. Obgleich an Talenten und Oesterreichischer Rechtskunde weit seinen ehemaligen Kollegen beim Reichshofrath Baron GÄRTNER und OCKEL nachstehend, und obgleich Baron WERNER in den Präsidien zu Gratz[482] und Brünn nicht Viel bewirkte, hatte er doch die Anciennität vor beiden für sich, und empfahl sich dem Hofe durch eine gedruckte Sammlung von Regierungsmaximen, die dem Kronprinzen gewidmet waren. Baron WERNER nahm nun von seiner geschwächten Gesundheit Anlaß, um eine Uibersetzung von Brünn nach Wien zu erbitten, und erboth sich bey der Obersten Justiz-Stelle in der Führung [*fol. 104/2*] des Präsidiums Aushilfe zu leisten, was dem Baron GÄRTNER nicht unwillkommen gewesen wäre, allein Staatsrath MÜNCH und SARDAGNA entwarfen einen anderen Plan. Der kränkliche Baron WERNER wurde zum Präsidenten der Hofcommission in Gesetzsachen ernannt /1828/, von SARDAGNA zum Vice-Präsidenten, und Baron GÄRTNER wegen ande-

482 [*Note PRATOBEVERA*] [*CARL*] ENZENDORFER leistet einige Zeit als gewesener Präses des Carlstädter Stadt- und Landrechts unter WERNER und DI PAULI Dienste, und wurde von Gratz im Jahr 1826 unmittelbar zum Hofrath der Obersten Justiz-Stelle befördert, ohne als wirklicher Appellationsgerichts-Rath Dienste geleistet zu haben. ENZENDORFER kam im Jahr 1828 als Landrechtspräsident nach Lemberg.

rer wichtiger Aufträge und Geschäfte von der Führung des Präsidiums der Hofcommission in Gesetzgebungs-Sachen enthoben, und demselben zum Merkmal der Allerhöchsten Zufriedenheit das Commandeurs-Kreuz des St. Stephans-Ordens verliehen. Baron GÄRTNER kam diese ungebethene Erleichterung und höchste Gnadenbezeugung so unerwartet, daß er darüber als eine Kränkung Thränen vergoß, und in dem Vorgang eine listige Kombination des Baron WERNER, [*fol.104/3*] SARDAGNA und Baron MÜNCH sah, der auch ich nicht fremd geblieben sey, weil ich bey der neuen Organisation der Hofcommission als aeltestes Mitglied, und Präses einer besonderen Commissionsabtheilung beibehalten würde. Von diesem Zeitpunct /1828/ an war die Zurückhaltung und Kälte, durch Mißtrauen verstärkt, noch entschiedener; sein Argwohn war höchst ungegründet, denn ich ahnte eben so wenig, als er, diese Veränderung, die mir sogleich als eine unglückliche und zu keinem Resultat führende Modification der Commission nach dem Plan des SARDAGNA einleuchtete, und mich in Schreibereien und Verdrießlichkeiten mit Baron WERNER und SARDAGNA verwickelte.

Es war freilich nur ein Präsident der Hofcommission, der aber nur den allgemeinen Sitzungen /selten jede Woche/ ein Mahl persönlich vorsaß, obgleich er auch in den Neben-Commissionen als Präsi-[*fol.104/4*]dent nach Belieben erscheinen konnte. Die Vorsitzer der Neben-Commissionen /Comités/, denen bestimmte Glieder zugewiesen waren, leiteten zwar dieselben, und faßten die Beschlüsse, worüber die Protocolle den eigentlichen Präsidenten vorgelegt werden. Wollte die abgetheilte Commission oder ihr Vorstand eine Anfrage, einen Beschluß der höchsten Entscheidung und Bestätigung vorlegen, so durfte sie nicht unmittelbar Vorträge an Seine Majestät erstatten, sondern [*musste*] gutächtliche Berichte an den Präsidenten erstatten. Dieser gab sie oft vorläufig mit einer Censur und Critik der Commission zurück, oder legte [*sie*] Seiner Majestät mit der eigenen abweichenden Meinung vor, die dann nicht selten an die Commission zurückkam. So mußte eine unerträgliche Schreiberei und Polemik entstehen. Noch lächerlicher war diese organische Combination dadurch, dass [*fol.105/1*] dieselbe Materie zwischen der allgemeinen Commission und der besonderen Abtheilung schriftlich durch Protocolls-Abschriften unter verschiedenen Präsidenten, und großentheils unter denselben Beysitzern verhandelt wurden [!]. So waren in den Ministerien oder Behörden einzelne Zweifel und Anfragen aus dem Strafrechte der allgemeinen Commission zuzuweisen, welche auch die für die systematische Redaction des Strafgesetzes aufgestellte Commission vernehmen wollte und mußte, wenn nicht widersprechende Beschlüsse gefaßt werden sollten. Und doch war ich, Hofrath SCHWARZ, Baron LOCELLA[483], GÄRTNER, BENONI, SOMMARU-

---

483 *HEINRICH Freiherr von LOCELLA (1770–1850); 1814 Rat am niederösterreichischen Appellationsgericht, 1815 Beisitzer der Hofkommission in Justizgesetzsachen, 1816*

GA, Glieder [!] der allgemeinen Commission sowohl, als [*auch*] der Commission für die Redaction des Strafgesetzes, und höchst sonderbarerweise ließ sich [*fol. 105/2*] Professor JENULL als Referent des Codex von den allgemeinen Sitzungen auch einer seiner Materie dispensiren.[484]

72. Im Jahr 1828 am Schluße des Jahres begann die neue sistematische Gesetzfabrication; ohne meine Mitwirkung war Professor JENULL, anfänglich mit Diäten bis er die Professur des natürlichen Rechts an der Universität nach EGGER übernahm, aber stets durch Suplenten versehen ließ, nach Wien als Referent berufen, und es war für mich ein Glück, daß SARDAGNA auf meinen Vorschlag dem Auscultanten PALITZKA[485] das Actuariat bey meiner Commission mit 1.000 Gulden bis zur Beendigung des Geschäftes verschaffte. Vice-Präsident SARDAGNA war Vorstand der Commission für das See-, Handels- und Wechselrecht, und hatte [*fol. 105/3*] WAGNER, den Advocaten ROSSETTI[486] aus Triest, Hofrath BENONI zu Referenten in diesen Fächern mit vielen Beisitzern der Obersten Justizstelle, der Hof-Cammer, der Staatskanzley et cetera erhalten. BENONI referirte alle Generalien und Geschäfte in der allgemeinen Commission.

Baron WERNER, welcher allein Muße gehabt hätte, allen Commissionen vorzusitzen, genoß nicht lange die Annehmlichkeiten seines neuen Berufs, und starb schon im folgenden Jahr 1829, nachdem er seiner gänzlichen Abspannung wegen höchstens zwey oder drey allgemeine Sitzungen in der eigenen Wohnung abzuhalten im Stande gewesen. An dessen Stelle trat nach seinem Tod von SARDAGNA als Vice-Präsident und unabhängiger Oberleiter [*fol. 105/4*] der allgemeinen und besonderen Commissionen, und hatte alß viel freiere Hand und Mittel, seine vorbehaltene Codification zu Stande zu bringen, als ich.

Meine Besorgnisse, daß diese Organisation der Special-Commission für [*die*] Revision des Strafgesetzbuches den Fortgang des Geschäftes lähmen und hemmen werde, wurde nur allzu sehr durch die Erfahrung bestätigt. Nebst den Gebrechen des Organismus kamen nicht geringere Hindernisse in der Persönlichkeit der nach und nach eintretenden und austretenden Beisitzer zum Vorschein. So wurden von den Präsidenten der Hofstellen meiner Commission nach und nach

---

Hofrat der Obersten Justizstelle, 1839 Vizepräsident der Obersten Justizstelle.

484 [*Note PRATOBEVERA*] Dagegen hatte die allgemeine Commission nicht selten abweichende Anträge von jener der Special-Commission, wodurch die Oberste Justiz-Stelle genöthigt wurde, auch mit einer dritten Meinung dazwischen zutreten, und so den Wirrwarr dem Cabinet vorzulegen. Häufig erinnerten sich in der Sitzung der allgemeinen Commission die Mitglieder nicht mehr des bey der Special-Commission abgelegten Votums, und stimmten den verschiedenen Referaten bey.

485 *JOHANN PALITZKA (auch PALITSCHKA), Auskultant am Wiener Magistrat, Schriftführer bei der Redaktion des Strafgesetzentwurfes 1828.*

486 *DOMINIK ROSETTI (1774–1825), Advokat in Triest.*

zugewiesen: von der Obersten Justiz-Stelle die Hofräthe SCHWARZ, LOCELLA, GÄRTNER, BENONI; [*fol. 106/1*] von der vereinigten Hofkanzley die Hofräthe Baron DROSDIK, BARTENSTEIN, WIDTMANN, Graf KAUNITZ[487]; von der Polizeyhofstelle die Hofräthe BRAULIK und VOGEL[488], endlich der Vice-Bürgermeister des Wiener Criminal-Gerichts HOLLAN.[489] Wenn auch diesen bloß zum Votiren bestimmten Beysitzern Erfahrung und Kenntnisse beywohnten, und ich die größte freundschaftliche Willfährigkeit erhielt; so reichten doch diese Eigenschaften nicht zu, um in die Berathung eine systematische Vorbereitung und Zusammenhängende Gründlichkeit zu legen.

Bei ihren Amtsgeschäften hatten sie allmählig die Aufgabe der Gesetzgebung als eine lästige, wenig Erfolg für sich, und das gemeine Wesen versprechende Arbeit mit Unlust betrachtet, und waren froh, einen Vorwand zum Austritt zu finden. Allerdings war daran die Individualität des Vice-Präsidenten SARDAGNA, obschon er bey keiner [*fol. 106/2*] Particular-Sitzung persönlich beywohnte, und noch mehr die Beschaffenheit des Referenten JENULL mit Schuld. Mit den besten humanen Gesinnungen, mit einer großen theoretischen Gelehrsamkeit verband jedoch JENULL eine schüchterne Unentschiedenheit, Unschlüßigkeit und wenig Scharfsinn in richtiger Auffassung fremder Ansichten und Entwürfe. Anstatt als Referent die Seele und Leiter der Commission zu seyn, wich die Majorität der Beisitzer äußerst häufig von seinen Anträgen in der Aussage und besonders in der Textierung einer gesetzlichen Bestimmung ab, und konnte den Antragsteller, welchen die bloß practischen Routiniers in seine Definitionen, Klassifikationen und Nomenclaturen der Katheder [*fol. 106/3*] nicht verstanden, sehr leicht zu entgegengesetzten Meinungen aus seichten Gründen hinüberziehen, von denen JENULL nach wiederholtem Nachdenken zu Hause an seinem Schreibtisch wieder zurück, und zu seiner ersten Meinung zurücktrat. Auch kann ich nicht unerwähnt lassen, daß JENULL, zur Bequemlichkeit und allzu ängstlichen Pflege für seine Gesundheit gewohnt, weniger geeignet war, anhaltende und schnelle Geistesarbeiten zu liefern: konnte und wollte er doch nicht die 2. Auflage seines Lehrcompendiums[490] beendigen, obschon er dazu Muße genug gehabt hätte, da der Wie-

---

487 *(JOHANN) WILHELM DROSDIK (AUCH DROßDIK; *1791), Bürgermeister von Krakau, 1823 Präsident des Landrechts Stanislaw, später Präsident des Appellationsgerichtes Lemberg; ANTON KARL Freiherr von BARTENSTEIN; KARL von WIDTMANN, auch WIDMANN (1772–1835); LEOPOLD Graf KAUNITZ.*

488 *KARL BRAULIK; ANTON VOGEL.*

489 *JOSEF HOLLAN († 1844); 1824–1844 Vizebürgermeister; Beisitzer am Wiener Kriminal-Gericht, 1828 Mitglied der Spezialkommission für die Revision des Strafgesetzes; 1841 Rat am niederösterreichischen Appellationsgericht.*

490 *Das Österreichische Criminal-Recht nach seinen Gründen und seinem Geiste dargestellt (Graz 1837); 1837 erschien in Wien die Neuauflage.*

ner Lehrstuhl des Criminal-Rechts von ihm durch mehrere Jahre nicht versehen wurde.

[*fol. 106/4*]

73. Daraus ist erklärbar, daß es mir als Vorsitzenden viele Mühe kostete, nebst meinen appellatorischen Arbeiten und Sitzungen, den Gang der Berathschlagung in einiger Ordnung zu erhalten, und die Ungeduld des Vice-Präsidenten SARDAGNA zu beschwichtigen. Zum Glück hatte ich an dem trefflichen Actuar PALITSCHKA einen getreuen Gehilfen, um den ersten Entwurf in Text und Begründung einigermassen als brauchbares Material zu liefern.[491] Offenbar lag der Mißgriff JENULL's und des Cabinets darin, daß er nicht sein ganzes Sistem wenigstens in den Hauptzügen der Commission vorlegte, und der Hof einerseits auf die wichtigsten Anfragen und Maßregeln, die gleichzeitig, wie man endlich heute ersieht, ergriffen werden mußten, wenn [*fol. 107/1*] nicht der neue Criminal-Codex ein todtgeborenes Kind seyn sollte, keinen Beschluß faßte, andererseits auf die Beendigung der Arbeit /also auf Gerathewohl?/ drang.[492] So lange Kaiser FRANZ [*I.*] lebte (+ 2. März 1835), überwand ich meine Unlust bey dieser Commission zu verharren, denn ich war überzeugt, daß ich nicht enthoben werden, sondern des Kaisers Mißfallen mir abermahls zuziehen würde. Geduldig schleppte ich also daß Präsidium fort, und der theoretische Text in zwey abgesonderten Abtheilungen von Verbrechen, und Vergehen (schwere Polizei-Uibertretungen) [*war*] am 1. October 1834 in 100 und mehreren Protocollen nach 6 Jahren beendigt. Allein es sollte [*fol. 107/2*] noch eine dritte Abtheilung hinzu kommen, und jene Handlungen begreifen, die unabsichtlich und culpös, aber doch die Privatrechte verletzend sind, und bloßen politischen Behörden zur Entscheidung über Strafe und Entschädigung, die wirklich zugleich werden [?] Richter, gegen das jetzige Verfahren nicht überlassen werden wollten. Allein die Gränzlinie und die Existenz dieser Organe waren erst auszumitteln.

Unerwartet hatte Professor JENULL gegen den Antrag der Commission und SARDAGNA die Enthebung von der Bearbeitung dieser Ergänzung des Strafcodex aus wichtigen Gründen erwirkt. Ich schlug dem Präsidenten den Hofrath BENONI (+ 1841) dazu vor, weil er seit länger Zeit /1826/ ausschließend bey der allgemeinen und Special-[*fol. 107/3*]Commission verwendet wurde, und an der Revision des Strafgesetzes bisher den größten Antheil hatte und bey seinem Hof-

---

491 [*Note PRATOBEVERA*] Mehrere wichtige Capitel, wie über Mißbrauch der Amtsgewalt, Ausspähung, Falschwerbung, Banquerote mußte ich selbst bearbeiten.

492 [*Note PRATOBEVERA*] Dahin gehörten die von mir stets betriebenen Entscheidungen über den Criminal-Prozeß und dessen Bearbeitung, und der Organismus der ersten Criminal-Behörden, und die Gränzen ihrer Jurisdiction in Strafsachen überhaupt im Gegensatz reiner Polizei-Behörden, über Verfahren von Amtswegen oder auf oeffentliche und Privatanklage und so weiter.

marschallamte Muße genug, selbst zu literarischen Aufsätzen[493] fand. BENONI entschuldigte sich mit der Unkenntniß der deutschen Sprache? Er, der bey der allgemeinen Commission alle Gesetzentwürfe verfaßte, und deutscher Schriftsteller war; auch zum Entwurf des neuen Verfahrens wollte er sich erstlich nicht gebrauchen lassen! 5 Jahre später mußte Appellationsgerichts-Rat WEBENAU[494] diese Arbeit übernehmen, und mit Aufopferung seines Lebens (+ 1841) bezahlen, ohne die betriebene Arbeit zu beendigen. Ich hatte daher den Grafen KAUNITZ, der bey der vereinigten Hofkanzlei in politischen Strafsachen referirte, dem Präsidium in einem Berichte vom 31. März 1835, welcher sich noch vorfindet[495] und wichtig ist, namhaft gemacht; man wollte den Professor [*GUSTAV WENZEL*] KOPETZ aus Prag zur Commission für das Handelsrecht, und die politische Strafgesetzgebung nach Wien berufen, [*fol. 107/4*] aber auch KOPETZ lehnte die Einladung ab. Allen diesen Hemmnissen ungeachtet, drang von SARDAGNA und der Hof auf die Vornahme der Revision des neuen Entwurfs, der sich auch darin als Gesetzbuch minder klar und praecis darstellte, daß Verbrechen und Vergehen abgetheilt wurden, wodurch unendliche Wiederholungen und Definitionen und gemeinschaftliche Bestimmungen, und eine Anhäufung von zurückberufenen §§ nothwendig wurden; ein Uibelstand, der bey der neuen Gesetzgebung über Gefälls-Defraudationen /1839/ die Richter zur Verzweiflung bringt. SARDAGNA war auch über den Modus der Revision des neuen Entwurfes verschiedener Meinung; er wollte alle 8 früheren Beisitzer dazu bestimmen, ich eine beschränkte Anzahl von höchstens vier Beisitzern unter meinem Vorsitz.

[*Umschlagblatt:*]

493 *Vgl. bei Moritz Stubenrauch, Bibliotheca juridica austriaca, Wien 1847, Seite 31 f./ Nr. 281a–284.*

494 *WILHELM GUSTAV WEBER von WEBENAU (1796–1841), 1834 Appellationsgerichtsrat, Mitglied der Gesetzgebungs-Hofkommission in Wien.*

495 *Familienarchiv, Karton 6.*

IV. letztes Heft der Erinnerungen. XI und XII Abschnitt. Vom März 1835 bis Ende Julius 1842.

Blätter von 108 bis inclusive 150 – In allem mit 90 [! *recte 99*] fortlaufenden Absätzen.

[*fol.108/1*]

XI. Abschnitt: Von März 1835 bis Ende März 1838.

74. Die eben erwähnten Hindernisse des Fortganges der mir zugewiesenen Commissionsaufgabe kannte von SARDAGNA theils aus meinen schriftlichen, theils aus mündlichen oefteren Mittheilungen, wobey ich ihm oft erklärte, wie auch ich wünsche, nach so lang jährigen Leistungen /von 24 Jahren/ ganz von der Hofcommission in Gesetzgebungs-Sachen auszutreten.[496] Er selbst erfuhr die Langsamkeit und Unentschiedenheit des Cabinets in seinen eigenen legislativen Entwürfen. Dennoch forderte er mich ämtlich zu einer Rechtfertigung auf, warum die Revision seit 1834 auf sich beruhe; diesen Anlaß ergriff ich, nach sorgsamer Uiberlegung, den [*fol.108/2*] schon berührten umständlichen Bericht vom 31. März 1835, dessen Koncept Ihr in den Papieren findet[497], an SARDAGNA zu erstatten, und dann den neuen Oesterreichischen Kaiser FERDINAND I. am Schluße um Enthebung von der Hofcommission in Justiz-Gesetzsachen mit Beibehaltung der Dienstleistung bey dem Nieder-Oesterreichischen Appellations-Gericht zu bitten, und insbesonders den <u>wahren</u> Umstand geltend zu machen, daß seit dem Jahr

---

496 [*Note* PRATOBEVERA] Ich erklärte dieses auch sowohl dem Staatsrath *Pilgram*, als auch dem zweiten staatsräthlichen Justizreferenten dem humanen, einfachen, unterrichteten Hofrath [*fol.108/2*] ALBERT von HEß, welcher des Kaisers FRANZ [*I.*] großes Zutrauen genoß, persönlich ihm die Rathssachen vortruge, und am Todtenbette des Kaisers seine mangelhaften Anordnungen durch den Mund und Deutung der Kaiserin, wie HEß mir sagte, mit Mühe zu Papier brachte. FRANZ II. [*recte I.*] glaubte nicht an sein nahes Ende! Natürlich mußte diese Bevorzugung HEßen's den aelteren Kollegen PILGRAM empfindlich berühren, was ich aus vielen [*fol.108/3*] Aeußerungen gegen mich deutlich entnahm. Die eifersüchtigen Besorgnisse PILGRAMS hörten nicht auf. – Nach HEßen's allzu frühen Tode (+1838) scheint ihm der Nachfolger Hofrath SOMMARUGA, als Lehrer und Freund des Thronfolgers Erzherzog FRANZ KARL ein ebenso gefährlicher Nebenbuhler. Möge sich PILGRAM beruhigen, denn HEß und SOMMARUGA sind und waren weder ehrgeizig, reizbar und <u>beweglich</u>, als er selbst!!

497 *Familienarchiv, Karton 6.*

1830 eine bedeutende Abnahme des Sehvermögens bey mir eingetreten ist, die mich hindere mit und ohne Brille Schriften und Druck, besonders den letzten, ohne Anstrengung sicher und flüßig zu lesen, wovon sich die Beisitzer der Hofcommission selbst überzeugt haben müßten; doch glaubte ich, [*fol.108/3*] den die Augen weniger in Anspruch nehmenden Dienst des Appellations-Gerichts fortsetzen zu sollen. Was von SARDAGNA damahls bey Hof vortrug, ist mir unbekannt, allein über seinen Praesidial-Vortrag vom 2. April 1835 nach mehr als 2 Jahren die Allerhöchste Entschließung vom 10. November 1837 in Hinsicht meiner Person ganz kurz: daß sich Seine Majestät von dem bewährten Eifer des Vice-Präsidenten von PRATOBEVERA versprochen [*habe*], daß derselbe sich der Leitung dieses (Revision-)Geschäftes zur Verbürgung eines günstigen Erfolges mit gewohnter Thätigkeit unterziehen werde.

Dieser Aufforderung fügte ich mich, indessen es mir schmerzlich fiel, daß die mir untergeordneten [*fol.108/4*] Beisitzer Baron GÄRTNER und LOCELLA in der Zwischenzeit mit dem Stephans-Orden decorirt wurden. Graf KAUNITZ war [*als*] Referent der 3. Abtheilung [*des Strafgesetzes*] ernannt, verlangte aber eine lange Zeit, um die damit innig verbundenen Protocolle und Beschlüsse durchzugehen.

In dieser Zwischenzeit vom Jahre 1835–1837 und 1838 hatte ich zwar die Revision selbst nicht beginnen wollen, noch können, weil die Hindernisse fortbestanden; indessen hatte ich wichtige einzelne Verhandlungen mit den Hofstellen zum Beispiel über die Regulirung der Criminal-Patrimonial-Gerichtsbarkeit, über die Jurisdiction des Hofkriegsrathes über Civil-Individuen und dergleichen zur höchsten Schlußfassung vorbereitet, und in diesem Zeitraum oft längere Zeit SARDAGNA im Präsidium bey der General-Hofkommission vertreten.

[*fol.109/1*]

Seit meinem Gesuch vom 31. März 1835 hatte die Augenschwäche zugenommen, und Augenärzte riethen mir, größere Anstrengung zu vermeiden. Dieser Umstand in Verbindung mit den Widerwärtigkeiten der Kommission bestimmte mich am 22. Jänner 1838 ein neues Gesuch an Seine Majestät durch SARDAGNA um Enthebung von der Commission zu überreichen, und mich jedoch noch zur Fortsetzung des 43-jährigen administrativen Staatsdienstes zu erbiethen. Dieses Mahl konnte man nicht umhin, obgleich ungern, der Billigkeit nachzugeben. SARDAGNA trug, wahrscheinlich nach früherer Rücksprache mit dem mir sehr geneigten Staatsrath von PILGRAM und dem Minister Grafen KOLOWRAT, auf eine Ordensdecoration, die ich nicht suchte, und die Gewährung der Bitte an. Schneller als ich erwartete, und von Kaiser FRANZ [*I.*] nicht hätte hoffen dürfen, geruhte [*fol.109/2*] FERDINAND I., geruhten [!] schon am 1. März 1838 folgende Allerhöchste Entschließung zu erlassen: „Da dem Vice-Präsidenten von PRATOBEVERA seine Gesundheitsumstände nicht verstatten, seine durch eine lange Reihe von stets gleich eifrige und erfolgreiche Mitwirkung zu den Arbeiten der Hofcommission in Justizgesetzsachen ferner fortzusetzen, enthebe ich denselben seiner Bitte gemäß, von der Dienstleistung der gedachten Hofcommission, und verleihe ihm in Anerkennung der sich erworbenen ausgezeichneten Verdienste das Commandurkreuz Meines Leopold-Ordens taxfrei."

Ich gestehe, daß mir diese ungesuchte Auszeichnung Freude machte, wenn sie auch meine Lage in Gehalt und Amtsrang nicht so verbesserte, als ich verdient zu haben glaubte.[498] Der Kaiser, welcher die Verleihung der Ordenszeichen überhaupt in feyerlicher Versammlung mit [*fol.109/3*] großem Ordens-Kostüme, Ritterschlag und Vereidung und oeffentlicher Tafel, seiner schwächlichen Gesundheit wegen, seit vielen Jahren außer Uibung kommen ließ, überreicht nach eigener Bestimmung die Decoration entweder persönlich, oder durch den Obersten Kanzler /damahls Grafen MITROWSKI [*recte MITTROWSKY*]; auch die erste Auszeichnung wurde mir gewährt, und der Kaiser erinnerte sich nach seiner eigenthümlichen Weise, und glücklichen Nominal-Gedächtniße, daß er meinen staatsräthlichen Vorträgen als Kronprinz und unter Begleitung des Feldmarschalls Grafen BELLEGARDE[499], seines Obristhofmeisters, der nun ganz erblindet ist, oefter zugegen war. Leider nahm ich schon damahls seine Theilnahmslosigkeit an der Berathung, und manche auffallende Querefragen wahr. Auf solche Weise [*fol.109/4*] war ich nicht im Soll [!], und werde es nach meinem Wunsch auch nicht mehr seyn, die in der Hofgarderobe aufbewahrte volle Ordenskleidung anzuziehen, auch nicht ein Mahl für mich anpassen zu lassen; ich halte es also für nicht nöthig, die kleinen Ordensrequisiten als Handschuhe, Strümpfe und so weiter anzuschaffen. Selbst von der erhaltenen Decoration, am Hals mit breitem Band, welche nebst dem durch den Ordensherold und auch Leopoldsritter Hofrath PITTREICH überreichten Folio-Statutenbuch nach meinem Tode zurückzustellen ist; machte ich selten Gebrauch, weil ich weder die Kirchenfeyerlichkeiten noch die den Rittern zugänglichen Hoffeste, ebenso wenig als andere höhere Staatsbeamte ohne Geblüt besuche, und mich unter den Schwarmen der Hofleute isolirt, fremd, und unbehaglich fühlte, abgesehen von den Verlegenheiten der Augenschwäche in großer Gesellschaft.

[*fol.110/1*]

Es war daher nicht Rang- und Titelsucht, dass ich nach empfangenem Ordensdiplom vom 9. März 1838 den Statuten gemäß die höhere Adelsstufe des Freyherrenstandes bey der vereinigten Hofkanzley, so wie es gleichzeitig SOMMARUGA und Andere thaten, nachsuchte; sondern ich wollte dadurch meinen Söhnen und Töchtern nicht nur ein bleibendes persönliches Andenken zurücklassen, und nach

498 [*Note PRATOBEVERA*] Wiener Zeitung vom 5. März 1838 Nummero 52.

499 *HEINRICH JOSEF JOHANNES Graf von BELLEGARDE (1756–1846); österreichischer Feldmarschall.*

der Richtung des Zeitgeistes in Oesterreich auch eine größere Erleichterung des Fortkommens, in was immer für einem Stand und Beruf verschaffen. Kein Kind kann vernünftigerweise darin ein Hinderniß anständiger Beschäftigung finden, denn man findet in allen Ständen, Kaufleute, Doctoren, Advocaten, Landwirthe, Professoren, welche diese Stufe sehnsüchtig suchen, und in Oesterreich so leicht erhalten; denn [*fol.110/2*] es ist abgeschmackt und albern, nur im Prunk und Aufwand das Achtbare des Adels zu suchen, und dadurch noch mehr den Neid gegen sich aufzustacheln. Das neue Diplom des Freyherrenstandes vom 27. Junius 1838 ist größtentheils dem früheren Ritterdiplom vom 29. April 1829[500] entnommen, und das alte Wappen bloß mit den freiherrlichen Emblemen, und den Greifen als Schildträger versehen worden; die letzteren bewilligte der Oberste Kanzler Kraft seines Befugnisses. Die neue Diplomausfertigung und das Wappen kostete ebenfalls 250 Gulden Convents-Münze ungefähr, die immer vor der Ausfertigung erlegt werden müssen.

ADOLPH als aeltester Sohn möge die Diplome, die von mir gekauften kleinen Ordensinsignien, so wie überhaupt die wichtigeren Papiere aufbewahren, voraus-[*fol.110/3*]gesetzt, dass er hier in Wien wohne; sonst ersuche ich WILHELM, TREMIER und BERGMANN[501] bestens dafür zu sorgen, damit kein Missbrauch damit getrieben werden könne.

Bey dem gänzlichen Austritt aus der Hofcommission in Gesetzsachen richtete von SARDAGNA im Nahmen derselben ein schmeichelhaftes Abschiedsschreiben von 22. März 1838, das ich gehörig erwiderte.

Uns so schied ich aus dieser genannten Commission nach 26jähriger Mitwirkung friedlich[502] und ohne Groll. Viel nützlicher hätte bey einer anderen Einrichtung das Institut wirken können, und gleich nach meinem Austritt, besonders aber nach SARDAGNA's freiwilligem Austritt (im Jahr 1840) und unter der neuen Leitung von Grafen TAAFFE und GÄRTNER suchte man einige von mir längst gerügte Gebrechen zu heben. – Ich wünsche herzlich den besten Erfolg.

[*fol.110/4*]

75. In diese Periode (von 1819 bis 1838) fallen manche Nebenarbeiten für den

---

500 [*Note PRATOBEVERA*] Wiener Zeitung von 12. Juni 1829, Nummer 133 und 10. September 1838, Nummer 207.

501 *Der Sohn und die beiden Schwiegersöhne; JOSEF TREMIER 1829 verheiratet mit Tochter FRANZISKA; JOSEF BERGMANN, 1828 verheiratet mit Tochter MARIA ELISABETH († 1839) und 1840 mit ihrer Schwester LOUISE.*

502 [*Note PRATOBEVERA*] Bey meinem Austritt habe ich alle Acten der Hofcommission im Original zurückgestellt, und selbst meine nachher vertilgte zahlreichen Konzepte dem Vize-Präsidenten Baron [*FRIEDRICH CHRISTIAN*] GÄRTNER mitgetheilt, der sie mir zurückstellte. Meine Erben haben also keine Papiere der Commission, als vorhandene, zu verfolgen.

oeffentlichen Dienst, deren ich mich mich [!] oft gegen dringliche Vorstellungen, unterziehen mußte. So war ich kaum aus dem Staatsrath getreten, als der Kaiser FRANZ [*I.*] einige Tage darauf

a) am 12. Februar 1819 ein Gesuch der hofkriegsräthlich entlassenen Generale der Kavallerie Baron MACK /berühmt durch seine Unfälle in Neapel und bei Ulm 1805/ um Begnadigung zufertigte. Was konnte ich über so höchst wichtige Militär- und strategische Vorfälle Gründliches sagen ?

MACK starb begnadigt bey Wien auf seinem Landsitz, dem sogenannten Himmel.

Noch sonderbarer war

b) das Präsidium, welches mir der Kaiser durch Handbillet vom 31. December 1819 in einem veralteten siebenbürgischen [*fol.111/1*] wichtigen Fiscal-Proceß wider NICOLAUS Fürsten ESTERHÁZY de Galantha[503] puncto revindicationes trium quartalitatum dominiorum Vajda Hunyad et cetera, die TÖKELischen wirklichen Descendenten[504], den Grafen BETHLEN[505], die Freyherren von BORNEMISZA[506], übertrug, und mir die Hof-Prothocollisten der ungarischen Hofkanzlei FAY und MARKUS BENKOWICH, WAINA und SZELEKY[507] von der siebenbürgischen Hofkanzley als Beysitzer, und den ungarischen Hofsecretair /jetzt staatsräthlich-ungarischen Referenten/ von KUSSZENICZ[508] sine voto decesivo bezeichnete. Die Sache, noch aus den Zeiten der siebenbürgischen Aufstände, war bereits bey der königlich-siebenbürgischen Gerichtstafel, beym Landesgubernium, und der siebenbürgischen Hofkanzley, auch vom Palatin und der Septemviraltafel begutachtet und revidirt worden, und nun sollte der Kaiser als Großfürst und verfassungsmäßiger oberster Jutiziarius definitiv entscheiden.

Nach einigen Jahren trug endlich Hofsecretair KUSSENICZ die Rechtssache zu Gunsten des Fürsten ESTERHÁZY vor, und [*fol.111/2*] der Beschluß der Commission, mit dem ich nicht einverstanden war, wurde Seiner Majestät vorgelegt, allein im Jahr 1834 versicherte mich ein Hofrath der siebenbürgischen Hofkanzley, dass der Rechtsstreit noch unentschieden schwebe, wobey er über meine Äußerung zum Protocoll seinen Beyfall erklärte.

---

503 *NIKOLAUS II. Fürst ESTERHAZY (1765–1833); 1794 Inhaber des fürstlichen Majorats der ungarischen Magnatenfamilie ESTERHAZY.*

504 *EMERICH TÖKELY (1656–1705); protestantischer Adeliger.*

505 *Gemeint ist wohl GÁBOR (GABRIEL)BETHLEN von IKTAR (um 1580–1629); 1613–1629 Fürst von Siebenbürgen, Anführer eines anti-habsburgischen Aufstandes im Königlichen Ungarn auf dem Gebiet der heutigen Slowakei.*

506 *Freiherren-Geschlecht in Ungarn.*

507 *BARNABAS FAY, SERVATIUS BENKOWICH, ANTON WAINA von PAVA, MICHAEL SZEKELY von KILLYEN.*

508 *THADDÄUS von KUSSZENICZ (auch KUSSENICS), früher Hofsekretär.*

c) Eben so hatte mich der Kaiser im Jahr 1825 mit einer persönlichen commissionellen Untersuchung der Beschwerde des Freyherrn ANTON von TINTI /Oberlieutenant und nachherigen Staatsrath-Concipisten/ beauftragt. Er beschwerte sich, dass das Nieder-Oesterreichische Landrecht gesetzwidrig und unvorsichtig ein Fidei-Commiß-Capital von 150.000 Gulden in 2½ [*% verzinslichen*] Obligationen an den böhmischen Gutsbesitzer und Fabriksinhaber FERDINAND SCHENER [? *SCHERER*] auf ein werthloses Besitzthum ausgeliehen habe; und forderte sowohl [*fol.111/3*] von dem Landrecht als auch dem Fiscus Ersatz, da aus der Crida-Masse des SCHENERS nichts zu erwarten sey. Zu dieser außerordentlichen unregelmäßigen Commission, die Baron MÜNCH ersann, war die Veranlassung, daß das Gesuch des TINTI um Ausspruch der Verantwortlichkeit des Landrechts und Schadenersatz dilatorisch als frühzeitig bey dem Nieder-Oesterreichischen Appellations-Gericht nach Stimmenmehrheit und besonders auf Andringen des Präsidenten Baron GÄRTNER zurückgewiesen worden, weil es noch nicht klar und erwiesen sey, daß vor beendigtem Konkurse des SCHENERS ein Schaden durch die Handlung des Landrechts erwiesen sey. Dieser Beschluß des Appellations-Gerichts war nun freilich irrig, da die Beschädigung des TINTI, wenn auch nicht gerade der Ziffer nach, doch im Ganzen bedeutend vorlag, und im Syndicatswege die Partei von dem oberen Gericht wenigstens das Erkenntniß [*fol.111/4*] über Verschulden und Pflicht des unteren Richters zur Sicherstellung und Haftung für den, wenn auch später zu liquidirenden Betrag des Schadens vorlegen kann, nach welcher Maxime auch das Nieder-Oesterreichische Appellations-Gericht vor und nachher, so wie die Oberste Justiz-Stelle, verfahren ist. In diesem einzelnen Falle ließ ich mich als erster Votant verleiten, die Stimmengleichheit herzustellen, um dem Präsidenten die Entscheidung der Sache zu überlassen. Er faßte nun das Conclusum zur temporairen Abweisung des TINTI, obgleich das Nieder-Oesterreichische Landrecht selbst seinen meritorischen Spruch verlangte. Daraus entstanden nun Verwicklungen und Widersprüche, die am Ende durch den Fiscus gebüßt wurden. Die Oberste Justiz-Stelle hatte nämlich auch durch Stimmenmehrheit den Baron TINTI vor der Hand abgewiesen, und Staatsrath MÜNCH, der dennoch nicht entscheiden wollte, kam auf [*fol.112/1*] den, eines Justizchef's unwürdigen, ungenirten Einfall, die Präsidien der Obersten Justiz-Stelle, und des Appellations-Gerichts, so wie die Mitglieder und Räthe, welche den an sich unentschiedenen Beschluß beitraten, dafür (also für eine juristische Ansicht und Meinung in einer einzelnen Parteisache) dem Baron TINTI zur Entschädigung verantwortlich zu erklären, welcher in der Folge Anlaß nahm, auch diese Personen mit Processen, und Realitätenbelastung zu bedrohen.

Ich leitete nun mit Baron AUER und PLAPPART[509] eine genaue meritorische Untersuchung der Sache ein, und [*wir*] fanden einstimmig das Verschulden des Nieder-Oesterreichischen Landrechts in der Sache nachgewiesen, und stellten aber vor, wie unausführbar die Vertheilung der allfälligen Entschädigungssumme auf die einzelnen Räthe, den Referenten Landrath GUTTENBERG[510] und die Erben bereits verstorbener Glieder seyn würde. Ich rieth dem Hofe, dem nicht contradictorisch gefassten, und gar nicht verlangten [*fol.112/2*] Zwischenbescheid der beiden früheren Behörden aufzuheben; sie zur meritorischen Verhandlung der Sache anzuweisen, dem Cridatar SCHENER aber die früher schon erhaltene Lotterieausspielung ohne Tax-Procent-Bezug als Versuch, neue Zahlungsfonds herbeyzuschaffen, zu belassen. Eine höhere Entscheidung vom 9. Jänner 1827 belobte die Commission, und mein Gutachten; allein die Sache ward an das böhmische Appellations-Gericht verwiesen, welches dann den Fiscus /?/ zur Entschädigung primario verurtheilte, salvo regressu gegen die landrechtlichen Mitglieder, und contra quemcumque. Das leicht nachzusehende Ende dieser Geschichte war, daß dem ungestümen Querulanten Baron TINTI das Aerarium Entschädigung (aus welchem Rechtsgrunde?) leistete, und alle weitere Verfolgung [*fol.112/3*] der schuldhaften Gerichtspersonen nach sieben Jahren niedergeschlagen wurde.

d) Eine noch wichtigere Rechtssache wurde durch die die [!] Liebhabung des Kaisers für die Juristerey, und als 2. Oesterreichischen JUSTINIAN nach den verkehrten Rathschlägen seiner Hofjuristen in eine weit schlimmere Lage für den oeffentlichen Schatz, und das Ansehen der Regierung gebracht – ich meine den auch in oeffentlichen deutschen Blättern besprochenen Rechtsanspruch des Fürsten WINDISCHGRÄTZ für angeblich widerrechtlich confiscirter Güter in den böhmischen Unruhen unter FERDINAND II. Doch da das Ende dieser merkwürdigen Verhandlung in die letzte Zeit meiner appellationsgerichtlichen Dienstleistungen fällt, so werde ich denselben kürzlich im folgenden Abschnitt erwähnen.[511]

[*fol.112/4*]

e) Die Herausgabe der Materialien, deren ich im 61. Absatz, Bogen 80–82, bereits erwähnte, beendigte ich in dieser Zeit (1819–1824), und habe schon die Gründe entwickelt, aus denen ich meine jetzige Muße und Enthebung von Ge-

---

509 *HIERONYMUS AUER, 1817 Rat am niederösterreichischen Appellationsgericht, später Präsident des Stadt- und Landrechts in Linz; ANTON PLAPPART Freiherr von LEENHEER [(1779–1860); 1832 Hofrat der Obersten Justizstelle, Mitglied der Gesetzgebungshofkommission (Summarverfahren) bis 1845: Gesetz; Mitglied der Studienhofkommission und Präses und Studiendirektor der Juridischen Fakultät in Wien.*

510 *FRANZ ANTON GUTTENBERG († 1845), 1801 Rat am niederösterreichischen Appellationsgericht.*

511 *Siehe unten fol.123/2 bis 139/3 (Absatz 84–92).*

schäften weder einer neuen Umarbeitung unterziehen, noch zur Zeit der juristischen Schriftstellerei mit Erfolg widmen konnte. Gegenwärtig /1830–1841/ ist die Censur in Oesterreich fortdauernd mit ängstlichem Mißtrauen überwacht, und der furchtsame Chef, zugleich Polizeypräsident, Graf SEDELNICKI [!] ist hierin das willigste Organ des Fürsten METTERNICH; denn so groß die Verdienste dieses Nestors der europäischen Diplomatie um die regierende Dynastie, [*fol. 113/1*] um die Wiederherstellung der Macht, und des Glanzes der Oesterreichischen Monarchie, dem Auslande gegenüber, seyn möge: so läßt sich doch nicht läugnen, daß er dieser Einen Idee die Interessen der in dem Oesterreichischen Verbande lebenden Völker, deren Nationalität und Bedürfnisse er in der Nähe nicht kennen gelernt hat, nur allzuoft aufopferte, und seit dem Jahr 1815 wenig um die Restauration des inneren Wohlstandes der Monarchie, der eigentlichen Lebenskraft der Staaten, bekümmert war. [*Prinz*] EUGEN[512] und KAUNITZ, SULLY sind nicht seine Vorbilder; seinen historischen Nahmen und Ruhm will er der absoluten geistlichen und Militairmacht, und den alten Privilegien allein anvertrauen. Möge er die nächste Zukunft nicht die [*fol. 113/2*] Folgen seiner Furcht und seines Hasses gegen constitutionelle Theilnahme der oeffentlichen Meinung an den neuen Regierungsangelegenheiten, die doch für jeden Denker wichtiger sind, als wohlfeiler Zucker, Kaffeh, Eisenbahnen und dergleichen, nicht [!] erfahren.[513]

Sein System, auch in fremden Staaten mit Waffengewalt, jede Regierungsveränderung verhindern zu wollen, hat nicht nur blutige Katastrophen in Italien, Griechenland, der Türkey, Spanien, Pohlen beschleunigt, sondern unsägliche Geldverschleuderungen verursacht, und die Früchte des 25jährigen Friedens größtentheils verkümmert, und den intelligenten Cabinetten von Petersburg und Berlin ein drohendes Uibergewicht vielleicht in die Hände geliefert, – – –

[*fol. 113/3*]

Das Schlimme bey dieser Richtung eines so hohen Geistes ist überdieß sein mächtiger Einfluß auf die Beamtenwelt und selbst die Justizverwaltung. Als ein gelehrter Freund den verstorbenen Hofrath BENONI /+ 1841/ in einem Nekrolog in der oeffentlichen Meinung im Andenken damit ehren wollte, dass er ihn als freisinnigen Besitzer der Hofcommission in Gesetzsachen, als Berichterstatter in diesem oder jenem kundgemachten nützlichen Justizgesetz schildern wollte, widersetzte sich der sonst so humane und verständige jetzige protestantische Vice-Präsident der Commission Baron GÄRTNER aus dem Grunde, dass dadurch das in

---

512 *Prinz EUGEN von SAVOYEN (1663–1736), österreichischer Feldherr und Staatsmann.*

513 [*Note PRATOBEVERA*] Sehr genau weiß ich, daß der unschuldige, so eben /1841/ gestattete juridisch-politische Verein unter beständiger Controlle der Polizey und Censur dem Fürsten METTERNICH mißfällig erschien; in Wien steckt wahrlich nichts Böses dahinter, denn so vielen Verstand besitzen doch die oesterreichischen bekannten Leser der Journale, und Zeitungen.

Oesterreich geltende Amtsgeheimniß verletzt werde, und das Publicum nicht zu wissen brauche, wie und durch [*fol.113/4*] wen ein Gesetz zur Wirksamkeit gebracht worden. Nach meinen Begriffen ist Amtsgeheimniß beschworene Beamtenpflicht, wo die Verletzung die [!] Rechte und Ehre des Staates, oder der Privaten unter sich /in Partey- und Criminal-Sachen/ gefährden könnte; nicht aber bey den Discussionen über kundgemachte Gesetze, und deren Proponenten. Wenigstens hatte weder der alte Präsident von HAAN, der doch auch die Französische Revolution überlebt hatte, bey meinen Materialien, auch Hofrath ZEILLER in seinem Commentar, und seinen jährlichen Beiträgen das Oesterreichische Amts- oder Actengeheimniß so verstanden, wie jetzt Freiherr von GÄRTNER – – – –

f) Zu einer oeffentlichen Wirksamkeit in dieser Periode (1819 bis 1825) darf ich noch das in Jahr 1824 geführ-[*fol.114/1*]te einjährige Rectorat der Universität von Wien, dessen Unbedeutsamkeit seit der bureaucratischen Oberaufsicht der politischen Stellen ich schon anderwärts berührte, obgleich das Einkommen doch noch Gulden 759– betrug.[514]

67. [*recte 76*.] Ich übergehe zu den wichtigeren Privatgeschäften dieser Periode, die zunächst zwar Fremde, aber auch meine Familie berühren und deren Kenntniß Euch nützlich ist.

Zuerst

I. Der Venediger Appellationsgerichts-Präsident ROTTMANN (+ 1815 durch Selbstmord) hatte, wie ich schon erwähnt zu haben glaube, ein großes Vermögen von seiner ersten Frau, einer abgeblühten Tochter des ersten alten Krakauer Handelshauses, BARBARA HALLER (+ 1805) geerbt, und daraus eine Stiftung von jährlichen 120/m [*120.000?*] Neuer Wiener Währung zum Vortheil der Verwandten, [*fol.114/2*] und dreyen fremden Familien, nämlich TESCHENTHAL, MARISCHLER-ROTTERHEIM, und die meinige, für männliche und weibliche Nachkommen, nach der ihm von der Erblasserin auferlegten Pflicht, angeordnet. Da ich unter diesen Familien allein als Machthaber und in eigenem Interesse die Ansprüche vertreten mußte, hatte ich nach unglaublichen Schreibereien, wie die Acten zeigen, doch nur soviel erreicht, daß über die verworrene und unausführbare Stiftung zwey Allerhöchste Stiftbriefe von Jahr 1812 und 1835 ausgefertigt, der ungebundnen Administration der Stiftung, der jeweilige Bischof von Tarnow, doch einiger Controlle unterworfen, und zur Anerkennung unserer Concurrenz durch Intimation von 24. December 1840 nach 25 Jahren genöthigt, und die einzige Tochter des ROTTMANN, jetzt Gräfin BOBROWOSKA und lebenslängliche

514 [*Note* PRATOBEVERA] Näheres findet ihr darüber in meinem Actenfaszikel. [*Familienarchiv Karton 3: Promemoria betreffend die Ansprüche der Freiherrlich* PRATOBEVERA*'schen Familie an die 1784 gegründete J[OSEF]. A[NTON]. HALLER'sche Stiftung.*]

[*fol.114/3*] Nutzniesserin der Herrschaft Dwory mit der Klage um Ergänzung des Pflichttheils durch das Nieder-Oesterreichische Landrecht und das Appellations-Gericht abgewiesen wurde. Allein weder ich noch die mir vorgehenden beiden Familien erhielten bisher einen Kreutzer für die Kinder, und die BEATHE[515] wird wohl auch nach meinem Tode vergeblich darum einschreiten. Ich mache vor der Hand keine weiteren Schritte, und lasse die beiden Familien TESCHENTHAL und MARISCHLER selbst die wirkliche Betheilung aus der Stiftung, und eine erst zu bestimmende Administrations-Modalität zum Schutze aller Interessenten betreiben.

Die weitläufigen Acten sind also nicht zu vertilgen, weil sie doch über die Beschaffenheit der Stiftung, und über die Ansprüche Licht verbreiten. [*fol.114/4*]

II. Graf JOSEPH MAXIMILIAN TENCZYN OSSOLINSKI[516], geheimer Rath, Präses der Hofbibliothek, und Oberst-Hofmeister im Königreich Galizien, starb im Jahr 1826 mit ebenso weitläufigen testamentarischen Anordnungen, und Stiftungen eines nationalen literarischen Instituts in Lemberg, dem er ein jährliches Einkommen von 7.000 Gulden Convents-Münze hypothekarisch sicherstellte. Ich ließ mich herbei, auf sein vieles Andringen, und der Erbsinteressenten die Execution des Testaments und die Vormundschaft über seine Pflegetochter CAMILLA, geborene ELLMÄURER, nun wieder verehelichte Hofräthin ENDER[*E*]S, zu übernehmen, wofür ich mich mit dem empfangenen Legat pro 500 Gulden für die durch 15 Jahre und noch jetzt dauernde Administration begnügte, und nichts weiter in Anspruch nehmen will. Die Acten werden aufzeigen, welche Geduld, [*fol.115/1*] Arbeit und Beharrlichkeit es mir [!] kostete, die Abhandlungs- und Substitutions-Verhandlungen bey dem Nieder-Oesterreichischen, und Tarnower Landrechte, dem Magistrate als Pupillar-Instanz der CAMILLA und Curatelsinstanz ihrer vorhandenen oder künftigen ehelichen Kinder, denen 3000 Gulden nach ihrem Tode zugedacht sind, [und] den politischen Stellen durchzuführen. Die vielen Pensionen und Legate sind berichtigt, insbesondere CAMILLA mit den jährlichen 300 Gulden und der OSSOLINSKIsch-, jetzt fürstlich-WINDISCHGRATZische Haushofmeister ISIDOR COCIANCIG mit jährlichen 72 Gulden bis Ende December 1841 pünktlich ohne Abzug und Kosten durch mich gegen Quittungen bezahlt, so wie CAMILLA nach erreichter Großjährigkeit und bey der 2mahligen Vermählung die gemachten Ersparnisse, und die Ausstattungssumme zu 1000 Gulden erhalten hat. Mit dem Universal-Erben THEODOR BRONIEVSKI,

---

515 *Die jüngste Tochter von PRATOBEVERA.*

516 *JOSEF MAXIMILIAN OSSOLINSKI Graf von TENCZYŃ [(1809–1826); polnischer Gelehrter, Präses der Hofbibliothek in Wien, und Oberst-Hofmeister im Königreich Galizien.*

wohnhaft in Zgorśko, Tarnower Kreises, sind alle Rechnungen bis December 1841 durch die Adjustirung und dankbare Original-Briefe abgethan.

Meine Erben haben daher bey der Uibergabe [*fol.115/2*] der noch vorfindigen Acten alle Documente zurückzuhalten, und auszuscheiden, die zu ihrer Bedekkung gegen die Erben, die Legatare, und Pensionisten dienen können.

III. Ebenso lästig war die Führung des Processes, der durch viele Jahre gegen den Schuster JOHANN BAUMANN durch Dr. GOSTISCHA Senior für die Brüder KOLBACHNER [?] betreiben mußte. Die letzteren, namentlich CARL KOLBACHNER, vertrauten ihm, als angeblichen Handelsberechtigten gegen 30000 Gulden Convents-Münze an Commissions-Waaren und Geldern [*an*], mit denen er nach falschen Bilanzen zum Vortheil der KOLBACHNER lange Zeit speculirt haben wollte. Endlich zeigte sich, daß er kein Handelsbefugniß, keine Firma hatte, und nur bloß Commis der Tuchfabrikanten OFFERMANN aus Brünn war.[517] OFFERMANN [*fol.115/3*] mußte viele Wechsel bezahlen, die BAUMANN unter der Firma OFFERMANN ausstellte, allein der KOLBACHNER hatte keine solche Wechsel, nur BAUMANNische Conti und Briefe; er behauptete jedoch, daß der KOLBACHNER Gelder für OFFERMANN mit ihrem Wissen verwendet wurden, und trug als Vertretungsleister der KOLBACHNER den Haupteid auf. An diesem Proceß wurde drey Tage beym Appellations-Gericht referirt, und der zuerkannte Haupteid von OFFERMANN verneinend abgelegt. Damit war die Sache verloren, und da KOLBACHNER bereits über 700 Gulden Convents-Münze an Taxen und Advocaten-Gebühr bezahlt hatten, so ließ ich den Advocaten in keiner Weise mehr fruchtlos in der Sache verfahren. BAUMANN leistete als Cridatar und Visirschneider Abschlagszahlungen von 10 und 15 Gulden zuletzt an den Großhändler MEDIASZAR, dessen Tochter den Pastor [?] KOLBACHNER geehelicht hatte, und so hatte ich mir den BAUMANN vom Halse ge-[*fol.115/4*]schafft. Mit KOLBACHNER in allen vieljährigen Geldrechnungen [bin ich] mit Ende des Jahres 1841 ganz ausgeglichen, und die etwa vorfindigen BAUMANNischen Acten sind nach Bielitz zu schicken.

IV. Die von mir geführte, dann an Dr. IWAN übertragene Vormundschaft über die HENRIETTE HEINRICH[518], gegenwärtig verehelichte PRECHTLER, ist vollkommen abgethan, und die wenigen Papiere ihr anzubiethen.

V. Verdrießlicher war die Vormundschaft über die Kinder des Hofraths MARISCHLER von ROTTERHEIM, insbesondere die hübsche ANNA, welche nach dem Tode des Vaters als Pupillin den Professor KAUFMANN[519] heirathete, und früh

---

517 *KARL OFFERMANN (1792–1869) leitete seit 1819 die Tuchfabrik.*

518 *Tochter des Hofrates bei der Obersten Justizstelle JAKOB HEINRICH (1753–1827).*

519 *JOHANN BAPTIST KAUFMANN (1788–1822); Professor des Römischen und des Kirchenrechts am Theresianum in Wien.*

Witwe und Mutter eines Sohnes /EDUARD, nun Practikanten der Hofkammer-Procuratur/ geworden war.

Der Schwiegervater JOHANN KAUFMANN städtischer [*fol.116/1*] Gülten-Schätzmeister, ein reicher Mann, der wegen arglistiger Schätzungen und Bestechlichkeit in Civil- und Criminal-Processe verfiel, wollte im Ernst den Liebhaber der hübschen Schwiegertochter spielen, und in seinen Bemühungen zurückgelassen,ward der kräftige Schwiegervater nun der erbittertste, unversöhnliche Feind seiner Schwiegertochter, und wollte das Kind der Mutter ganz entreissen. Vergeblich waren meine Versuche zur Herstellung des Friedens; KAUFMANN beschränkte den Enkel auf den Pflichttheil, und machte mit dem übrigen Vermögen Legate und Stiftungen.

Noch jetzt ist die Ziffer des Pflichttheils nicht ganz bey dem Wiener Magistrat ausgemittelt. Doch nehme ich seit der Wiederverehelichung der Witwe KAUFMANN mit dem Hof-Commerzien-Rath [*FRANZ XAVER*] SPURNY [... *unleserlich* ...] [*fol.116/2*] keinen weiteren Einfluß, und weder ich, noch sie haben wechselseitige Forderungen.

Ich übergehe vieler andere Privatgeschäfte zum Vortheil dritter Personen, wie zum Beispiel in der Cridaverhandlung nach meinem Bruder[520] und anderen Verwandten. Meine Erben mögen aus meinen Notizenaufschreibungen den Anhaltspunct und die Versicherung festhalten, daß ich mit Ende December 1841 aus allen solchen Geschäftsführungen nichts zu fordern, aber auch nichts in Händen behalten habe, und alle die Arbeiten unentgeltlich geleistet, und den Interessenten, den Advocaten- und Agenten-Verdienst erspart habe.

[*fol.116/3*]

68. [*recte 77.*] Näher liegen uns die glücklichen und unglücklichen Ereignisse dieses Zeitabschnittes im Kreise unserer Familie (1819 bis 1838). Zu beiden gehören:[521]

a) Die Geburt der Herbstblume BEATHE (16. Julius 1824), die zu meiner Freude Geranien zu wollen scheint, obgleich ich die vollen Blüthen kaum sehen werde. Möge sie sich, an der Hand ihrer Schwestern und Brüder, vor Gefahren und Thorheiten ihres Alters zu schützen wissen. Dieß ist das schönste Denkmal der Dankbarkeit für mich und ihre Mutter.

b) Die Vermählung meiner unvergeßlichen MARIE /20. October 1828/, der es [?] durch Mitwirkung des Staatsraths Baron MÜNCH nach meinem innigsten Wunsch gelang, die väterliche [*fol.116/4*] gewohnte Heimath nicht zu verlassen, und an der Eltern Seite ein stilles und doch gemächliches Leben, leider zu kurz,

---

520 [*Note PRATOBEVERA*] in meinen Geldrechnungen mit ANTON ENZENDORFER, [*JOSEF*] WOLF, ADOLPH [*PRATOBEVERA*] in Frankfurt, [*PETER*] IWAN und so weiter.

521 *Zur Familiengenealogie siehe oben I.B.*

zu leben. Wohl den Kindern und ihrem Vater[522], daß sie an LOUISEN eine zweite ebenso zärtliche und sorgsame Mutter und Gattinn gefunden [*haben*], wie [!] ich noch darauf zurückkomme.

c) ADOLPH vollendete seine Studien – das Doctorat (25. Mai 1830) – und alle richterlichen Prüfungen. Er suchte bey dem Cameral-Fach und als Advocat sein Brod. Die Vorsehung, welche ihn wunderbar vor Erblindung durch unvorsichtiges Spiel mit Pulver (1826) gerettet hatte, hatte ihm, wenigstens bis nun, ein besseres Los beschieden, und obgleich er, ohne Besoldung, die Hand seiner AMALIE[523] erhielt (12. Julius 1830), konnte er bald darauf, durch MÜNCH*'s* und PILGRAM*'s* Unterstützung, selbständig sein Haus ordnen. Seine Mutter erlebte diese Freude, so wie manche andere, nicht - - - - -

Ihm wünsch' ich nur Gesundheit, Mißtrauen in die Dauer der Gunstbezeugungen des Glücks. So wie er in seinem einzigen [*fol.117/1*] hofnungsvollen Kinde ADOLPHINE /geboren 10. Mai 1831/ Trost und Liebe finden wird; so wird sein warmes Gefühl, dessen bin ich gewiß, nicht aufhören, der Freund, Rathgeber, und Beschützer seiner Geschwister nach einen Kräften zu seyn[524].

d) FANNY lebt glücklich und zufrieden in ihrem Ehestande (vermählt 15. October 1829) und hat Geist und Charakter, um schmerzliche Entbehrungen zu ertragen; sie war mir und ihren Schwestern so oft mit voller Hingebung in traurigen Tagen entgegengekommen.

e) LOUISE, geboren 15. October 1807 /zur Pfarrkirche am Hof getauft/, dieses treu lebendige Bild der Mutter von engelreinem Gemüth, und vielleicht zu überströmendem Gefühl und einem reizbaren Nervensystem, das durch den Tod einer geliebten Mutter (1832, 27. August) [*fol.117/2*] durch eine schwere, durch die Leiden ihres Schwagers BERGMANN und ihrer Schwester angeregte Krankheit (1834)[525] höchst angegriffen ward.

LOUISE war bald darauf in eine Seelenkrankheit einer gehofften und getäuschten Liebe, deren Schleyer noch nicht ganz gelüftet ist, verfallen, aber auch daran kam die durch Gottes Gnade, und die zarte Behandlung von FANNY und AMALIE, durch wieder erwachte unermüdliche Arbeitslust, durch Erholungsreisen, die ich mit ihr nach Ofen, Ischel [!], und Steyr, und Bielitz in diesen Jahren unternahm, gänzlich zurück, und übernahm allein die Sorge für mein Haus, und die Erziehung der BEATHE im Jahr 1835.[526] Mein stetes und letztes Gebeth zu Gott wird

---

522 *JOSEF BERGMANN, er war mit beiden Schwestern verheiratet.*

523 *(1805–1857); Tochter des Hof- und Gerichtsadvokaten KASPAR WAGNER.*

524 [*Note PRATOBEVERA*] Uiber ADOLPHS weitere Geschichte bis Ende 1842 weiter unten. [*144/1 ff.*]

525 *Korrigierende Anmerkung mit Bleistift zum Text:* 1835 5 April.

526 [*Note PRATOBEVERA*] Nachdem die Familie WAGNER nach Steyr, und ADOLPH in Jahr 1838 [*fol.117/3*] nach Frankfurt am Main eine neue Bestimmung erhielt.

seyn, daß Er diese und mir so innig anhängliche Tochter von einem Rückfall in diesen mitleidenswerthen Seelenzustand gnädig bewahren möge.

f) WILHELM widmete sich mit großem Fleiße den medizinischen Studien, [*fol.117/3*] und erlangte im Jahr 1836 das Doctorat unter der freundschaftlichen Mitwirkung des Professors CZERMAK[527], dem er später so wie überhaupt den Professoren seines Faches, oder Praktiker von Ruf sich nicht mehr näherte, was ihm doch, abgesehen von allen pekuniairen Rücksichten, nur nützlich für Bildung und späterer Subsistenz auch dann hätte seyn können, wenn er dem alltäglichen Treiben der Aerzte, und an dem leidigen Zerfall der medizinischen Systeme Eckel und Widerwillen fand.[528] Wollte WILHELM aber an medizinischer Theorie, und Praxis ganz und gar nicht mehr Geschmack und Lust finden: So hätte ich ihm, wie ich oft nach seinem Austritt aus der Stelle im Inquisiten-Spital im Jahr 1839, die ihm durch die Gunst des Nieder-Oesterreichischen-Regierungspräsidenten Freyherrn von TELACZKO-GESTIETITZ[529] auf meine vielfältige Sollicitation verliehen ward, geäußert habe, [*fol.117/4*] die freie Wahl gelassen, Wien zu verlassen, oder eine andere, seinen Verhältnissen und Fähigkeiten würdige Bahn einzuschlagen. Dabey hätte ich ihm dieselbe Unterstützung, die er noch nach aelterem mütterlichen Erbtheil von 1.500 Gulden Convents-Münze bis jetzt unausgesetzt genoß, und noch genießt, und die er schriftlich am 21. Februar 1840, und 30. Jänner 1839 anerkannte, nie verweigert.[530] Eine solche Berufsänderung ist nichts Außerordentliches; auch ich war noch mit väterlicher Zustimmung Kaufmann, Advocat, zuletzt Beamter, jetzt Studierender.

Man sah Officiere und Feldherrn aus Neigung Mönche werden, und der größte Kirchenlehrer St. AUGUSTINUS war über 40 Jahre alt, als er, obgleich reicher Sohn einer großen Familie, unter AMBROSIUS als Katechumen den christlichen Religionsunterricht durch 2 Jahre empfing, und erst sich taufen ließ.[531]

---

527 *JOSEF JULIUS CZERMAK (1799–1851); Professor der Medizin an der Universität Wien.*

528 [*Note PRATOBEVERA*] Wien wird doch noch jetzt einen oder den anderen Gelehrten und erfahrenen Arzt besitzen, von dem auch nach geendigten Studien den Anfängen zu lernen [!], und seinen Vorträgen zuzuhören sich nicht schämen darf.

529 *Recte JOHANN ADAM TALATZKO Freiherr von GESTIETICZ (1778–1858), niederösterreichischer Regierungspräsident von 1830 bis 1848.*

530 [*Note PRATOBEVERA*] So seit 1. Jänner 1841 bis letzten December mit Gulden 548– Convents-Münze; frühere Rückstände: Vorschüße mit Gulden 170– Convents-Münze im Jahr 1840 nicht gerechnet.

531 *AURELIUS AUGUSTINUS (4. Jahrhundert), bedeutender lateinischer Kirchenvater; AMBROSIUS (4. Jahrhundert), Bischof von Mailand.*

TÜRKHEIM[532], auch Baron, und jetzt die erste Notabilität im ärztlichen Fache, bey einer abschreckenden Persönlichkeit, studirte bey Lebzeiten des Vaters die Rechte, und wählte dann die ärztliche [*fol. 118/1*] Laufbahn. Professor REMBOLD[533] vom Schicksal bis zur Dürftigkeit verfolgt, und Frau und 9 Kindern ohne Nahrung, hatte den Muth, medizinische Studien zu machen, und so auf rühmliche Art seine Lage, obgleich schwach zu verbessern. Solche Charaktere und Beispiele müssen uns zur Ausdauer, Geduld und Thätigkeit, wenn sie auch nicht sogleich bezahlt wird, ermuthigen!![534] Wenn also WILHELM im väterlichen Hause mit allen Bedürfnissen reichlich versehen, wie er sie kaum jemals mehr zu befriedigen im Stande seyn dürfte, einen geheimen Unfrieden in den letzten Jahren verborgen, und dabey blos passiv und unthätig verhalten hat, so kann er es nur seiner Verschlossenheit und dem Mangel an Zutrauen gegen Vater und liebende Verwandte zuschreiben, wodurch [*fol. 118/2*] er am Ende den vielleicht nicht ungerechten Anschein von selbstsüchtigem, störrischem Dünkel (ohne wohlwollende, theilnehmende Gefühle für Andere) gegen sich zu erregen Gefahr laufen wird. Alle diese Reflexionen sind mir nicht erst jetzt eingefallen; ich habe sie ihm unter Vier Augen oft an's Herz, und noch neuerlich /im Jänner 1842, in einem Schreiben/ an's Herz gelegt [!]. Möchte er diese Zeilen manchmal ruhig und mit Achtung gegen Alter und Erfahrung lesen und wieder lesen, anstatt parasitischen oder verstellten Freunden und Schmeichlern das Ohr zu leihen. – Er wird darin, so wie auch nach meinem Tode die Uiberzeugung erhalten, daß ich ihn, wie alle meine Kinder liebte, wenn ich nicht seinen jugendlichen Einfällen, und Ansichten von nothwendigem großen Aufwand bey der Antretung einer Praxis und eines Haushalts nachgeben konnte, und nicht nachgeben werde. [*fol. 118/3*] Welch ein Wahn im Publicum auf diesem Wege Vertrauen und Ruf dauernd gewinnen zu wollen. Dieß ist die Philosophie der genußsüchtigen, leichtsinnigen Thoren und Glücksjäger, die sehr bald Verachtung und Schmach und den Schuldthurm, oft Verzweiflung und Gewissensbisse zum Lohn enpfangen. Und wenn selbst ein solches Hazardspiel zuweilen gelingt, so ist der Versuch schon verächtlich, und zugleich eine große gewissenlose Verletzung der Pflichten gegen Andere, die man leichtsinnig augenscheinlicher Gefahr und Bemächtigung Preis gibt. Nie habe ich von meinen Söhnen verlangt, daß sie gegen ihre Neigung in einer Heirath ihr Glück suchen, oder Wien nicht verlassen – das hab ich bey ADOLPH und MORIZ bewiesen; aber das verlange ich wohl mit Recht, daß sie ledig oder verheirathet, in was immer für einem Berufe, durch Thätigkeit, Bildung [*und*] vernünftige Sparsam-

532 *LUDWIG TÜRKHEIM (1777–1846); Vizedirektor des medizinisch-chirurgischen Studiums in Wien.*

533 *LUDWIG REMBOLD (1785–1844); Professor der Medizin.*

534 [*Note PRATOBEVERA*] Denn der Mensch muß dem Glücke aus eigenem Trieb den Weg bahnen, und den Erfolg von der Vorsehung erwarten.

keit sich aus dem großen Haufen sich emporzu-[*fol. 118/4*]heben suchen, wozu ich ihnen jeden mir möglichen Beistand, mit eigener Aufopferung, mit Freuden leistete[535].

g) MORITZ, der frühzeitig nach seinen körperlichen und geistigen Anlagen zu wissenschaflichen Anstrengungen sich ungeeignet zeigte, ließ ich und die Mutter – nicht ohne große Besorgniß – im 17. Lebensjahre Cadet werden. Er wurde Fähnrich im Jahr 1830, als er am Cholera-Cordon bey Bielitz stand, durch die Gunst seines tapferen Proprietair's Grafen SALIS, und des damahligen Obersten Grafen HARTMANN.[536] Die ungebundene unliterarische Lebensweise, das Beispiel und die Verführung hoher und niedriger Kameraden rissen ihn durch mehrere Jahre zu Unordnungen hin, die mir und der Mutter Verdruß und Kummer, und viele Aufopferungen kosteten. Sein mütterlicher [*fol. 119/1*] Erbtheil pro 1500 Gulden Convents-Münze genügte nicht mehr zur Bezahlung seiner Schuldenlast, nachdem er nach Prag als Lieutenant bey den Grenadiren unter der Aufsicht des Obersten [*JOHANN*] MATTUSCHEK gelangte, und in das Haus des Dr. IWAN Zutritt erhielt; hatte sein Charakter mehr, und wie ich hoffe und wünsche, bleibende Festigkeit und Rückkehr zur Ordnung angenommen. An dieser Sinnesänderung hatte, wie er selbst dankbar oft bekannte, seine vortreffliche MARIE vorzüglichen Antheil, die ihm im Jahr 1841 ihre Hand reichte, obgleich ich ihr, und ihrem sorgsamen Vater offen die Unmöglichkeit eröfnete, das Schicksal der Tochter als Witwe und Gattin sichern zu können. Darin haben wir uns nun zu gemeinschaftlichen Beiträgen vereinigt.[537] Möge diese glückliche Ehe ungestört fortdauern, und darüber hätte eben so seine Mutter, wie ich, mit Freuden alles früher Vorgefallene [*fol. 119/2*] der Vergessenheit übergeben. Er möge sich also vollkommen beruhigen, und nur für das Glück seiner Gefährtin, die ihm so viele Opfer brachte, und für seinen guten Ruf bedacht seyn.[538]

h) Der fürchterliche Brand in Bielitz /1807/ und das Finanzpatent zerrüttete hauptsächlich die Vermögensumstände meines Bruders; er erlag dem Kleinmuth,

535 [*Note* PRATOBEVERA] Man siehe den Schluß dieser Erinnerungen Seite [*recte Bogen*] 149.

536 *PROKOP HARTMANN Graf von KLARSTEIN (1787–1868); Oberst, später General-Major und Feldmarschall-Leutnant.*

537 [*Note Pratobevera*] Nebst den Ausstattungskosten und anderen Auslagen von 1000 Gulden Convents-Münze empfängt MORIZ jetzt ¼jährig anticipative 100 Gulden Convents-Münze, kleiner Geschenke ungerechnet.

538 [*Note* PRATOBEVERA] Dem Feld-Marschall-Lieutenant Grafen ROTHKIRCH verdankte MORITZ seine Einberufung zum General-Quartirmeisterstabe, wo er wohl nicht an seinem Platz war, so wie die Oberlieutenantstelle im Regiment ROTHKIRCH. Jetzt ist MORITZ nach seinem und unseren Wunsch zur Grenadierdivision ROTHKIRCH als Oberlieutenant übersetzt worden /Februar 1842/. [*LEOPOLD von ROTHKIRCH und PANTHEN (1773–1842), österreichischer Feldmarschall-Leutnant.*]

und entleibte sich im Jahr 1820 – 11. März. Auf mich und [*JOSEPH*] WOLF[539] fielen nun die Sorgen für seine zahlreichen Kinder. An den Aeltesten FRANZ hatte ich umsonst Geduld und Aufwand hier, in Altenburg, auf der Herrschaft Stiebar, verschwendet; er wurde, nachdem er durch die Unterfertigung meines Freundes, des Staatsrathes KNORR, nahe daran war, in eine höhere Kathegorie als Schätzmeister mit 3 Gulden Convents-Münze täglich einzurücken, wurde er [!] wegen Trunksucht, Schulden, vielleicht auch sträflicher Unterschleife davon [*fol. 119/3*] gejagt. Er lebt jetzt in Zywicz, und seine dortigen Verwandten können oder wollen nicht /?/ noch einen Versuch mit ihm wagen.

Besser gelang es mir mit seinen Brüdern EDUARD, und ALEXANDER. EDUARD hatte zwar auch leichtsinnig, die Studien am Josephinum zu verlassen, um ohne mein Wissen die Cadetten-Jacke anzuziehen. Doch ermannte er sich, und mein Freund, der politische Hofrath NETH[540] beym Hofkriegsrath, verschaffte ihm durch seine Verwendung beym Hofkriegsrathspräsidenten Grafen HARDEGG[541] die Fähnrichsstelle (1838) in dem schönen Regiment Luxemburg. ALEXANDER, der zu Studien sich schwach zeigt, aber als Cadet immer brav sich aufführte, erhielt durch Baron SOMMARUGA eine Officiersstelle in dem Regiment seines Schwagers, des Feld-Marschall-Lieutenant Baron FÜRSTENWÄRTHER.[542] Mögen sie ihre Bahn ohne mein weiteres Zuthun mit Glück verfolgen. Auf die Enkel meines [*fol. 119/4*] Bruders, WILHELM, ADOLPH, FRANZ ARZT verdienen die weitere Unterstützung in so fern sie Euch möglich ist, ohne nähere Pflichten zu verlangen.

i) Das schmerzlichste Ereigniß war die scheußliche Todesart unserer Mutter /+ 27. August 1832/ in Baden. Nur ihren beiden Töchtern FANNY und LOUISE war es vergönnt, dieses sterbende Opfer der furchtlosen, hingebenden Menschenliebe in ihren Arme zu empfangen. Gott wird diese kindliche Pflichterfüllung nicht vergessen! Ihr werdet die kostbaren Zeilen an mich finden - - - -

Geschrieben des Nachts, in der die Kinder schlafen gehen mußten /26. August Abends 9 Uhr, 21 Stunden vor dem Hinscheiden/. Die Unglückliche ahnte nicht, daß der Tod bereits ihre Hülle zerstörte. – Doch ich wende mich ab von dieser niederschlagenden, Euch bekannten Trauer-Feyer;[543] die ich der vor mir

---

539 *JOSEF WOLF, Magistratsrat in Skotschau, war der Ehemann von KARL JOSEF PRATOBEVERAS Nichte FRANZISKA aus der ersten Ehe seiner Schwester CAROLINE mit ANTON ENZENDORFER.*

540 *JAKOB von NETH, davor um 1810 politischer Hofrat im Hofkriegsrat.*

541 *IGNAZ HARDEGG Graf auf GLATZ [(1772–1848); 1831 Hofkriegsratspräsident.*

542 *KARL AEMILIUS Freiherr von FÜRSTENWÄRTHER (1674–1758).*

543 [*Note PRATOBEVERA*] Nach dem bey dem Landrechte sich vorfindigen Acten betrug der noch übrige Nachlaß der Mutter 9280 Gulden Convents-Münze, von welchem

auf den Knien um Gewißheit flehenden hochschwangeren MARIE ankündigen mußte. - - - -

[*fol.120/1*]

69. [*recte 78.*] Der Tod meiner geliebten Frau führte in meinem Hauswesen mancherley nothwendige Veränderungen, und Verlegenheiten herbey, die mich jedoch niemals den ernsten Gedanken fassen ließen, an eine dritte eheliche Verbindung zu denken, die Liebe und Sorgfalt meiner Kinder für mich helfen den nun (?) 10jährigen Witwerstand und das Greisenalter zu ertragen, wozu mir auch die göttliche Vorsehung /mit Ausnahme der Sehkraft/ Gesundheit und Munterkeit reichliche gespendet hatte.

Ich führte anfänglich meine Haushaltung mit LOUISEN, WILHELM, BEATHE, und der noch minderjährigen CAMILLA[544] fort; [*fol.120/2*] als aber TREMIER und FANNY auch den Winter auf dem Strichhof zubrachten, und die WAGNER-Familie im Jahr 1834 nach Steyr auf 6 Jahre übersiedelte, entschloß ich mich, mein großes Quartier im Bürgerspital aufzugeben, LOUISE und BEATHE der MARIE in Kost und Quartier zu vertrauen, und CAMILLA nach vielem Suchen bey LANNOY[545] und Anderen im Hause der verwitweten Appellationsgerichts-Räthin SCHMERLING[546] einen Platz mit magistratischer Bewilligung zu verschaffen; denn ich wollte sie, so gern ich auch wieder wünschte, der Erziehungsanstalt der Madame [*LODOVICA*] SCHWITZER nicht wieder Preis geben. Es war für CAMILLA, und meine Familie [*auch besser*]. Sie lernte bey Hofrath WITTECZEK[547] den Staatsraths-Concipisten GROß, [*fol.120/3*] einen geistvollen, aber körperlich ganz zerrütteten, mir bis dahin ganz unbekannten Mann kennen, und gab ihm ihr Jawort, wegegen ich [*als Vormund*] und der Magistrat [*als Vormundschaftbehörde*] nichts einwenden konnten. Aus dem Hause der Frau von SCHMERLING, mit der CAMILLA bald in Spannung und heftigen Unfrieden gerathen war, führte sie GROß als seine Frau in seine Wohnung. Sein Geist beherrschte die junge Frau, doch sein Körper erlag bald, und CAMILLA heirathete ihren jetzigen Gatten, dessen gute und schwache Seite Euch bekannt ist.

---

ich und eure Geschwisterliebe der LOUISE und BEATHE 2000 Gulden Convents-Münze, WILHELM und MORITZ 1500 Gulden Convents-Münze überließen.

544 *CAMILLA ELLMÄURER bzw. verehelichte ENDERES, Mündel von PRATOBEVERA.*

545 *HEINRICH EDUARD JOSEF von LANNOY (1787–1853); Komponist, Mitglied des Vorstands der Gesellschaft der Musikfreunde in Wien.*

546 *ELISABETH SCHMERLING, Tochter von FRANZ ANTON ZEILLER, Witwe des Appellationsgerichtsrates JOSEF SCHMERLING (1777–1828, Vater des späteren Staatsministers ANTON SCHMERLING.*

547 *JOSEF WITTECZEK (1787–1859); 1818 Sekretär an der Obersten Justizstelle, später im Staatsrat; Musiksammler.*

70. [*recte 79.*] Wie ich schon oben berührte, war die mehrjährige Entfernung der Familie WAGNER nach Steyr in Oberoesterreich die Veranlassung, daß ich anfänglich allein mit WILHELM zu ADOLPH, welcher von seiner Schwiegermutter [*fol.120/4*] den größten Theil des Quartiers in der Bäckerstraße übernahm, mich übersiedelte, und den Tisch bey ihm, und AMALIE nahm.

Dann aber, als das Hofquartier mit einer eigenen Küche leer wurde, miethete ich dieses, führte, neben ADOLPH, mit LOUISE, BEATHE und WILHELM meine eigene Wirtschaft, doch konnte man beide Familien als eine ansehen, denn die besten Räume des Hauses standen beiden Theilen offen, bis endlich ADOLPH im Herbst 1838 nach Frankfurt zog, und ich nun mit LOUISE das ganze, zum Theil, mit meinen Beiträgen, neu hergestellte und parketirte Gassenquartier auf meine Rechnung übernahm, und das meinige in Aftermiethe überließ. Dabey behielt WAGNER für sich und seine Söhne einen Theil der Hofwohnung.

[*fol.121/1*]

XII. und letzter Abschnitt: Vom März 1838 bis Ende Julius /October/ 1842.

71. [*recte 80.*] Ich lasse nun ohne Unterbrechung den Verlauf meiner letzten dreyjährigen activen Dienstleistung bis zu meiner Pensionirung /7. May 1841/ folgen, und schließe vorläufig diese Erinnerungen mit den wichtigen Familienereignissen des letzten Zeitraumes.

Ich widmete meine größere Muße, nach dem Austritt aus der Gesetz[*gebungs*]-Hofcommission /März 1838/ um dem alten gewohnten Schlendrian des appellationsgerichtlichen Dienstes Genüge zu leisten, und hätte nebstbey auch meine literarischen Arbeiten wieder aufnehmen können, wenn diese Thätigkeit gegen mich den Anschein nicht rege gemacht hätte, daß ich aus persönlicher [*fol.121/2*] Empfindlichkeit und Unzufriedenheit mit dem geringen Erfolg meiner Leitung der Hofcommission in Gesetzsachen sowie unter SARDAGNA'*s* Oberleitung meinen Austritt verlangt habe, obgleich dieß für jeden ehrenwerthen Geschäftsmann, welcher in das practische Leben Ideen übertragen zu sehen wünscht, als ein höchst löblicher Grund eines freiwilligen Rücktritts gelten sollte. Nun /1842/ nach vier Jahren, in denen häufige Gesetzumänderungen und Systeme improvisirt wurden, und die oestererreichische juridische Journalistik in eine erbärmliche Polemik, und Wortfängerei und Mißachtung herabsank, billige ich noch mehr meinen Entschluß, die literarische Feder für Oesterreichs Jurisprudenz bey Seite gelegt zu haben, wozu mich der karge Lohn Oesterreichs Buchhändler und Verleger nicht reizen konnte, die auch in der That nur ihre Rechnung bey den Auflagen anbefohlener Schulbücher und Commentarien finden können, und von ausländischem Verkehr mit wissenschaftlichen Werken beynah ausgeschlossen sind. [*fol.121/3*] In Wahrheit dauerte aber damahls meine Augenschwäche wirklich fort, und selbst längere Ausflüge nach Steyer, Salzburg, Frankfurt, Bielitz und Pest im Jahr 1838-39-1840 hatten wenig auf die Herstellung der Sehkraft eingewirkt.

72. [*recte 81.*] Ich fühlte diesen Mangel auch bey den Berathschlagungen des Appellations-Gerichts, und wurde in Eröfnung und Begründung entgegengesetzter Ansichten schüchtener und schwankender, weil ich weder Urkunden noch längere, besonders die täglich neu erschienenen Gesetze schnell genug in der Sitzung selbst nachlesen, oder zu Hause die Rechtsautoritäten des Tages zu Rathe ziehen konnte. Es war daher für mich sehr erwünscht, daß der Präsident Baron GÄRTNER die Leitung des Gefällsobergerichts, und die richterliche Verantwortlichkeit dahin ausschließend auf sich genommen hatte. Indessen hab' ich Ursache zu glauben, daß ich auch in der letzten Zeit meiner appellationsgerichtlichen Dienstleistung [*fol.121/4*] und Präsidium-Suplirung zur geregelten und gründlichen Rechtspflege, und zur Behauptung der Freiheit der Deliberation gegen ungebührliche Zumuthungen und Machtsprüche sowohl des Präsidiums als fremder hochgestellter Personen beigetragen habe. Ich hatte mich vergebens bemüht, theils den unbehülflichen Justizkörper des Wiener Magistrats durch Auflösung in kleine Gerichte in den verschiedenen Bezirken der Stadt, und weitläufigen Vorstädte, so wie der Criminal-Patrimonial-Gerichtspflege eine bessere Gestalt zu geben, denn dafür war nun ein Mahl der Präsident nicht zu gewinnen, obgleich seine Maßregeln, durch freiwillige Delegationen oder Concentrirungen kleiner Landgerichte und durch öftere Visitationen das Gerichtswesen zu verbessern, nur geringen und illusorischen Erfolg hatten und haben mußten. Der Zustand der Richter- und anderen Justiz-Organe, und die Unvermögenheit der Jurisdictionsinhaber für solchen Aufwand blieb nothwendig der alte. Nebst dem hatte Baron GÄRTNER den plausiblen [*fol.122/1*] und einer zerrütteten Finanzverwaltung immer willkommenen Grund geltend gemacht, nämlich der Sparsamkeit, obschon der Finanzminister /Baron AICHO[*FF*][548], und noch mehr sein mehrjähriger einsichtsvoller Nachfolger, mein ehemaliger Rivale im Staatsrath Baron KÜBEK/, officiell und gegen mich die Gerechtigkeit und Nothwendigkeit der Auslagen für diesen Zweig der Justizpflege durch den Staatsschatz eingestand, wollte man nicht bloß zur [... *2 Wörter unleserlich* ...] Behandlung der Gesetzübertreter zurückkehren. In der That wird dieser Aufwand schon jetzt vom Volke getragen, aber nicht im geregelten Verhältnisse der Vertheilung auf alle Contribuenten, sondern unter tausend anderen Formen und Erpressungen. Im Jahr 1837 legte ich den Vorschlag dem Staatsrathe vor; hier ward er nach längerer Circulation einhellig als unvermeidliche Nothwendigkeit angenommen; nur der staatsräthliche

---

548 *Recte EICHHOFF, PETER JOSEF (1790–1866), 1836 Präsident der Hofkammer.*

Hofrath und Referent WEIß[549] empfahl die Beibehaltung der alten Patrimonial-[*fol.122/2*]Criminal-Rechtspflege, theils aus tiefer Politik, um die Unterthanen gegen ihre Gutsherren leichter im passiven Gehorsam zu erhalten /in Oesterreich und Steyermark!/, theils aus Sparsamkeit. Dieses Votum mag erst dem unschlüssigen Mitregenten Erzherzog LUDWIG so tiefen Eindruck gemacht haben, daß der Gegenstand durch einige Jahre in seinem Cabinett ruhte, und bey den Großen wenig Interesse, ungeachtet der steten Klagen der Appellations-Gerichte, erregte.[550] Auch die oberste Justizstelle und die Hofcommission in Gesetzsachen betrieb die Sache nach meinem Rücktritt im Jahr 1838 nicht weiter, und der Vice-Präsident Baron GÄRTNER neigte sich zum System und zur Activität seines Bruders, des Appellationsgerichts-Präsidenten. Erst jetzt, wo ich diese Zeilen schreibe /März 1842/ ist man genöthigt, den Staub von diesen Acten abzuschütteln, nachdem selbst die Nieder-Oesterreichischen Stände wiederholt die Revision und Reform dieser Gerichtsverfassung [*fol.122/3*] laut begehrten.

73. [*recte 82.*] Obgleich meine freiwillige Entsagung[551] der Stellung zu SARDAGNA, als obersten Leiter der Hofcommission in Justiz-Gesetz-Sachen, den Appellationsgerichts-Präsidenten Baron GÄRTNER hätte überzeugen können, daß mir die Enthebung desselben von der Leitung der Hofcommission im Jahr 1829, die ihm so schmerzlicher war, ganz fremd geblieben: So ward doch die alte Vertraulichkeit zwischen mir und Baron GÄRTNER nicht wieder hergestellt. Heftig, aber kaltsinnig dauerte das wechselseitige Verhalten fort, und ich hatte oft Mühe, meinen Unwillen über die eitle, anmassende, satyrische, und doch pedantische Weise zurückzuhalten, mit welcher er weniger mich, als die ihm mißfälligen Räthe in ihrer Stimmfreiheit angriff.

Dieser Kaltsinn zwischen uns wurde durch ein leidiges, mir aufwendiges Nebenge-[*fol.122/4*]schäft vermehrt, das in letzter Zeit einen schädlichen Einfluß auf meine Gesundheit, und meine Stimmung äußerte. Ich habe schon ein Mahl des Processes zwischen dem Aerarium und dem Fürsten ALFRED WINDISCH-

549 *JOHANN BAPTIST WEIß von STARKENFELS (1782–1847); 1807 Professor der Weltgeschichte in Linz; 1834 Hofrath der Studienhofkommission, später im Staatsrat.*

550 [*Note PRATOBEVERA*] Eben dieser Hofrath WEIß, ehemaliger Professor, und Hüther des Ministeriums [... *3 Wörter unleserlich* ...], ein sonst unterrichteter und redlicher Mann, hat sich plötzlich der antijosephinischen Partei zugewendet; er befindet sich wohl dabey, hat päbstliche Orden, ist jetzt /1842/ oberster Leiter des Studien-, Censur- und Polizeiwesens im Staatsrath, und versteht [*fol.122/3*] sich auf frömmelnde, einschmeichelnde Weise mit den Großen umzugehen, namentlich mit mächtigen Frauen, und zugleich den Schein des Liberalen zu bewahren. Bey Gesetzreformen frägt er nur um das bestehende, aber längst faktisch verschollene Gesetz. - - - WEIß ist soeben /October 1842/ wirklicher Staats- und Conferenz-Rath geworden.

551 [*Note PRATOBEVERA*] 1838.

GRÄTZ /jetzt commandirender General in Böhmen/ erwähnt, dessen einzelne Züge und Verhandlungsweise ich hier näher skizziren will[552].

74. [*recte 83.*] Selbst eine gedrängte Uibersicht dieses Rechtsstreites, sowohl aus dem sistematischen, als dem juristischen Standpunct, würde eine Darstellung und Ausdehnung von mehr als 50 Bogen nöthig machen, eine Episode, die in diesen Erinnerungen sehr am unrechten Orte stünde. Meine ohnedieß mangelhaften Notate, Concepte und Bruchstücke, aus denen ich spät mein rechtliches geordnetes Votum dem Berathschlagungsprotocoll vom 16. Februar 1840 beilegen ließ, und das sich versiegelt in den Präsidial-[*fol.123/1*]Acten der Obersten Justiz-Stelle vorfinden muß, werden den Umfang dieses merkwürdigen durcheinander verschlungenen Streites über sistemati sche Thatsachen, über publicistische, politische, privatrechtliche Kontroversen verrathen lassen.

Diese Concepte und Notate auf mehr als 60 Bogen sind von mir als unbrauchbar vertilgt worden, damit weder für die streitenden Parteien noch für Richter und Advocaten ein Mißbrauch oder eine kränkende Veroeffentlichung mir Schuld gegeben werden könne, wenn etwas vielleicht von Seite der Kläger in's Publicum dereinst, wie man drohte, gelangen sollte. Nun zur Sache:

I. Die Herren SMIŘZYCKI[553] von [*fol.123/2*] Smiřzicz gehörten zu Ende des 16. und zu Anfang des 17. Jahrhunderts zu den aeltesten slavisch-böhmischen altansäßigen Landesfamilien. Nach slavischer /orientalischer/ Weise hatten auch die Czechen den Typus der patriachalischen Verfassung; wie in der heutigen Gränze[554] wohnte, mit oder nebeneinander der Vater mit den männlichen Abstämmlingen, und ihren Weibern; er hieß Wirth (Hospodar oder Gospodar; Wojewoda hieß der oberste Feldherr, und Herzog des Landes Moldau, Wallachay, Lithaun und so weiter. Das Besitzthum war untrennbar, und gemeinschaftlich, und die an fremde Männer verheiratheten Töchter wurden mit ganzer Ausstattung, portio capillari, ohne Successions-Vorbehalt zu Gunsten des Mannesstammes und des Kriegswesens ganz ausgeschieden. Auch der Adel hatte keine Fideicommisse, Adelsstufen von Titel, die Größe des Besitzthums, die Zahl darauf angesiedelter Leibeigener, und die Würden im Geleite und am Hof des Herzogs entschieden

552 [*Note* PRATOBEVERA] Siehe Seite 112. d) und die allgemeine Augspurger Zeitung, Nummero 72, von 12. März 1840.

553 *Benannt nach dem Ort Smiřice in Böhmen, der von 1406–1449 in ihrem Besitz war; 1475 wurden sie zu Reichsfreiherren ernannt. Im 15. und 16. Jahrhundert erwarben sie weitere Besitzungen, hauptsächlich in Mittel- und Nordost-Böhmen. Mitte des 16. Jahrhunderts zählten sie zu den reichsten Adelsfamilien Böhmens. 1554 erfolgte Aufnahme in den Herrenstand; ihr Grundbesitz bestand zum großen Teil aus Allodialgütern (Nachod, Skal), die frei vererbt oder verkauft werden konnten, und dem Fideikommiss Schwarzkosteletz, das gemäß Seniorat auf den jeweils Ältesten des Hauses überging.*

554 *Militärgrenze.*

den Rang. Daher war das Seniorat lange die vorherrschende [*fol. 123/3*] Erbfolgeordnung des Adels, die nur mit königlicher Bewilligung durch Willebriefe, und Eintragung in die unter Leitung und Macht des höchsten Gerichtshofes nach verschiedenen Bereichen /größeres Landrecht, Curia regis und so weiter/ stehenden Urkundbücher /Landtafel, Matrikel/ testamentarisch geändert werden durfte.

Man sieht schon aus diesen wenigen Zügen, daß das Germanische Lehensystem, wie es zwar auch von Asien nach Europa durch Normannen, Franken, Longobarden gebracht, und [*für*] die alt-Römische Verfassung im Orient und Occident überwältigend wurde, unter den Königen in Frankreich, England, Deutschland /zum größten Theil/ und Italien sich anders gestaltete, als unter den slavischen Häuptern /eines GEYSA[555], ATTILA[556], STEPHAN[557], JAGELLO[558], WLADIMIR[559], CASIMIR[560] und so weiter/ in Pohlen, Ungarn, Rußland, durch das Christenthum und die übrigen Elemente griechischer und römischer Zustände sich von der Barbarey zur Civilisation früher den Weg gebahnt, als in jenen Gegenden, wo diese Keime gar nicht oder doch zu schwach [*fol. 123/4*] vorhanden waren. Das europäische Mittelalter von 4. bis zum 14. Jahrhundert bleibt ein höchst anziehender Gegenstand historischer Forschung; allein der nüchterne, unbefangene philosophische Beobachter dürfte aus der Vergleichung alter und neuer Zustände der Menschheit keinen Augenblick verstehen, [*und*] sich Glück wünschen, daß er in dem 18. und 19. Jahrhundert in Europa lebt, und daß solche Gräuel, wie sie in Staat und Kirche dieses grausamen Mittelalters auf jedem Blatt der Geschichte, so ungetreu sie seyn mag, vorkommen, nicht mehr möglich sind. Darum muß jeder Freund der Menschen und einer geläuterten Religion nicht die Macht einer Pentarchie, sondern einer Triarchie von Deutschland, Frankreich und England wünschen, um Europa auf der Höhe der errungenen Civilisation zu erhalten, solang [f*ol. 124/1*] der Kreislauf menschlicher Einrichtungen und die höhere göttliche Weltregierung nicht unwiderstehlich eintraten. Wahrlich träfe eine schwere Schuld der solideren Verantwortlichkeit die Machthaber der drey letzten Staaten, wollten sie ungezwungen und aus eigener Wahl mit dem Experimentieren nach Rückwärts wieder beginnen. Diese Abschweifung mag als Einleitung zur Beleuchtung unserer Rechtssache dienen.

---

555 *GEYSA (auch GEZA; GÉZA) I. [(1074–1077), König von Ungarn.*

556 *ATTILA (auch ETZEL († 453); König der Hunnen.*

557 *STEPHAN (969–1038), der erste König Ungarns aus dem Geschlecht der Arpaden, Nationalheiliger.*

558 *JAGELLO (1351–1434); Großfürst von Litauen (1377) und polnischer König (1386).*

559 *WLADIMIR (auch der Heilige); russischer Fürst im 10. Jahrhundert.*

560 *CASIMIR (auch KASIMIR) III. (1310–1370), 1333 König von Polen.*

75. [*recte 84.*] I. [!] Ein solcher böhmischer Dynast war JAROSLAUS SMIŘZYCKI von SMIŘZYCZ [(*† 1611)*][561], Herr zu Schwartz-Kosteletz /jetzt ein großes fürstlich-[*fol.124/2*]LICHTENSTEINisches Besitzthum[562]/, Oberst-Hofmeister des Königreichs Böhmen. Er hatte schon im Jahr 1556 von FERDINAND I.[563] einen königlichen Machtbrief erwirkt zur letztwilligen rechtsgültigen Disposition, besonders über sein sehr großes unbewegliches Eigenthum; er errichtete dieses Testament in böhmischer Sprache viel später im Jahr 1594, am Freytage nach der Gedächtnißfeyer des Märtyrer Gottes, ST. VEIT. Da er seine eigenen Kinder überlebt hatte, ordnete er für seine Stammverwandten ein Fideicommiß nach der Senioratserbfolgeordnung dahin an: daß immer der aelteste männliche eheliche SMIŘZYCKI zum Genuß und Besitz gelangen, und wenn der SMIŘZYCKI-Mannesstamm erlöschen sollte, sodann die aelteste SMIŘZYCKI-Weibsperson das Seniorat erhalten sollte. Es wird nicht festgesetzt, wie die Descendenten [*fol.124/3*] der in andere Familien verheiratheten SMIŘZYCKI-Töchter, und ob sie zur Succession in das Seniorat berufen seyen. Ein blödsinniger zur Erbfolge Berufener sollte standesmäßig verpflegt, und Besitz und Genuß des Seniorats [*sollten*] auf den nächst berufenen Anwärter übertragen werden. Beide testamentarischen Dispositionen des Stifters JAROSLAUS SMIŘZYCKI gaben Anlaß zu entgegengesetzten rechtlichen Behauptungen der streitenden Parteien, wie ich noch weiter unten berühre.

In diesem Geiste des böhmischen Fideicommissarischen Seniorats berief unser Stifter JAROSLAUS SMIŘZYCKI nicht seine leibliche, bloß mit einem Legate bedachte noch lebende Schwester als nächste Verwandte derselben Linie, SALOMEA RIZICZAI[564], geborene SMIŘZYCKA[565], sondern seinen Vetter, eigentlich Neffen SIGISMUND SMIŘZYCKI [*II.*][566] zum Seniorat. Seine Ehefrau CATHARINA [*fol.124/4*] von HASENBURG, und andere damals noch lebende entferntere

561 *(recte † 1597); Sohn des SIGMUND I. SMIŘZYCKI († 1548).*

562 [*Note PRATOBEVERA*] Der böhmische Statthalter Fürst CARL LICHTENSTEIN [*KARL I. (1569–1627), 1608 Begründer des fürstlichen Hauses; 1614 Herzog von Troppau/Schlesien, 1622 Statthalter und Vizekönig von Böhmen sowie Herzog von Jägerndorf*] brachte Schwarz-Kosteletz im Jahr 1622 um 600.000 Schock Meißnische Währung von Herzog von Friedland an sich, dessen Verkauf rechtlich cassirt und dann wieder vom Hof genehmigt wurde (1666 – 15. März).

563 *(1503–1564); 1531 römisch-deutscher König, 1556 römisch-deutscher Kaiser.*

564 *Unklar: SALOMEAS [recte SALOMENAS] Schwester CATHARINA war eine verehelichte ŘIČAN.*

565 *† 1620; Tochter des SIGISMUND II. SMIŘZYCKI († 1608), verehelicht mit HEINRICH SLAWATA.*

566 *† 1608.*

SMIŘZYCKIS wurden vom Stifter anderweitig bedacht. JAROSLAUS SMIŘZYCKI starb vor dem Jahr 1605.[567]

II. Der erste Senioratsbesitzer SIGISMUND SMIŘZYCKI /als SIGISMUND II. in der Stammtafel bezeichnet/, schon früher Herr auf [*den*] eigenen Gütern Duþ /Aicha/, Skal et cetera, und Mundschenk im Königreich Böhmen [*besaß*] viel eigenes, selbst erworbenes Allod /bonum acquisticum zum Gegensatz des Aviticam/, und da SIGISMUND sich ebenfalls von Kaiser RUDOLPH II. schon einen königlichen Machtbrief de dato Prag 1593 verschafft hatte, testirte er in einem böhmischen Testament de dato 7. März 1605 /ingrossatum der Landtafel 1608/ über seinen Nachlaß. SIGISMUND überläßt darin das JAROSLAUS-Seniorat seinem Vetter und Mündel ALBRECHT WENZEL SMIŘZYCKI[568] vor seinen [*fol.125/1*] eigenen Söhnen, und bezeichnet diesen ALBRECHT WENZEL SMIŘZYCKI als letzten lebenden männlichen Seitensprossen. Doch nach dessen frühen Tode, um das Jahr 1608[569], wie es scheint ohne männliche Erben, fiel das Seniorat wieder aus dieser Linie, [*und*] wieder [*zurück*] an die Nachkommen des 1. Seniroatsbesitzers SIGISMUND SMIŘZYCKI.

III. Dieser letztere hatte nämlich folgende Kinder:

a) Einen Sohn JAROSLAUS [*(† 1611)*], der kurz vor oder nach seinem Vater verstorben war, ohne in Besitz eines väterlichen oder anderen Erbtheiles zu seyn;

b) der zweitgebohrene HEINRICH GEORG SMIŘZYCKI [*(† 1630)*], war, wie der Vater im Testament [*fol.125/2*] anführt, blödsinnig, und kam nach dem Tode seines jüngeren Bruders ALBRECHT JOHANN SMIŘZYCKI [*(† 1618)*]/der Hauptperson des Processes, welcher im Jahr 1618 im Kampfe gegen die kaiserlichen Truppen als Rebell und Utraquist gefallen war/ in die Obsorge und Pflege seiner Schwester [*MARGARETHA*] SALOMEA [!], verehelichte SLAVATA [!]. HEINRICH GEORG SMIŘZYCKI starb am 7. April 1630 großjährig, aber unter fortdauernder Curatel des Herzogs WALLENSTEIN.[570]

c) SIGISMUND SMIŘZYCKI hatte nebst den obigen 2 Söhnen, auch drey Töchter hinterlassen: 1. ELISABETH, verehelichte Gräfin WARTENBERG [*(† 1620)*]; dann 2. CATHARINA, endlich 3. MARGARETHE SALOMENA SMIŘZYCKI, verehelichte SLAWATA. Die letztere war zwey Mahl verehelicht, zuerst an einen Herrn von SLAWATA, der im Kampfe der Utraquisten gefallen zu seyn scheint (1620).[571] Er hinterließ einen [*fol.125/3*] Sohn HEINRICH SLAWATA (+ 1663)[572]. Dieser letztere vermählte sich im Auslande, wohin er mit seiner Mutter MARGARETHA SALOME-

---

567 *(recte † 1597); Sohn des SIGMUND I. SMIŘZYCKI († 1548).*

568 *Auch ALBRECHT WENZEL († 1614), Enkelsohn des ALBRECHT SMIŘZYCKI († 1566).*

569 *Recte 1618; 1608 war SIGMUND verstorben.*

570 *Siehe dazu unten fol.129/2 f.*

571 *HEINRICH SLAWATA († 1620).*

572 *Auch ALBRECHT HEINRICH.*

NA SMIŘZYCKI aus Furcht vor Strafe der Rebellion geflohen war /1621/, mit einer Gräfin EMILIE HOLLAND[-]BREDERODE. Die Ansprüche auf die böhmischen großväterlichen und mütterlichen SMIŘZYCKIschen, indessen confiscirten Güter vermachte er durch Testament seiner Gräfin, da er mit ihr keine Kinder erzeugte.

IV. Diese Witwe HOLLAND[-]BREDERODE vermählte sich zum 2. Mahl mit GOTTLIEB, Herrn und Grafen WINDISCHGRÄTZ, Freiherrn von WALDSTEIN, Oberst-Erblandstallmeister. Er war unter LEOPOLD I. Reichshofrath in Wien; und häufig zu wichtigen diplomatischen vertrauten Missionen verordnet. Er machte nun unter diesem Regenten [*fol.125/4*] noch bey Lebzeiten seiner Gemahlin und nach ihrem Tode als testamentarischer Erbe Ansprüche geltend, an die nach seiner Meinung widerrechtlich unter FERDINAND II. von der königlichen Kammer in Böhmen zur Strafe der Rebellion eingezogenen, und an den mächtigen Feldherrn und Generalissimus, auch Herzog von Mecklenburg und Friedland (+ 1634), ALBERT WENZEL WALLENSTEIN oder WALDSTEIN, so wie an andere böhmische katholische Würdenträger und Beamte veräußerten oder zur Belohnung von Feld- und Civildiensten von FERDINAND II. verschenkten zahlreichen SMIŘZYCKI-Güter in Mähren und Böhmen zurückzuerlangen. Graf WINDISCHGRÄTZ konnte nach vieljährigen Berufungen von Kaiser LEOPOLD I. nichts erwirken, als eine durch Vergleich und Uiberein-[*fol.126/1*]kommen von Jahr 1676 – 16. August – festgesetzte Summe von 300000 Gulden Conventsmünze, welche auch wirklich allmählich durch Pfandschaften und Abrechnung getilgt wurden. Hiernach ist wohl nicht zu läugnen, daß die SMIŘZYCKI-Familien-Güter durch keinerley Verwandtschaft mit dem Hause der Herren von SMIŘZICZ, sondern als frei gewordenes Gut durch die Disposition des HEINRICH SLAVATA zu Gunsten seiner Gemahlin EMILIE Gräfin HOLLAND[-]BREDERODE, und an ihre mit dem Grafen WINDISCHGRÄTZ später erzeugte eheliche Nachkommenschaft gelangen konnte; allein der Kaiser LEOPOLD I. hatte diese Grundlage der Ansprüche des Grafen WINDISCHGRÄTZ nach vielen Verhandlungen und Widersprüchen anerkannt, und die Entschädigungssumme ist darauf basirt.

V. Noch ist zur besseren Verständlichung [!] dieses Rechtsstreites faktisch vorauszu-[*fol.126/2*]schicken, daß der Herzog von Friedland kraft weiblicher Abstammung von seiner Mutter MARGARETHE /MARUSZKA/ von SMIŘZICZ[573], verehelicht an einen WILHELM WALDSTEIN [*(† 1595)*], Herr auf Hermanicz/, zur Familie SMIŘZICZ zugehören, und nach Absterben des männlichen Stammes der Herrn von SMIŘZICZ, der Erbe zu seyn behauptete. Da überdieß der Herzog WALLENSTEIN /eigentlich WALDSTEIN/, und wie in den noch blühenden Zweigen WALDSTEIN[,] DUX-WARTENBERG, LEITOMISCHL,/ zwar seinen einzigen minderjährigen Sohn überlebte (+1628), aber eine Tochter ELISABETH [*(1626–1662)*]

---

573 *† 1595; Tochter des ALBRECHT SMIŘZYCKI († 1566).*

/nicht THEKLA nach SCHILLER/, verehelicht mit RUDOLPH von KAUNITZ [*(1617–1664)*], hinterließ, [*und*] von des Herzogs Schwestern Nachkommen in den Familien HARRACH und ZIEROTIN auch vorhanden wären: so wendete [*der*] Fiscus den klagenden fremden Ansprüchen [*des*] Fürsten WINDISCHGRÄTZ den Mangel der legitimatio ad causam, und das stärkere Recht dieser Familien, ein.

[*fol. 126/3*]

76. [! *recte 85.*] VI. Nach dieser genealogischen Darstellung, worüber ich zu meinem ./.[574] Gebrauch den von beiden Parteien bestrittenen Stammbaum aus den Acten verfaßte, komme ich nun zu den historischen Grundlagen des Processes. Seit dem beklagenswerthen Zerfall der Römischen Kirche in Päbste und Gegenpäbste, seit dem Schisma mit der griechischen Kirche, die man vergeblich in den Concilen von Florenz und Lyon /im 14. Jahrhrundert/ zu versichern und gegen die Mohamedanische Macht zu retten versuchte, seit dem neuerlichen Sinken der päbstlichen Allgewalt nach BONIFAZIUS VIII.[575], welcher zuletzt in seinen Streitigkeiten mit Kaiser LUDWIG den BAYER[576] die geistige [!] Despotie über Gewissen und bürgerliche Activität zum höchsten Aergernisse der Fürsten, des Adels, und aller rechtlich gesinnten verständigen und nicht mehr unwissenden Laien gesteigert hatte, versuchte nach dem Heiligen BERNARD, nach ABÄLARD[577] und Anderen, der englischer Priester WIKLIFF gegen die Ausschweifungen der Römischen Kurie, und der katholischen hohen und niederen Geistlichkeit anzukämpfen. Was HILDEBRAND[578], GREGOR IX.[579], INNOZENZ III.[580], ALEXANDER III.[581] und andere Päbste seit dem Ende des [*fol. 126/4*] eilften Jahrhunderts gegen die Macht der deutschen Kaiser aus dem Hause der Hohenstaufen, und das Verderbniß des Klerus und seine Laster der Simonie, der Unzucht, und Verwahrlosung des Unterrichts des Volkes in Kirche und Schulen abwechselnd erstrebten, und zum Erstaunen der Welt durch Geistesstärke, Charakter, Mißbrauch geistlicher Waffen und Kirchenstrafen wirklich erkämpft hatten, war im 14. und 15. Jahrhundert wieder größtentheils durch die Kreuzzüge nach dem Orient, durch den Verfall der ins Unendliche sich mehrenden Mönchs- und Ritterorden

574 *Der verwiesene Stammbaum findet sich nicht als Anlage zum Manuskript.*

575 *Auch BENEDETTO CAETANI (1235–1303), 1294 Papst.*

576 *(1282–1347), 1314 römisch-deutscher König, 1328 erwählter römisch-deutscher Kaiser.*

577 *BERNHARD von CLAIRVAUX (1090–1153), Zisterzienser-Abt, Kreuzzugsprediger und Mystiker; PIERRE ABAELARD (12. Jh.); französischer Theologie und Vertreter der Frühscholastik.*

578 *GREGOR VII. , auch HILDEBRAND von SOANNA (1020–1085); 1073 Papst, Träger der Kirchenreformbewegung von Cluny.*

579 *(1167–1241); 1227 Papst.*

580 *Auch LOTHAR de SEGNI (1161–1216); 1198 Papst.*

581 *Auch ROLANDO BANDINELLI (um 1100–1181); 1159 Papst.*

in Europa, die unsäglichen Exactionen der päbstlichen Kammer mit ärgerlichen Handel der Indulgenzen, der Bisthümer und Erzbisthümer, Abteyen und so weiter, wieder verschwunden. Daher fand WICLIFS[582] Lehre über die Nothwendigkeit einer allgemeinen Reformation an Haupt und Gliedern der Römisch-Katholischen Kirche Schutz und Beyfall sowohl der Fürsten, als des eifersüchtigen Adels und bey den redlich Gesinnten, welche die geistliche Macht, die hierarchische National-Synode und Disciplin der Erzbischöfe und Bischöfe gegen die [*fol.127/1*] ausschließenden Anmassungen der römischen Päbste als Universal- oder oecumenische Bischöfe der ganzen Welt in geistlichen Dingen über Kirchensachen und Personen zwar wieder hergestellt haben wollten; dagegen aber in gleichem Verhältnisse, die weltliche Macht und die Regalien der Fürsten und des Adels, besonders in Deutschland, Frankreich, England, nach der Praxis der ersten fünf Jahrhunderte der christlichen Kirche und der Apostel und Kirchenväter bis auf GREGOR I.[583] oder Großen zu beschränken wünschten.

Die Lehren WIKLIF*'s*, welche durch die früheren blutigen von Rom geleiteten Inquisitions-Executionen gegen die Albingenser, Waldenser, und andere ketzerische Secten des 12. und 13.–14. Jahrhunderts nicht mehr, ohne eine laut geforderte, aber von Rom immer gescheute allgemeine Kirchenversammlung unterdrückt werden konnten, drangen auch in Böhmen, Mähren und so weiter ein, und der Prager HUß, und sein Freund HIERONYMUS[584] verbrei-[*fol.127/2*]teten sie durch Schriften, Predigten, geheime Zusammenkünfte. Der verachtete König WENZEL[585] hatte weder den Willen noch den Muth zeitig den theoretischen Streitigkeiten entgegenzutreten, und hätte er länger gelebt, so würde höchst wahrscheinlich die sogenannte Kirchenreformation schon mit WICLIFF und HUß in dem gegen die fremde /unslavische/ Luxemburgische Herrschaft zur Rebellion und Fanatismus stets geneigten Böhmen und Mährer bey WENZELS Ohnmacht auch, ohne den scheußlichen, Europa ängstigenden Hussitenkrieg, tiefer Wurzel geschlagen haben. Wer wagt aber zu bestimmen, wie Deutschland und andere Staaten sich in ihrem Kirchenwesen gestaltet hätten, wenn die Waffen der räuberischen, blutgierigen, wilden zur Rache über ihres Apostels und Lehrers HUß sich mähliche Hinrichtung entflammter Anführer siegreich aus dem Religionskampf hervorgingen; vielleicht gäb es dann keine christliche Religion, kein katholisches

---

582 *Auch WICLIFF oder WIKLIF(F); recte JOHN WYCLIF (ca. 1330–1384), englischer Philosoph, Theologe und Kirchenreformer.*

583 *Auch der Große genannt (um 540–604); 590 Papst.*

584 *JOHANN HUß [(1369–1415 hingerichtet auf dem Konzil von Konstanz); Führer der nach ihm benannten tschechischen Kirchenreformbewegung; HIERONYMUS von Prag (*1365–1416 auf dem Konzil von Konstanz).*

585 *WENZEL von LUXEMBURG (1361–1419), 1363 böhmischer König, 1376 römisch-deutscher König (1400 von den Kurfürsten abgewählt).*

Spanien, kein apostolisches Hungarn, kein aller christliches [*fol.127/3*] Frankreich, keine Entdeckung von Amerika, und des Vorgebirges der guten Hofnung, kein stolzes blühendes Venedig und Genua, keine deutsche Hansa, und die ganze europäische Bevölkerung bestehend aus anarchischen Horden und Schwärmen von Türken, Arabern, Tartaren, Heiden, Juden, und Christen zum Martyrthum, oder Sklaverey, Polygamie, und Entmannung auf Jahrhunderte hin verdammt; denn obschon LUTHER'S[586] Lehre nur eine weitere Entwicklung von WICLIFFS Religionsgrundsätzen war, so konnte doch seit der Pacification und dem Stillstand der hussitischen Unruhen der Zwischenraum von mehr als einem Jahrhundert den Keim der aus dem Morgenland geflüchteten Kultur und Kunst allmählig erstarken; man griff im Anfang des 16. Jahrhunderts nicht sogleich zu Scheiterhaufen und Waffengewalt, wenn es auch Päbste und fanatische Domincaner und Jesuiten verlangten, sondern gestattete theologische Untersuchungen und Disputationen über LUTHERS, des gemäßigten MELANCHTONS[587], und des freysinnigen ERASMUS von Rotterdem, ja selbst die Aussprüche der [*fol.127/4*] letzten Concilien von Konstantz und Basel waren, obgleich sie von den katholischen Dogma nichts nachgaben, dennoch für beide streitende Religionsparteyen große Autoritäten. Die letzten Päbste, namentlich JULIUS II.[588], [*und*] LEO X.[589], erkannten oder beachteten die Zeit und ihre Forderungen nicht zeitig genug, daß Kriegskunst durch beständig eingeübte Soldaten, und die Anordnung des Schußgebrauches, daß die Vervielfältigung der Bücher mittelst des Druckes und eine wenig aufsichtigte Polizey der damaligen Presse bey der außerordentlichen Erfindung der Buchdruckerkunst [!], das Streben der Völker nach materiellen Genüssen und Reichthum und Abentheuer von neuer Art in den neu entdeckten Ländern, eine neue Epoche der europäischen socialen Verhältnisse verbreitet hatten, und daß die Gemüther der Menschen diesen Genüssen empfänglicher geworden, als für [*die*] spitzfindigen, unbegreiflichen, längst dagewesenen, und wieder erloschenen theologischen Streitigkeiten, welche bey den sogenannten, jetzt auflebenden Humanisten, und [*den*] Freunden der griechischen und Römischen classischen Literatur und Philosophie, sogar in Mißachtung gerathen waren.

Hinzu kamen noch die traurigen [*fol.128/1*] Erfahrungen und Lehren aus der Geschichte der so eben beendigten Kreuzzüge nach dem gelobten Land, über das ärgerliche Verhalten der Griechen und Lateiner gegen einander, die doch dieselbe Lehre des göttlichen Stifters und Erlösers bekannten. Heute /Julius 1842/ se-

---

586 *MARTIN LUTHER (1483–1546); theologischer Urheber und Lehrer der Reformation.*

587 *Recte PHILIPP SCHWARTZERDT (1497–1560); Philologe, Philosoph, Humanist, Theologe, Lehrbuchautor; neben Martin Luther als Reformator treibende Kraft der deutschen und europäischen kirchenpolitischen Reformation.*

588 *(1443–1513); 1503 Papst.*

589 *Auch GIOVANNI de MEDICI (1475–1521); 1513 Papst.*

hen wir gar einen vierfachen Kampf im Orient zu Jerusalem sich vorbereiten zwischen Protestanten mit einem anglikanischen Bischof, einen griechischen, einen katholischen Patriarchen, und einen türkischen oder muslimischen [?] Kalifen. Ob die europäische Kultur die grimmigen Drusen und Menoniten zähmen werde ??

77. [! *recte 86.*] Mit der Beendigung des grausameren Hussitenkrieges nach der großen Niederlage der Hussiten und Mährer (14...)[590] waren die Secten unter verschiedenen Benennungen, der Utraquisten, Taboriten, mährische Brüder und so [*weiter*], nicht verschwunden, und wucherten theils offen, theils im Stillen in Böhmen, Mähren, Schlesien, [*und*] Sachsen fort; denn obgleich [*fol. 128/2*] die Concilien von Konstanz und Basel die neuen Lehren WIKLIFS, und HUß*ens* als ketzerisch verdammten, und die Päbste hierinn die Concils-Beschlüsse durch Bullen bestätigten, so mußten doch die Päbste um des Kirchenfriedens willen den böhmischen Hussiten durch das Kalixtinische Concordat in der äußeren Disciplin so viel nachgeben, daß die Messe und andere Gottesdienstliche Uibungen in der Volkssprache gehalten, oder doch erklärt, und den Laien, wo sie darauf bestünden, nach Befund des Bischofs der Gebrauch des Kelches verstattet wurde, ohne das alte Dogma über Transsubstantiation des Brodes in den ganzen Leib Jesu Christi zu modificiren. Die Lehren LUTHERS und sein offener Bruch mit der Römischen Kirche /1517/ mußte in Europa /und außerhalb: Italien/ in dem Gemüth von vielen Anklang finden; doch erklärten sich weder [*fol. 128/3*] die böhmischen Fürsten und Stände, so wenig als Oesterreich, Baiern, [*und*] die geistlichen Landesherren in Deutschland für die völlige Kirchentrennung, im dogmatischen und hierarchischen Geiste LUTHERS, oder KALVINS[591] von den alten Kirchenlehren, und dem römischen Primat, und dem Episcopalsystem überhaupt.

Doch blieben die böhmischen Sectirer immer mehr mißtrauisch und störrisch gegen die Anordnungen der Päbste und der Bischöfe, wozu die politischen Unruhen in Böhmen unter RUDOLPH II. und MATHIAS, [*sowie*] der neu entstandene Orden der Jesuiten als Vorkämpfer für Roms Herrschaft nicht wenig beitrugen, den Haß der Parteien bis zur Flamme des 30jährigen Krieges /im Jahr 1618/ anzufachen, denn die toleranten Herrscher MAXIMILIAN I. und II., CARL V., FERDINAND I. UND MAXIMILIAN II.[592], die selbst als der neuen Lehre zugethan verdäch-

590 *Datierung offen gelassen; recte: 23. September 1434 Schlacht bei Brüx.*

591 *JOHANNES CALVIN, recte JEAN CAUVIN (1509–1564); schweizerischer Reformator, Begründer des Calvinismus.*

592 *MAXIMILIAN I. (1459–1519), 1486 römisch-deutscher König und 1508 erwählter römisch-deutscher Kaiser; MAXIMILIAN II., Erzherzog von Österreich (1527–1576), 1564 römisch-deutscher Kaiser; KARL V. (1500–1558), 1516 König von Spanien und 1519 römisch-deutscher König, 1530 römisch-deutscher Kaiser (1556 Ver-*

tigt wurden, waren gestorben, und Herrscher von [*fol.128/4*] Geist und Charakterstärke, wie FERDINAND II., MAXIMILIAN von Baiern, FILIPP II. von Spanien, ELISABETH von England, MAZARIN, und LUDWIG XIV., vor Allem GUSTAV ADOLPH von Schweden[593], entschieden durch ihre großen Feldherren die noch heut bestehende beklagenswerthe Kirchenspaltung und den Abschluß des westphälischen Friedens /1648/, der mit dem alten Deutschland, der deutschen Kaiserwürde, und der französischen Oberherrschaft wieder verschwand (1806). Noch jetzt leidet Europa mehr als jemals an den krampfhaften Zuckungen dieser Ergebnisse, und noch hat sich kein neues politisches und Religions-System dauerhaft begründen können (1815–1842).

78. [! *recte 87.*] Unter den Aufrührern, welche die Waffen in Böhmen gegen ihren Kaiser und König MATHIAS im Jahr 1618 erhoben, war auch, wie schon oben /Nummero 75 – sub III./ Seite 124[594] bemerkt worden, auch der [*fol.129/1*] der [!] jüngere Sohn [*von*] SIGISMUND SMIŘZYCKI, nämlich ALBRECHT JOHANN SMIŘZYCKI, zugleich Mitvormund und Pfleger seines aelteren blödsinnigen Bruders HEINRICH GEORG SMIŘZYCKI. Damahls mußten MATHIAS' Waffen den rebellischen protestantisch gesinnten Böhmen, und ihren deutschen Bundesgenossen unter dem Winterkönig FRIEDRICH von der Pfalz[595], den seine protestantische Gemahlin, eine Tochter [*von*] JAKOB I. von England[596], zum ehrgeizigen Versuch, die Krone Böhmens auf sein Haupt zu setzen, [... *unleserlich* ...], erliegen: Wie schon zu Absatz 75, Seite [! *recte Bogen*] 124 angeführt worden[597], konnte erst FERDINAND II., welcher schon früher mit Unterstützung der Jesuiten, und der katholischen Union, in Oesterreich ob und unter der Enns, und in [*fol.129/2*] Steyermark und Kärnten die Protestanten und ihre Pastoren von Kanzeln, Schulen und Pfründen vertrieben hatte /man siehe den Codex Austriacus für diesen Zeitraum/ auch in Böhmen, Mähren, Schlesien durch den Sieg des FRIEDLÄN-

---

zicht); FERDINAND I. (1503–1564), 1531 römisch-deutscher König, 1556 römisch-deutscher Kaiser. – MAXIMILIAN II. irrtümlich zweimal angeführt.

593 *FERDINAND II. (1578–1637), 1617 römisch-deutscher König, 1619 Kaiser; MAXIMILIAN [I.] von Baiern (1573–1651), 1623 Kurfürst; FILIPP (recte Philipp) II. von Spanien (1527–1598); ELISABETH [I.] von England (1533–1603), 1558 letzte Königin aus dem Hause Tudor); JULES MAZARIN (recte GIULIO MAZARINI), französischer Diplomat und Kardinal, 1642 regierender Minister (1602–1661); LUDWIG XIV. (1638–1715), 1643 König von Frankreich, genannt „Sonnenkönig"; GUSTAV II. ADOLPH (1594–1632), 1611 König von Schweden aus dem Hause WASA.*

594 *Recte Absatz 85, Bogen 124.*

595 *FRIEDRICH V. (1596–1632); 1610–1623 Kurfürst von der Pfalz; 1619/20 als FRIEDRICH I. König von Böhmen.*

596 *Auch JAMES (1566–1625); 1567 König der Schotten, 1603 König von England und Irland.*

597 *Verweis unklar!*

DERS [! *recte WALLENSTEIN*] Herzogs auf dem weissen Berge (   )[598] seine absolute Herrschaft befestigen. FERDINAND [*II.*] befahl die Edictal-Processirung und Verurtheilung der gefallenen /dann aber auch des schon 1618 gefallenen ALBERT JOHANN SMIŘZYCKI/ und lebenden Rebellen durch ein außerordentliches Commissions-Gericht zu Prag, welches schon am 26. April 1621 das Todes- und Confiscations-Urtheil fällte. Die Aufhebung aller den katholischen und protestantischen Ständen bewilligten Religions- und politischen Freiheiten, wie sie in dem Majestäts-Brief, RUDOLPH des III.[599], Ferdinands aelterer böhmischer Landesordnung, und den sächsischen Rechten festgehalten waren, wurde in's Werk gesetzt, und eine neue Landesordnung erlassen. Der siegreiche Feldherr WALDSTEIN oder WALLENSTEIN, der auf seine Kosten und Vorschüsse dem Kaiser FERDINAND II. eine Armee von Söldnern schuf, erhielt dafür 1621 die SMIŘZYCKI-Güter und die Vormundschaft über HEINRICH GEORG SMIŘZYCKI, welcher im [*fol.129/3*] Jahr 1630 vor dem Herzog starb, welcher nach seinem gewaltsamen Tode im Jahre 1634 als Hochverräther angeblich im Einverständniß mit den schwedischen Anführern condemnirt, und aller Güter verlustig erklärt wurde.[600]

Es wurde von den fürstlichen Klägern nicht ersichtlich gemacht, ob seit der angeblichen höchst verletzenden Abfindung LEOPOLD I. mit 300000 Gulden für die eingezogenen SMIŘZYCKIschen Güter unter den späteren Regierungen JOSEPH I., CARL VI., [*MARIA*] THERESIENS und JOSEPH II. und LEOPOLD II.[601] von der WINDISCHGRÄTZischen Nachkommenschaft Reclamationen oder Ansprüche angebracht wurden. Ich kann hier nur bemerken, daß der in [*den*] Fürstenstand erhobene ALFRED WINDISCHGRÄTZ [*(1787–1862)*]/1842 Comandirender General in Böhmen und Feld-Marschall-Lieutenant/ die Angelegenheit bey dem ihm wohl-

---

598 *Datierung offen gelassen: recte 8. November 1620.*

599 *Recte RUDOLPH II.*

600 [*Note PRATOBEVERA*] Sowohl der Kaiser als auch der Herzog mußten anerkennen, daß der aeltere SMIŘZYCKI wegen des Blödsinns keiner Strafe unterliegen könne, daß das SMIŘZYCKI-Seniorat von dem Allod in der Theilung abzusondern sey /1622/, der Herzog kein Recht auf das Seniorat und das Allod des Blödsinnigen zur Zeit habe; weßhalb sich [*fol.129/4*] der Herzog mit einer eventuellen Cession von einer CATHARINA RZIHAN [*recte ŘIČAN*] angebliche SMIŘZYCKI-Seniorats-Ansprecher[*in*] versehen ließ. Nach seinem Tode /1634/ bis zum Jahr 1648 erscheint keine Nachweisung, daß sich SMIŘZYCKI-Erbsprätententen, insbesondere die flüchtige MARGARETHA SMIŘZYCKA, verehelichte SLAWATA, gemeldet hätten.

601 *JOSEPH I. (1678–1711), 1705 römisch-deutscher Kaiser; CARL VI. (1685–1740), 1711 römisch-deutscher Kaiser; MARIA THERESIA (1717–1780), 1740 regierende Erzherzogin von Österreich; JOSEPH II. (1741–1790), 1764 römisch-deutscher König, 1765 Kaiser und Mitregent der Österreichischen Monarchie; LEOPOLD II. (recte LEOPOLD JOSEF; 1747–1792), 1790 römisch-deutscher Kaiser.*

wollenden [*fol.129/4*] Kaiser FRANZ II. ununterbrochen betrieben [*hat*], und endlich durch das Allerhöchste Cabinetschreiben vom 2. August 1827 /liegt wörtlich bey/[602] die Erlaubniß erhielt, die Angelegenheit im Rechtswege bey einem Schiedsgericht unter Baron FECHTIG und von 6 Justizbeisitzern, die bis zur Aburtheilung und Entscheidung am 16. Februar 1840 nach 13 Jahren zum Theil wechselten, zu verhandeln, wobey der Kaiser im Vorhinein auf die Einwendung der Transaction unter LEOPOLD I. und der mehr als 200jährigen Praescription ausdrücklich verzichtete.

Als man dem Kaiser das Gefährliche solcher Rechtsführungen gegen die Regierungsacte längst verschwundener Jahrhunderte, und die nothwendige Aufregung anderer Prätendenten aus jenen Zeiten der Gewalt, und der Religions-[*fol.130/1*]wuth vorstellte, äußerte er lachend: Meine Juristen werden mich nicht sitzen lassen: Was soll diese Äußerung eigentlich im Munde des Souverains bedeuten ? So oft ich nach dieser Zeit den Kaiser zu sprechen Gelegenheit hatte, kam er wieder auf den Proceß, und die verschiedenen Versuche des Fürsten WINDISCHGRATZ, die Sache auf eine andere Weise durch einen Vergleich abzuthun, ganz fröhlichen Sinnes zurück. – Einige Millionen sind ja nicht des Redens werth![603]

Der erste Präsident Baron FECHTIG dieses sogenannten Compromißgerichts, dessen eigentliche Constituierung durch Vereinbarung beider Parteien aus dem Cabinet nicht den berufenen Richter mitgetheilt, und es scheint, als bloße Gnadensache in Form der obigen kaiserlichen Resolution vom 2. August [*fol.130/2*] 1827 niedergesetzt wurde, enthielt sich allen Präsidial-Einflußes auf die Entscheidung der Sache, was nach seinem Tode (+ 1834) von seinem Nachfolger, Grafen TAAFFE, seiner vorzüglichen Talente und Eigenschaften unbeschadet, nicht im gleichen Grade gereichet [?] werden konnte. Indessen waren sichtbar alle Mitglieder des Gerichts, und ich selbst, von der Sachfälligkeit der für muthwillige [… *unleserlich* ...] Querulanten, und Speculanten auf des Kaisers Güte und den oeffentlichen Schatz, geachteten fürstlichen Kläger im Voraus überzeugt; nur

---

602 *Im Familienarchiv nicht auffindbar.*

603 [*Note PRATOBEVERA*] Wie sehr die Besorgnisse der Exemplification mit solchen Processen gegründet waren, ist das Factum, daß eben jetzt /1842/ ein Graf WALDSTEIN bey Hof und den Behörden drang, auch [*fol.130/2*] ihm den Rechtsweg zu gestatten, denn sein unläugbarer Ahnherr, der Herzog von Friedland, sey meuchelmörderisch ermordet worden, vor irgend einer Untersuchung und Beweisführung über den angeschuldeten Hochverrath. Die nach dem Tode erfolgte Untersuchung, Condemnirung und die Confiskation seines großen Vermögens sey eine juridische Gewaltthat des undankbaren FERDINAND II., und der nach seinem Vermögen [*fol.130/3*] gierigen Priester und Hofleute gewesen. - - - -
Allein der Erzherzog LUDWIG hüthete sich durch eine Signatur die Behörden in neue Verlegenheit zu setzen.

der jüngere verschuldete Fürst ALFRED WINDISCHGRÄTZ und dessen Wiener Advocat Dr. ELZ [*recte* ELTZ][604] hielten das Spiel für gewonnen, sobald ein Mahl die kaiserliche zweideutige Resolution erwirkt war. Doch muß ich hier sogleich gewissenhaft erklären, daß weder der Fürst, noch dessen bekannte [*fol.130/3*] und unbekannte Schriftenverfasser und Advocaten auch nur ein Wort mündlich oder schriftlich vor und während des vieljährigen Rechtsstreites mit mir gesprochen, oder Deductionen geschickt haben. Erst lange nach der in der allgemeinen Zeitung bekannt gewordenen Entscheidung konnte ich den ersten und letzten Besuch des Fürsten ALFRED WINDISCHGRÄTZ, der mich kennen lernen wollte, nicht ablehnen; vermuthlich hatte er den Gang der Berathung und Entscheidung erfahren, und beschwerte sich über die durch Grafen TAAFFE zuerst verzögernde, dann gegen seinen Wunsch und Bitte praecipitirte Entscheidung und Kundmachung des schiedsrichterlichen Ausspruches bey gleicher Stimmenzahl von 3 gegen 3, die durch die Stimme des vorsitzenden Grafen TAAFFE alleine zur Majorität gelang.[605]

Bey dieser einzigen ersten und letzten [*fol.130/4*] Unterredung mit dem Fürsten beobachtete ich das größte zurückhaltende Schweigen über den Gang und die Weise der Entscheidung des Processes; ich wußte nicht Ein Mahl, ob ich von ihm als Schiedsrichter gewählt worden war.

In dieser langen Periode des Processes hatte ich oft den Staatsrath Baron MÜNCH, PILGRAM, die Präsidenten FECHTIG und Grafen TAAFFE gebethen, meine Enthebung von dem Beysitz Seiner Majestät und dessen Thronfolger zu bewirken, weil ich bey meiner schon im Jahr 1834 eingetretenen Augenschwäche die ungeheure Actenmasse mit Grund fürchten [musste], und über meine eigene Bestimmung für oder gegen das Aerarium ängstlich zu werden anfing; immer lehnte

---

604 *JOSEF AUGUST ELTZ (1788–1860); Hof- und Gerichtsadvokat in Wien.*

605 [*Note* PRATOBEVERA] Graf TAAFFE konnte sich auch bey anderen Gelegenheiten von dem [*fol.130/4*] Einfluß seines cholerisch sanguinischen Temperaments und seines Ehrgeizes nicht frei erhalten, wie dieß seine Zerwürfnisse bey der Hofkammer mit Baron PILLERSDORF und KOLOWRAT, später auch mit PILGRAM, [*zeigen, und ebenso*] seine ungebührliche Präsidial-Einschreitung, um hochgestellte adeliche Personen wie zum Beispiel den Kammerherren ESTERHAZY, welcher einen Polizeymann im Prater mißhandelte, dem ordentlichen Strafverfahren zu entziehen. Bekannt ist es, daß er nach seiner unwillkommenen Versetzung zur Justiz [*fol.131/1*] in einem Anfall von Trübsinn das Leben abkürzen wollte, obschon er ein sehr zärtlicher glücklicher Gatte und Familienvater war. Graf TAAFFE ließ viel, selbst durch ADOLPH, in den Archiven, und durch aus eigener Reise nach England nachforschen, um seine englische oder irische Pairswürde zu beweisen. Bey der Witwe des Kaisers FRANZ [*I.*] /der sogenannten Kaiserin[-]Mutter/ genießt er großes Vertrauen, so wie diese Frau selbst in die Regierung eingreift. Man ist wirklich [*fol.131/2*] zweifelhaft, in welcher Hand, oder ob in keiner Hand unter FERDINAND II. [!] die Herrscherzügel und die bewegende Triebkraft der Staatsmaschinerie liegen.

man es ab, und Graf TAAFFE versprach, mir die Sache zu erleichtern, und die Lesung der Acten und des Referats zu ersparen, oder zu erleichtern, was ich gerade nicht wollte!

[*fol. 131/1*]

79. [! *recte 88.*] Der Fürst ALFRED WINDISCHGRATZ hatte zwar auch in Nahmen seines aelteren verehelichten, und mit Nachkommenschaft versehenen, gut rangirten Bruder VERIAND Fürst WINDISCHGRÄTZ [*(1790–1867)*]die Allerhöchste Resolution von 2. August 1827 erwirkt; dennoch reichte er nur in seinem Nahmen die resolvirte Klage sub 21. Februar 1828 beym Schiedsgericht ein, worin er mit kurzer historischer Anführung ohne viele Belege das angebliche gewaltthätige Confiscations-Verfahren gegen die SMIŘZYCKI-Familie, die Ungerechtigkeit der Condemnation des früher verstorbenen JOHANN ALBRECHT SMIŘZYCKI, die Usurpation des Herzogs von Friedlandt, der übrigen böhmischen Großen, welche sich in die Beute theilten, ohne die einzige rechtmäßige und nach Deutschland [*fol. 131/2*] geflüchtete leibliche Tochter und Erbin nach dem Vater SIGISMUND SMIŘZYCKI, MARGARETHE SMIŘZYCKI, verehelichte SLAWATA, und ihres einzigen Sohns und Erben HEINRICH SLAWATA, der fruchtlosen Verhandlungen und stets vereitelten Resolutionen LEOPOLD I. seit 1648 bis 1676 durch 30 Jahre endlich die Abnöthigung des Vergleichs vom 16. August 1676 auf die geringe Summe von 300000 Gulden Rheinisch seine enorme Beschädigung in Quali bewiesen zu haben glaubte:

Der fürstliche Kläger vermied damahls wohl absichtlich, die Güter und Bestandtheile des *Smiřzycki*schen großen Vermögens einzeln namhaft zu machen, und die Forderung der Entschädigung vom Aerarium im baaren Gelde anzugeben, da doch der Fürst selbst einräumte, daß nur die Restitution der SMIŘZYCKI-Güter in natura con fratribus, welche längst in 3. und 4. Hände übergegangen waren, [*fol. 131/3*] durch das Aerarium noch weniger möglich sey, als vor 190 Jahren unter seinem Ahnherren GOTTLIEB GRAFEN WINDISCHGRÄTZ [*(1630–1695)*]. Der Kläger konnte hoffen, leichter mit Beweisen auszukommen, wenn das Quale der Beschädigung durch die Regierungshandlungen festgestellt sey.

Die Hofkammerprocuratur, und ihre Organe, der jetzige Justiz-Hofrath [*KARL SCHWABEL von*] ADLERSBURG, welcher übrigens alle seine Schriften und Eingaben der allgemeinen Hofkammer zur Zensur und Billigung, auch zur Einsicht des Cabinets vorläufig überreichen mußte, beschränkte sich darauf, diese erste Klage zur Verbesserung zurückzulegen, und zu begehren, daß der Fürst VERIAND dem Streite ausdrücklich beitrete, oder sich davon lossage, daß der Fürst die Objecte, und deren Werth, an denen seine Vorfahren angeblich Schaden durch das Verschulden des Oesterreichischen Fiscus gelitten haben sollen, specificire, mit Beweisen belegen, und [*fol.131/4*] die Forderung der Entschädigung im Gelde, wie es die Gesetze wollen, ausspreche.

Schon bey dieser praejudicialischen Verhandlung ergab sich eine Stimmenverschiedenheit bey dem Schiedsgerichte. Der damahlige Referent Hofrath SCHWARZ, der Präsident Baron GÄRTNER hielten den Rückerlag des Fiscus für ungesetzlich, und wollten ihn zur meritorischen Einlassung in die vorliegende Klage anhalten. Dagegen glaubte ich, Landrechts-Präsident SARDAGNA und der damahlige Hofrath der Obersten Justiz-Stelle von PILGRAM und Hofrath ENDERLE[606] erkannten die Einwendungen des Fiscus aus verschiedenen Gründen, und schon schon in der Natur einer Beschädigungsklage gegründet, nun zu einem für beide Theile sicheren Judicate zu gelangen, und nach dieser Stimmenmehrheit wurde durch Urtheil von 3. September 1828 [*fol.132/1*] dem Rückerlag des Fiscus stattgegeben, und die Kläger zu einem genauen Begehren der Entschädigung gewiesen, weil [*der*] Fiscus nicht als SMIŘZYCKI-Erbe mit der haereditatio petitio, sondern als justus oder injustus detentor der Güter zum Schadensersatz beklagt werden wolle. Fürst WINDISCHGRÄTZ war mit diesem Interlocut nicht zufrieden, und suchte im Cabinetswege das Schiedsgericht und den Fiscus zur Verhandlung auf die angebrachte Klage verweisen zu lassen; allein er wurde vom Kaiser FRANZ [*II.*], wie sich dieser gegen mich später ausdrückte, mit dem Gesuche spazieren geschickt !!

80. [! *recte 89.*] Beide Fürsten WINDISCHGRÄTZ reichten nun durch Dr. ELTZ eine neue Klage sub 21. October 1829 [*ein*] und belegten solche mit zahlreichen Urkunden, Stammtafeln, Testamenten, kaiserlichen und königlichen Resolutionen, Erbtheilungen von 119 Beilagen, die Subalternen ungerechnet.

Die Hofkammerprocuratur excipirte am 13. September 183[...][607] in §§ 33 auf [*fol.132/2*] 617 Seiten in extenso mit 158 Beilagen.

In der Replik vom 3. December 1832 von 350 Seiten glaubten die Kläger verschiedene Urkunden des Fiscus, und seine Zugeständnisse in einzelnen klägerischen Behauptungen zu ihrem Vortheil benutzen und interpretiren zu können; sie beschwerten sich aber, daß ihnen der Zutritt und die Edition der Urkunden aus den Archiven zur Verificirung der vom Fiscus producirten Abschriften, oder zur Widerlegung derselben von den Hofbeschwerden verweigert werde, ohne jedoch darüber ein abgesondertes Erkenntniß von dem Schiedsgericht verlangt zu haben. Die Fürsten concedirten in der Replik bestimmter dahin: [*der*] Fiscus sey ihnen als Erbe neben allen SMIŘZYCKIschen Rechten, Ansprüche und Güter für die dem ALBRECHT JOHANN [*fol.132/3*] [und] HEINRICH GEORG eigenthümlich gewese-

---

606 *JOHANN von ENDERLE (1770–1853); Rat am niederösterreichischen Appellationsgericht, 1826 Hofrat der Obersten Justizstelle.*

607 *Jahreszahl unvollständig.*

nen, von dem Fiscus eingezogenen, oder an denselben gelangten Güter /durch WALLENSTEINS Condemnation/ im Königreich Böhmen die Entschädigung im Stammvermögen und [*den*] entzogenen Früchten zu leisten und die Gerichtskosten zu ersetzen, schuldig, und zwar und zwar [!] für Schwarz-Kosteletz cum annuis 700000 Gulden Convents-Münze mit 4% Zinsen vom 26. Juli 1665 [*an*] /unter diesem Datum hatte Kaiser LEOPOLD I. den Grafen WINDISCHGRÄTZ in einem eigenen Assecurations-Decret authorisirt und legitimirt erkannt, die darin specificirten Güter[608] gegen die Besitzer unter Assistenz des Fiscus zu vindiciren, was jedoch nicht thunlich war/.

2. [!][609] Für noch verschiedene andere Entien, darunter auch die von FERDINAND I. selbst anerkannten, und dem Herzog auf seine Forderung überlassenen [*fol. 132/4*] Allode des blödsinnig verstorbenen HEINRICH GEORG SMIŘZYCKI /+ 1630/, wofür sich der Kaiser als Schuldner mit 502375 Gulden als Schuldner [!] gegen diesen Curanden, und dessen künftige Erben constituirte /sub EE./ dann für Activ-Capitalien per 76188 Gulden wurden begehrt, zusammen 1,837831 Gulden Conventsmünze in Kapital, nebst entzogenem Nutzen zu 4% seit 26. Julius 1665 /folglich ohne Hemmung der laufenden Summe usque ad alterum Tantum, wie bey eigentlichen Capitalszinsen/.

Diese Summe setzten die fürstlichen Kläger als sehr gemäßigt nach ihrer Meinung auf dem Grunde, da unter LEOPOLD I. gepflogenen amtlichen Verhandlungen und höchst geringen Güterschätzungen aus alter Zeit, seit welcher der Güterwerth mehr als um das 5fache in Böhmen gegen Geld gestiegen sey, an; sie sprachen in der Klage von mehr als 9 Millionen Entschädigung, ohne Accessorium.

[*fol. 133/1*]

Der Kammerprocuratur erstattete nach langer Zeit eine noch weit[*läufig*]ere Duplik dato praesentatum 10. November 1834, als die Einrede war, auf 510 Seiten in extenso, und vermehrte die Zahl der Beilagen bis auf 198. [*Der*] Fiscus widersprach und bestritt alle modificirten Posten in der Conclusion der Replik, und läugnete alle Verbindlichkeiten zum Ersatz in quali et tanto in der Geldvaluta, und Früchten, am allerwenigsten ohne Einrechnung dessen, was [*die*] klägerischen Vorfahren schon vom Kaiser, oder den einzelnen Possessoren erhalten hätten.

Die Neuerungen der Duplik veranlaßten die fürstlichen Kläger zur Einbringung einer Schlußschrift dato praesentatum 25. August 1835 /also nach dem Tode Kaisers FRANZ I./ auf 799 Seiten in Extenso, und die Klag-Beilagen dehnten

608 [*Note PRATOBEVERA*] Die Kläger auf den Werth von 922353 Gulden Convents-Münze berechneten.

609 *Ein vorangehender Punkt 1 ist nicht ersichtlich.*

sich um bis E/4 aus. Man könnte fragen, ob der Thronfolger FERDINAND I. [*fol.133/2*] diesen ungesetzmäßig und unklug von seinem Vater eingeleiteten Streit durch eine Instanz fortzusetzen schuldig war, und ob die Rathgeber des Kaisers nicht dafür eine andere Weise die Angelegenheit zu beendigen vorzuschlagen hatten, wozu fortwährend neben der obigen Procedur vor dem Schiedsgericht Anträge und Berührungen von dem Fürsten ALFRED WINDISCHGRÄTZ – persönlich fortgesetzt wurden; allein die kindliche Pietät FERDINAND I. ließ es in diesem Stücke bey der kaiserlich-väterlichen Anordnung bewenden; Er ernannte nach FECHTIG*'s* Tod den Grafen TAAFFE zum Präsidenten des Schiedsgerichts, welcher sich sogar eine größere Wirksamkeit als Obmann erwirkt zu haben, der ganzen Commission bey der Berathschlagung eröfnete, nämlich das Recht bey Stimmengleichheit durch seine Stimme die Sache endlich zu entscheiden, und die Kundmachung des schiedsrich-[*fol.133/3*]terlichen Ausspruchs, /ohne vorläufige Vorlage desselben sammt Acten und Protocoll nach Hof/ kundzumachen. Ob alle diese Modalitäten mit Zustimmung oder Provision der Kläger geschehen, ist mir unbekannt; denn die häufigen Praesidial-Nebenverhandlungen und Anfragen kamen nicht zur Kenntniß des ganzen Schiedsgerichts /mirabile dictu/.

Die Kläger bathen, nach der Conclusion der Replik die Entschädigung zuzuerkennen.

Nun reichte nach vielen klägerischen Betreibungen noch [*der*] Fiscus eine Gegenschlußschrift auf 278 Seiten ein sub praesentatum [...][610] ein; und die Beilagen bis zur Zahl 208, darunter waren von beiden Theilen unnöthigerweise ganze böhmische Gesetzsammlungen, Auszüge aus Geschichtsschreibern, und juristischen und genealogischen Werken und dergleichen beigebracht. [*Der*] Fiscus verharrte bey den Conclusionen der Einrede, und Duplik.

[*fol.133/4*]

Endlich wurde die ungeheure Papiermasse zum Spruch am [...][611]

81. [! *recte 90*] An die Stelle des verstorbenen Hofraths SCHWARZ wurde nun der Hofrath und mährische Referent GOTTLIEB[612] zum Referenten von Seiner Majestät bezeichnet; ein fleißiger, rechtlicher, aber schon alter und für solche Fragen, wie dieser Proceß von allen Seiten darboth, nicht genug gebildeter Jurist. Mit unsäglichem Fleiße überwand er die Papiermasse als slavischer Sprachkundiger, doch leichter, und lieferte dem Präsidenten TAAFFE seinen Auszug der Acten, und zugleich sein schriftliches Votum. Darin verwarf er zwar die meisten Ansprüche der Kläger, glaubte ihnen als legitimirten Prätendenten dem Fiscus

---

610 *Freier Raum für das Datum.*

611 *Freier Raum für das Datum.*

612 *ANTON GOTTLIEB von TANNENHEIM (1774–1849); 1815 Rat am mährisch-schlesischen Appellationsgericht Brünn, 1831 Justizhofrat.*

gegenüber aber doch nach den beigebrachten Behelfen und dem Cabinet-Schreiben des Kaisers FRANZ I. von 2. August 1827 über [*fol.134/1*] das bereits wegen dieser SMIŘZYCKI-Erbmasse Empfangene in Natura oder Geld von mehreren Seiten, noch den kleinen Rest von 25388 Gulden Wiener Währung /neue Wiener Währung/ samt 4% Zinsen vom Tage der ersten Klage, 5. März 1828, compensatis capitalis zuzuerkennen.

Dieser Extract und das Votum mißfielen dem Grafen TAAFFE und er ersuchte den Appellationsgerichts-Präsidenten Baron GÄRTNER als 1. Beisitzer des Schiedsgericht[*s*] und gewissermassen Conreferenten, wozu keine ausdrückliche kaiserliche Weisung vorlag, zur Abfassung eines neuen Extracts. Baron GÄRTNER machte im Laufe eines ganzen Jahres einen neuen Extract, und setzte zugleich ein alternatives Votum bey. Er glaubte, die Kläger aus Mangel der Legitimation aus Praeclusionen der Ansprüche, aus Renuntiationen, welche den Abkömmlingen [*fol.134/2*] des Grafen WINDISCHGRATZ mit LEOPOLD I. im Jahr 1676 lange vorhergegangen waren, gänzlich abzuweisen, und den Fiscus zu nichts verpflichtet, wenn auch die bloß auf sich genommene Assistenz gegen einzelne SMIŘZYCKI-Güterbesitzer keinen Erfolg hatte, und jetzt nicht mehr möglich ist. Sollte eben noch Etwas dem Kläger neuerlich zuerkannt werden wollen, so werde Baron GÄRTNER die Entschädigung auf das Allodial-Vermögen des blödsinnigen HEINRICH GEORG SMIŘZYCKI, wofür sich FERDINAND I. als Selbstschuldner constituirte, und zwar [...][613], beschränken.

Beide diese Voten und Extracte gelangten an den 3. Beisitzer, Obersten Landrichter [*SARDAGNA*] im Circular-Wege. Auch SARDAGNA legte zu den Acten einen neuen chronologischen Extract aus den Urkunden bey, ohne noch eine [*fol.134/3*] meritorische Meinung, die jedoch deutlich auf die Abweisung der Kläger primario gefolgert werden konnte, beyzufügen. Von dem 4. Beisitzer, dem inzwischen ernannten Staatsrath PILGRAM, und dem 5. Beisitzer Hofrath ENDERLE wurden in der Circulation der Acten keine Abstimmungen der Ordnung gemäß abgelegt.

Diese Acten mit allen Voten erhielt ich von Präsidium am 9. October 1839 nach meiner Rückkehr von meiner Urlaubsreise nach Frankfurt. Graf TAAFFE ließ für meinen Gebrauch und zu meiner Erleichterung das Votum des Baron GÄRTNER und den Extract des Baron SARDAGNA neu abschreiben, und sprach mir in mehreren Besuchen von der zweckwidrigen, überflüßigen Arbeit des Referenten GOTTLIEB, der Gründlichkeit des Baron GÄRTNERischen Votums, den Schleichwegen des Fürsten WINDISCHGRÄTZ und dergleichen. Ich schwieg, und [*fol.134/4*] und wurde durch die mir vorgelegten Referenten-Meinungen um so mehr aufgefordert, die mir zugeschickte Liste mit den Acten zu eröfnen, und trotz

---

613 *Freier Raum für das Datum.*

meiner Augenschwäche selbst meine rechtliche Meinung zur Berathung mitzubringen. Ich mußte mir in dieser Zeit der kürzeren Tage nicht anders zu helfen, als daß ich die Satzschriften und Urkunden abwechselnd selbst las, oder durch meinen Neffen, den Rechtscandidaten ARZT[614], auch manchmahl durch LOUISE und BERGMANN[615] [*lesen*] ließ [?], und gleich während des Lesens auf 42 Bogen Notate niederschrieb, um daraus einen status causae zu formiren, und meinen Antrag zu stellen.

Schon am 25. November 1839, nach 6 Wochen täglicher Arbeit /neben den appellationsgerichtlichen Sitzungen/ schickte [*fol.135/1*] ich alle erhaltenen Actenstücke zurück, machte aber weder gegen Grafen TAAFFE noch gegen Baron GÄRTNER und PILGRAM ein Geheimniß daraus, daß ich für eine gänzliche Abweisung der Kläger, so wie die Acten liegen, nicht stimmen könnte, jedoch in einem höheren Betrage, und aus anderen Rechtsgründen als der Referent GOTTLIEB, und eventuell Baron GÄRTNER.

Ehe ich meine Meinung entwarf, wobey ich [*mich*] mit Bewilligung des Grafen TAAFFE des Kanzellisten der Obersten Justiz-Stelle, SCHINDLER[616], zum Scheiben bedienen durfte, befragte ich im Allgemeinen über einige Puncte der alten Rechtsverfassung Böhmens den neu ernannten Hofrath Dr. HÄRDTL[617], der sonst der Sache fremd blieb.

Meine Meinung, deren rechtliche Begründung hier aber so überflüßig, als ohne wörtliche Belegung [*fol.135/2*] aus den Acten, Urkunden oder Gesetzesstellen unmöglich wäre war kürzlich folgende:

1. Ich war mit [*dem*] Referenten einverstanden, daß die Fürsten WINDISCHGRÄTZ ad causam legitimirt seyen, und Fiscus, der nicht titulo haeredis besitze, sich um ein näheres oder gleiches Erbrecht anderer möglich existirenden SMIŘZYCKI-Erben oder Miterben nicht zu kümmern habe, die sich seit 200 Jahren und den Liquidations-Edicten vom Jahr 1622 bis 1640 nicht meldeten, und unter gerichtlicher Auctorität den Klägern, oder ad depositum zahlen könne mit voller Sicherheit.

2. Daß [*die*] Kläger durch keine frühere oder spätere Praeclusion, Renuntiation, Transaction oder Reversirung des Grafen WINDISCHGRÄTZ in Jahr 1665 von der Restitution ad liquidandam für ausgeschlossen zu erachten, was auch aus der

614 *Ein Enkel seines Bruders JOSEF.*

615 *Seine Tochter und ihr Ehemann JOSEF BERGMANN.*

616 *JOSEF SCHINDLER (um 1762–1823); 1802 Kanzlist der Obersten Justizstelle, später Hofagent und Landesadvokat in Böhmen.*

617 *THOMAS Freiherr von HAERDTL (1787–1863); 1809 Supplent an der Juristenfakultät Prag (1830/32 Dekan), 1833 Rektor der Universität, 1835 Hofrat der Obersten Justizstelle, 1839 Mitglied der Gesetzgebungs-Hofkommission, 1650 schließlich Senatspräsident am Obersten Gerichtshof in Wien.*

Resolution Kaisers FRANZ I. von Jahr 1827 erhelle, wenn sie nicht eine Täuschung und von Wirkung seyn soll.

[*fol.135/3*]

3. Daß selbst auf dem Allodial-Vermögen des Rebellen ALBERT [*JOHANN*] SMIŘZYCKI gegen dessen criminalgerichtlich [?] rechtmäßige oder unrechtmäßige Verurtheilung und Confiscationsstrafe, als eine Regentenhandlung nicht einzugehen sey, für jeden Fall die Ansprüche des blödsinnigen Bruders, und seiner leiblichen Schwester vom Fiscus vertreten müßten, weil die letztere von FERDINAND II. mit allen auch flüchtigen Frauen der Aufrührer von der Execution der Confiscationsstrafen ausdrücklich excipirt worden. Ob übrigens FERDINAND II. gegen die damahls geltenden böhmischen politischen und Civil-Rechtsgesetze gehandelt habe, und neue Gesetze auf vorhergehende facta anwenden ließ, hatte ich dahingestellt seyn lassen.

4. Daß das angesprochene eigene oder cedirte Erbrecht des Herzogs von Friedland zum SMIŘZYCKI-Vermögen eine unerwiesene Anmassung gewesen; dass

5. die Schwester der beiden Brüder SMIŘZYCKI auch ihre Erbin in dem ganzen Nachlasse im Jahr 1630 geworden, erweislich nirgend darauf verzichtet, oder solches verwirkt habe;

6. Daß wenn von ihrem einzigen Sohn [*fol.135/4*] HEINRICH SLAVATA, der als frei gewordenes Gut in seiner Person das SMIŘZYCKI-Vermögen geerbt hatte, oder dessen Gemahlin und Testaments-Erbin Gräfin BREDERODE, und nach ihrem Tode Graf WINDISCHGRÄTZ als ihr Erbnachfolger in den Verhandlungen von Jahr 1656 bis 1665 geringere Forderungen als die jetzigen Kläger stellten, und sich mit dem Assecurationsdecret von 26. Julius 1665 und Anweisung des Fiscus, dem Grafen WINDISCH-GRÄTZ in der Vindicirung der Güter Beistand zu leisten in dem viel bestrittenen Reverse begnügen; so habe doch alles darauf beruht, daß auf diesem Wege Graf WINDISCH-GRATZ klaglos wirklich gestellt werde. Es sey also die spätere Abfindung durch Kaiser LEOPOLD I. mit 300000 Gulden keine bloße Gnadensache, sondern nur eine Vergütungsmodalität von Ansprüchen der klägerischen Vorfahren gewesen, die eben nun nach der [*fol.136/1*] Kaiserlichen Resolution von Jahr 1827 den heutigen Klägern, so wie jede Verjährung überhaupt hätte nicht entgegenstehen soll.

7. Eben so fand ich mit [*dem*] Referenten, daß in den verhandelten Acten die Kläger Daten und Beweise einzeln, wenn auch nicht aller Forderungen auf dem Ziffer nach geliefert haben, um mit Sicherheit eine Summe und nicht bloß ein arbitrarisches Pauschal-Quantum zur Entschädigung gegen das Aerarium auszusprechen, daß man also alle 11 Posten der klägerischen Replik, auf welche sich [*der*] Fiscus so weitwendig eingelassen, und die er in seinem Rückerlag selbst zu erörtern verlangte, einlassen müßte.

7. [!] Nur in der Berechnung der erweislichen Forderung, dem Zinsenlauf und Stilstand wich ich von dem Referenten [*fol.136/2*] ab. Zwar blieb ich bey dem Grundsatz stehen, daß [der] Fiscus nur in so weit haften könne, was erwiesenermassen in des Kaisers Besitz gekommen und zu dessen Vortheil verwendet worden, sey es, daß damit Belohnungen, oder Schulden von Seite des Kaisers an WALLENSTEIN, andere Generale, Beamte, Prälaten und so weiter bezahlt wurden, und was keine Confiscation, die ALBRECHT SMIŘZYCKI allein und in seinem väterlichen Erbtheil verwirkt hatte, unterlag. Die bezogenen Früchte mußten zwar nicht mit 175jährigen Zinsen, aber danach bis zur Capitals-Höhe für 25 Jahre, und der neuerlich von dem Zeitpunct der gegenwärtigen zweiten Klage [*vom*] 21. October 1829 zu 4%, alles in neuer Wiener Währung, der sich [*fol.136/3*] die Kläger fügen mußten, wie andere Staatsgläubiger auch, berechnet werden.

Ich glaubte daher, statt der von den Klägern in der Replik geforderten Capitalszinsen von 1,837831 Gulden in Convents-Silbermünze, nur einen Capitalsbetrag von 704680 Gulden in Wiener Währung, worunter ich 240000 Gulden Wiener Währung für Schwarzkosteletz nur als liquid einbezogen hatte, mit Zinsen von gleichem Betrag, und dann den neu anfangenden laufenden Zinsen zu 4% von dem obigen Capital den Klägern comp[*ensatis*] cap[*italis*] über das bereits aus der SMIŘZYCKI-Masse wie immer bezogen, zuzuerkennen.

Fürst WINDISCH-GRATZ behauptete oeffentlich, daß ihm bereits in den Vergleichsunterhandlungen vom Kaiser FRANZ I., und insbesondere von dem damahligen Finanz-Minister und Hofkammerpräsidenten Grafen KLEBELSBERG[618] 600000 Gulden Convents-Münze in Obligationen zur Entschädigung angebothen [*fol.136/4*] worden, in mündlichen Kavalir-Besprechungen. Er wurde in seinem Pensionirungsstand[619] von dem Nachfolger Baron AICHHOF [! *recte EICHHOF*] darüber ämtlich befragt, und soll ausweichende Antworten von Nichterinnerung und dergleichen ertheilt haben.

82. [! *recte 91.*] Endlich wurde das Schiedsgericht von Grafen Taaffe auf den 10. Februar 1840 zur Berathung und Urtheilsfällung zusammenberufen. Die ersten Sitzungen begannen mit der Ablesung des ganzen Referates des Hofrats GOTTLIEB, wobey theils wenig Aufmerksamkeit, theils Unterbrechungen, zum Theil ironische [*Bemerkungen*] über den Antrag der Entschädigung von 25000

---

618 *FRANZ Graf KLEBELSBERG Freiherr zu THUMBURG (1774–1857); 1829/30 Hofkammerpräsident.*

619 [*Note PRATOBEVERA*] Oesterreich bezahlt jetzt /1842/ drey starke Pensionen, jede mehr als 20000 Gulden Convents-Münze an drei gewesene Chef's seiner Finanzen, den Grafen NADASDI, den Grafen KLEBELSBERG, und Baron AICHHOF [! *recte EICHHOFF*]; die beiden letzteren Günstlinge und Schützlinge des Grafen KOLOWRAT, unstreitig talentreich, aber sorgenlose [!], kühlsinnig, oder eigennützig, und practisch in den Antecedentien unwissend, und unerfahren.

Gulden Wiener Währung für die geforderten Millionen von Seite des Präsidiums vorfielen. Dann lasen Freyherr von GÄRTNER, und SARDAGNA ihre Meinungen ab, und [*fol.137/1*] die wichtigeren Behelfe.

Ich wurde zuerst am 15. Februar zur Eröffnung meiner Ansicht aufgefordert, daß ich einen erschöpfenden status causae mit meinem Gutachten vorbereitet habe, und auf eine unbedingte Abweisung der Kläger nicht einverstanden wäre.

Die Zeit zur Ablesung genügte nicht, und das Präsidium veranlaßte eine Circulation meines Votums bis zur nächsten Sitzung, welche jedoch schon am 16. Februar 1840 anberaumt wurde, bis wohin mein Votum unter 6 Mitgliedern unmöglich durchgesehen seyn konnte, und doch erfolgte am 16. Februar 1840 die definitive Berathung, wo Fürst ALFRED WINDISCH-GRATZ in Böhmen war.

Die vorhergehenden Stimmen des Baron GÄRTNER, SARDAGNA und PILGRAM waren gegen den Referenten angegeben, daß sie den Kläger schlechthin mit allen Forderungen abweisen, und daher in die [*fol.137/2*] einzelne [!] Puncte der Liquidation über die Anträge des Referenten nicht eingehen wollen, welchem sie aber in Quanto und Quali auch nicht bestimmen würden, wenn den Klägern keine peremptorischen Einwendungen zustünden. So äußerte Baron GÄRTNER in seinem Circular-Votum, weder das alte Seniorat noch das eigene Vermögen des Rebellen könne in Anschlag kommen, eben so wenig der Güterwerth, das Fidei-Commiß sey mit des Rebellen Tod auf andere wahrscheinlich existirende SMIŘZYCKI-Verwandte, nicht auf den blödsinnigen Bruder, dessen Allodial-Erbin, die [*fol.137/3*] Schwester SALOMEA [! *recte SALOMENA*] gewesen wäre; der Umfang sey aber durch eine Novation der Gräfin Brederode auf 500000 Schock Meißnisch oder 583333 Gulden bestimmt worden, von denen über Abzug der empfangenen 300000 Gulden höchstens 283333 Gulden Wiener Währung den Klägern gebühren könnten nebst Interessen ad die libelli. Der Staatsrath PILGRAM äußerte einen Antrag auf 202325 Gulden Wiener Währung samt Interesse vom Tage der Klage [*vom*] 21. October 1829.

Ich äußerte, daß es mir nun unnöthig scheine mein Votum abzulesen, daß ich aber mit dem Referenten auf die Liquidirung der einzelnen Posten und Entschädigung verstanden sey, und die oben von mir angegebene Summe für rechtlich begründet halte und antrage. [*fol.137/3*] Hofrath ENDERLE als letzter Stimmführer war mit [*dem*] Referenten und mir für die specielle Berathung der Forderungen und hatte die klägerische Entschädigungssumme auf 367333 Gulden Wiener Währung als liquid ausgemittelt.

Nun schritt der Graf TAAFFE, der mehr den Präsidenten, als einen Obmann spielte, zur Schlußfassung dahin: daß er den drey Stimmen des Baron GÄRTNER, SARDAGNA und PILGRAM auf unbedingte Abweisung der Kläger beitrete, das Urtheil hierauf fasse, und somit die Erörterung und Prüfung der einzelnen Posten von selbst wegfalle. Ich und die Minora behielten uns bevor, unsere Anträge als

Vota separata dem Protocoll in Extenso beizulegen, was wohl ohne Zweifel geschehen seyn würde. Und so ward ein sehr wichtiger Proceß nach unsäglichen Schreibe-[*fol. 137/4*]reien kurz abgefertigt. Freilich war [!] die Weitläufigkeit der Satzschriften und die ewigen Wiederholungen unerträglich; denn in facto war bloß nach Urkunden zu entscheiden; allein gerade über den Sinn und Absicht derselben chicanirten sich die Parteien, und in den vielen Rechtsfragen herrschte eine unbeschreibliche Verwirkung. Auch fand die Vertheidigung des Hofraths [*KARL SCHWABEL von*] ADLERSBURG nicht den Beifall und den Lohn, den er von seinen vieljährigen Anstrengungen in dieser Streitsache erwartete.

Graf *Taaffe* motivirte seinen Beitritt mit durcheinander gemengten politischen, und rechtlichen, zum Theil sonderbaren Gründen; unter anderm äußerte er, es wäre unerträglich bey den verschiedenen eventuellen Berechnungen eine gerechte Durchschnitts-[*fol. 138/1*]Summe zu ziehen, die allen Votanten genehm wäre; und so sey es gerathener !, meinte der Obmann, die Kläger ganz abzuweisen, als die vom Referenten angetragene kleine Summe, die den jetzigen Proceßaufwand nicht ein Mahl decke, den Klägern zuzusprechen.[620] Hätte Graf TAAFFE die Geduld gehabt, die einzelnen Posten discutiren zu lassen, so würden sich wahrscheinlich manche Differenzen der Votanten ausgeglichen haben.

Schon nach den ersten Sitzungen konnte ich wahrnehmen, daß dieses Resultat hervorgehen würde; denn Graf TAAFFE, Baron GÄRTNER, SARDAGNA und PILGRAM hatten vor der Sitzung Rücksprache oefter gepflogen, an denen die Minora keinen Theil nahmen. Als Graf TAAFFE dem [*fol. 138/2*] Gericht anzeigte, daß seit längerer Zeit der Fürst WINDISCHGRÄTZ ihm ein Gesuch um Sistirung des Spruches gebothen, weil Vergleichsverhandlungen noch immer im Zuge seyen, was wirklich Hofrath ADLERSBURG mir bestätigte, wußte ich, man müsse ihm durch seinen Vertreter bedeuten, daß der Fürst die Zustimmung des Fiscus zur Sistirung beyzubringen habe, widrigenfalls mit der Entscheidung vorgegangen würde; allein dießmahl wollte man den kurzen Aufschub nach so vielen Jahren nicht gewähren, der die Sache in statu quo erhalten, und eine Ausgleichung möglicher gemacht hätte. Der Fürst hatte von Kaiser FRANZ [*I.*] vortheilhafte Geldvorschüsse erhalten, wahrscheinlich in Hofnung künftiger Abrechnung.

Noch einiger Nebenumstände dieser cause celebre [!] muß ich erwähnen, über welche die Mitglieder des Gerichts sich nicht einigen konnten. Man beschloß zwar, dem Fürsten Beweggründe hier [*fol. 138/3*] auszugeben, allein die erste Abfassung derselben durch den Baron GÄRTNER sollte nach dem Rathsprotocoll

---

620 [*Note PRATOBEVERA*] Unstreitig hatten in Oesterreich die Beamten, Advocaten, Schreiber, die sich mit der Sache befassen mußten, durch 13 Jahre beiden Parteien über 30000 Gulden Convents-Münze gekostet, in England würden 10000 Pfund Sterling nicht zugereicht haben.

modificirt werden; darum überließ Baron GÄRTNER diese mühsame undankbare Arbeit dem Protocollsführer /jetzigen Wechselrath Dr. KRITSCH[621]/ welche manches unnöthige Detail in merito causae gegen die Schlußfassung der Majorität enthält, und von beiden Theilen bekrittelt wurde. Die Minora weigerten sich, die ihnen fremd gebliebenen Motive unter ihrer Fertigung den Parteien zu geben, was auch bey dem ersten Interlocut nicht geschah, endlich gab man dem Andringen des Grafen TAAFFE mit der Clausel nach: Dem gefaßten Beschluß gemäß „hatten die Parteien kein Recht zu wissen, ob die gewählten [*fol.138/4*] Arbitri einstimmig entschieden, und das ganze Materiale des Processes in Berathung genommen hatten“ ??

Die Kundmachung des Urtheils zugleich mit den Beweggründen, ohne das Begehren der letzteren abzuwarten, verzögerte sich durch viele Wochen, und in der Zwischenzeit hatte Graf TAAFFE Staatsrath PILGRAM oder Hofrath ADLERSBURG ohne Zweifel die Anzeige von dem Ausgange nach Hof gemacht:

Es war daher auffallend, daß die allgemeine Zeitung in Augsburg am 12. März 1840, Nummer 72, schon die Anzeige enthalten konnte, daß Fürst ALFRED WINDISCHGRÄTZ seinen Proceß verloren habe, welcher von Schiedsrichtern entschieden sey, welche in gleicher Anzahl von beiden Seiten ernannt worden waren ??

Der so gut unterrichtete Redacteur setzte bey: „Der Fürst dürfte Ursache haben, die Fortsetzung des Processes, auf welchen er bestehen [*fol.139/1*] zu müssen glaubt, um so mehr zu bedauern, als er von seiner Majestät dem Kaiser FRANZ als Transactions-Summe 200000 Gulden und von Seiner Majestät dem jetzt regierenden Kaiser 600000 Gulden Convents-Münze (beynahe die von mir angetragene Summe) angebothen worden waren.[622] Auch soll von beiden Seiten im Compromiss-Vertrag auf jede weitere Beschwerdeführung verzichtet worden seyn, so daß dem Fürsten dadurch jede weitere Appellation unmöglich gemacht ist.“

Man stellte sich über diesen Artikel sehr erstaunt, dessen Einsender doch leicht zu erfahren gewesen wäre; ich glaube, die obsiegende Partey habe ihn selbst in die Welt geschickt, [*fol.139/2*] und meines Wissens unwidersprochen nach dem ganzen Inhalte gelassen.

Der Fürst konnte sich also viel mehr beschweren, daß er vor geschehener legaler Zustellung des Urtheils und der Gründe /nicht an ihn, sondern an Dr. ELZ [*recte ELTZ*] in Wien, was SARDAGNA unschicklich glaubte/ durch die Zeitung

---

621 *JOSEF KRITSCH, später Wechselgerichtsrat.*

622 [*Note PRATOBEVERA*] Der Vergleich kam auch nach dem zu Stande, unter dem Gewande einer bloßen Kaiserlichen Munificenz /aus den Staatsfinanzen?/ Fürst ALFRED WINDISCHGRAETZ erhielt vom Kaiser FRANZ einen Vorschuß zum Ankauf der Religionsfond-Herrschaft Kladau.

seine Niederlage erfahren habe. Indessen werden dem Zeitungsartikel zum Trotz, auch nach der berühmten Entscheidung des Schichdsgerichts ex gratia dem Fürsten Sollicitationen um Entschädigung verstattet, von den er doch noch Vortheile mit Grund erwarten darf, wenn er einen Beschluß des Erzherzogs LUDWIG und des Kaisers erlebt.

Dieß ist eine getreue und gewissenhafte Skizze des Processes – eines bunten Gemengsels von [*fol. 139/3*] ordentlicher, ungewöhnlicher, politischer und Cabinetsjustiz – ein Beleg, daß, wo Staats- und Finanzinterssen mit Privatansprüchen in Collision gerathen, sich auch leicht ein willkührliches Uiberschreiten der Mäßigung und der Gränze zwischen den Befugnissen der Administration und der Justiz einstelle. Kaiser FRANZ [*I.*] wollte unter Justizformen hier, so wie in vielen andern Fällen, seine eigenen Absichten beschönigen, und sein Gewissen beschwichtigen, wenn er auf die Staatsfinanzen die Lasten seiner persönlichen Neigungen, und übel verstandenen Großmuth übertragen oder von übereilten Zusagen befreien wollte. Graf TAAFFE aber bestärkte mich in der Meinung, daß ein ruhiger, wohlwollender [*fol. 139/4*] geduldiger Charakter besser zum Richteramt tauge, als feurige Talente und Phantasie, getrieben von ungeduldigem Ehrgeiz und – der Hofgunst; sie sind der nicht zu bezweifelnden Gewissenhaftigkeit und Unbefangenheit bewußt, aber werden leicht parteiisch, ohne es zu wissen.

Von diesem Zeitpunct an, hielt ich mich in größerer Entfernung von dem Grafen TAAFFE, habe aber keine weitere übelwollende Nachwirkung meines Verhaltens in dem Processe, /wenigstens nicht nach meinem Wissen/ von ihm erfahren; vielmehr erwies sich Graf TAAFFE auch für meinen Sohn ADOLPH sehr wohlwollend. Eben so wenig sprach PILGRAM weiter über den Proceß, und die Forderungen des Fürsten WINDISCHGRATZ, die Hofrath SOMARUGA [!][623] übernehmen mußte, weil der erstere als Schiedsrichter eingeschritten war.

[*fol. 140/1*]

83. [! *recte 92.*] Ich komme an das Ende meiner activen appellationsgerichtlichen Dienstleistung: Im letzten Jahre derselben 1840 /1841/ hatte der Hof den 19jährigen Erzherzog STEPHAN, aeltester Sohn des Erzherzogs Palatin [*JOSEPH*] von Ungarn[624], nach Wien berufen, um ihn die deutsche Administration kennen lernen zu lassen, wahrscheinlich um ihm dereinst einen Wirkungskreis für seine viel versprechenden Talente außerhalb [*von*] Ungarn zu geben; denn schon des weniger beliebten Vaters Popularität erregte Mißtrauen, und eine gewissermassen erbliche Nachfolge in der ersten Würde des Reichs – eines wahren major domus nach den alten Gesetzen – konnte der königlichen Macht – der so tief unter

623 *FRANZ SOMMARUGA.*

624 *Erzherzog (FRANZ VIKTOR) STEPHAN (1817–1867); Erzherzog JOSEF (ANTON JOHANN BAPTIST), Generalfeldmarschall (1751–1827).*

FRANZ I. gesunkenen – nicht zuträglich seyn. Die Geschäfte der Oesterreichischen Herrscher von demselben Stamme ist nicht ohne Beispiele unheilvoller [*fol.140/2*] Zerwürfnisse unter den Mitgliedern des ungarischen Hauses, die gegenwärtig in so viele Linien mit Nachkommenschaft getheilt ist: Die vielen durch Religion, Sprache und Abkunft und Anfeindung getrennten Völkerschaften sind sehr zu dem Wahn zu verlocken, daß jede für sich, unter verschiedenen Sceptern sehr wohl regiert werden könne, wie in alter Zeit, und höchstens ein loses Bündniß oder Confoederations-System zu ihrer Erhaltung in Europa nothwendig sey. So denkt bereits in ziemlich großen Umfang der Magyar, der Böhme, der Italiäner, der Deutsche, der Galizier – vorzüglich die heranwachsende studirende Jugend oeffentlich, oder insgeheim - - - -

Der Prinz STEPHAN besuchte die politischen, Cameral- und Justizinstanzen Wiens in allen Abstufungen, und wurde zu den Justizbehörden, dem Magistrat, Landrechte, Appellations-Gericht, [*fol.140/3*] von dem damahligen Hofrath GÄRTNER in die Sitzungen begleitet; der Prinz hörte aufmerksam zu, und machte für sich Aufzeichnungen, ohne in den Gang der Berathschlagung sich einzumengen. Die Stücke des Vortrags wurden von jedem Präsidenten gewählt, und vorläufig dem Baron CONRAD GÄRTNER zugeschickt. Nachdem der Prinz 5 bis 6 Sitzungen des Appellations-Gerichts beygewohnt, und auch, wie überall, die Kanzley-Einrichtungen besehen hatte, erließ Er ein Cabinets-Schreiben an den Appellationsgerichts-Präsidenten Baron GÄRTNER, dankte und lobte ihn und das Appellations-Gericht, und wünschte dem letzteren Glück, daß es unter der Leitung eines so einsichtsvollen Präsidenten stehe.[625] Der Prinz machte dann die Runde der Geschäftsreise in Böhmen, und so weiter, und befindet sich jetzt /1842/ in Italien, wo er vielleicht zur Nachfolge des Vice-Königs Erzherzog RAINER bestimmt ist, der sich nach Oesterreich zurücksehnt, in dessen Umfang Er ansehnliche adeliche Besitzungen angekauft hat. [*fol.140/4*] In der 2. Hälfte des Jahres 1840 hatte der aelteste Vice-Präsident der Obersten Justiz-Stelle [*und Leiter des Außensenats in Verona*], Freiherr PURTSCHER von ESCHENBURG, vergebliche Versuche gemacht, nach Wien als Sections-Chef im Staatsrath, oder zur Wiener Abtheilung der Obersten Justiz-Stelle übersetzt zu werden; allein dieß war mit den Wünschen des Baron GÄRTNER, des Staats-Raths PILGRAM, und des Grafen TAAFFE, der keinen so eigensinnigen Neben-Präsidenten leiden mochte, nicht vereinbar; man hoffte vielmehr, daß ESCHENBURG, welcher bedeutende Krankheitsanfälle erfuhr, und mit den Hofräthen und den Wiener Senaten oft im Streite lag, die Pensionirung nachsuchen, oder von Amts wegen in Ruhestand versetzt werden würde; allein das erstere wollte ESCHENBURG nicht, der sich

625 [*Note PRATOBEVERA*] Präsident GÄRTNER fühlte schon damahls die Schwäche des hohen Alters, und nickte zuweilen in Gegenwart des Prinzen !!

noch sterbend für unentbehrlich hielt, und im Hause die Raths-Sitzungen je nach seinem Befinden veranstaltete, und das letztere verschob man aus Schonung für ihn, und den Appellationsgerichts-Präsidenten GÄRTNER, für den man eine Zurücksetzung darin sah, wenn ESCHENBURG befördert, oder SARDAGNA [*fol.141/1*] an dessen Stelle befördert würde. SARDAGNA wartete den Tod des ESCHENBURGS, eben so wenig als ich den Tod des Präsidenten Baron GÄRTNER ab. SARDAGNA hatte das Wechselrecht, und den, nach ROSETTI'*s* ungelegenen [?], aber von BENONI häufig emendirten und bestrittenen Vorschlägen verfassten Entwurf eines See-Schifahrts-Codex [!] dem Cabinet mit großen Erwartungen überreicht; aber es erfolgte weder eine Kaiserliche Resolution noch das von SARDAGNA allerdings mit Grund angesprochene Ordenszeichen, was er doch den untergeordneten Beisitzern Hofrath LOCELLA, GÄRTNER und mir durch seine Mitwirkung verschaffte.

Die Dienstleistungen beym Landrecht schien ihm nun weniger anziehend, und nach einem längeren Urlaub reichte er unerwartet ein Pensionirungs-Gesuch im August 1840 ein, und bath um völlige Enthebung von der Dienstleistung bey dem [*fol.141/2*] Nieder-Oesterreichischen Landrecht und der Hofcommission in Justiz-Gesetzsachen. Wenn man auch das erste Präsidium ihm gerne noch belassen hätte: So war man doch zufrieden, einen neuen Präsidenten für die Hofcommission in Justiz-Gesetz-Sachen in der Person des Grafen TAAFFE, und den gewünschten Träger der Arbeit in der Person des zum Vice-Präsidenten mit 8000 Gulden geförderten jüngeren GÄRTNER zu finden. SARDAGNA wurde, mit dem Orden der eisernen Krone 1. Klasse belohnt, und ich habe nichts weiter von einer neuerlichen Verwendung, und Bewerbung um die leer gewordenen höheren Plätze nach ESCHENBURG und Baron GÄRTNER gehört, obgleich SARDAGNA auf seinem Italiänischen Besitzthum sich bereits langweilt, und [... *unleserlich* ...] seine alternde Gattinn.

Ich hatte wohl bey mir ein unangenehmes Gefühl, daß der jüngere Beamte [?] GÄRTNER zum Vice-Präsidenten einer Hofstelle befördert worden; doch konnte ich mich nicht darüber beschweren, da [*fol.141/3*] ich im Jahr 1838 wegen Augenschwäche, die auch noch im Jahr 1840, besonders nach dem odiosen WINDISCH-GRATZischen Processe, nicht merklich besser geworden war, die Enthebung von den Arbeiten der Hofcommission verwirkt hatte. Ich würde in der That seit 1840 nach dem Austritt des SARDAGNA nicht viel mehr geleistet haben, als Baron GÄRTNER, der nun auch keinen nahen Erfolg der vielen Gesetz-Revisionen [!] erfährt, und vielleicht deßhalb um die noch nicht besetzte Stelle seines verstorbenen Bruders beym Nieder-Oesterreichischen Appellations-Gericht mit vieler Unterstützung sich bewirbt.

Ich setzte also geduldig nach SARDAGNA'*s* Pensionirung meine Dienstleistung beym Appellations-Gericht im Winter 1840–41 fort. Nach dem unvermutheten schnellen Hinscheiden des mir schon Ein Mahl unbillig vorgeschobenen Vice-Präsidenten der Obersten Justiz-Stelle, Grafen LICHTENBERG, wurden geheimnißvoll und schnell die beiden schon früher decorirten Räthe Baron LOCELLA und Baron GÄRTNER zu wirklichen Vice-Präsidenten [*fol.141/4*] der obersten Justizstelle mit großen Besoldungen von 8.000 [*Gulden*], Quartiergeld, und Titeln /der taxfreien Geheim-Rathswürde/ befördert, ohne daß ich zu einer Äußerung, wie so oft geschieht, von irgendeiner Seite aufgefordert wurde, ob ich nicht die Sinecur-Stelle eines Vice-Präsidenten bey der Obersten Justiz-Stelle [*wünschte*], welche weit weniger beschäftigte, als die von mir noch immer tadellos besorgte Amtsführung bey dem Nieder-Oesterreichischen Appellations-Gericht. Dieses Ereigniß brach meine Geduld, ich konnte mit 73 Jahren, obgleich Gott sey Dank, nicht viel kraftloser als LOCELLA und GÄRTNER, und ich entschloß mich sofort, nach 45 Dienstjahren (am 2. Mai 1796 hatte ich als Appellationsgerichts-Rath den ersten Diensteid in Krakau abgelegt) meine gänzliche Pensionirung anzusuchen. Theils aus Selbstgefühl, theils aus Widerwillen gegen die Sitte, mit welcher alte Beamte zu dem Collegium noch immer gerechnet [*fol.142/1*] werden wollen, wenn sie einzelnen Sitzungen auf Einladung des Präsidenten beywohnen dürfen, um Quartiergeld, oder dergleichen kleine Emolumente zu behalten[626], hatte ich mein Gesuch ganz einfach auf die Versetzung in den Ruhestand mit dem ganzen Gehalt von 6000 Gulden beschränkt, und der Gnade Seiner Majestät anheimgestellt, ob mir das Quartiergeld per 300 Gulden und die Präsidial-Zulage von 500 Gulden als Surrogat des früheren staatsräthlichen Quartiergeldes von 800 Gulden belassen würde. Den Hauptgrund der angesuchten Pensionirung belegte ich mit einem Zeugniß des Professors und Augen-Operateur DREYER, daß nämlich eine gänzliche Augenverdunkelunkellung [!] zu befürchten sey, wenn ich von angestrengten Geschäfts- und Amtsarbeiten mich nicht entfernen würde, dabey konnte ich am Schluße der Eingabe meine [*fol.142/2*] Empfindlichkeit über die oftmahlige Zurücksetzung seit dem Jahr 1819 durch 22 Jahre nicht verbergen; dieß that ich jedoch auf die schonendste Weise ohne alle gehäßige Vergleichung mit den jüngst beförderten achtenswerthen Männern.

Um allen Anschein zu vermeiden, daß ich mich gegen die Ordnung verstehen oder hinter dem Rücken des Präsidenten eine kleine Comoedie spielen wolle, wie er sie gespielt haben mochte, überreichte ich mein Gesuch nicht in einer Audienz, sondern geradezu dem Präsidenten Baron GÄRTNER, ohne PILGRAM, TAAFFE oder SOMMARUGA um Rath zu fragen; denn ich fühlte meinen Drang, mit Ehren aus einer mir widerlich gewordenen Amtsstellung baldigst herauszutreten. Der

626 [*Note PRATOBEVERA*] Mit solchen Veteranen ist dem oeffentlichen Dienste wenig berathen, und verdienten Männern die Vorrückung in höhere Stufen und Besoldungen gehemmt.

Präsident GÄRTNER sprach darüber kein freundschaftliches Wort mir, weder billigend [*fol.142/3*] noch abrathend, und gab das Gesuch mit einer lakonischen Einbegleitung, daß er der Wahrheit meiner Angaben nichts beizusetzen habe, dem Grafen TAAFFE zur weiteren Verhandlung. Ich kenne diese letztere nicht genau, nur Graf TAAFFE äußerte gegen mich, er hätte gewünscht, daß ich früher mich ihm in der Sache geöffnet hätte; kurz die Bitte gelang[*te*] in's Cabinett, und schon am 2. März 1841 ward sie erledigt, wie ich schon im Eingang dieser Notizen bemerkte. PILGRAM und SOMARUGA trugen darauf an, mir zu der gesetzmäßigen Pension, überhaupt eine Zulage von 1500 Gulden zu gewähren; allein die Finanzmänner hielten es bey mir für ungesetzlich, und schlugen dafür die Verleihung der geheimen Rathswürde zur Belohnung vor. Auf die Bemerkung, daß ich einen solchen Titel für das Privatleben nicht wünsche, wurden mir die 800 Gulden als Vermehrung der Pension von Seiner Majestät gnädig belassen, und überall das Bedauern ! über meinen [*fol.142/4*] Austritt geäußert !!

Nach dem Empfang der Allerhöchsten Resolution ging ich absichtlich nicht in die Sitzung, um dem Präsidenten gegenüber vor dem Gremium keine Demonstration des Wohlwollens gegen mich, entgegen zu nehmen.

Ich nahm Abschied von dem Präsidenten in Währing, der lange Zeit kränkelte, und erboth mich gegen seinen Bruder, wenn er es wünschen sollte, das Präsidium bis zur Ernennung eines neuen Appellationsgerichts-Vice-Präsidenten zu führen; Baron GÄRTNER lehnte es ab, weil er hoffte, bald wieder die Sitzungen besuchen zu können, und trug mir auf, das Präsidium dem Hofrath ZIMMERL zu überlassen. Wie sehr täuschte sich der alte Mann, nur ein Mahl konnte er nach meinem Austritt im Gerichtssal erscheinen, um den nach vielen Wochen an meiner Stelle ernannten Vice-Präsidenten

[*fol.143/1*] von BLUMFELD[627] mit einer kaum vernehmlichen Rede und sichtbarem Zwange einzuführen, wie man mir erzählte. Seit dem ersten und letzten Abschiedsbesuch sah ich Baron GÄRTNER bis an seinen Tod /April 1842/ nicht mehr, weil er alle Besuche ablehnte. Er kränkelte den ganzen Sommer und Winter 1841, und weigerte sich nach dem Rath der Aerzte, und der Bitten der Familie, Bäder zu besuchen, und über den Winter in die Stadt zu ziehen. Durch längere Zeit ließ er sich von dem neuen Vice-Präsidenten noch manche Geschäfte nach Währing zuschicken; bis auch diese illusorische Wirksamkeit im Anfang des Jahres 1842 erlosch, und Herr von BLUMFELD allein, noch jetzt ohne Präsidenten,

---

627 *LEOPOLD von BLUMFELD (1775–1848); 1811 Präsident des Tribunals Villach (Illyrische Provinzen), 1817 Rat am Appellationsgericht Venedig, 1822 Präsident des Tribunals Pavia, 1826 Hofrat der Obersten Justizstelle, 1841 Vizepräident des niederösterreichischen Appellationsgerichts.*

und eben deßhalb schüchtern die Maschinerie des Appellations-Gerichts im alten Gang zu erhalten trachtet.[628]

Die Räthe des Appellations-Gerichts schickten mir eine schmeichelhafte schriftliche [*fol. 143/2*] Abschiedsadresse zu, die ich erwiderte. Beides findet sich unter meinen Papieren.[629]

Da ich auf solche Weise aller Rücksichten für den oeffentlichen Dienst, und den kranken Präsidenten enthoben war, eilte ich schon im April 1841 für den ganzen Sommer nach Baden. Oblitus cunctorum, obliviscendus et illis.[630]

84. [! *recte 93*] Ich hole nun einige Familienereignisse seit dem Anfang des Jahres 1838 nach, um endlich die vielleicht schon allzu langen Notizen zu schließen.

Im März des Jahres 1838 wurde die Abberufung des Baron WAGEMANN[631] von der eigenen Central-Bundesbehörde in Frankfurt am Main wegen Mißverständnissen und Reibungen mit dem Oesterreichischen Bundes-Präsidial-Gesandten, Grafen [*fol. 143/3*] JOACHIM MÜNCH-BELLINGHAUSEN, bekannt gegeben. Diese Behörde oder Commission war eine Institution des Fürsten METTERNICH, und ein Mitteldin g von diplomatischer, politischer und Polizey und Ober-Censur-Organ unter der Autoriät der deutschen gemeinsamen Bundesversammlung. Die Commission, zusammengesetzt aus Commissarien der größeren Bundesstaaten unter dem Vorsitz des Oesterreichischen Commissairs (SCHWARZ, A[*NTON*], Konferenz-Rath, zuletzt WAGEMANN, also einen Jemand [!] vom Justizfach); sie sollte die allarmirenden [!] politischen Umtriebe, geheime Vereine, und die mit ihren verbundenen Flugschriften in allen Bundesstaaten überwachen, Notizen einsammeln, die Commissarien ihren Regierungen einzeln, und gemeinschaftlich dem [*fol. 143/4*] Bundestag Anzeigen und Gutachten zur verbindlichen Schlußfas-

---

628 [*Note* PRATOBEVERA] Der Kampf um die Nieder-Oesterreichische Appellationsgerichts-Präsidenten-Stelle ist endlich entschieden. Vice-Präsident GÄRTNER war vom Staatsrath, der ALBERT von HEß [*fol. 143/2*] von FECHTIG, von Grafen KOLOWRAT und TAAFFE unterstützt. Der letztere wurde seinem Wunsch gemäß nach Wien übersetzt /Wiener Zeitung, 30. Julius 1842, Nummer 208/ und bewies auch hier seinen zweydeutigen Charakter. Seinem Freunde Baron Gärtner schrieb er, er würde sich mit ihm in Concurrenz setzen; dem Grafen TAAFFE aber, er würde den Gram nicht überleben, wenn er nicht nach Wien könne, um sein Vermögen zu ordnen.

629 *Familienarchiv, Karton 6.*

630 *HORAZ (HORATIUS FLACCUS): oblitusque meorum obliviscendus et illis (Epistulae I, 11, 7–10).*

631 *FRIEDRICH MORITZ Freiherr von WAGEMANN (1778–1855); 1819 zunächst in der Bundes-Zentraluntersuchungskommission in Frankfurt/Main; 1827 Hofrat der Obersten Justizstelle; 1830 Oberster Landrichter in Böhmen; 1833–1838 österreichischer Bevollmächtigter beim Deutschen Bund in Frankfurt/Main; 1841 Landrechtspräsident in Niederösterreich.*

sung vorschlagen. Die Commission war also weder eine allgemeine Untersuchungs-, noch eine Straf- und Jurisdictionsbehörde; die verschiedenen Territorial-Auctoritäten sollten nur, unbeschadet der Landesgesetze, und nach diesen zur souverainen Amtshandlung aufgefordert werden, um den Frieden und das monarchische Princip in Deutschland nachdrücklicher handzuhaben. Man sieht leicht, daß die Wirksamkeit dieser Commission noch mehr von dem guten Willen und der eigenen Regierungsmacht des einzelnen Bundesstaates abhing, als die ehemaligen Reichsgerichte, die doch wenigstens in legalen Formen im Nahmen des Kaisers und des Reichs Mandate und Straferkenntnisse gegen Fürsten und Prälaten erlassen konnten.

[*fol.144/1*]

Fürst METTERNICH befragte den Staatsrath PILGRAM, welches Justiz-Individuum von einer niedrigeren Kathegorie als der kostspielige Präsident und geheime Rath WAGEMANN nach Frankfurt zu schicken wäre, um das Präsidium zu übernehmen; denn die Dieten der Commissarien wurden von der Bundescasse bestritten, und der Commissair behielt seine Amtsgenüsse von seiner Regierung.

Damahls /1838/ war ADOLPH schon wirklicher Landrath, denn ich hatte ihm gerathen, in dem Staatsrath nicht als Staatsrathsconcipient, und Actenextrahent grau zu werden, sondern in dem Collegium eine erweiterte selbstständige Wirksamkeit zu suchen.

Staatsrath PILGRAM schlug ADOLPH dem Fürsten-Staatskanzler zum WAGEMANN-Nachfolger vor, den Graf MÜNCH von [*BELLINGHAUSEN*] auch empfahl. ADOLPH wurde vorher angewiesen, mich wegen dieser ganz heterogenen Mission um Rath zu fragen. Ich gestehe, daß ich nicht ohne Bedenklichkeiten und ungern die neue Richtung seiner Verwendung vernahm; nicht nur, daß sie meinen Ansich-[*fol.144/2*]ten über die Zweckmäßigkeit der Commission, meiner Vorliebe für die wahre edle Bestimmung und Unabhängigkeit des Justizbeamten und Richters widersprach. So besorgte ich, daß ADOLPH in der ihm fremden Sphäre bey seiner Unerfahrenheit und Jugend, seiner warmen Empfänglichkeit für alles Gute und Schöne nur allzu leicht gegen die Berechnungen und Absichten seiner Mandanten und diplomatisirenden Collegen verstossen, und scheitern könne, wie es dreyen schon [... *unleserlich* ...] Oesterreichischen Vorgängern begegnet war. Indessen wollte ich ihn nicht hindern, dem neuen Ruf zu folgen, den er, wie ich leicht bemerken konnte, schon freudig anzunehmen beschlossen hatte, nur machte ich zur Bedingung, daß ADOLPH ausdrücklich als im Justizdienst fortschreitend [*fol.144/3*] und im Statu mit allen Genüssen des Nieder-Oesterreichischen Landrechts verbleibend von Seiner Majestät belassen werde.[632]

---

632 [*Note PRATOBEVERA*] Man dachte ihm einen Regierungsraths-Titel im 3. Jahr der Mission zu, aber dennoch fand man den Titel eines wirklichen Appellationsgerichts-

Dieß erwies sich schon bis jetzt von guten Folgen, denn Adolph rückte nicht nur /1842/ in die höher besoldete Kathegorie der Nieder-Oesterreichischen Landräthe vor, [*mit*] 1800 Gulden Convents-Münze, sondern bezieht fortwährend das Quartiergeld per 150 Gulden und die jährlich zu vertheilende, im Jahr 1841 bis 1842 bedeutend gewesene Depositen-Zähltaxe, die man ihm ohne ausdrücklichen Vorbehalt seiner Amtsgenüsse sonst wohl schwerlich belassen hätte. ADOLPH hat und erledigt sich noch mit Glück der doerichten [!], in der oeffentlichen Meinung sehr unpopulairen Commission;[633] er speist bey regierenden Fürsten und Herren, bey Gesandten unter anderem Diplomaten, bey ROTHSCHILDEN, und anderen Directoren des europäischen Geldwesens, und knüpft mit Gelehrten und Künstlern regere Verbindungen an. Dabey hab' ich die Freude, wahrzunehmen, daß er seine [*fol.144/4*] Gemüthlichkeit und seinen Sinn für das Familienleben, und das Mitgefühl für die unteren Volksclassen zu erhalten trachte, daß er der Gunst der Grossen nicht nachgeben, und daß er mit kindlicher Liebe eilen werde, dem Vater die Augen zuzuschlagen, sobald es mit seiner Ehre und seinen gerechten Ansprüchen vereinbarlich ist; er möge zu einem Justiz-Collegium oder zum staatsräthlichen Dienste ausersehen seyn. Sein Einkommen in Frankfurt ist beträchtlich; denn wie dem Bundestage sind ihm Diäten von 12 Gulden Rheinische Währung und eben 1000 Gulden Quartiergeld bewilligt. Hinc lachrymae et invidia seinen gleichzeitigen Oesterreichischen Amtsgenossen und selbst den untergeordneten Staatskanzley-Beamten, und Diplomaten, besonders da er schon als junger Baron in Frankfurt im Herbste 1838 auftreten konnte, da WAGEMANN nicht eilte, den lucrativen Posten zu verlassen, und bis dahin mit der Uibergabe der Geschäfte gezögert hatte. ADOLPH mag die Frankfurter und die ihm bevorstehenden Verhältnisse selbst besser als ich aufzeichnen [*fol.145/1*] und der Familie erhalten.[634]

Raths der Höchsten Resolution angemessener.

633 [*Note PRATOBEVERA*] Man nannte sie die schwarze Commission, von dem ersten Oesterreichischen Präsidiumsführer Hofrath SCHWARZ; oder auch das Vehmegericht.

634 [*Note PRATOBEVERA*] Seit dieses geschrieben, haben sich meine Voraussicht und Warnung, zu seinem Glücke wahrscheinlich, verwirklicht. Die Centralbehörde ist im September 1842 auf unbestimmte Zeit vertagt worden; ADOLPH kehrte nach Wien zurück; es war weiter keine Rede von einer höheren Anstellung im Staatsrath, der Staatskanzley, oder, oder [!] der Obersten Justiz-Stelle, was er heimlich wohl nicht hoffte, die Rede [!]; und er mag die Anstellung bey dem Nieder-Oesterreichischen Appellations-Gerichte als [*fol.145/2*] Rath [*mit*] 2500 Gulden Gehalt und 200 Gulden Quartiergeld als würdige Besoldung ansehen, ohne Rücksicht auf die Ordenszeichen, die ihm von deutschen Höfen gegeben oder zugedacht sind.

85. [! *recte 94.*] Im Winter von 1838 auf 1839 hatte BEATHA viel gekränkelt, und ich gab LOUISENS und ihren Wünschen nach, ihre ärztliche Behandlung, anstatt des vieljährigen Hausarztes, Dr. STERZ, dem Homoeopathen, und ersten Accoucheur Badens anzuvertrauen, der BEATHA vielleicht mehr durch ihr Vertrauen, als durch die Wirksamkeit seiner Arzney-Atours über die weibliche Entwickungsperiode hinüberbrachte, daß sie den 18. Geburtstag (16. Julius 1842) fröhlich, im Familienkreise zu Mayrling und Heiligen-Kreutz bey Baden feyern konnte, nur ihre treue Pflegerin und 2. Mutter LOUISE fehlte dabey, zurückgehalten durch eigene Mutterpflichten [... *unleserlich* ...]; dafür kam [!] MORITZ und seine Frau schon im Mai 1842 in die Garnison nach Wien mit einem Grenadierbataillon, und vielleicht wird mir der Trost, alle [*fol.145/2*] sechs lebende Kinder und Enkel noch ein Mahl, wenn auch auf kurze Zeit in Wien, um mich vereinigt zu sehen.

Im Sommer des Jahres 1838 hatte ich mit einem längeren Urlaub nach einer 32jährigen Abwesenheit meine Vaterstadt Bielitz in Gesellschaft der LOUISE und BEATHA besucht, und ich fand im Hause meiner Schwägerin CHRISTINE KOLBACH [, *geborene SCHRÖTER,*] eine durch mehrere Wochen die liebvollste herzlichste Aufnahme. Doch wie sehr hatte sich alles in dem Städtchen verändert! Die Besitzungen meines Vaters und Bruders in fremden Händen; die meisten Einwohner, die ich kannte, todt, die SCHRÖTERische Familie zur Dürftigkeit herabgesunken, sowie die Familie meines Bruders, der Handel und Erwerb der fleißigen Stadt durch Juden betrieben oder sich zinsbar gemacht, Protestanten [*fol.145/3*] und Katholiken neu aufgeregt, und gespannt, überall Branntweinschenken in Stadt und Dorf angehäuft. - - - - Meine traurigen Empfindungen wurden etwas erheitert, daß ich meinen Neffen Appellationsgerichts-Präsidenten ENZENDORFER und seine verwitwete Stieftochter THERESE Gräfin BOBROWSKA in Andrichau zu besuchen Gelegenheit fand, und daß CHRISTINENS Tochter SIDONI mit ihrem gebildeten wohlhabenden Mann PRIRODNI, Handelsmann aus Iglau, und einem Kinde auch nach Bielitz kamen. Das angränzende Städtchen Biala fand ich sehr vergrößert und verschönert, aber die Bürgerschaft eben so verschlechtert. CHRISTINE begleitete mich nach Wien, vorzüglich um die beiden Jungen ihrer Nichte BERGMANN, und Enkel der geliebten Schwester zu umarmen. Sie machte einen Ausflug nach Ober-Oesterreich, wo die WAGNERische Familie noch sich aufhielt, und erst im Herbste 1839 nach einer [*fol.145/4*] Abwesenheit von 6 Jahren den Wohnsitz wieder in Wien nahm, und mein Quartier in der Bäkkerstrasse bezog.

86. [! *recte 95.*] Marie BERGMANN[635] schritt im Frühjahr 16. April 1839 ihrer 3. Entbindung entgegen, und gebar einen 3. frischen Knaben /ADOLPH nach sei-

635 *Pratobeveras mit JOSEF BERGMANN verheiratete Tochter.*

nem Pathen und Onkel in Frankfurt/, welcher sogleich eine Amme erhielt; die glückliche Wöchnerin ahnte nicht den nahen Tod, und schon am 10. Tage, + 26. April, ward sie ein Opfer des Kindbettfiebers: Die einzigen und letzten Worte, die diese mir theure Tochter sprach, waren gleichsam der unglücklichen Königin von Frankreich bey der Leiche des Kronprinzen Herzogs von Orleans /13. Julius [*fol. 146/1*] 1842/: Ich war zu hoffärtig über mein Kind; nun muß ich dafür büssen [*fol. 145/4*].

In diesem großen Familienbedrängnisse wäre BERGMANN der Vater ohne den Beistand von LOUISE und FANNY bey 3 kleinen unmündigen Kindern nicht im Stande gewesen, Amt und Haus zu besorgen. FANNY und ihr Mann TREMIER hatten den Edelmuth, die Wohnung bey BERGMANN selbst mit größter eigener Un-[*fol. 146/1*]bequemlichkeit zu nehmen, und zwar vom Sommer 1839 bis zum Frühjahr 1840, also durch eine lange Winterzeit.

Die Betrübniß über MARIEns schmerzlichen Verlust folgte bald eine neue. Das neu geborene Kind bekam bald nach dem Tod der Mutter ein heftiges Augenleiden, vielleicht aus Unvorsichtigkeit der Amme, welche das empfindliche Organ den Sonnenstrahlen aussetzte. Dr. LEDERER achtete unfänglich das Uibel nicht, und man mußte den Augenarzt Dr. DREYER[636] zu Hülfe rufen. Nach vielen und langwierigen Versuchen gelang es ihm, die drohende Erblindung abzuwenden; allein das Kind war bestimmt, neben der nicht gekannten Mutter im Grabe zu ruhen; es starb im Frühjahr, + 16. Mai 1840, an den ersten Zahnausbrüchen, nach so vielen Plagen und Kosten.

Um mich zu zerstreuen, und meinen Augen mehr Ruhe zu gönnen besuchte [*fol. 146/2*] ich im Sommer 1839 in Begleitung der MARIE WAGNER[637] die Kinder in Frankfurt, und freute mich über ihre zufriedene und angenehme Lage. Es war für mich eine köstliche Erholung von mehreren Wochen, in denen ADOLPH und AMALIE nur mit allzugroßer Sorgsamkeit ihre gewohnten Kreise verließen, um uns die neuen Gegenden zu zeigen. Ich vermied es, mich irgendwo in einem größeren Hause einführen zu lassen, und leider gestatteten die Amtsverhältnisse dem ADOLPH nur auf kurze Zeit mich zwey Mahl nach den Rheingegenden bis Kölln, und Straßburg zu begleiten; denn sonst würde ich wohl weiter nach den Niederlanden neue Ausflüge fortgesetzt haben.

Wenn ich [*es*] daher jetzt /Julius 1842/ mit vieler Uiberwindung meiner sehnsichtigen Gefühle ablehnte, den alten WAGNER und die neue [*fol. 146/3*] verehelichte MARIE MITTERBACHER nach Frankfurt zu begleiten; so möge ADOLPH nur

---

636 *JOHANN TRAUGOTT DREYER, Professor der Chirurgie an der Josefs-Akademie in Wien; Facharzt für Geburtshilfe und Augenheilkunde.*

637 *Tochter des Hof- und Gerichtsadvokaten KASPAR WAGNER, später verehelichte Mitterbacher.*

den Grund daran, in dieser Rücksicht für seine Amtsabhängigkeit und in der Erwägung des höheren Alters, meiner übrigen Familiensorgen, und auch darin suchen, daß ich das Ende seiner Mission jeden Monath hoffen und erwarten durfte, wenn nicht durch den niederschlagenden Tod des französischen Thronfolgers Herzogs von Orleans (13. Julius 1842) neue politische Stürme die aufgehäuften brennbaren Stoffe zur allem zehrenden Flamme über Europa emporschleudern. Was ist denn meine und ADOLPHS Zukunft ?? Vielleicht sah ich ihn doch zu unserer Freunde im September 1841 in Wien zum letzten Mahl.

87. [! *recte 96.*] MORITZ ward 1839 durch die Gefälligkeit des Feld-Marschall-Lieutenant Grafen ROTHKIRCH von PANTHEN[638], dessen Sohn, Auscultant des Nieder-Oesterreichischen Landrechts, ich einige [*fol. 146/4*] Vorbereitung zu den appellationsgerichtlichen Richterprüfungen geben half, ohne übrigens auf den Erfolg den mindesten Einfluß zu nehmen, nach Wien als Lieutenant des Infanterie-Regiments Prinz EMIL von Hessen[639] berufen, um in der Zeichnungsabtheilung des General-Quartiermeisters-[*Stabs*] einige Versuche zu machen.

Ich hatte das Anerbiethen angenommen, weil MORITZ bey mir im Hause lebte, und wenn er auch für den General-Quartier-Dienst keine militärischen Studien und Vorkenntnisse hatte, so hatte er selbst eine kurze Beschäftigung in diesem Fach nur als einen nützlichen Uibergang zum Rücktritt in den Infanterie-Felddienst angesehen.

In Prag und der letzten Station entspann sich zwischen ihm, und MARIE IWAN, Tochter des Advocaten IWAN, und Enkelin meines verstorbenen Freundes Hofraths HEINRICH, ein ernstes Verhältniß, das die Eltern nicht mißbilligten, und die Mutter IWAN vor [*fol. 147/1*] ihrem Hinscheiden wünschte. – Indessen erklärte ich frei, daß ich nicht in der Lage bin, dem MORITZ als bloßen Lieutenant und seiner Frau eine Existenz zu sichern, oder eine Heirathscaution zu leisten, und daß sich die Unterstützung, wie bey allen Heirathen meiner Kinder, Söhne und Töchter, auf eine Ausstattung, und eine jährliche Beisteuer von 3– bis 500 Gulden Convents-Münze von den Ersparnissen meiner Besoldung, so lang ich lebe, beschränken mußte; doch wünschte ich meine Schwiegertochter, dessen rechtschaffene und doch auch bemittelte Eltern ich seit vielen Jahren kannte, vorläufig zu sehen. Sie kam im Jahr 1839 im Herbst nach Wien, und ich fand an ihr, ein feinfühlendes verständiges und gebildetes, häuslich erzogenes Geschöpf, zu dessen Besitz sich MORITZ Glück wünschen durfte. Bald wurde ich mit dem Vater, der [*fol. 147/2*] die Heiraths-Caution von 6.000 Gulden Convents-Münze allein leiste-

---

638 *LEOPOLD von ROTHKIRCH (und PANTHEN), (1773–1842); österreichischer Feldmarschall-Leutnant.*

639 *EMIL (ALEXANDER LUDWIG GEORG FRIEDRICH; 1823–1888); Prinz von Hessen-Darmstadt, Begründer des Hauses BATTENBERG.*

te, über die Unterstützung des künftigen jungen Ehepaars, ohne Heiratsvertrag einig; und da Graf ROTHKIRCH MORITZen zu seinem galizischen [?] Infanterie-Regiment im Jahr 1840 als Oberlieutenant beförderte, wurde die von mir betriebene, allerdings gewagte Verbindung in Prag im Mai 1840, vollzogen. Das junge Ehepaar kam nach Pest in Garnison, und fand an meiner Nichte WOLF die sorgsamste Rathgeberin und Freundin. Sie leben zwey Jahre genügsam, und zufrieden, nur ist die Sehnsucht der jungen Frau nach den Mutterfreuden, für die sie so empfänglich ist, ausgesprochen, wie bey der trefflichen FANNY, die durch liebevolle Erziehung von Pflegekindern die Lücke im Leben auszufüllen sucht. Möge die Vorsehung ihre Sorgen und Mühen mit dem schönsten Erfolg dereinst krönen.[640] [*fol. 147/3*]

88. [! *recte 97.*] BERGMANN hatte schon gegen das Ende des Jahres 1839 meiner LOUISE erklärt, wie sehr er sich getröstet – und glücklich fühlen würde, in ihr eine zweite MARIE, und 2. Mutter für die drey unmündigen Waisen und Kinder einer geliebten Schwester zu finden. Lange stand LOUISE, meine Haushälterin und Pflegerin, an, in den Antrag einzugehen, die gewohnte bequeme Lebensweise und das Haus eines geliebten Vaters zu verlassen, und in die Sorgen eines neuen, bedrängten Haushalts zu treten. Endlich überwand die Liebe zur verstorbenen Schwester, wohl auch der geheime Wunsch, selbst als Mutter und Frau die weibliche Bestimmung zu erfüllen, den Kampf, und sie erklärte sich gegen mich zu der Verbindung bereit, wenn ich ihr meinen Seegen nicht versagte. Ich [*fol. 147/4*] machte sie auf alle Schwierigkeiten aufmerksam, die nicht nur aus den Neigungen, Charakter, und Beschäftigung des sonst trefflichen BERGMANN, als Stubengelehrten, sondern aus der Nothwendigkeit eine geistliche und weltliche Dispens in dem ersten Grade der Schwägerschaft zu erwirken, vorherzusehen sind, der oeconomischen Sorgen nicht zu gedenken, in der LOUISE sich ohne Noth versetzt, da ihr eine kleine Pension nach meinem Tode nicht fehlen dürfte, in dem ich keine Witwe zur Pensionierung zurücklasse. Allein LOUISE fand die Lage einer alternden Jungfer noch unbehaglicher in der Gesellschaft, und so ertheilte ich meine Einwilligung, wozu mich auch die Wünsche der Geschwister bestimmten.

Ich wendete mich nach dem Rath des Staatsrathes JÜSTEL, an den [*fol. 148/1*] Weihbischof GRUBER, der mir mit freundschaftlicher Bereitwilligkeit versprach,

640 [*Note PRATOBEVERA*] MORIZ kam nach [*fol. 147/3*] einem Aufenthalt von 3 Monathen in Brünn, im Mai 1842 als Grenadier-Oberlieutenant des Bataillons [*JOSEF*] STRAŃSKI nach Wien in Garnison. Und so hab' ich denn wenigstens für den Augenblick, den Trost und die Freude, alle sechs Kinder, und 4 Enkel um mich in Wien vereinigt zu sehen.

den Erzbischof von Wien N. [!] MILDE[641], welcher nicht leicht zur Mitwirkung bey Dispensationen in so nahen Schwägerschaftsgraden sich bewegen ließ, dafür zu stimmen. Damahls hatten die Oesterreichischen Bischöfe schon aufgehört, Ehedispensen aus eigener Macht, nach den bestehenden bürgerlichen Gesetzen, zu ertheilen, und die Recurse nach Rom kamen, mit Vorwissen der Regierung, wieder in Gang. Man beobachtete die den politischen Hofstellen, ohne Kundmachung gegebene Weisung, daß, wenn der zuständige Ordinarius den Brautpersonen erklärte, er werde die päbstliche Dispens nachsuchen, wenn die Landesstellen ihrerseits früher die Zuläßigkeit der Ehe im bürgerlichen Dispensationsweg ausgesprochen haben, sodann die Oesterreichischen [*fol. 148/2*] Bischöfe direct, die ungarischen durch die ungarische und durch die Staatskanzley nach Rom um die Ertheilung der päbstlichen Bewilligung und Ausfertigung der Delegationsbulle sich wenden können. So geschah es auch hier; der Erzbischof empfing mich und BERGMANN sehr herablassend, und auf das erste bey dem erzbischöflichen Consistorium überreichte motivirte Gesuch wurden mir nur vorläufige Zustimmungen an die Nieder-Oesterreichische Regierung gewiesen, und als diese bey der Hofkanzley im Anfang des Jahres 1840 alle Papiere nach Rom, an den Oesterreichischen bischöflichen Agenten /damahls Baron BINDER/ um mit Genehmigung des Oesterreichischen Gesandten /damahls Graf LÜTZOW[642]/ die weiteren Schritte bey der päbstlichen Behörde zu thun. Ungewöhnlich schnell erhielten wir nach einigen Monathen die päbstliche Bewilligung, und auch die Ausfertigung [*fol. 148/3*] der Bulle, die zwar ut gratis ertheilt lautete, wofür aber die Salarie den gemäßigten Betrag von 60 Gulden Convents-Münze vorher erlegen ließ. Diesen schnellen und glücklichen Ausgang verdankten wir zum Theil mit der Einwirkung des Hofraths Baron LEBZELTERN[643] von dem Staatskanzleyraths, und des Oesterreichischen Legationsraths in Rom von OHMS[644] verdankten [!]. Nachdem wir unseren Sommeraufenthalt in Rodaun im Sommer 1840, wo der Knabe MAX BERGMANN viele Monathe lang an einem Extravasat gegen die Brusthöhle gefährlich krank lag, und glücklich durch Professor DREYER, HABEL und WILHELM gerettet wurde, kehrten wir nach der Stadt zurück, und LOUISE wurde ganz still in der Pfarre St. Stephan am 15. October 1840 getraut, und ein kleines Familien-Abendmahl beschloß die Feyerlichkeit. Schon [*fol. 148/4*] [*am*] 19. October 1841 hatte LOUISE die Freude, eine Tochter zu gebähren, die Gott ihr erhalten möge.

---

641 *AUGUSTIN JOSEF GRUBER (1763–1835), 1816 Bischof von Laibach, 1823 Erzbischof von Salzburg; VINCENZ EDUARD MILDE (1777–1853), Erzbischof von Wien.*

642 *RUDOLF GRAF LÜTZOW (1780–1858).*

643 *FRANZ LEBZELTERN Freiherr von COLLENBACH (1780–1863).*

644 *FERDINAND Ritter von OHMS, österreichischer Gesandter in Rom.*

89. [! *recte 98.*] Meine Nichte CHARLOTTE [!][645] SPARSAM hatte sich wegen ausgebrochener Mißverständnisse im Jahr 1840 von der Gräfin THERESE BOBROWSKA, einer Stieftochter ihres Halbbruders CARL ENZENDORFER getrennt; sie erklärte bey mir an LOUISEns Stelle den Haushalt, an dem noch WILHELM und BEATHA bis jetzt theilnahmen, führen zu wollen. Ich willigte erst ein, nachdem ihre drey Halbgeschwister sie weniger zu benöthigen bestätigt hatten, bedeutete ihr aber ganz offen, daß ich nicht in der Lage bin, sie für eine ganze Zukunft zu versorgen, und daß sie nur auf Tisch, Wohnung, Wäsche, Bedienung und Theilnahme an aller Erholung an der Familie rechnen, und ich ihr insbesondere einen mir beliebigen Beitrag im Geld zur Garderobe geben würde, [*fol.149/1*] wogegen Sie so wenig als ich gehindert seyn sollte, eine Aenderung ihrer Lage zu treffen, und in ihre vorigen Lebensverhältnisse, oder zu ihren Geschwistern zurückzukehren. Sie trat am 15. October 1840 als Gesellschafterin der BEATHA und Leiterin des Hauses ein, und empfing im Gelde, kleine Geschenke ungerechnet, für das erste Jahr 1840–41 nach meinen Aufzeichnungen 300 Gulden Wiener Währung.

Nach meiner Pensionierung im März 1841 bezog sie mit mir den halbjährigen Aufenthalt in Baden, wo wir gemeinschaflich mit FANNY, mit der schwangeren LOUISE und den beiden BERGMANNischen Kindern an einem Tisch den Sommer angenehm verlebten, wo es sich im Sommer 1842 aus oeconomischen und andern Gründen für mich nicht mehr convenable [*fol.149/2*] war.

Meine Schwägerin ANTONIE WAGNER[646] war im noch kräftigen Alter von 50 Jahren und in der Fülle einer blühenden Gesundheit plötzlich im März 1841 verschieden, mit Hinterlassung von 11 Kindern, 5 großjährigen Söhnen, großjährigen Töchtern, und 4 minderjährigen hübsch gekleideten Mädchen. Es wurde von einem Testamente des Jahres 1801 Gebrauch machte [!], das die Verstorbene, als sie mit dem erstgeborenen HEINRICH noch guter Hofnung war, und ihr Vater, von dem das bedeutende Vermögen 10 Jahre später durch Disposition eröfnet wurde, noch am Leben war. Sie durfte wohl nicht unter den so veränderten Vermögensverhältnissen an diese Verfügung, die ohne die Pietät [*fol.149/3*] der Kinder gegen den Vater, in anderen Familien unermüdlich zu Streitigkeiten Anlaß gegeben haben würde.

WILHELM war, wie ich schon oben Seite 117. folgende, [*Absatz*] Nummer 68, berührte, in seiner medicinischen Laufbahn nicht glücklich, daran aber selbst Schuld tragend. Seine Neigung zur PAULINE WAGNER raubte ihm Zeit und Geschmack zu der ernsten und beschwerlichen, der leider zerrütteten und anarchischen [?] Arzneykunde. Ich drang daher im Julius 1842 in ADOLPH, dem [... *unleserlich* ...] Vater die Beendigung der Sache an's Herz zu legen; nach ADOLPHS

---

645 *Recte CAROLINE!*

646 *Schwester seiner ersten Frau und Schwiegermutter von Sohn ADOLF PRATOBEVERA.*

Brief von 15. Julius 1842 war WAGNER sehr geneigt, die Verbindung im nächsten Jahr, um sich gehen zu laßen, wenn es auf den Wunsch des jungen Paares ist[647], und die Loesung des Knotens muß erfolgen, wie immer!

[fol. 149/4]

90. [! *recte 99.*] Den Winter von 1840 auf 1842 hatte ich als Quiescent keine amtlichen Geschäfte mehr pflichtmäßig zu verrichten, und ich dachte nun darauf, die mir gewordene Muße so leidlich als möglich zu benützen. Da ich der eigenen Lectüre nicht ohne Gefahr anhaltend obliegen konnte, glaubte ich durch Anhörung mündlicher Vorträge gründlicher Professoren eine große Lücke, die durch den Geschäftsdrang entstanden war[, *zu schließen*]. Ich wählte Materien, die auch dem hohen Alter, und einer geschwächten Gedächtnißkraft nicht ganz unzugänglich wären, und vielen Genuß versprächen.

Die Kirchengeschichte, die Geschichte der Philosophie bis auf die neueste Zeit, die Geschichte der Aesthetik und schönen Künste zeigten mir *[fol. 150/1]* in optischer Täuschung eine größere Ausbeute, als ich in der Wirklichkeit fand;[648] doch gehörten die Professoren dieser Fächer zu den unterrich teten; und wenn sie keinen literarischen Ruf im Auslande hatten, so lag die Ursache in der fehlerhaften Einrichtung des Universitätsstudium, welche den Professoren zu viele weitläufige Materien zuweiset, um sie in den vergönnten Lehrstunden, erschöpfend in einem Kurse, oder gar einigen Monathen vortragen zu können; dabey rauben viele Kanzley- und Schreibarbeiten, die gezwungenen Prüfungen während und nach den Kursen, das Begutachten aller Concursarbeiten in der Monarchie, den bloß auf ihre Besoldung und die Rigorosen angewiesenen Professoren in Wien so *[fol. 150/2]* viele Zeit, daß sie weder Zeit noch Muße, noch Lust haben, die inländische und auswärtige Literatur zu bereichern oder mit wichtigen Ergebnissen der Forschungen zu unterstützen. In neuerer Zeit kann jedoch auch Wien durch

---

647 [*Note* PRATOBEVERA] PAULINE betrachtet sich seit September 1842 als Verlobte, aber ihre schwächliche Gesundheit und der Mangel eines *[fol. 149/4]* sicheren Einkommens [*von*] WILHELM verzögern gegen meinen Wunsch die Vollziehung der Ehe.

648 [*Note* PRATOBEVERA] Sogleich nahm ich eine bedeutende Abnahme der ehemaligen Josephinischen unentbehrlichen Lehrfreiheit wahr. Nur mit Schüchternheit erzählten die Professoren der Geschichte der christlichen Kirche, der Philosophie die verschiedenen Lehrsysteme; und ohne Päbste und Fürsten in jeder Epoche zu vertheidigen, überlassen sie das Urtheil oft den Schülern. Daran mag der Geschichtsforscher der für vorbereitete *[fol. 150/2]* Männer schreibt, Recht thun, wenn er wahr und unbefangen erzählt, und weniger raisoniert; allein der Professor soll dem zweifelnden Schüler zu einem richtigen Urtheil verhelfen; es sey in der Religion, der Ethik, oder dem natürlichen Recht, dessen erste Lehrer in Oesterreich, MARTINI, ZEILLER sammt ihren vor 50 Jahren erschienenen Schriften und Lehrbüchern nun proscribirt sind.

BAUMGARTEN, ETTINGHAUSEN, ENDLICHER[649], und andere Lehrer vorzüglich der Naturwissenschaften mit ihren Schwestern in Prag, Pest und so weiter in die Schranken setzen. Uiberhaupt übt Wien ein schlecht begründetes Patronat über die andern Lehranstalten der Monarchie aus, und sendet ganz ungeübte junge Leute und Assistenten nach geendigten Studien in die Provinzen, um dort die wichtigsten Lehrkanzeln, ohne Sprache und Nationalkenntniß einzunehmen. Wenn also fremde Gelehrte unsere schlechten Hörsäle in Wien von Schülern un-[*fol. 150/3*]gesucht, und noch mehr von einheimischen Literatoren unbeachtet und ignorirt sehen, wenn die Jünglinge die Vorbereitung zur Prüfung verschieben, und sich dann durch Wochen mit nachgeschriebenen Heften, und eben so schauderhaften Correpetitoren, wie sie selbst, begnügen, so erklärt das oben Gesagte die traurige Erscheinung.

An dem Josephinischen Lehrsystem bessert man seit 30 Jahren unaufhörlich und aus Furcht vor Revolutionen /in Oesterreich?/ mit schlechtem Erfolg; denn die Regierungen haben nichts, die Professoren aber und Scribenten alles Unglück in Europa verschuldet. Ob ich im nächsten Winter 1842 bis 1843[650] wieder die Universität besuchen werde, bin ich noch nicht entschieden.

Und so schließe ich vorläufig diese Erinnerungen; in meiner jetzigen Lage wird sich kaum Etwas ereignen, [*fol. 150/4*] was der Aufzeichnung in der Fortsetzung werth wäre.[651] ADOLPH, für den allein wohl diese Familienblätter ein Interesse haben werden, möge denn, was meine Person von nun an betrifft, in seine

---

649 *ANDREAS FREIHERR VON BAUMGARTEN (1793–1865); österreichischer Staatsmann und Gelehrter; 1823 Professor Wiener Universität (Physik); 1833 Direktor der kaiserlichen Porzellanfabriken, 1842 Chef der Tabaksfabrikation in Österreich, 1847 oberste Leitung des Eisenbahnbaues, 1848 Minister der öffentlichen Arbeiten, 1851/55 Ministerium für Handel, Gewerbe und öffentliche Bauten und im Dezember auch das Finanzministerium; 1847 Mitglied, 1851 Präsident der österreichischen Akademie der Wissenschaften; 1861 Mitglied des Herrenhauses im Reichsrat. – ANDREAS ETTINGHAUSEN (1796–1878); 1835 Professor für Physik, angewandte Mathematik und Mechanik an der Universität Wien. – STEPHAN LADISLAUS ENDLICHER (1804–1849); Professor für Botanik an der Universität Wien.*

650 *Im Familienarchiv, Karton 20, befinden sich zwei mit „Literarischer Anhang" bezeichnete Hefte, welche Notizen aus den Universitäts-Vorlesungen enthalten.*

651 *Im Familienarchiv, Karton 20, befinden sich insgesamt 25 Hefte, im Umfang von jeweils etwa 30 bis 50 Seiten, welche mit „Tageschronik (Daily News)" bezeichnet sind, sie enthalten außer Aufzeichnungen zur politischen und sozialen Situation auch Bemerkungen über Familienangelegenheiten im Zeitraum von September 1846 bis September 1848.*

Notizen [*aufnehmen*], die ich ihm dringend empfahl, und in seiner Laufbahn viel allgemeinen Stoff für Lebensphilosophie enthalten werden.

PR[*ATOBEVERA*]:

Angefangen in Baden im Mai 1841.
Geschlossen daselbst Ende Julius 1842.

III. Abbildungen

A. Porträt Karl Josef Pratobevera

B. Schriftbeispiele aus den Selbstbiographischen Skizzen

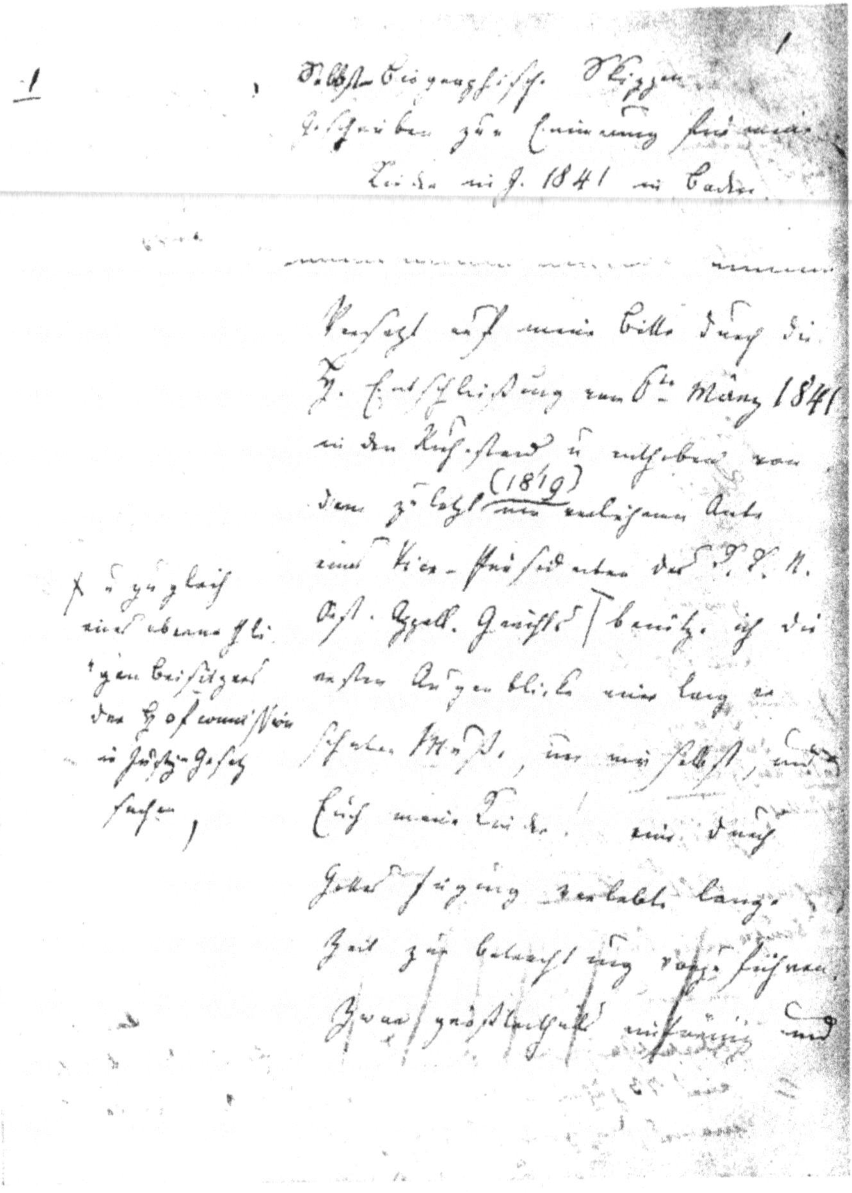

Selbstbiographische Skizzen fol. 1/1

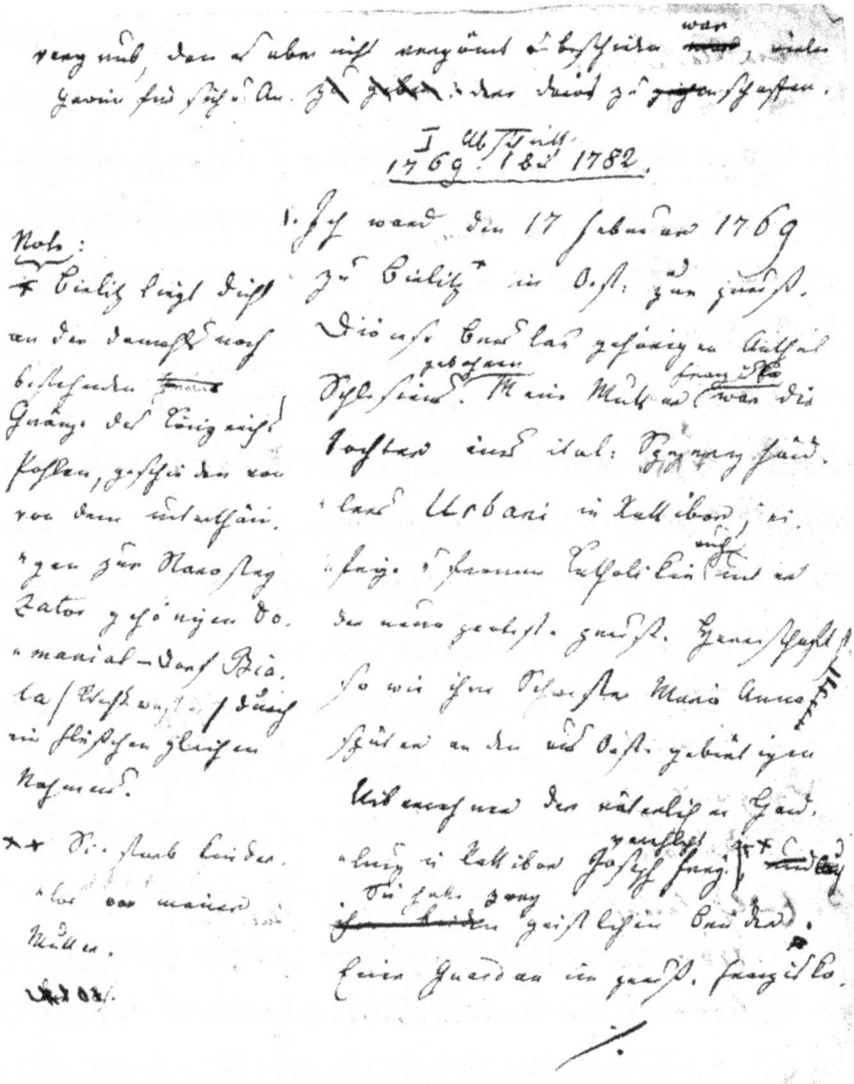

Selbstbiographische Skizzen fol. 1/3

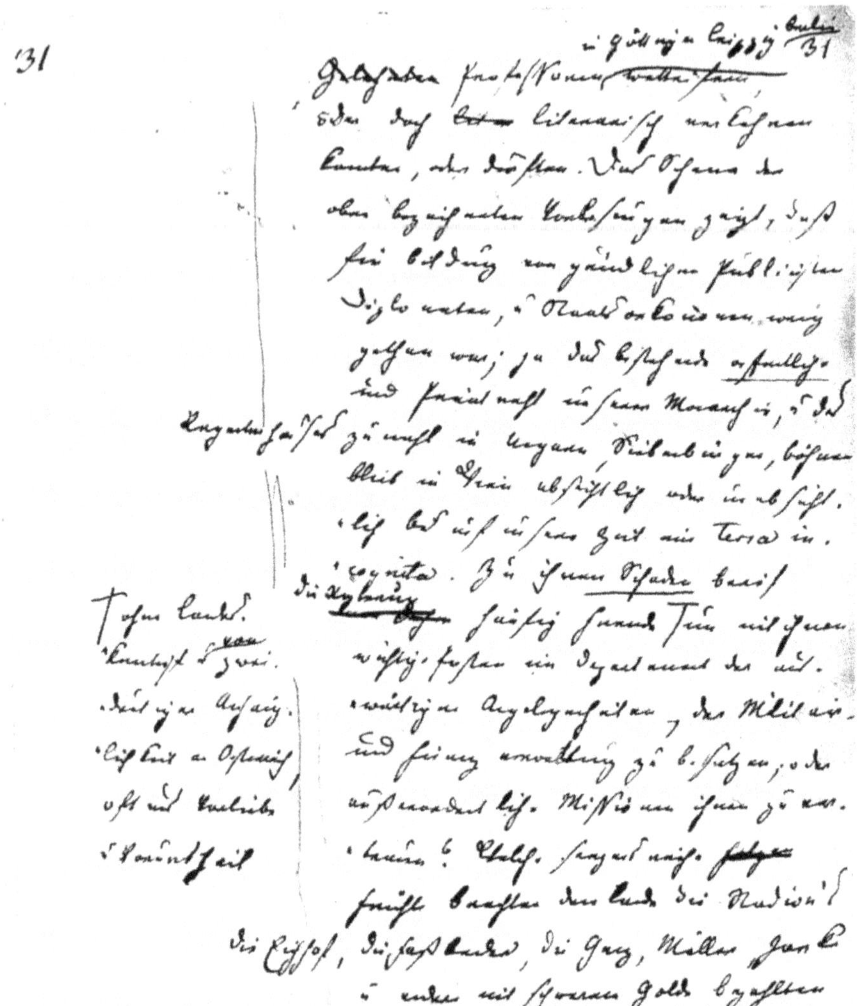

Selbstbiographische Skizzen fol.31/1

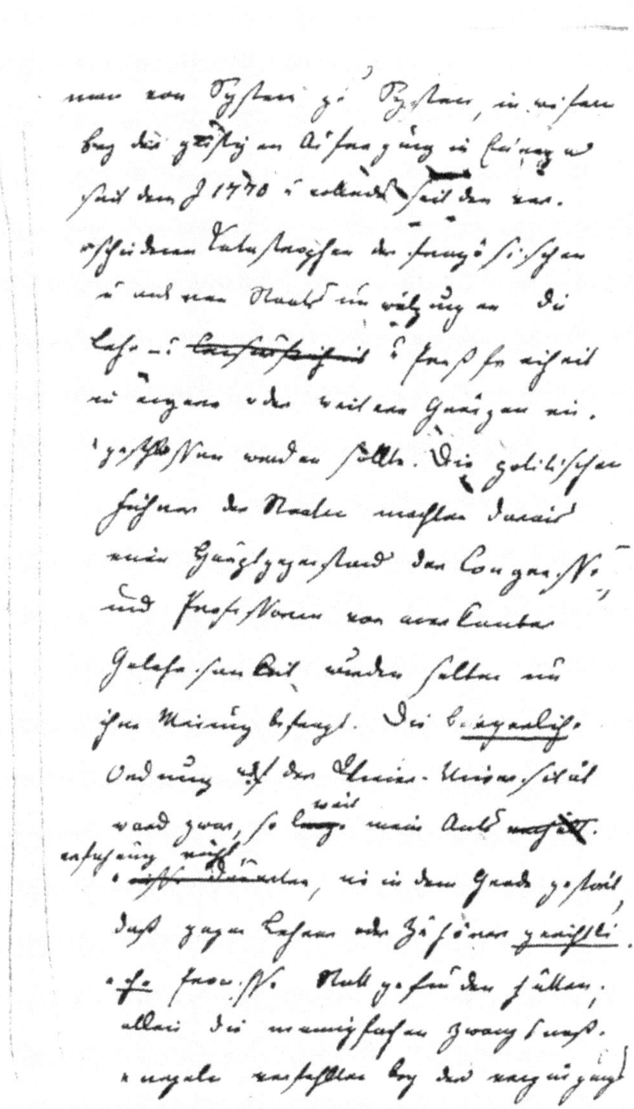

Selbstbiographische Skizzen fol.31/3

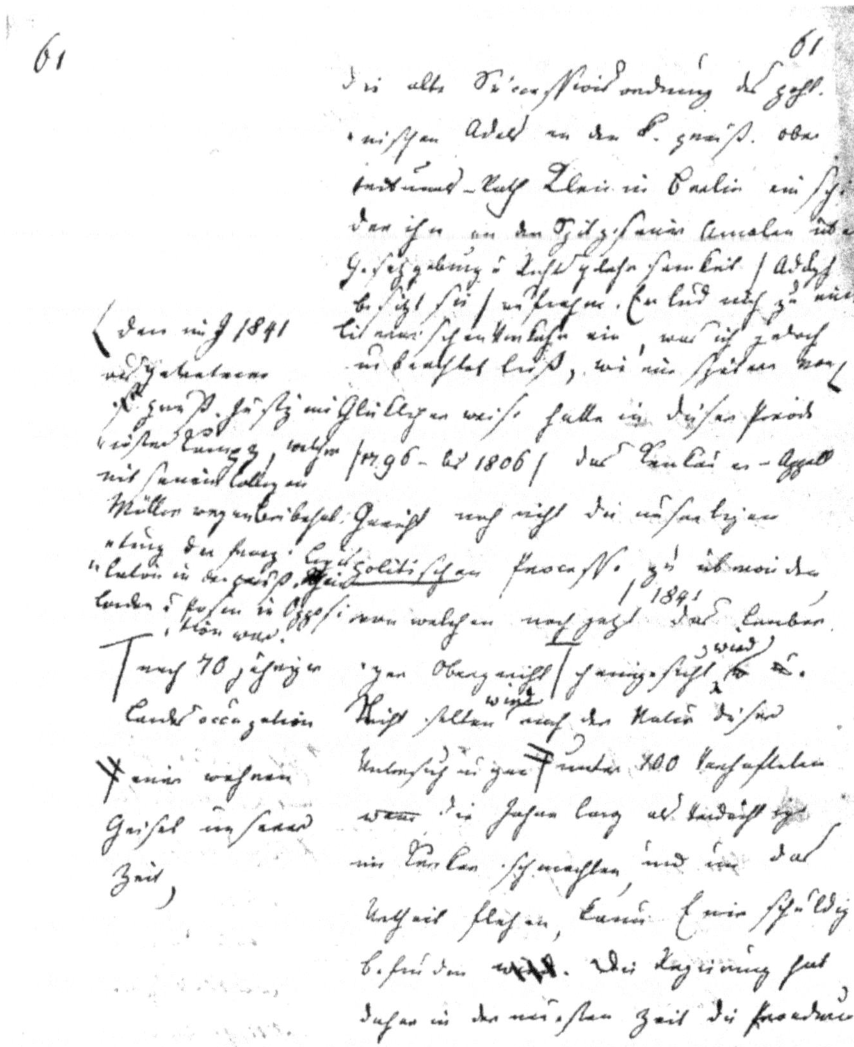

Selbstbiographische Skizzen fol.61/1

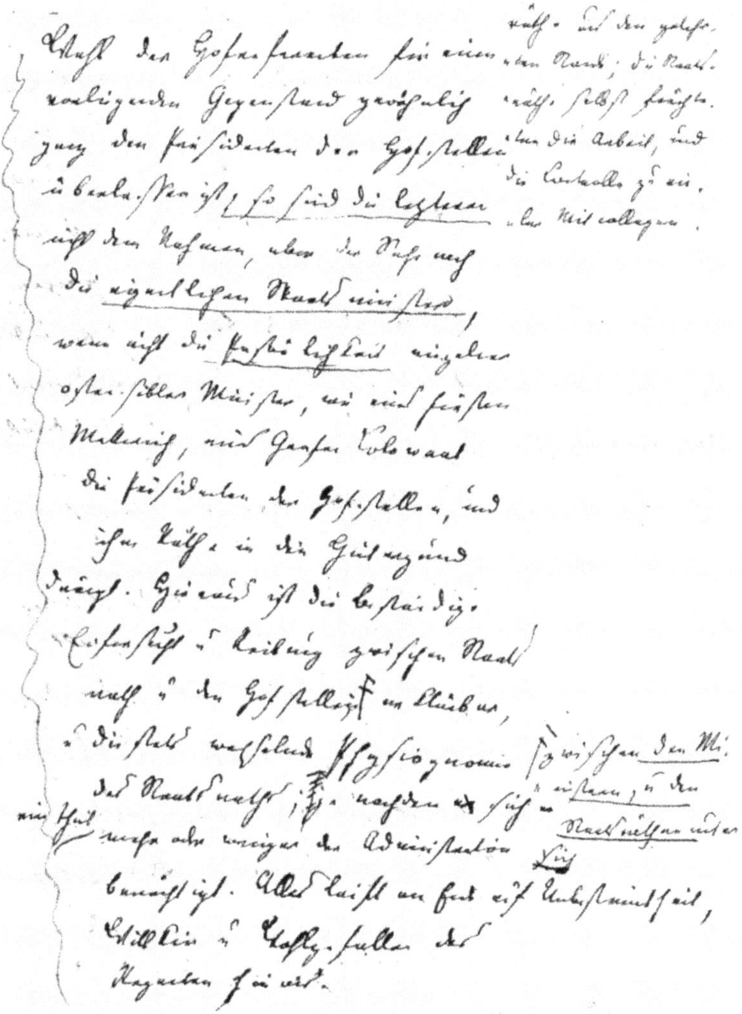

Selbstbiographische Skizzen fol.87/4

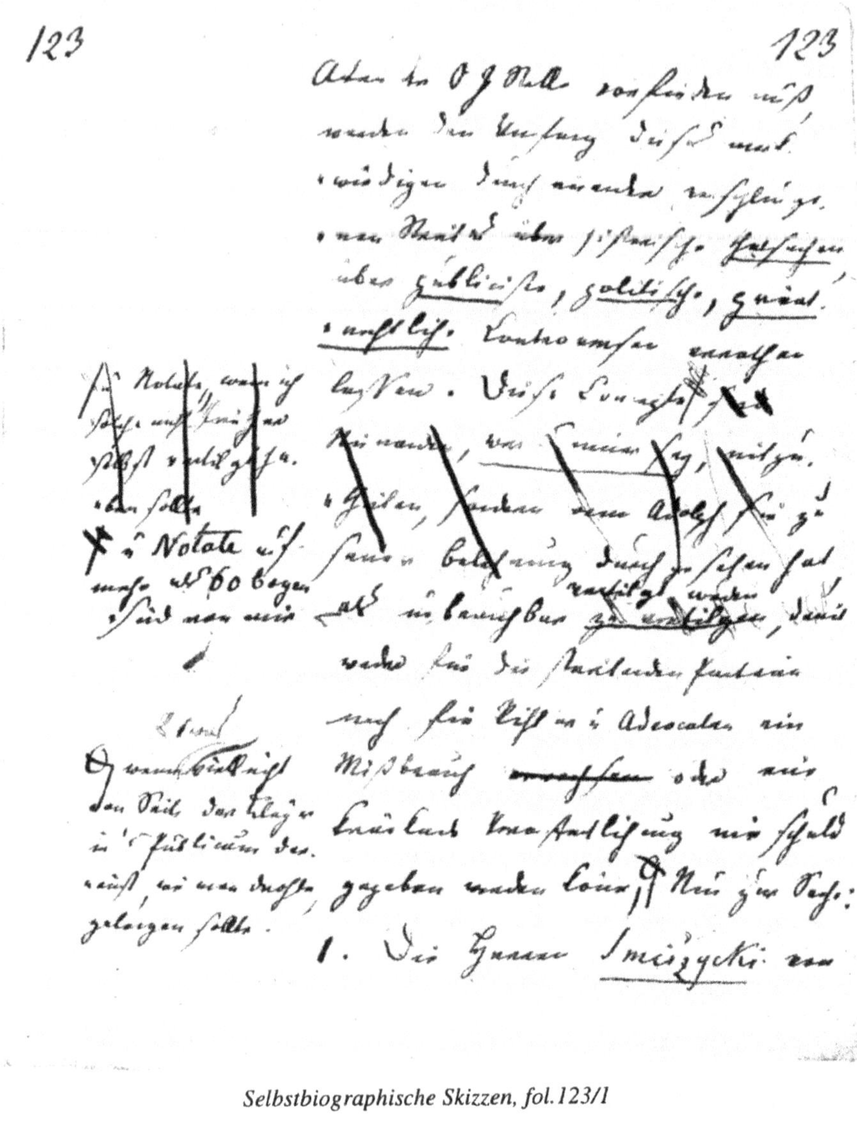

Selbstbiographische Skizzen, fol.123/1

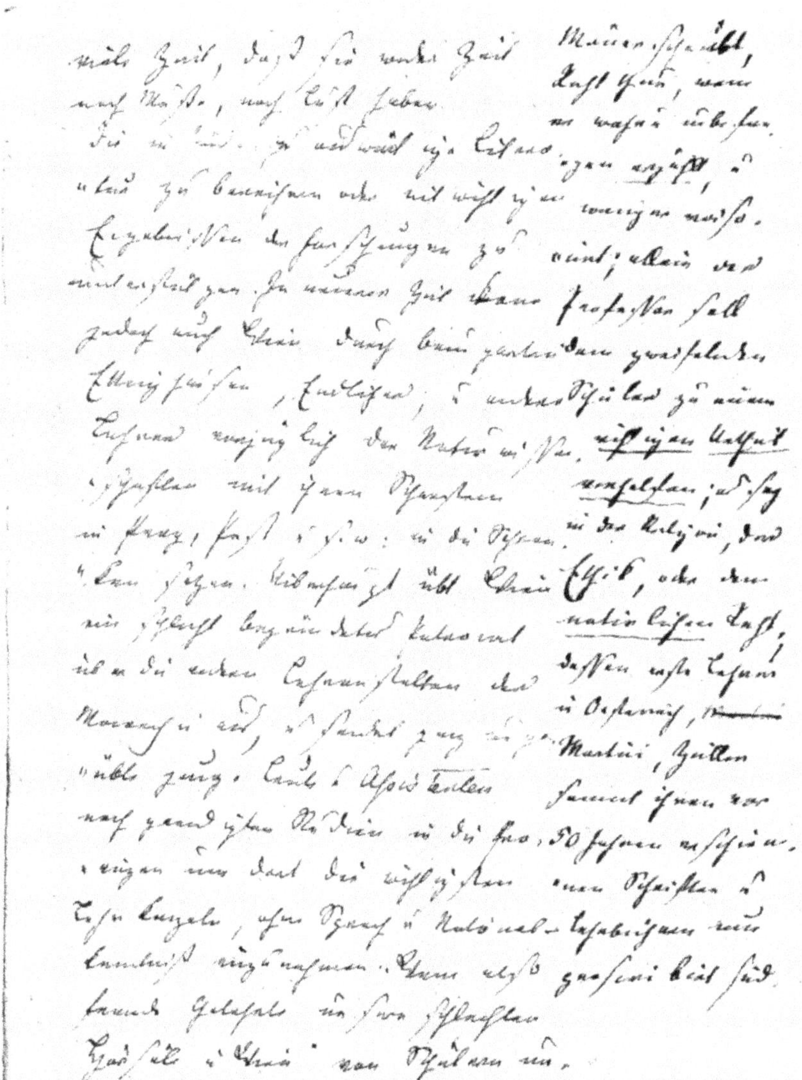

Selbstbiographische Skizzen fol. 150/2

IV. Verzeichnisse zur Edition

Das folgende Orts- und das anschließende Personenverzeichnis erfassen die jeweiligen Fundstellen nach der Paginierung des edierten Textes, also nach Bogen und Seite.

A. Orte

B. Personen

RECHTSHISTORISCHE REIHE

Band 1 Studien zu den germanischen Volksrechten. Gedächtnisschrift für Wilhelm Ebel. Vorträge gehalten auf dem Fest-Symposion anläßlich des 70. Geburtstages von Wilhelm Ebel am 16. Juni 1978 in Göttingen. Götz Landwehr (Hrsg.) 1982.

Band 2 Hans Poeschel: Die Statuten der Banken, Sparkassen und Kreditgenossenschaften in Hamburg und Altona von 1710 bis 1889. 1978.

Band 3 Thomas Kolbeck: Juristenschwemmen, Untersuchungen über den juristischen Arbeitsmarkt im 19. und 20. Jahrhundert. 1978.

Band 4 Norbert Hempel: Richterleitbilder in der Weimarer Republik. 1978.

Band 5 Rolf Stratmann: Die Scheinbußen im mittelalterlichen Recht. 1978.

Band 6 Martin C. Lockert: Die niedersächsischen Stadtrechte zwischen Aller und Weser. Vorkommen und Verflechtungen. Eine Bestandsaufnahme. 1979.

Band 7 Joachim Rückert/Wolfgang Friedrich: Betriebliche Arbeiterausschüsse in Deutschland, Großbritannien und Frankreich im späten 19. und frühen 20. Jahrhundert. Eine vergleichende Studie zur Entwicklung des kollektiven Arbeitsrechts. 1979.

Band 8 Peter Bender: Die Rezeption des römischen Rechts im Urteil der deutschen Rechtswissenschaft. 1979.

Band 9 Friedrich Karl Alsdorf: Untersuchungen zur Rechtsgestalt und Teilung deutscher Ganerbenburgen. 1980.

Band 10 Dietmar Willoweit/Winfried Schich (Hrsg.): Studien zur Geschichte des sächsisch-magdeburgischen Rechts in Deutschland und Polen (Sammelband). 1980.

Band 11 Brigitte Hempel: Der Entwurf einer Polizeiordnung für das Herzogtum Sachsen-Lauenburg aus dem Jahre 1591. 1980.

Band 12 Klaus-Detlev Godau-Schüttke: Rechtsverwalter des Reiches. Staatssekretär Dr. Curt Joël. 1981.

Band 13 Rainer Polley: Anton Friedrich Justus Thibaut (AD 1772-1840) in seinen Selbstzeugnissen und Briefen. Teil 1: Abhandlung. Teil 2: Briefwechsel. Teil 3: Register zum Briefwechsel. 1982.

Band 14 Michael Wettengel: Der Streit um die Vogtei Kelkheim 1275-1276. Ein kanonischer Prozeß.1981.

Band 15 Otto Wilhelm Krause: Naturrechtler des sechzehnten Jahrhunderts. Ihre Bedeutung für die Entwicklung eines natürlichen Privatrechts. 1982.

Band 16 Helga Spindler: Von der Genossenschaft zur Betriebsgemeinschaft. Kritische Darstellung der Sozialrechtslehre Otto von Gierkes. 1982.

Band 17 Holger Otte: Gustav Radbruchs Kieler Jahre 1919-1926. 1982.

Band 18 Rüdiger Teuner: Die fuldische Ritterschaft 1510-1656. 1982.

Band 19 Gerhard Dilcher/Rudolf Hoke/Gian Savino Pene Vidari/Hans Winterberg (Hrsg.): Grundrechte im 19. Jahrhundert. 1982.

Band 20 Karl-Hans Schloßstein: Die westfälischen Fabrikengerichtsdeputationen - Vorbilder, Werdegang und Scheitern. 1982.

Band 21 Birger Schulz: Der Republikanische Richterbund (1921-1933). 1982.

Band 22 Engelbert Krause: Die gegenseitigen Unterhaltsansprüche zwischen Eltern und Kindern in der deutschen Privatrechtsgeschichte. 1982.

Band 23 Meent W. Francksen: Staatsrat und Gesetzgebung im Großherzogtum Berg (1806-1813). 1982.

Band 48 John Karl-Heinz Montag: Die Lehrdarstellung des Handelsrechts von Georg Friedrich von Martens bis Meno Pöhls. Die Wissenschaft des Handelsrechts im ersten Drittel des 19. Jahrhunderts. 1986.

Band 49 Volker D. Anhäusser: Das internationale Obligationenrecht in der höchstrichterlichen Rechtsprechung des 19. Jahrhunderts. 1986.

Band 50 Udo Beer: Die Juden, das Recht und die Republik. Verbandswesen und Rechtsschutz 1919-1933. 1986.

Band 51 Herbert Grziwotz: Der moderne Verfassungsbegriff und die "Römische Verfassung" in der deutschen Forschung des 19. und 20. Jahrhunderts. 1986.

Band 52 Ralf Conradi: Karl Friedrich Eichhorn als Staatsrechtslehrer. Seine Göttinger Vorlesung über "Das Staatsrecht der deutschen Bundesstaaten" nach einer Kollegmitschrift aus dem Wintersemester 1821/22. 1987.

Band 53 Dieter Dannreuther: Der Zivilprozeß als Gegenstand der Rechtspolitik im Deutschen Reich 1871-1945. Ein Beitrag zur Geschichte des Zivilprozeßrechts in Deutschland. 1987.

Band 54 Stephan Felix Pauly: Organisation, Geschichte und Praxis der Gesetzesauslegung des (Königlich) Preußischen Oberverwaltungsgerichtes 1875-1933. 1987.

Band 55 Rüdiger Schulz: Die Entstehung des Seerechts des Allgemeinen Deutschen Handelsgesetzbuches unter besonderer Berücksichtigung der Bestimmungen über die Reederei, den Schiffer und die Schiffsmannschaft. 1987.

Band 56 Reinhold Reis: Deutsches Privatrecht in den Weistümern der Zenten Schriesheim und Kirchheim. 1987.

Band 57 Jürgen Christoph: Die politischen Reichsamnestien 1918-1933. 1987.

Band 58 Gerhard Oberkofler/Eduard Rabofsky: Hans Kelsen im Kriegseinsatz der k.u.k.-Wehrmacht. Eine kritische Würdigung seiner militärtheoretischen Angebote. 1988.

Band 59 Arne Wulff: Staatssekretär Prof. Dr. Dr. h.c. Franz Schlegelberger. 1876-1970. 1991.

Band 60 Gerhard Köbler (Hrsg.): Wege europäischer Rechtsgeschichte. Karl Kroeschell zum 60. Geburtstag. 1987.

Band 61 Rüdiger Hütte: Der Gemeinschaftsgedanke in den Erbrechtsreformen des Dritten Reichs. 1988.

Band 62 Markus Göldner: Politische Symbole der europäischen Integration. Fahne, Hymne, Hauptstadt, Paß, Briefmarke, Auszeichnungen. 1988.

Band 63 Wolfgang Kröner: Freiheitsstrafe und Strafvollzug in den Herzogtümern Schleswig, Holstein und Lauenburg von 1700 bis 1864. 1988.

Band 64 Werner Gaile: Die Norder Theelacht. 1988.

Band 65 Karl v. Kempis: Andreas Gaill (1526-1587). Zum Leben und Werk eines Juristen der frühen Neuzeit. 1988.

Band 66 Wolf-Rüdiger Osburg: Die Verwaltung Hamburgs in der Franzosenzeit. 1811-1814. 1988.

Band 67 Christian Schudnagies: Hans Frank. Aufstieg und Fall des NS-Juristen und Generalgouverneurs. 1988.

Band 68 Otmar Jung: Senatspräsident Freymuth. Richter, Sozialdemokrat und Pazifist in der Weimarer Republik. Eine politische Biographie. 1989.

Band 69 Joachim Lohner: Das landeshauptmannschaftliche Gericht in Oberösterreich zu Beginn der Neuzeit. Eine Darstellung des oberösterreichischen Prozeßrechts am obersten Territorialgericht des Landes anhand der oberösterreichischen Landtafel.1989.

Band 70 Bernd Klemann: Rudolf von Jhering und die Historische Rechtsschule. 1989.

Band 71 Adalbert Langer: Männer um die österreichische Zivilprozeßordnung 1895. Zusammenspiel / Soziales Ziel. 1990.

Band 72 Robert-Dieter Klee: Die Landessuperintendentur Lauenburg. Ursprung und Entwicklung sowie Ende der Sonderstellung des Kirchenkreises Herzogtum Lauenburg durch die nordelbische Kirchenvereinigung. 1989.

Band 73 Heinrich Herrmann: Die Gehöferschaften im Bezirk Trier. 1989.

Band 74 Wilhelm Brauneder, Franz Baltzarek (Hrsg.): Modell einer neuen Wirtschaftsordnung. Wirtschaftsverwaltung in Österreich 1914-1918. 1991.

Band 75 Thomas Dreyer: Die "Assecuranz- und Haverey-Ordnung" der Freien und Hansestadt Hamburg von 1731. 1990.

Band 76 Bernhard Sendler: Die Rechtssprache in den süddeutschen Stadtrechtsreformationen. 1990.

Band 77 Brigitte Lehmann: Ehevereinbarungen im 19. und 20. Jahrhundert. 1990.

Band 78 Michael Sunnus: Der NS-Rechtswahrerbund (1928-1945). Zur Geschichte der nationalsozialistischen Juristenorganisation. 1990.

Band 79 Stefan Schulz: Die historische Entwicklung des Rechts an Bienen. (§§ 961-964 BGB). 1990.

Band 80 Gerhard Lingelbach, Heiner Lück (Hrsg.): Deutsches Recht zwischen Sachsenspiegel und Aufklärung. Rolf Lieberwirth zum 70. Geburtstag dargebracht von Schülern, Freunden und Kollegen, herausgegeben von Gerhard Lingelbach und Heiner Lück. 1991.

Band 81 Manfred Krohn: Die deutsche Justiz im Urteil der Nationalsozialisten 1920-1933. 1991.

Band 82 Angelika Kühn: Privilegierung nationaler Minderheiten im Wahlrecht der Bundesrepublik Deutschland und Schleswig-Holsteins. 1991.

Band 83 Georg Brun: Leben und Werk des Rechtshistorikers Heinrich Mitteis unter besonderer Berücksichtigung seines Verhältnisses zum Nationalsozialismus. 1991.

Band 84 Wolfgang Simon: Claudius Freiherr von Schwerin. Rechtshistoriker während dreier Epochen deutscher Geschichte. 1991.

Band 85 Friedrich-Carl Wachs: Das Verordnungswerk des Reichsdemobilmachungsamtes. Stabilisierender Faktor zu Beginn der Weimarer Republik. 1991.

Band 86 Jens-Uwe Petersen: Die Vorgeschichte und die Entstehung des Mieterschutzgesetzes von 1923 nebst der Anordnung für das Verfahren vor dem Mieteinigungsamt und der Beschwerdestelle. 1991.

Band 87 Ulrike Haibach: Familienrecht in der Rechtssprache. Die historische Entwicklung zentraler Ausdrücke des geltenden Familienrechts. 1991.

Band 88 Joern Christian Nissen: Die Beratungen des Seeversicherungsausschusses der Akademie für Deutsches Recht zu einem neuen Seeversicherungsgesetz (1934-1939). Ein Beitrag zur Entwicklung der allgemeinen Lehren des Seeversicherungsrechts unter besonderer Berücksichtigung des Handelsgesetzbuchs und der Allgemeinen Deutschen Seeversicherungs-Bedingungen 1919. 1991.

Band 89 Diethard Bühler: Die Entstehung der allgemeinen Vertragsschluß-Vorschriften im Allgemeinen Deutschen Handelsgesetzbuch (ADHGB) von 1861. Ein Beitrag zur Kodifikationsgeschichte des Privatrechts im 19. Jahrhundert. 1991.

Band 90 Gerhard Oberkofler: Die Vertreter des Römischen Rechts mit deutscher Unterrichtssprache an der Karls-Universität in Prag. Vom Vormärz bis 1945. 1991.

Band 91 Ulrich Andermann: Ritterliche Gewalt und bürgerliche Selbstbehauptung. Untersuchungen zur Kriminalisierung und Bekämpfung des spätmittelalterlichen Raubrittertums am Beispiel norddeutscher Hansestädte. 1991.

Band 92 Heinz Marcus Hanke: Luftkrieg und Zivilbevölkerung. Der kriegsvölkerrechtliche Schutz der Zivilbevölkerung gegen Luftbombardements von den Anfängen bis zum Ausbruch des Zweiten Weltkrieges. 1991.

Band 93 Kirsten Kraglund: Familien- und Erbrecht. Materielles Recht und Methoden der Rechtsanwendung in der Rechtsprechung des Oberappellationsgerichts der vier Freien Städte Deutschlands zu Lübeck. 1991.

Band 94 Reinhard Lorenz: Die politische und rechtliche Stellung des Proletariats in Preußen in der Zeit zwischen den Reformen und der Revolution 1848/49. 1991.

Band 95 Eric Hilgendorf: Die Entwicklungsgeschichte der parlamentarischen Redefreiheit in Deutschland. 1991.

Band 96 Hans J. Reiter: Die Handelsgesellschaft Villeroy & Boch von der Gründung 1836 bis zum Jahr 1878. 1992.

Band 97 Martin Johannes Heller: Reform der deutschen Rechtssprache im 18. Jahrhundert. 1992.

Band 98 Michael Kotulla: Die Tragweite der Grundrechte der revidierten preußischen Verfassung vom 31.01.1850. 1992.

Band 99 Michael Siefener: Hexerei im Spiegel der Rechtstheorie. Das crimen magiae in der Literatur von 1574 bis 1608. 1992.

Band 100 Andreas Ebert-Weidenfeller: Hamburgisches Kaufmannsrecht im 17. und 18. Jahrhundert. Die Rechtsprechung des Rates und des Reichskammergerichtes. 1992.

Band 101 Enno Bommel: Die Entstehung der Verwirkungslehre in der Krise des Positivismus. 1992.

Band 102 Ralph Steppacher: Die Berücksichtigung der bäuerlichen Postulate bei der Entstehung des ZGB und der Revision des OR. Ein Beitrag zur schweizerischen Kodifikationsgeschichte (1893-1912). 1992.

Band 103 Martin Fleckenstein: Die Todesstrafe im Werk Carl Joseph Anton Mittermaiers (1787-1867). Zur Entwicklungsgeschichte eines Werkbereichs und seiner Bedeutung für Theorie- und Methodenbildung. 1992.

Band 104 Jörn Eckert: Der Kampf um die Familienfideikommisse in Deutschland. Studien zum Absterben eines Rechtsinstitutes. 1992.

Band 105 Jörg Grotkopp: Beamtentum und Staatsformwechsel. Die Auswirkungen der Staatsformwechsel von 1918, 1933 und 1945 auf das Beamtenrecht und die personelle Zusammensetzung der deutschen Beamtenschaft. 1992.

Band 106 Andreas Rohde: Die Garantiehaftung des Vermieters und ihr Verhältnis zum Unmöglichkeitsrecht in dogmengeschichtlicher und modernrechtlicher Sicht. 1992.

Band 107 Tjark Siefke Kunstreich: Gesamtvertretung. Eine historisch-systematische Darstellung. 1992.

Band 108 Jürgen Krüger: Blindheit und Königtum. Die Blindheit des Königs Georg V. von Hannover als verfassungsrechtliches Problem. 1992.

Band 109 Wolfgang Putschek: Ständische Verfassung und autoritäre Verfassungspraxis in Österreich 1933-1938 mit Dokumentenanhang. Verfassung und Verfassungswirklichkeit. Mit einem Anhang: Denkschriften von Rechtsanwalt Dr. Erich Führer 1936/37. 1993.

Band 110 Klaus Hofmann: Die Verdrängung der Juden aus öffentlichem Dienst und selbständigen Berufen in Regensburg 1933-1939. 1993.

Band 111 Franz Kilger: Die Entwicklung des Telegraphenrechts im 19. Jahrhundert mit besonderer Berücksichtigung der technischen Entwicklung. Telegraphenrecht im 19. Jahrhundert. 1993.

Band 112 Wilhelm Brauneder (Hrsg.): Heiliges Römisches Reich und moderne Staatlichkeit. 1993.

Band 113 Thomas Heinrich: Das preußische Nichtehelichenrecht: Von der Aufklärung zur Reaktion. 1993.

Band 114 Gerald Kohl: Jagd und Revolution. Das Jagdrecht in den Jahren 1848 und 1849. 1993.

Band 115 Christian Schudnagies: Der Kriegs- oder Belagerungszustand im Deutschen Reich während des Ersten Weltkrieges. Eine Studie zur Entwicklung und Handhabung des deutschen Ausnahmezustandsrechts bis 1918. 1994.

Band 116 Elisabeth Bellmann: Die Internationale Kriminalistische Vereinigung (1889-1933). 1994.

Band 117 Julia Pfannkuch: Volksrichterausbildung in Sachsen 1945-1950. 1993.

Band 118 Jörg Offen: Von der Verwaltungsgemeinschaft des BGB von 1896 zur Zugewinngemeinschaft des Gleichberechtigungsgesetzes von 1957. 1994.

Band 119 Dorothee Kohlhas-Müller: Untersuchungen zur Rechtsstellung Theoderichs des Großen. 1995.

Band 120 Monika Rose: Das Gerichtswesen des Herzogtums Pfalz-Zweibrücken im 18. Jahrhundert. Ein Beitrag zur territorialen Gerichtsbarkeit im Alten Reich. 1994.

Band 121 Jörn Eckert / Hans Hattenhauer (Hrsg.): Bibel und Recht. Rechtshistorisches Kolloquium 9. - 13. Juni 1992 an der Christian-Albrechts-Universität zu Kiel. 1994.

Band 122 Robert Martin Mizia: Der Rechtsbegriff der Autonomie und die Begründung des Privatfürstenrechts in der deutschen Rechtswissenschaft des 19. Jahrhunderts. 1995.

Band 123 Walther Graf von Plettenberg: Das Fortleben des Liber Iudiciorum in Asturien/León (8.-13. Jh.). 1994.

Band 124 Wolfgang Schulz: Das deutsche Börsengesetz. Die Entstehungsgeschichte und wirtschaftlichen Auswirkungen des Börsengesetzes von 1896. 1994.

Band 125 Frank Hagemann: Der Untersuchungsausschuß Freiheitlicher Juristen. 1949-1969. 1994.

Band 126 Andreas Rethmeier: "Nürnberger Rassegesetze" und Entrechtung der Juden im Zivilrecht. 1995.

Band 127 Edith Grether: Die Poesie der Throne. Die Juristen in der Fruchtbringenden Gesellschaft. 1995.

Band 128 Anna Bartels-Ishikawa: Der Lippische Thronfolgestreit. Eine Studie zu verfassungsrechtlichen Problemen des Deutschen Kaiserreiches im Spiegel der zeitgenössischen Staats. 1995.

Band 129 Jörg Schmidt: Otto Koellreutter 1883-1972. Sein Leben, sein Werk, seine Zeit. 1995.

Band 130 Christian Hattenhauer: Wahl und Krönung Franz II. AD 1792. Das Heilige Reich krönt seinen letzten Kaiser - Das Tagebuch des Reichsquartiermeisters Hieronymus Gottfried von Müller und Anlagen. 1995.

Band 131 Jutta v. der Decken: Das Seearbeitsrecht im Hamburger Stadtrecht von 1301 bis 1603. 1995.

Band 132 Detlev Schmidt: Die Reform des Rechts der Handelsvertreter von 1953. 1995.

Band 133 Gabi Roßdeutscher: Privatautonomie im Scheidungsrecht. Scheidungsbezogene Vereinbarungen in den letzten 200 Jahren. 1995.

Band 134 Harald Kahlenberg: Leben und Werk des Rechtshistorikers Walther Merk. Ein Beispiel für das Verhältnis von Rechtsgeschichte und Nationalsozialismus. 1995.

Band 135 Michael Steitz: Adelbert Düringer am Reichsgericht (1902-1915). Seine aktienrechtlichen Entscheidungen und sein Einfluß auf das Aktienrecht in Deutschland. 1995.

Band 136 Christian Becker: Beata Justorum Translatio. Juristen in schleswig-holsteinischen Leichenpredigten. 1996.

Band 160 Ulrich Bernhardt: Die Deutsche Akademie für Staats- und Rechtswissenschaft „Walter Ulbricht" 1948-1971. 1997.

Band 161 Claudia Susan Hoppe: Die Bürgschaft im Rechtsleben Hamburgs von 1600 bis 1900. 1997.

Band 162 Franz-Rudolf Ecker: Die Entwicklung des Bergrechts im Saarbrücker Steinkohlenrevier bis zum Ende des 18. Jahrhunderts. Ein Vergleich mit dem älteren deutschen Bergrecht. 1997.

Band 163 Anne Katrin Rückert: Politik und Privatrecht in der „konservativen Revolution". 1997.

Band 164 Gisbert Laube: Der Reichskunstwart. Geschichte einer Kulturbehörde 1919-1933. 1997.

Band 165 Nicolas Lührig: Die Diskussion über die Reform der Juristenausbildung von 1945 bis 1995. 1997.

Band 166 Regula Gerber Jenni: Die Emanzipation der mehrjährigen Frauenzimmer. Frauen im bernischen Privatrecht des 19. Jahrhunderts. 1997.

Band 167 Mischa A. Färber: Das gemeinschaftliche Testament in der höchstrichterlichen Rechtsprechung zum Allgemeinen Preußischen Landrecht und zum BGB. Ein Beitrag zur Ablösung der Partikularrechte durch das BGB. 1997.

Band 168 Catherine Antoinette Gasser: Philipp Lotmar 1850-1922. Professor der Universität Bern. Sein Engagement für das Schweizerische Arbeitsrecht. 1997.

Band 169 Lars Immisch: Der sozialistische Richter in der DDR und seine Unabhängigkeit. Der Versuch eines Rechtsvergleiches zum Unabhängigkeitsbegriff in der bundesdeutschen Rechtsordnung. 1997.

Band 170 Jessica Jacobi: Besitzschutz vor dem Reichskammergericht. Die friedenssichernde Funktion der Besitzschutzklagen am Reichskammergericht im 16. Jahrhundert, dargestellt anhand von Kameralisten. 1998.

Band 171 Ewald Hügemann: Die Geschichte des öffentlichen und privaten Mietpreisrechts vom Ersten Weltkrieg bis zum Gesetz zur Regelung der Miethöhe von 1974. 1998.

Band 172 Lutz Rentzow: Die Entstehungs- und Wirkungsgeschichte der Vernewerten Landesordnung für das Königreich Böhmen von 1627. 1998.

Band 173 Sabine Stürmer: Mühlenrecht im Herzogtum Pfalz-Zweibrücken während des 18. Jahrhunderts. Ein Beitrag zum Wirtschaftsrecht eines deutschen Kleinstaates im Alten Reich. 1998.

Band 174 Mario Bogisch: *Nemo testis in re sua.* Das Problem der Zeugnisfähigkeit bei der Anwendung der deutschen Zivilprozeßordnung von 1877. 1998.

Band 175 Rainer Oßwald: Pactane sunt servanda? Freiwilligkeit, Zwang und Unverbindlichkeitserklärungen im islamischen Vertragsrecht malikitischer Schule. 1998.

Band 176 Bettina Kern: Der preußische BGB-Entwurf von 1842. 1998.

Band 177 Inken Fuhrmann: Die Diskussion über die Einführung der fakultativen Zivilehe in Deutschland und Österreich seit Mitte des 19. Jahrhunderts. 1998.

Band 178 Annette Rieck: Der Heilige Ivo von Hélory (1247-1303). Advocatus pauperum und Patron der Juristen. 1998.

Band 179 Frank Bottenberg: Die Hamburgische Strafprozeßordnung von 1869. 1998.

Band 180 Matthias Krauß: Das kursächsische Postrecht von seinen Anfängen bis zum Ende des Alten Reichs. 1998.

Band 181 Torsten Schmidt: Die Entmündigung von den Anfängen des BGB bis zu ihrer Ablösung durch das Institut der Betreuung. 1998.

Band 182 Christian Nunn: Rudolf Müller-Erzbach. 1874-1959. Von der realen Methode über die Interessenjurisprudenz zum kausalen Rechtsdenken (Leben und Werk). 1998.

Band 183 Christian Ortloff: Das staatskirchenrechtliche System Wilhelm Traugott Krugs. Glaubens- und Gewissensfreiheit – eine Forderung der Vernunft. 1998.

Band 184 Christian Hattenhauer: Schuldenregulierung nach dem Westfälischen Frieden. Der sog. § *de indaganda* und seine Umsetzung im Jüngsten Reichsabschied (AD 1648 und 1654). 1998.

Band 185 Werner Schubert: Preußen im Vormärz. Die Verhandlungen der Provinziallandtage von Brandenburg, Pommern, Posen, Sachsen und Schlesien sowie – im Anhang – von Ostpreußen, Westfalen und der Rheinprovinz (1841-1845). 1998.

Band 186 Silvia Schumacher: Das Rechtsverhältnis zwischen Eltern und Kindern in der Privatrechtsgeschichte. 1999.

Band 187 Kai Sommer: Die Strafbarkeit der Homosexualität von der Kaiserzeit bis zum Nationalsozialismus. Eine Analyse der Straftatbestände im Strafgesetzbuch und in den Reformentwürfen (1871-1945). 1998.

Band 188 Jan Erik Backhaus: Volksrichterkarrieren in der DDR. 1999.

Band 189 Ralf Ruhnau: Die Fürstlich Thurn und Taxissche Privatgerichtsbarkeit in Regensburg. Ein Kuriosum der deutschen Rechtsgeschichte. 1999.

Band 190 Antonio Grilli: Die französische Justizorganisation am linken Rheinufer 1797-1803. 1999.

Band 191 Stephanie Kammerloher-Lis: Die Entstehung des Gesetzes über die religiöse Kindererziehung vom 15. Juli 1921. 1999.

Band 192 Jan Telp: Ausmerzung und Verrat. Zur Diskussion um Strafzwecke und Verbrechensbegriffe im Dritten Reich. 1999.

Band 193 Kurt von Pannwitz: Die Entstehung der Allgemeinen Deutschen Wechselordnung. Ein Beitrag zur Geschichte der Vereinheitlichung des deutschen Zivilrechts im 19. Jahrhundert. 1999.

Band 194 Sylvia Busch: Die Entstehung der Allgemeinen Gerichtsordnung für die Preussischen Staaten von 1793/95. Ein Beitrag zur Geschichte der Kodifikationsbewegung und der Reform des Zivilprozesses in Preußen im 18. Jahrhundert. 1999.

Band 195 Dirk Bieresborn: Klage und Klageerwiderung im deutschen und englischen Zivilprozeß. Eine rechtshistorische und rechtsvergleichende Untersuchung unter besonderer Berücksichtigung der Beeinflussung durch das römisch-kanonische Verfahren. 1999.

Band 196 Andreas Thier / Guido Pfeifer / Philipp Grzimek (Hrsg.): Kontinuitäten und Zäsuren in der Europäischen Rechtsgeschichte. Europäisches Forum Junger Rechtshistorikerinnen und Rechtshistoriker München 22.-24. Juli 1998. 1999.

Band 197 Franz Smola: Die Fürstlich Liechtenstein'sche Kunstsammlung. Rechtsfragen zur Verbringung der Sammlung von Wien nach Vaduz in den Jahren 1944/45. 1999.

Band 198 Frank Martin Krauss: Das geteilte Eigentum im 19. und 20. Jahrhundert. Eine Untersuchung zum Fortbestand des Teilungsgedankens. 1999.

Band 199 Matthias Frey: Die spanische Aktiengesellschaft im 18. Jahrhundert und unter dem Código de Comercio von 1829. 1999.

Band 200 Alexandra Gilde: Die Stellung der Frau im Reichsstrafgesetzbuch von 1870/71 und in den Reformentwürfen bis 1919 im Urteil der bürgerlichen Frauenbewegung. Eine Analyse ausgewählter Straftatbestände. 1999.

Band 201 Malte Dießelhorst / Arne Duncker: Hans Kohlhase. Die Geschichte einer Fehde in Sachsen und Brandenburg zur Zeit der Reformation. 1999.

Band 202 Jörg Hillmann: Territorialrechtliche Auseinandersetzungen der Herzöge von Sachsen-Lauenburg vor dem Reichskammergericht im 16. Jahrhundert. 1999.

Band 203 Carsten Engler: Die Kommanditgesellschaft (KG) und die stille Gesellschaft im Allgemeinen Deutschen Handelsgesetzbuch (ADHGB) von 1861. 1999.

Band 204 Vesta Hoffmann-Steudner: Die Rechtsprechung des Reichsgerichts zu dem Scheidungsgrund des § 49 EheG (EheG 1938) in den Jahren 1938-1945. 1999.

Band 205 Michaela Thiele: Die Auflösung von Arbeitsverhältnissen aufgrund Anfechtung und außerordentlicher Kündigung nach der Rechtsprechung des Reichsarbeitsgerichts (1927-1945). 2000.

Band 206 Peter Landau / Hermann Nehlsen / Mathias Schmoeckel (Hrsg.): Karl von Amira zum Gedächtnis. 1999.

Band 207 Marcus Flinder: Die Entstehungsgeschichte des Zivilgesetzbuches der DDR. 1999.

Band 208 Boris Franz Leo Bromm: Die Entstehungsgeschichte des Berufs des Handelsvertreters. Unter besonderer Berücksichtigung der Sozialgesetzgebung in den Jahren von 1871-1933. 2000.

Band 209 Winfried C. J. Eberstein: Das Tierschutzrecht in Deutschland bis zum Erlaß des Reichs-Tierschutzgesetzes vom 24. November 1933. Unter Berücksichtigung der Entwicklung in England. 1999.

Band 210 Patrick Deller: Der „nach dem Vertrage" vorausgesetzte Gebrauch (§ 459 Absatz 1 Satz 1 BGB). Eine kaufrechtliche Untersuchung unter Berücksichtigung rechtshistorischer wie rechtsvergleichender Grundlagen. 2000.

Band 211 Eckard Freiherr von Bodenhausen: Haftung des Geschäftsherrn für Verrichtungsgehilfen im Straßen- und Schienenverkehr. Eine Analyse der Entscheidungen des Reichsgerichts zu § 831 BGB (1900-1945). 2000.

Band 212 Birte Gast: Der Allgemeine Teil und das Schuldrecht des Bürgerlichen Gesetzbuchs im Urteil von Raymond Saleilles (1855-1912). 2000.

Band 213 Hansjörg Michael Huber: Koloniale Selbstverwaltung in Deutsch-Südwestafrika. Entstehung, Kodifizierung und Umsetzung. 2000.

Band 214 Ulf Björner: Die Verfassungsgerichtsbarkeit im Norddeutschen Bund und Deutschen Reich (1867-1918). Eine rechtshistorische Untersuchung über Gerichtsbarkeit im Spannungsfeld von Politik und Recht innerhalb der von Bismarck geschaffenen deutschen Bundesstaaten. 2000.

Band 215 Mathias Freiherr von Rosenberg: Friedrich Carl von Savigny (1779-1861) im Urteil seiner Zeit. 2000.

Band 216 Reinhard Binder-Krieglstein: Österreichisches Adelsrecht 1868-1918/19. Von der Ausgestaltung des Adelsrechts der cisleithanischen Reichshälfte bis zum Adelsaufhebungsgesetz der Republik unter besonderer Berücksichtigung des adeligen Namensrechts. 2000.

Band 217 Claudia-Regine Nerius: Johannes Lehmann-Hohenberg (1851-1925). Eine Studie zur völkischen Rechts- und Justizkritik im Deutschen Kaiserreich. 2000.

Band 218 Ludger Meuten: Die Erbfolgeordnung des Sachsenspiegels und des Magdeburger Rechts. Ein Beitrag zur Geschichte des sächsisch-magdeburgischen Rechts. 2000.

Band 219 Christoph Alexander von Wilcken: Die Reformbestrebungen zum Genossenschaftsgesetz in der Frühzeit der Bundesrepublik. Die Beratungen der Sachverständigenkommission zur Überprüfung des Genossenschaftsrechts 1954 bis 1958 und der Referentenentwurf von 1962. 2000.

Band 220 Verein Junger RechtshistorikerInnen Zürich (Hrsg.): ¿Rechtsgeschichte(n)? ¿Histoire(s) du droit? ¿Storia/storie del diritto? ¿Legal Histori(es)? Europäisches Forum Junger Rechtshistorikerinnen und Rechtshistoriker Zürich 28.-30. Mai 1999. 2000.

Band 221 Hans Christian Schüler: Die Entstehungsgeschichte der Bundesnotarordnung vom 24. Februar 1961. 2000.

Band 222 Nils-Eberhard Schramm: Die Vereinigung demokratischer Juristen (1949-1999). 2000.

Band 223 Silke Anke Torp: Das Rechtsverhältnis zwischen den Eltern und ihren Kindern. Dienstleistungspflicht, Aussteuer und Ausstattung. Eine Analyse der Rechtsprechung des Reichsgerichts und des Reichsarbeitsgerichts zu den Vorschriften der §§ 1616 bis 1625 des Bürgerlichen Gesetzbuches in der Zeit von 1900 bis 1945. 2000.

Band 224 Martin Jürgen Maaß: Die Geschichte des Eigentumsvorbehalts, insbesondere im 18. und 19. Jahrhundert. 2000.

Band 225 Stefanie Langer: Rechtswissenschaftliche Itinerarien. Lebenswege namhafter europäischer Juristen vom 11. bis zum 18. Jahrhundert. 2000.

Band 226 Ulrich Schmitz: Der Unterhaltsanspruch des nichtehelichen Kindes gegen seinen Erzeuger. Die rechtsgeschichtliche und dogmatische Entwicklung im deutschen Recht. 2000.

Band 227 Sebastian Günther: Friedrich Carl von Savigny als Grundherr. 2000.

Band 228 Henning Ibs: Hermann J. Held (1890-1963). Ein Kieler Gelehrtenleben in den Fängen der Zeitläufe. 2000.

Band 229 Matthias Rücker: Wirtschaftswerbung unter dem Nationalsozialismus. Rechtliche Ausgestaltung der Werbung und Tätigkeit des Werberats der deutschen Wirtschaft. 2000.

Band 230 Hendrik Sandmann: Die Entwicklung von Begriff und Inhalt des Wirtschaftsrechts durch die Rechtswissenschaft in der Weimarer Republik. 2000.

Band 231 Sibylle Müller: Gibt es Menschenrechte bei Samuel Pufendorf? 2000.

Band 232 Karin Olechowski-Hrdlicka: Die gemeinsamen Angelegenheiten der Österreichisch-Ungarischen Monarchie. Vorgeschichte – Ausgleich 1867 – Staatsrechtliche Kontroversen. 2001.

Band 233 Johannes Mierau: Die juristischen Abschluß- und Diplomprüfungen in der SBZ/DDR. Ein Einblick in die Juristenausbildung im Sozialismus. 2001.

Band 234 Jörg Wolff (Hrsg.): Stillstand, Erneuerung und Kontinuität. Einsprüche zur Preußenforschung. 2001.

Band 235 Friedo Schröder: Die anwaltliche Tätigkeit während der nationalsozialistischen Herrschaft. Eine Analyse der anwaltlichen Argumentation in Zivilprozessen anhand der vorhandenen Prozeßakten der Landgerichte Frankenthal, Wiesbaden, Limburg und Frankfurt und der Handakten der *jüdischen Konsulenten* des OLG-Bezirks Frankfurt. 2001.

Band 236 Der Code pénal des Königreichs Westphalen von 1813 mit dem Code pénal von 1810 im Original und in deutscher Übersetzung. Herausgegeben und mit einer Einleitung versehen von Werner Schubert. 2001.

Band 237 Klaus Richter: Deutsches Kolonialrecht in Ostafrika 1885-1891. 2001.

Band 238 Kai von Lewinski: Deutschrechtliche Systembildung im 19. Jahrhundert. 2001.

Band 239 Alexander Herzog: Sittenwidrige Rechtsgeschäfte in der höchstrichterlichen Rechtsprechung aus den Jahren 1948-1965. 2001.

Band 240 Claudia Rönnau: Die Beratungen des Wasserrechtsausschusses der Akademie für Deutsches Recht zu einem Reichswassergesetz (1934-1941). Ein Beitrag zur Dogmatik der Begriffe *Gemeingebrauch* und *Sondergebrauch* in der Zeit des Nationalsozialismus. 2001.

Band 241 Momme Rohlack: Kriegsgesellschaften (1914-1918). Arten, Rechtsformen und Funktionen in der Kriegswirtschaft des Ersten Weltkrieges. 2001.

Band 242 Rolf Geyer: Der Gedanke des Verbraucherschutzes im Reichsrecht des Kaiserreichs und der Weimarer Republik (1871-1933). Eine Studie zur Geschichte des Verbraucherrechts in Deutschland. 2001.

Band 243 Felix Lorenz Benjamin Lehmann: Der Rote Adlerorden. Entstehung und rechtliche Grundlagen (1705-1918). 2002.

Band 244 Marc Ludwig: Der Pfändungsschutz für Lohneinkommen. Die Entstehungs- und Entwicklungsgeschichte der Vorschriften zum Schutz vor Lohnpfändung in Deutschland. 2001.

Band 245 Alexander Wachter: Dorfschule zwischen Pastor und Schulmeister. Zur Säkularisierung des niederhessischen Schulwesens im 19. Jahrhundert. 2001.

Band 246 Richard Scholz: Analyse der Entstehungsbedingungen der reichsgerichtlichen Aufwertungsrechtsprechung. Untersuchung unter besonderer Berücksichtigung der konservativen Geldpolitik der Reichsbank und der Inflationspolitik der Reichsregierung. 2001.

Band 247 Judith Laeverenz: Märchen und Recht. Eine Darstellung verschiedener Ansätze zur Erfassung des rechtlichen Gehalts der Märchen. 2001.

Band 248 Christina Schenk: Bestrebungen zur einheitlichen Regelung des Strafvollzugs in Deutschland von 1870 bis 1923. 2001.

Band 249 Nils Werner: Die Prozesse gegen die Landvolkbewegung in Schleswig-Holstein 1929/32. Ein Beitrag zur Justizkritik in der späten Weimarer Republik. 2001.

Band 250 Wolfgang Walter: Das Duell in Bayern. Ein Beitrag zur bayerischen Strafrechtsgeschichte. 2002.

Band 251 Jörn Eckert / Kjell Å. Modéer (Hrsg.): Geschichte und Perspektiven des Rechts im Ostseeraum. Erster Rechtshistorikertag im Ostseeraum 8.–12. März 2000. 2001.

Band 252 Jan Könighaus: Die Inauguration der Christian-Albrechts-Universität zu Kiel 1665. Symbolgehalt und rechtliche Bedeutung des Universitätszeremoniells. 2002.

Band 253 Andreas Görgen: Rechtssprache in der Frühen Neuzeit. Eine vergleichende Untersuchung der Fremdwortverwendung in Gesetzen des 16. und 17. Jahrhunderts. 2002.

Band 254 Ralf Schäfer: Die Rechtsstellung der Haigerlocher Juden im Fürstentum Hohenzollern-Sigmaringen von 1634-1850. Eine rechtsgeschichtliche Untersuchung. 2002.

Band 255 Regine Schmalhorst: Die Tierhalterhaftung im BGB von 1896. Die Entstehung und Änderung des § 833 BGB sowie eine Analyse der Rechtsprechung des Reichsgerichts bis 1908. 2002.

Band 256 Thomas Hense: Konrad Beyerle. Sein Wirken für Wissenschaft und Politik in Kaiserreich und Weimarer Republik. 2002.

Band 257 Christian Mahlmann: Die Strafrechtswissenschaft der DDR. Klassenkampftheorie und Verbrechenslehre. 2002.

Band 258 Henning Kahmann: Die Bankiers von Jacquier & Securius 1933–1945. Eine rechtshistorische Fallstudie zur "Arisierung" eines Berliner Bankhauses. Mit einem Geleitwort von John Kornblum. 2002.

Band 259 Volker Friedrich Drecktrah: Die Gerichtsbarkeit in den Herzogtümern Bremen und Verden und in der preußischen Landdrostei Stade von 1715 bis 1879. 2002.

Band 260 Andreas Klass: Standes- oder Leistungselite? Eine Untersuchung der Karrieren der Wetzlarer Anwälte des Reichskammergerichts (1693-1806). 2002.

Band 261 Wolfgang Eder: Das italienische Tribunale Speciale per la Difesa dello Stato und der deutsche Volksgerichtshof. Ein Vergleich zwischen zwei politischen Gerichtshöfen. 2002.

Band 262 Albrecht Cordes / Bernd Kannowski (Hrsg.): Rechtsbegriffe im Mittelalter. 2002.

Band 263 Thomas Hildebrandt: Die Brandenburgischen Provinziallandtage von 1841, 1843, und 1845 anhand ausgewählter Verhandlungsgegenstände. 2002.

Band 264 Jan Finzel: Georg Adam Struve (1619-1692) als Zivilrechtler. 2003.

Band 265 Björn Carsten Frenzel: Das Selbstverständis der Justiz nach 1945. Analyse der Rolle der Justiz unter Berücksichtigung der Reden zur *Wiedereröffnung* der Bundes- und Oberlandesgerichte. 2003.

Band 266 Nils Reichhelm: Die marxistisch-leninistische Staats- und Rechtstheorie Karl Polaks. 2003.

Band 267 Raik Schneider: Altrechtliche Personenzusammenschlüsse. Ihre Entwicklung unter besonderer Berücksichtigung des Rechts des Großherzogtums Sachsen-Weimar-Eisenach sowie der Herzogtümer Sachsen-Meiningen und Sachsen-Gotha. 2003.

Band 268 Anke Meier: Die Geschichte des deutschen Konkursrechts, insbesondere die Entstehung der Reichskonkursordnung von 1877. 2003.

Band 269 Stefan Jens Jordan: Leben und Werk des Tübinger Rechtsprofessors Wilhelm Gottlieb Tafinger 1760-1813. 2003.

Band 270 Stefanie Hubig: Die historische Entwicklung des § 23 ZPO. Zum Ursprung und Fortleben des Vermögensgerichtsstandes im deutschen Prozeßrecht des 19. Jahrhunderts. 2003.

Band 271 Michael G. Perband: Der Grundsatz der freien Beweiswürdigung im Zivilprozeß (§ 286 ZPO) in der Rechtsprechung des Reichsgerichts. 2003.

Band 272 Mathias Bouveret: Die Stellung des Staatsoberhauptes in der parlamentarischen Diskussion und Staatsrechtslehre von 1848 bis 1918. 2003.

Band 273 Barbara Széchényi: Rechtliche Grundlagen bayerischer Zensur im 19. Jahrhundert. 2003.

Band 274 Sylvia Scharfenberg: Die Entstehungsgeschichte des Beurkundungsgesetzes vom 28. August 1969. 2003.

Band 275 Urte Nesemann: Die schwedische Familiengesetzgebung von 1734 bis zu den Reformgesetzen von 1915 bis 1920 und deren Einfluss auf die Gesetzgebungsprojekte der Weimarer Republik. Unter besonderer Berücksichtigung der Rechtsstellung der Frau und des unehelichen Kindes. 2003.

Band 276 Alexandra Brück: Die Polizeiordnung Herzog Christians von Braunschweig-Lüneburg vom 6. Oktober 1618. 2003.

Band 277 Torsten Landwehr: Das Kommissionsgeschäft in Rechtswissenschaft, Gesetzgebung und Rechtspraxis vom 16. bis zum Ende des 18. Jahrhunderts. 2003.

Band 278 Tassilo Wilhelm Maria Englert: Deutsche und italienische Zivilrechtsgesetzgebung von 1933–1945. Parallelen in der Rechtsetzung und gegenseitige Beeinflussung unter besonderer Berücksichtigung des Familien- und Erbrechts. 2003.

Band 279 Tobias Prang: Der Schutz der Versicherungsnehmer bei der Auslegung von Versicherungsbedingungen durch das Reichsgericht. 2003.

Band 280 Thorsten Lieb: Privileg und Verwaltungsakt. Handlungsformen der öffentlichen Gewalt im 18. und 19. Jahrhundert. 2004.

Band 281 Michael Rühling: Das Ladenschlussgesetz vom 28. November 1956. Vorgeschichte, Entstehung des Gesetzes und weitere Entwicklung. 2004.

Band 282 Kathrin Nawotki: Die schleswigsche Deichstavengerechtigkeit. Vom 17. Jahrundert bis in die Gegenwart. Eine gewohnheitsrechtliche Superfizies an nordfriesischen Deichgrundstücken und ihre Entwicklung. 2004.

Band 283 Erik Nils Voigt: Die Gesetzgebungsgeschichte der militärischen Ehrenstrafen und der Offizierehrengerichtsbarkeit im preußischen und deutschen Heer von 1806 bis 1918. 2004.

Band 284 Dorothea Riedi Hunold: Die Einführung der allgemeinen Wechselfähigkeit in der Schweiz in der zweiten Hälfte des 19. Jahrhunderts. Unter besonderer Berücksichtigung der politischen, wirtschaftlichen und sozialen Verhältnisse. 2004.

Band 285 Thomas Gergen: Pratique juridique de la paix et trêve de Dieu à partir du concile de Charroux (989–1250). Juristische Praxis der Pax und Treuga Dei ausgehend vom Konzil von Charroux (989–1250). 2004.

Band 286 Kathrin Bethkenhagen: Die Entwicklung des Luftrechts bis zum Luftverkehrsgesetz von 1922. 2004.

Band 287 Heiko Lüpkes: Die Verbrechen der Diener des Staats im Allgemeinen Landrecht für die Preußischen Staaten von 1794 und ihre Entwicklung zu den Vergehen und Verbrechen im Amte im Strafgesetzbuch für die Preußischen Staaten von 1851. 2004.

Band 288 Mirco Peter Hirsch: Von der Erbbescheinigung des Preußischen Rechts zum Erbschein des Bürgerlichen Gesetzbuchs. 2004.

Band 289 Bettina Günther: Die Behandlung der Sittlichkeitsdelikte in den Policeyordnungen und der Spruchpraxis der Reichsstädte Frankfurt am Main und Nürnberg im 15. bis 17. Jahrhundert. 2004.

Band 290 Seunghyeon Seong: Der Begriff der *nicht gehörigen Erfüllung* aus dogmengeschichtlicher und rechtsvergleichender Sicht. 2004.

Band 291 Steffen-Werner Meyer: Bemühungen um ein Reichsgesetz gegen den Büchernachdruck. Anläßlich der Wahlkapitulation Leopolds II. aus dem Jahre 1790. 2004.

Band 292 Ulrich Löffler: Instrumentalisierte Vergangenheit? Die nationalsozialistische Vergangenheit als Argumentationsfigur in der Rechtsprechung des Bundesverfassungsgerichts. 2004.

Band 293 Norbert Koch: Die Entwicklung des deutschen privaten Immissionsschutzrechts seit Beginn der Industrialisierung. Unter besonderer Berücksichtigung des Einflusses der höchstrichterlichen Rechtsprechung. 2004.

Band 294 Julius Ludwig Pfeiffer: Das Tierschutzgesetz vom 24. Juli 1972. Die Geschichte des deutschen Tierschutzrechts von 1950 bis 1972. 2004.

Band 295 Bert-Hagen Strodthoff: Die richterliche Frage- und Erörterungspflicht im deutschen Zivilprozeß in historischer Perspektive. 2004.

Band 296 Tim Kannewurf: Die Höfeordnung vom 24. April 1947. Entstehungsgeschichte und Einordnung in die Entwicklung des Anerbenrechts. 2004.

Band 297 Steffi Heine: Die Methodendiskussion nach Inkrafttreten des Bürgerlichen Gesetzbuches und die Gründung des Vereins *Recht und Wirtschaft*. 2004.

Band 298 Anne Marlene Simon-Holtorf: Geschichte des Familienwahlrechts in Frankreich (1871 bis 1945). 2004.

Band 299 Jürgen Busch: Das Germanenbild der deutschen Rechtsgeschichte. Zwischen Wissenschaft und Ideologie. Mit einem Vorwort von Herwig Wolfram. 2004.

Band 300 Jan Kohlmann: Der Marsch zu den Gräbern von Karl und Rosa. Geschichte eines Gedenktages. 2004.

Band 301 Christian Rainer Schlicht: Die kumulative Schuldübernahme in der Rechtsprechung des Reichsgerichts und in der zeitgenössischen Literatur. 2004.

Band 302 Hans Peter Glöckner: Positive Vertragsverletzung. Die Geburt eines Rechtsinstituts. 2006.

Band 303 João Manuel Azevedo Alexandrino Fernandes: Die Theorie der Interpretation des Gesetzes bei Francisco Suárez. 2005.

Band 304 René Funk: Die Wahlprüfung der volksgewählten Abgeordneten der Volksvertretungen im Frühkonstitutionalismus. Eine Untersuchung der Wahlprüfung in den Kammern der Abgeordneten des Großherzogtums Baden, des Königreichs Württemberg und des Großherzogtums Hessen. 2005.

Band 305 Carolin O'Sullivan. Die Ahndung von Rechtsbrüchen der Seeleute im mittelalterlichen hamburgischen und hansischen Seerecht (1301–1482). 2005.

Band 306 Martin Jürgens: Staat und Reich bei Ernst Rudolf Huber. Sein Leben und Werk bis 1945 aus rechtsgeschichtlicher Sicht. 2005.

Band 307 Florian G. Dürselen: Franz Beyerle (1885–1977). Leben, Ära und Werk eines Rechtshistorikers. 2005.

Band 308 Kai Bandilla: Urheberrecht im Kaiserreich. Der Weg zum Gesetz betreffend das Urheberrecht an Werken der Literatur und Tonkunst vom 19. Juni 1901. 2005.

Band 309 Stefan Mieth: Die Entwicklung des Denkmalrechts in Preußen 1701–1947. 2005.

Band 310 Catharina Lodemann: Die Geschichte des französischen *acte de gouvernement*. 2005.

Band 311 Christina Wicke: Kodifikationsbestrebungen und Wissenschaft in Hessen-Darmstadt im vorkonstitutionellen Zeitalter. Zu der Beteiligung der Gießener Rechtsprofessoren an den Gesetzgebungsarbeiten in Hessen-Darmstadt in der Zeit zwischen 1769 und 1820. 2005.

Band 312 Christiane Chlosta: Nur dem Gesetz unterworfen? Eine rechtsgeschichtliche Untersuchung zu Idee und Wirklichkeit richterlicher Gesetzestreue unter besonderer Berücksichtigung der Aufwertungsrechtsprechung und des richterlichen Prüfungsrechts. 2005.

Band 313 Kathrin Dirr: Hoheitsrechtliche Streitigkeiten zwischen den Kölner Erzbischöfen und der Stadt Köln auf Grundlage reichskammergerichtlicher Verfahren des 16. und 17. Jahrhunderts. 2005.

Band 314 Michael Racky: Die Diskussion über Gewaltenteilung und Gewaltentrennung im Vormärz. 2005.

Band 315 Petra Thiemrodt: Die Entstehung des Staatshaftungsgesetzes der DDR. Eine Untersuchung auf der Grundlage von Materialien der DDR-Gesetzgebungsorgane mit zeitgeschichtlichen Bezügen. 2005.

Band 316 Julius F. Reiter: Entstehung und staatsrechtliche Theorie der italienischen *Carta del Lavoro*. 2005.

Band 317 André Book: Die Justizreform in der Frühzeit der Bundesrepublik. Die Beratungen der Kommission zur Vorbereitung einer Reform der Zivilgerichtsbarkeit in den Jahren 1955 bis 1961. 2005.

Band 318 Frank Zentz: Das amerikanische Strafverfahren als Element der Besatzungspolitik in Deutschland. Erziehung zur Demokratie durch den *Court of Appeals* 1948–1955. 2005.

Band 319 Friederike Quaisser: Mietrecht im 19. Jahrhundert. Ein Vergleich der mietrechtlichen Konzeptionen im Allgemeinen Landrecht für die Preußischen Staaten von 1794 und dem gemeinen Recht. 2005.

Band 320 Stefan Burghard: Professor Dr. Wilhelm Kahl – Leben zwischen Wissenschaft und Politik. 2005.

Band 321 Günter Baranowski: Die *Russkaja Pravda* – ein mittelalterliches Rechtsdenkmal. 2005.

Band 322 Christina Schneider: Die SS und „das Recht". Eine Untersuchung anhand ausgewählter Beispiele. 2005.

Band 323 Werner Schubert (Hrsg.): Zivilprozessreform in der Weimarer Zeit. Quellen zur Emminger-Zivilprozessverordnung vom 13.2.1924 und zu den Arbeiten der Zivilprozesskommission des Reichsjustizministeriums (1922–1930). Eingeleitet und herausgegeben von Werner Schubert. 2005.

Band 324 Felix Gaul: Der Jurist Rudolf Isay (1886–1956). Ein verantwortungsbewusster Vermittler im Spannungsfeld zwischen dynamischer Rechtsschöpfung, ökonomischem Wandel und technischem Fortschritt. 2005.

Band 325 Konstanze Braun: Dr. Otto Georg Thierack (1889–1946). 2005.

Band 326 Eckart Klein / Stefan Chr. Saar / Carola Schulze (Hrsg.): Zwischen Rechtsstaat und Diktatur. Deutsche Juristen im 20. Jahrhundert. 2006.

Band 327 Stefan Botor: Das *Berliner Sühneverfahren* – Die letzte Phase der Entnazifizierung. 2006.

Band 328 Andreas Köhler: Die Sorgerechtsregelungen bei Ehescheidung seit 1945. Scheidungsstrafe und verordnete Gemeinsamkeit. 2006

Band 329 Lars Düwel: Die Nichtigkeit und Anfechtbarkeit der Ehe in der Rechtsprechung des Reichsgerichts zwischen 1900 und 1945. 2006.

Band 330 Katalin Polgar: Das Oberappellationsgericht der vier freien Städte Deutschlands (1820–1879) und seine Richterpersönlichkeiten. 2007.

Band 331 Julia Schweitzer: Schiffer und Schiffsmann in den Rôles d'Oléron und im Llibre del Consolat de Mar. Ein Vergleich zweier mittelalterlicher Seerechtsquellen. 2007.

Band 332 Diana-Catharina Kurtz: Das Institut der Adoption im preußischen Allgemeinen Landrecht und im französischen Code civil zwischen Rezeption römisch-rechtlicher Prinzipien und verändertem Familienverständnis. 2006.

Band 333 Dino Joakim Duderstadt: Spiel, Wette und Differenzgeschäft (§§ 762–764 BGB) in der Rechtsprechung des Reichsgerichts und in der zeitgenössischen Literatur. 2007.

Band 334 Ronald Hoffmann: Die Domänenfrage in Thüringen. Über die vermögensrechtlichen Auseinandersetzungen mit den ehemaligen Landesherren in Thüringen nach dem Ersten Weltkrieg. 2006.

Band 335 Joachim Windmüller: *Ohne Zwang kann der Humanismus nicht existieren...* – „Asoziale" in der DDR. 2006.

Band 336 Sven Christian Gläser: Die Mediatisierung der Grafschaft Wertheim. Der juristische Kampf eines kleinen Reichsstandes gegen den Verlust der Landesherrschaft und seine Folgen. 2006.

Band 337 Benjamin Schleyer: Friedrich Wilhelm Bornemann (1798–1864). Eine Juristenkarriere im Preußen des 19. Jahrhunderts. 2006.

Band 338 Die Reform des Ehescheidungsrechts von 1976. Quellen zum Ersten Gesetz vom 14.6.1976 zur Reform des Ehe- und Familienrechts (Parlamentarische Ausschussprotokolle – Anglikanische Denkschrift von 1966 zur Scheidungsrechtsreform – Schlussabstimmung 1969 in der Eherechtskommission des Bundesministeriums der Justiz). Eingeleitet und herausgegeben von Werner Schubert. 2006.

Band 339 Andreas Feld: Das Bayerische Gesetz zum Schutz des Eigentums an Erzeugnissen der Literatur und Kunst gegen Nachdruck vom 15.04.1840. Vorgeschichte und Zustandekommen. 2007.

Band 340 Bernd Wörner: Adelbert Düringers Einfluß als Richter am Reichsgericht in Leipzig auf dem Gebiet des Personengesellschaftsrechts. 2007.

Band 341 Jan Jelle Kähler: Französisches Zivilrecht und französische Justizverfassung in den Hansestädten Hamburg, Lübeck und Bremen (1806–1815). 2007.

Band 342 Jörn Eckert / Pia Letto-Vanamo / Kjell Å. Modéer (Hrsg.): Juristen im Ostseeraum. Dritter Rechtshistorikertag im Ostseeraum 20.–22. Mai 2004. 2007.

Band 343 Ferdinand von Weyhe: A.E. Wassermann. Eine rechtshistorische Fallstudie zur „Arisierung" zweier Privatbanken. 2007.

Band 344 Martin Klaus Römermann: Kündigungen und Kündigungsschutz im Franquismus. 2007.

Band 345 Thomas Hoffmann: Der Landrechtsentwurf David Hilchens von 1599. Ein livländisches Rechtszeugnis polnischer Herrschaft. 2007.

Band 346 Ingo Ullmann: Die rechtliche Behandlung holsteinischer Leibeigener um die Mitte des 18. Jahrhunderts. Dargestellt unter besonderer Berücksichtigung der Schmoeler Leibeigenschaftsprozesse von 1738 bis 1743 sowie von 1767 bis 1777. 2007.

Band 347 Petra Fischer-Langosch: Die Entstehungsgeschichte des Familiengesetzbuches der DDR von 1965. 2007.

Band 348 Lasse O. Johannsen: Die rechtliche Behandlung ausreisewilliger Staatsbürger in der DDR. 2007.

Band 349 Ralf Schlottau: Deutsche Kolonialrechtspflege. Strafrecht und Strafmacht in den deutschen Schutzgebieten 1884 bis 1914. 2007.

Band 350 Hartwig Brandt / Ewald Grothe (Hrsg.): Rheinbündischer Konstitutionalismus. 2007.

Band 351 Nora Lutze: Der Verwandtenunterhalt nach den §§ 1601 bis 1603 und §§ 1610 bis 1612 BGB in der Rechtsprechung des Reichsgerichts. Unter Berücksichtigung der Entstehung des BGB. 2007.

Band 352 Frank Thiäner: Das Verhältnis von Aufsichtsrat und Abschlussprüfern in der rechtshistorischen Entwicklung bis 1937. 2007.

Band 353 Britta Heymann: Ernst Melsheimer (1897–1960). Eine juristische Karriere in verschiedenen staatlichen Systemen. Mitarbeiter im Preußischen Justizministerium in der Weimarer Republik, im Justizministerium Preußens und des Reiches sowie Richter am Kammergericht in der NS-Zeit und Erster Generalstaatsanwalt der Deutschen Demokratischen Republik. 2007.

Band 354 Susanne Adlberger: Wilhelm Kisch – Leben und Wirken (1874–1952). Von der Kaiser-Wilhelms-Universität Straßburg bis zur nationalsozialistischen Akademie für Deutsches Recht. 2007.

Band 355 Moritz Waibel: Josef Berchtold (1833–1894). Ein Leben gegen den Ultramontanismus. 2007.

Band 356 Aline Levin: Erinnerung? Verantwortung? Zukunft? Die Beweggründe für die gemeinsame Entschädigung durch den deutschen Staat und die deutsche Industrie für historisches Unrecht. 2007.

Band 357 Ferdinand Krause: Die hergebrachten Grundsätze des Berufsbeamtentums. Eine rechtshistorische Analyse. 2008.

Band 358 André Tiebel: Die Entstehung der Schutztruppengesetze für die deutschen Schutzgebiete Deutsch-Ostafrika, Deutsch-Südwestafrika und Kamerun (1884–1898). 2008.

Band 359 Holger Ruff: Sittenwidrige Rechtsgeschäfte in der späten Kaiserzeit. Die Entwicklung der reichsgerichtlichen Rechtsprechung zu § 138 BGB von 1900 bis 1914. 2007.

Band 360 Frank Rohrer: Strafjustiz im Dritten Reich und in der SBZ/DDR. Die personelle und organisatorische Neuordnung des Justizapparates in den totalitären Diktaturen (1933–1955) mit ihren Auswirkungen auf die Rechtsprechung zum politischen Strafrecht. 2007.

Band 361 Hans-Georg Knothe / Marc Liebmann (Hrsg.): Gerichtskultur im Ostseeraum. Vierter Rechtshistorikertag im Ostseeraum. 18.–20. Mai 2006 in Greifswald. 2007.

Band 362 Christina Meß: Das Vertragsrecht bei Adam Smith. 2008.

Band 363 Quellen zur dänischen Rechts- und Verfassungsgeschichte (12.–20. Jahrhundert). Herausgegeben von Ditlev Tamm, Werner Schubert und Jens Ulf Jørgensen. 2008.

Band 364 Günter Baranowski: Die Gerichtsurkunde von Pskov. 2008.

Band 365 Mark Spengler: Die Entstehung des Scheckgesetzes vom 11. März 1908. 2008.

Band 366 Ivan Biliarsky / Radu G. Păun (eds./éds.): The Biblical Models of Power and Law. Les modèles bibliques du pouvoir et du droit. Papers of the International Conference, Bucharest, New Europe College 2005. Actes du colloque international, Bucarest, New Europe College 2005. 2008.

Band 367 Thomas A. Roth: Ausgestaltungen der Rechtsfähigkeit im 19. und 20. Jahrhundert. Zur Rechtspersönlichkeit natürlicher Personen in den bedeutenden deutschen Zivilrechtsordnungen. 2008.

Band 368 Björn Alexander Rautenberg: Der Fiskal am Reichskammergericht. Überblick und exemplarische Untersuchungen vorwiegend zum 16. Jahrhundert. 2008.

Band 369 Thorsten Miederhoff: *Man erspare es mir, mein Juristenherz auszuschütten*. Dr. iur. Kurt Tucholsky (1890–1935). Sein juristischer Werdegang und seine Auseinandersetzung mit der Weimarer Strafrechtsreformdebatte am Beispiel der Rechtsprechung durch Laienrichter. 2008.

Band 370 Philipp Nordloh: Kölner Zunftprozesse vor dem Reichskammergericht. 2008.

Band 371 Judith Freund: Die Wechselverpflichtung im 19. Jahrhundert. 2008.

Band 372 Hans-Michael Empell: Gutenberg vor Gericht. Der Mainzer Prozess um die erste gedruckte Bibel. 2008.

Band 373 Rainer Schröder: Die DDR-Ziviljustiz im Gespräch – 26 Zeitzeugeninterviews. 2008.

Band 374 Christian Neschwara: Ein österreichischer Jurist im Vormärz. „Selbstbiographische Skizzen" des Freiherrn Karl Josef Pratobevera (1769–1853). 2009.

www.ingramcontent.com/pod-product-compliance
Ingram Content Group UK Ltd.
Pitfield, Milton Keynes, MK11 3LW, UK
UKHW020714041026
15590UKWH00002B/659

9 783631 576120